에밀레종의 비밀

소리로 세상을 다스려라

에밀레종의 비밀

소리로 세상을 다스려라

성낙주 지음

푸른역사

순한 암소처럼 당신의 고단한 삶을 묵묵히 쟁기질하고 가신

어머님의 영전에 이 작은 책을 올립니다

성덕대왕신종에 바치는 헌사

한 아이가 있었네.

아이는 엄마가 무서웠다네.

엄마는 오빠의 집을 세상에서 젤로 크게 지어주고 싶었다네.

엄마는 아이를 팔아 오빠와 오순도순 살고 싶었다네.

아이는 도가니에 던져져 종 속으로 걸어 들어가,

오늘도 엄마를 원망하면서 울부짖고 있다네.

에밀레, 에밀레——.

전설 속의 아이가 금방이라도 한스러운 절규를 쏟뜨릴 것 같은 성덕
대왕신종聖德大王神鐘. 이 비극의 종은 오늘도 경주박물관 안뜰에서
그 아픈 사연과는 무관하다는 듯 천 년의 침묵으로 밀려드는 관람객
을 맞이하고 있다.

이 초대형 범종의 생일은 정확히 신라 37대 임금인 혜공왕惠恭王 7년(771) 음력 12월 14일. 당초에는 서라벌 북천가의 대찰 봉덕사奉德寺에 시납되는데, 봉덕사는 무열왕 김춘추를 기리고자 증손인 성덕왕이 영건한 중대왕실의 대표적인 성전사원成典寺院의 하나이다. 나라에서 짓고 조정의 최고 벼슬아치가 직접 관리한 1급 국찰에 봉납된 그 사실에서 에밀레종의 격을 짐작하고도 남음이 있다.

과연 에밀레종은 위풍 넘치는 웅자와 화려한 의장意匠, 장엄한 울림으로 저 예술사의 고원高遠에 당당히 올라 있다. 그렇지만 에밀레종만큼 우리에게 당혹감을 안겨주는 예술품도 드물다.

에밀레종전설이라는 것부터 영 요령부득이다. 불가佛家의 성보聖寶에는 당최 가당찮은, 어미가 제 아이를 죽여 종이 완성되고, 그 아이의 원성이 종소리에 실려 울린다는 게 대관절 무슨 경우란 말인가. 끊임없이 질문을 던져야 하는, 존재 자체가 불가해한 미답의 세계가 곧 에밀레종이다.

미리 밝힌다면 에밀레종전설은 그 어떤 사료보다도 리얼하게 중대신라 궁중에서 벌어진 배신과 음모의 역사를 증언한다. 그 끔찍한 스토리에 귀 기울이면, 뜻밖에도 여덟 살 유소년의 몸으로 등극했으나 모후 만월부인滿月夫人의 배신으로 약관의 나이에 비명횡사한 가련한 청년 혜공왕의 외마디 절규가 들려온다. 서라벌 사람들이 하대신라 실력자들의 눈을 피해 혜공왕을 추모하는 은밀한 제식祭式에서

나지막하게 읊조리던 피 묻은 제문祭文이 에밀레종전설인 셈이다.

뿐인가. 기본구조와 양식에서도 에밀레종은 인류가 수천 년 이상 제작해 온 모든 악종류樂鐘類의 '기본윤리'에 철저하게 저항하고 있다. 예컨대 화살통에 방불한 원통과, 그것을 등허리에 짊어지고 있는 영웅적인 풍모의 거룡巨龍 등 모든 요소가 일반의 통념을 비웃는 파격의 산물들이다.

한마디로 저 허황된 듯한 만파식적 설화가 에밀레종의 절대적 조형 원리로 작동하고 있는 바, 구성요소 하나하나에 역사 속 낯선 이야기들이 서리서리 감겨 있다. 고리 노릇을 하는 정상부의 단룡은 동해용 왕으로 환생한 문무왕文武王의 형상화이며, 신룡의 등허리에서 뻗어 나온 원통圓筒은 만파식적萬波息笛을 나타낸다. 종복鐘腹에 새겨진 꽃다운 비천飛天은, 문무왕이 만파식적을 짊어진 채 동해 창파를 헤쳐 뭍으로 치달아오는 드라마틱한 장면을 찬탄하는 장엄요소다. 여기에 종체의 어깨 쪽으로 올려붙인 꽃집 네 곳에 장식된 36송이의 연꽃은 다름 아 닌 천하를 은유한다. 결과적으로 용왕이 달려오는 천판天板은 바다, 36 송이의 연꽃은 땅, 비천이 춤을 추는 종복은 하늘로 읽혀진다. 천天·지 地·해海가 삼위일체로 어우러진 하나의 우주가 에밀레종인 것이다.

이렇듯이 에밀레종에는 통한統韓 전쟁과 대당對唐 독립전쟁에서의 승리로 이 땅에 최초로 평화의 시대를 열어젖혔으되 종당에는 철저하게 괴멸되어 버린 신라 무열왕계 중대왕실 126년 동안의 욕망과 포부, 그 끝에 찾아온 허무까지 고스란히 갈무리되어 있다.

그러므로 에밀레종을 이야기한다는 것은 저 검푸른 역사의 심연에서 그들 무열왕계 중대왕실의 신산과 업고를 길어 올리는 일이며, 그들의 이상과 욕망뿐 아니라 그들의 가없는 아픔과 이룰 길 없는 비원까지 오늘의 우리 것으로 온전히 받아들이는 일이 된다.

이 글의 궁극적인 목적은 에밀레종의 탄생 배경과 그 예술성을 탐색하는 데 있다. 에밀레종전설에 은폐되어 있는 '폭력적 진실'과, 중국종에서 신라 범종으로의 진화를 추동해낸 신라 중대왕실의 이데올로기, 에밀레종의 미술사적 의의 및 거기에 담긴 신라인의 소망 등을 빠짐없이 이야기해 보려는 것이다.

그 과정에서 우리는 파란과 격동의 시대를 돌파해 우리 민족의 강역을 최초로 확정 지은 문무왕의 고독한 초상과 대면할 것이다. 아울러 황룡사 장육존상, 진평왕 옥대, 황룡사 9층탑, 사천왕사, 탈해신전, 능지탑, 대왕암, 감은사와 그곳의 쌍둥이 3층석탑, 이견대, 만파식적, 흑옥대, 일본 고야사의 옛 동종, 구 조계사종(보리사종), 오대산 상원사종, 무진사종, 황룡사대종, 그리고 설총이 제 아비의 유골로 조각했다는 원효회고상 등 신라의 변혁기를 수놓은 기념비적 유산들과도 마주치게 될 것이다. 그것들 모두 신라, 혹은 신라 중대왕실이 추구한 이념과 소망에 따라 한 타래의 실에 꿰어 있는 구슬들처럼 상보관계를 맺고 있기 때문이다.

이 글 전체의 구성을 밝히면,

제1부에서는 에밀레종전설의 실체적 진실을 훔쳐보고,

제2부에서는 무열왕계 중대왕실의 탄생 및 그들의 욕망을 개관하고

제3부에서는 신라종(성덕대왕신종)의 기호학적 의미를 공시적 관점에서 해석하고,

제4부에서는 중국종에서 성덕대왕신종(에밀레종)까지의 진화 과정을 통시적 관점에서 서술할 것이다.

아울러 부록에서는 성덕대왕신종의 명문을 읽어보고, 동북아의 유구한 주종사鑄鐘史를 함께 따라 걷게 될 것이며, 우리의 범종 연구사 등도 간단히 살펴보게 될 것이다.

한편으로 위의 여러 주제를 규명하기 위해 국문학계, 역사학계, 미술사학계, 불교학계 등의 기존 성과를 이어받으면서 또한 그 한계도 부득불 지적하게 될 것이다. 동시에 기호학과 심리학의 기초이론을 많이 준용하게 된 것은 사유思惟 대상으로서의 에밀레종의 외연이 그만큼 넓기 때문이다.

한 가지 미리 약속할 것이 명칭 문제이다. 알다시피 '에밀레종'의 정식 이름은 '성덕대왕신종聖德大王神鐘'이며, 약칭은 '신종神鐘'이고, 당초 봉덕사에 시납된 탓에 '봉덕사종奉德寺鐘'이라고도 부른다. 곧, '에밀레종'이란 이름은 전설에서 비롯된 속칭에 불과하다. 그러나

이 글에서는 친숙한 '에밀레종'을 주로 사용하고, '성덕대왕신종'은 제한적으로 사용될 것이다.

아울러 구분해야 할 것이 '에밀레종'과 '신라종新羅鐘'의 정확한 개념이다. 먼저 '신라종'은 7, 8세기의 중대신라기에 양식이 확립되고, 이후 그 양식을 고수한 신라 멸망 때까지의 신라 범종 모두를 지칭한다. 그러니까 양식상 중일 양국의 종들과 대척점에 있는 신라 범종 전체를 가리킬 경우에는 '신라종'으로 기술되고, 개별 작품으로서의 성덕대왕신종 하나만을 논할 때는 '에밀레종'으로 부르기로 약속한다.

바야흐로 1,300여 년 전에 퇴락한 신전神殿을 찾아 어두침침한 제단에 놓인 청동거울 저편에서 서성이는 우수에 찬 넋들을 우리 시대의 주술로 불러낼 시간이다. 그리하여 그들 스스로 자신들의 환희는 물론, 아픔과 절망까지를 가감 없이 털어놓도록 할 것이다. 그런 연후에 구천을 떠도는 그들의 넋을 위로하는 진혼의 향불을 피워 올리고, 아울러 '신라종'이라는 불후의 양식을 완성한 신라 장인들에게 경의의 꽃다발을 바치는 일도 잊지 않을 것이다.

2008년 부처님 오신 날에
성낙주

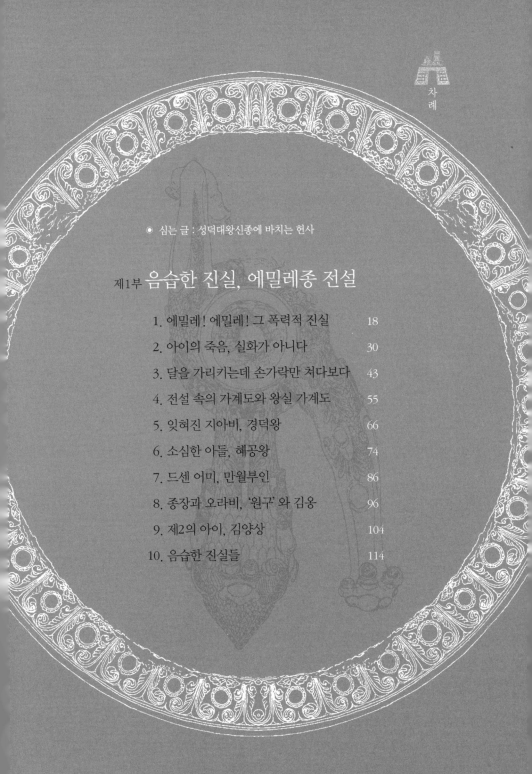

◉ 심는 글 : 성덕대왕신종에 바치는 헌사

제1부 음습한 진실, 에밀레종 전설

제4부 거장들의 세계

에밀레종의 세부 명칭(탁본은 상원사종의 같은 부분)

원통(만파식적)

용뉴(문무왕)

명문銘文

하대

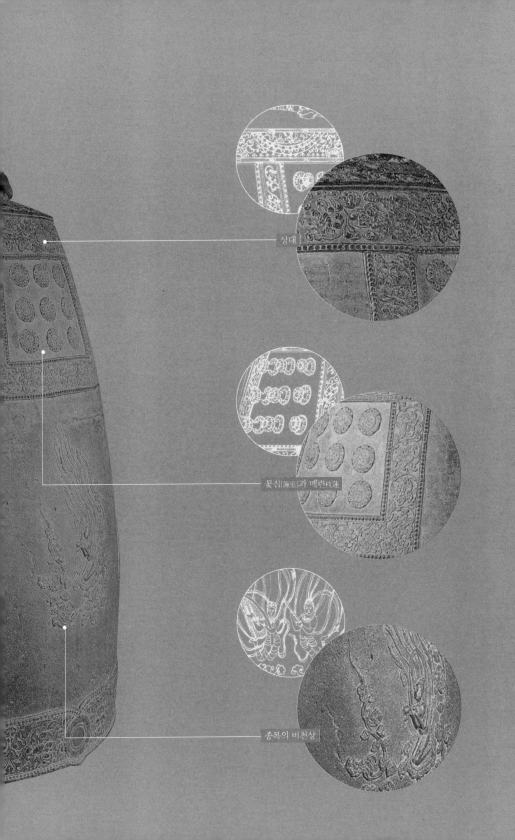

상대

꽃집(花藼)과 맥련(收蓮

종복의 비천상

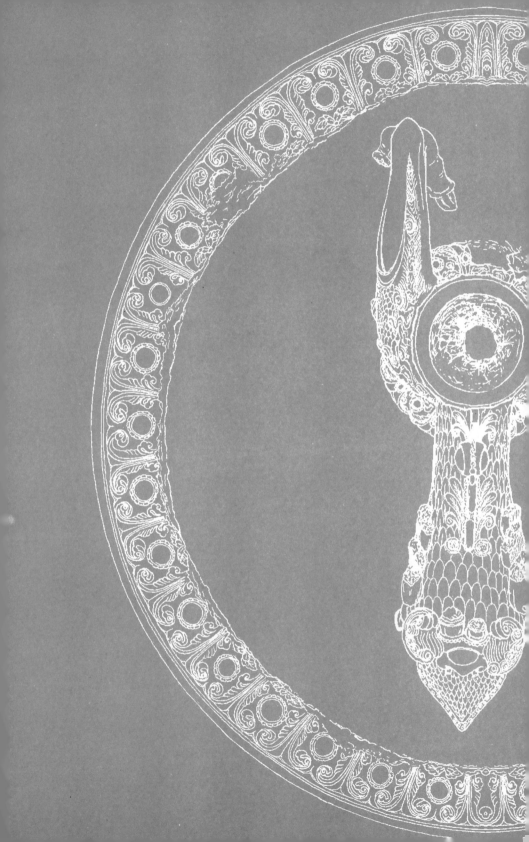

제1부

음습한 진실, 에밀레종 전설

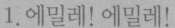

1. 에밀레! 에밀레!

천하의 신품, 잔혹한 설화

'에밀레' 라는 말은 한국인이 만들어낸 가장 슬픈 어휘 가운데 하나
이다. 흡사 '아리랑' 처럼 애절한 느낌이 물신 풍기는 음소音素만을
한 자리에 모아놓은 듯 맘속으로 읊조리기만 해도 벌써 입술이 파르
르 떨린다.

신라인은 왜 그렇듯 슬프고 애절한 낱말을 만들어냈을까.

중대신라의 마지막 왕인 혜공왕 7년(771)에 주성한 에밀
레종은 모든 신라종을 대표한다. 중국종의 무거운 갑주
甲冑를 벗어던지고 미지의 전형을 찾아 고된 여정 끝에
열어젖힌 신천지가 곧 신라종이라면, 에밀레종은 바
로 그 정수精髓에 해당한다. 감히 에밀레종이 있
음으로 말미암아 이 땅의 고단한 역사에
서 8세기를 예술의 시대요, 황금의 시
대라고 부를 수 있는 것이다. 그런

그 폭력적 진실

데 도무지 납득이 안 가는 것이 바로 그 천하의 신품에 따라다니는, 잔혹함에서 상상을 극하는 한 편의 인신공희담이다. 종을 만드는 작업이 거듭 실패하던 중 멀쩡한 아이를 펄펄 끓어 넘치는 도가니에 던진 뒤에야 그 종이 완성되었다는 전설이 그것이다. 성덕대왕신종이 '에밀레종'이라고 불리는 이유가 그 전설 때문인데, 하찮은 벌레 한 마리의 무게가 우주의 무게와 맞먹는다는 게 붓다의 가르침이거늘, 붓다의 대자대비와 진리를 표상하는 범종을 만들면서 무구한 생목숨을 앗아가다니……

백보 양보해도, 제아무리 고매한 명분으로도 아이의 희생은 미화할 수 없으며, 양해할 수도 용납할 수도 없다. 더군다나 그것이 생모와 불가의 승려가 공모한 명백한 유아살해라는 점

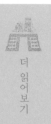

더
읽
어
보
기

종鐘인가 종鍾인가

지난 해 국립중앙박물관에서는 문화재 관련 용어를 통일한 《국립중앙박물관
전시 용어—미술사》(2007.3)를 펴냈다. 종과 관련해서는 우리 조상들이 종鐘과
종鍾을 혼용해 왔으며, 종鍾의 사용빈도가 더 높다는 점을 근거로 종鐘을 버리
고 '종鍾'으로 일원화시킨 바 있다. 실제로 성덕대왕신종의 명문銘文부터 '종
鍾'으로 표기되어 있는데, 그러나 이 문제는 다시 검토되어야 한다.

　종鐘과 종鍾은 엄연히 다른 기물이다. 종鐘은 악기樂器의 일종이고, 종鍾은
주기酒器에 해당한다. 둘 다 제례 예기禮器라는 점에서는 같지만, 소리를 내는
타명구는 '종鐘'으로 불렀으며, 술을 저장하는 단지[尊] 중에서도 큰 것을 특
별히 '종鍾'으로 구분해 칭했다(《설문해자說文解字》'종鐘' 및 '종鍾' 대목 참조).
이는 파자破字를 통해서도 입증이 되는데, 종鐘은 쇳덩이가 아이처럼 운다는
뜻에서 만들어진 글자이고, 종鍾은 특별히 무거운 쇳덩이라는 뜻인 바, 술단
지 중에서도 중량이 많이 나가는 대형을 의미한다. 아래 사진이 그 증거로, 이
낙랑시대의 유물은 술단지로서의 종鍾의 구조를 잘 보여주고 있다. 그러므로
종鍾으로의 획일적인 통일은 첫째, 불가의 성보인 범종을 '술단지'라고 부르
는 지록위마 식의 우를 범하게 되고, 둘째, 술단지로서의 종鍾과의 구별이 불

가능하다. 그밖에 악기로서의 다른 종들도 '술단지'
로 칭하는 극단적인 상황도 우려된다. 셋째, 같은 한
자문화권에서 범종을 두고 우리만 '종鍾' 자를 취하
고, 중국과 일본 등 다른 나라에서는 '종鐘' 자를 사용
하는 혼선도 고려하지 않을 수 없다.

　결론적으로 용어의 통일이 필요했다면 종鐘으로
일원화시키는 게 원의에 부합할 뿐 아니라 공연한 혼
란도 방지할 수 있었을 것이다. 따라서 이 글에서는, 성
덕대왕신종처럼 명백히 '종鐘'으로 표기된 작품이라
도 '종鐘' 자로 통일해서 사용키로 한다.

銅
鍾

高三七·八糎

낙랑 출토 술단지

에서, 또 아이의 원한이 "에밀레!"라는 종소리로 전이되었다는 점에서 그 모순은 극에 달한다.

이 글의 궁극적인 주제는 물론 중국종에서 신라종으로의 화려한 변신 과정 및 에밀레종의 예술성을 논하는 데 있다. 제3부 및 제4부에서는 그 문제가 주대상이 될 것이다. 하지만 그에 앞서 에밀레종전설에 착목하는 것은 그 이야기 속에 감쪽같이 은폐되어 있는 '폭력적 진실' 때문이다. 그것이야말로 에밀레종의 탄생 배경이며, 신라 중대왕실의 몰락이라는 궁중비극의 반사경이기 때문이다.

이제 우리의 발길을 에밀레종전설로 향하기로 하자. 혹여 어미의 허욕에 제물이 된, 그리하여 영영 구원받지 못하는 중음신中陰神으로 중유中有 공간을 떠도는 불쌍한 '아이'의 넋이 있다면, 에밀레종의 예술적 가치를 논하기 전에 그를 먼저 달래주고 가야 하지 않겠는가.

1,200년 만의 진실 찾기

설화문학 전반의 특징이지만, 전설은 종종 엘리트 역사가들이 놓쳐버린 역사의 진실을 지켜낸다. 하찮고 너절한 언어의 꾸러미 속에 역사의 미추美醜와 정사正邪와 시비是非와 청탁淸濁을 살짝 은닉해 두곤 한다. 말하자면 신화든 전설이든 현실에서 실제로 일어난 어떤 '원형적 사건'을 낯선 가면으로 위장하고 있는 형국이다. 다만 우리가 그것을 쉽게 눈치 채지 못할 뿐이다.

그런데 '원형적 사건'이 설화 형태로 발아하기까지는 오랜 숙성의 시간을 요하며, 그때는 집단적 창작 과정이 필수적이다. 천재적 개인의 두뇌가 아니라 특정집단의 가슴 속 깊이 내면화되는 과정을 거친 뒤에야 그 사건은 전설의 형태로 부활하게 된다. 그렇기 때문에 겉에 드러난 전설은 너무 비현실적이어서 얼토당토않게 보이기도 하지만, 사실은 그 안에 잃어버린 시간과 사건과 인물이 눈을 반짝이고 있다.

에밀레종전설도 마찬가지다. 그것 역시 서라벌 백성, 혹은 비판적 지식인이 직접 목격한 어떤 원형적 사건을 '집단적 무의식'으로 받아들이는 내면화의 단계를 거쳤을 터인데, 일정한 시간이 경과한 어느 시점부터 비로소 그것에 설화의 옷을 입히는 '문학화' 작업이 수행되었을 것이다. 무엇보다 전설은 신화나 민담과는 달리 구체적인 증거물―사물이든 사람이든―을 거느린다는 특징이 있다. 망부석이나 도루묵, 만파식적, 온달, 처용이나 김덕령 전설이 좋은 예인데, 에밀레종전설에도 성덕대왕신종이라는 확고부동한 증거물이 있다. 결론적으로, 에밀레종전설은 성덕대왕신종의 소리가 울려 퍼지기 시작하면서 은밀히 싹이 돋아나 오늘의 형태를 갖춰나갔을 것이다.

현재 에밀레종전설은 전국 방방곡곡으로부터 다양한 유형이 채집되어 있다. 심지어 함경도 지역의 서사무가인 〈원구님 청배請拜〉에는 무가巫歌 형태로 탈바꿈한 에밀레종전설의 이종異種이 삽입되어 있기도 하다. 이 모두는 에밀레종전설의 유구한 역사성과 질긴 생명력을 말해 주기에 충분하다. 어미가 생때같은 아이를 죽음으로 내몬다는 불가사의한 이야기가 바로 그 불가사의한 점으로 말미암아 이 땅의 이름 없는 민초들의 삶과 죽음의 현장에 굳게 밀착되어 흩어지지 않고 오늘에까지 전해 온 것이리라.

그런데 기이하게도 신라 당대로부터 구한말에 이르는 어느 사료에도 에밀레종전설은 올라 있지 않다. 유교적 합리주의에 따라 서술된, 정사의 전범이라는 《삼국사기》는 그럴 수 있다 치더라도, 우리 고대 설화문학의 남상이라 할 《삼국유사》마저도 그것을 배제하였으며, 조선 전기의 《대동야승》, 《세종실록지리지》 등에도 그림자조차 비치지 않는다. 뿐 아니라 경주 지역의 사화라면 온갖 잡다한 것까지 갈무리해 놓은 조선 후기의 《동경잡기》(1669)에까지 그것이 누락된 것은 분명 의문이 아닐 수 없다.

엘리트 계층의 찬술자들은 왜 그 이야기를 철저하게 외면했을까. 추측에 불과하지만, 그들의 윤리적 잣대로는 불가든 유가든 천진무구한 아이가 생모에 의해 도가니 속에 던져졌다는 역리逆理의 스토리를 도저히 받아들이기가 어려웠으리라.

식자층의 외면 속에 여항閭巷 간을 떠돌던 에밀레종전설이 문자로 처음 정착한 것은 구한말. 기독교 선교사로 이 땅을 찾은 H. N. 알렌, H. B. 헐버트 등 서구 학자와 선교사들의 글에 그것이 가장 먼저 등장한다.

서구 학자와 선교사들이 남긴 기록은 일본 학자들보다 수십 년 앞서는 것으로, 그들이 정리한 에밀레종전설의 스토리는 우리가 아는 내용과는 약간의 차이가 난다. 그 비극적인 사건의 연대를 조선 건국 후 한양 천도 무렵으로 설정해 종로 보신각종과 연결시켜 아이의 죽음을 태조 이성계의 강압에 의한 결과로 이해하는가 하면, 종장 스스로 자신의 딸을 바친 것으로 기록하기도 하였다. 전국을 흘러 다니던 에밀레종전설이 보신각종과 만나 접착된 결과일 터인데, 일제 때 《개벽開闢》의 자매지인 《별건곤別乾坤》 1929년 9월호에도 같은 내용이 실려 있다. 그러나 그들은 '어밀레' 혹은 '에밀레' 라는 단어의 의미를 '어미의 죄Mother's fault' 라고 풀이하는 등 그 이야기의 '폭력적 본질' 만큼은 정확하게 꿰뚫어 보았다.

채록 과정의 그러한 혼란이 바로잡히기 시작한 것은 1920년대에 이르러 설화문학 전반에 대한 인식이 제고되면서부터이다. 일본인 학자 및 우리 선학들이 경주권 및 여타 지역에 구전되던 여러 유형을 활발하게 수집하면서 비로소 성덕대왕신종의 연기緣起설화로 굳어진다. 에밀레종전설은 거리를 유전하기 시작한 지 장장 1,000년도 더 지난 다음에야 활자의 옷을 빌려 입고 새롭게 우리 곁을 찾아온 것이다.

전설의 세 유형

지금까지 채록된 에밀레종전설은 흘러온 세월만큼이나 온갖 풍상을 다 겪은 듯 원래의 줄기를 지키면서도 이리저리 갈래를 뻗어 저마다 이목구비가 다르다.

그 중에서 가장 광범위하게 퍼져있는 것은 크게 두 종류이다. 하나는 아이의 죽음이 어미의 말실수에서 비롯되었다는 이른바 '생모실언형生母失言形(이하 실언형)' 이고, 다른 하나는 어미가 종장인 제 오라비를 위해 자발적으로 아이를 바쳤다는 '자발보시형自發布施形(이하 보시형)' 이다.[1] 이 두 유형은 그 스토리는 다르지만 어미에 의해 아이가 죽음을 맞는다는 기본 모티프는 똑같다. 학계의 연구는 자연 그 두 유형을 텍스트로 삼아 진행해 왔으며, 소설이나 시, 영화, 연극, 뮤지컬 등 창작물에서도 두 유형의 스토리가 단골로 등장하곤 했다.

하지만 이 글에서는 그 두 유형에다 지금까지 별다른 주목을 받지 못하고 묻혀 있는 새로운 유형 하나를 추가하고자 한다. 제1의 아이의 희생으로 에밀레종이 회향廻向되었다는 데까지는 앞의 두 유형과 다를 바 없지만, 그 후 아이의 사촌(형)인 제2의 아이가 뒤따라 죽는다는 새로운 스토리가 덧붙은 것이다. 그러니까 실언형이든 보시형이든 본 스토리가 일단락된 뒤의 이야기인 바, 여기서는 '후일담형後日譚形'으로 부르기로 한다.

이제부터 그 세 유형의 스토리와 각각의 특징을 간단히 살펴보기로 하자.

《로얄 아시아틱 소사이어티》 표지(1925)

영화 《에밀레종》 포스터(1968)

영화 《에밀레종》 시나리오(1968)

㉮ 실언형

주종 일이 실패를 거듭하자 봉덕사 승들이 재물이나 쇠붙이를 보시받기 위해 거리로 나선다. 어느 승이 한 집에 들렀을 때 한 여인이 아이를 안고 나와, '우리는 아무 것도 없는데 이 아이라도 괜찮겠느냐'고 한다. 승이 놀라 그날은 그냥 돌아갔지만, 주종 작업이 지지부진한데다 꿈에 나타난 노인(혹은 부처님)이 그 아이를 넣어야 종이 완성된다는 계시를 내린다. 승이 다시 그 집으로 가서 아이를 잡아다가 도가니에 넣는다.

마침내 종이 완성되는데 종을 칠 때마다 그 안에 깃든 아이의 원혼이 '에밀레'라고 울부짖는다. '어미 때문이야!'라는 것이다.[2]

이 유형의 강조점은, 아이의 죽음이 '방정맞은' 어미의 말실수에서 비롯되었다는 데 있다. 비록 서사 구조가 단순해 갈등의 주체 및 인물의 캐릭터는 충분히 드러나지 않지만, 그런 한계에도 불구하고 이 전설의 '폭력적 진실'을 파헤치는 데 중요한 단서가 숨어 있다. 곧, 어미의 성품이 경박하고 무책임하다는 것이다.

④ 보시형

봉덕사에서 주종불사를 일으켰으나 실패를 거듭한다. '일전一典'이라는 이름의 종장은 주위의 비난과 조롱에 직면해 고심에 빠진다. 과부의 몸으로 그 집에 얹혀살던 그의 누이동생은 오라비의 반복되는 실패를 자신의 실덕失德 탓으로 여겨 번민 끝에 자신의 아이를 바쳐 주종불사를 완성하기로 결심한다. 누이의 청을 접한 종장은 처음에는 망설이지만 마침내 부처님의 뜻으로 여겨 그 청을 받아들인다. 아이는 도가니 속에 던져지고 종이 완성된다. 종소리가 아이가 어미를 원망하는 '에밀레'로 들린다.[3]

이 보시형은 등장인물의 수가 늘어나고 그들의 성격도 한층 뚜렷해졌으며, 인물들 상호 간의 관계도 좀더 구체적이다. 전체적으로 기승전결이 명료해지는 등 완성도가 실언형에 비해 한결 높다. 특히 어미가 과부로 설정된 점, 그녀가 종장의 누이동생으로 오라비한테 의탁하고 있는 점, 종장과 아이가 외숙과 조카 사이라는 점 등은 실언형에서는 나타나지 않던 새로운 정보이다. 특히 주목을 끄는 것이 종장에게 '일전—典'이라는 이름이 부여된 점인데, 미리 말하자면 그것에서는 설화 창작집단이 종장의 정체를 드러내기 위한 고도의 전략적 작명일 가능성이 엿보인다. 자세한 것은 뒤에서 밝힐 것이다.

마지막으로 후일담형은 1930년대에 역사학자 손진태가 함경도 무가에 삽입되어 있는 것을 학계에 보고한 것으로, 원문은 함경도 사투리의 긴 사설로 이루어져 있다. 여기서는 줄거리를 요약하는 수준에서 표준어로 다듬는다.

㉓ 후일담형

금부덕산金府德山에서 인경을 만들 때 한 화주승이 원산이네 집에 가 쇠를 달라고 하니 원산이 어미가 원산이밖에 없다고 하였다. 그 뒤 금부덕산에 인경이 만들어지지 아니 하여 할 수 없이 원산이를 잡아오도록 했다. 어미가 원산이를 아니 내놓자 화주승이 집을 뒤져 원산이를 데리고 가, 결국 원산이는 쇠탕에 떨어져 죽는다.

이때 원산이의 사촌 원목이가 소문을 듣고 금부덕산으로 올라가서 "내 사촌 원산이가 / 죽어서 인경이 되고 / 내가 살아 무엇 하리. / 나는 죽어 망치 된다." 하고 쇠탕에 뛰어들어 망치가 되었다. 그때부터 종소리는 '에미헤르르, 에미헤르르!' 한다. "에밀 혜를 뽑아 신창을 받아 신어도 애석치 않겠소이다."라는 뜻이다.[4]

어미의 실언으로 말미암아 제1의 아이인 원산이가 죽고, 제2의 아이인 사촌 원목이가 스스로 용탕에 뛰어들어 쇠망치가 되었다는 것

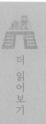

에밀레종전설을 채록한 서구학자의 초기 자료들

● H. N. Allen, "Places of interest in Seoul—with history and legend", *The Korean Repository*, 1895.4. ● H. B. Hulbert, "The Korean Legend on the 'Spirit of the Bell'", *The Korea Review*, 1901. ● Constance J. D. Coulson, "The Sights of Seoul", Korea, 1910. ● Frank Elias, "Korea-chapter4(Palaces, Bells, and Dogs)", *The Far East(china, korea, japan)*, 1911. ● E. M. Cable, "Old Korean Bells", *Royal Asiatic Society XVI*, 1925.

에밀레종전설 수록 초기 자료집(일문·국문 자료)

		실언형	보시형	후일담형	비고
1	《조선동화집》(中村亮平, 1926)	○			
2	《조선경주지미술》(中村亮平, 1929)	○			
3	《경주の 전설》(大坂六村, 1932)		○		장인 이름, 하전下典
4	〈신화전설의 신라〉, 《조광》 창간호(송석하, 1935)		○		장인 이름, 하전下典
5	《조선무격의 신가》, 《청구학총》 22(손진태, 1936)	○		○	
6	〈박한미〉, 《조선명인전》 2(고유섭, 1939)		○		종장이 자신의 딸을 희생시킴
7	《조선の 신화と 전설》(신래현, 1943)	○			장인 이름, 하전下典
8	《조선전설집》(이홍기, 1944)	○			
9	《경주의 고적전설》(최상수, 1947)	○			
10	《고도승지대관》(이무영 편, 1948)		○		장인 이름, 일전一典
11	《신라사화》(손대호, 1950)		○		장인 이름, 일전一典
12	《경주의 고적과 전설》(최상수, 1952)	○	○		실언형과 보시형 함께 수록. 장인 이름, 일전一典
13	《신라문화와 경주고적》(김영기, 1953)		○		장인 이름 없음
14	《신라야화》(손대호, 1955)		○		
15	《한국구전설화》(경상남도편 II, 임석재, 1993)	○		○	
참고	《범종》1권(홍사준, 1978)		○		중국전설

이다. 앞의 두 유형에서는 그림자조차 비치지 않던 아이의 사촌이 갑자기 출현한 셈인데, 그 점은 '원형적 사건'을 이해하는 데 시사하는 바 크다. '원형적 사건'에서도 제1의 아이에게 사촌이 있었을 개연성이 점쳐지기 때문이다. 더욱이 후반부의 '어미의 혜를 뽑아……' 운운하는 대목은 아이와 어미의 관계가 심상찮음을 한층 극명하게 보여준다. 어미에 대한 아이의 저주가 도를 넘고 있어 이 전설의 성격이 보다 확연해진 때문이다.

한편 중국에도 주종과 관련한 인신공희담이 전해내려 온다. 간단히 소개하면, 당의 국도 낙양(장안의 오기로 보인다)에 한 주종장이 국명으로 명종을 주조하려고 여러 번 시도하였으나 번번이 실패한다. '고은애高恩愛'라는 주종장의 딸이 아버지의 소원을 성취해 달라고 천지신명께 기도한 후 가마 속으로 몸을 던진다. 종이 완성된 후 종소리가 애조를 띤 '고―은―애―'와 같이 들린다.[5]

이야말로 전형적인 효행담인데, '고은애'라는 딸의 이름은 우리식 이름인 '고은 아이'를 한자음으로 차용한 듯한 느낌을 준다. 확언하기는 어렵지만 에밀레종전설이 중국으로 역수출되었을 가능성이 읽혀지는 대목이다.

이와 같이 에밀레종전설의 세 유형은 등장인물이나 스토리에서 차이가 있지만 어미의 과오 내지 욕망으로 말미암아 아이가 희생되었다는 골격 자체는 그대로 견지하고 있다. 창작집단이든 유통집단이든 '원형적 사건'에 감춰진 '폭력적 본질'을, 특히 그것이 어미와 직결되어 있음을 꿰뚫어보고 있었을 뿐 아니라, 전승 과정에서도 그것이 비틀리거나 탈색되지 않고 잘 보전해 왔음을 알 수 있다.

아이를 잡아먹은 도가니

도가니는 원석이라는 온갖 잡스러운 물질의 덩어리에서 가장 순수한 요소만을 걸러내어 제2의 생명체를 낳는 자궁, 곧 창조와 갱생의 모태이다. 인간이 일상생활에서 사용하는 대부분의 이기利器는 도가니가 아니면 태어날 수 없으며, 그중에서도 범종의 도가니는 가장 특출한 자궁이요, 순후한 모태이다. 단순한 생활용구나 살생도구가 아닌, '종鐘'이라는 성물聖物을 잉태하기 때문이다.

그러나 에밀레종전설에서의 도가니는 그 역할이 이중적일 뿐 아니라, 상호 모순된다. 종을 완성한 점에서는 은혜의 자궁이지만, 아이를 잡아먹은 점에서는 초열지옥이요, 화탕지옥이다. 곧, 아이에게 우리의 눈길을 고정시키면 아늑하고 편안한 어미의 자궁이 아니라 고통과 절규와 분해와 연소와 증발의 연옥煉獄이다.

이렇듯이 에밀레종전설을 구성하는 신화소 하나하나는 겉모습과는 사뭇 다른 성격을 갖는다. 그러므로 각각의 신화소를 파악하는 일은 에밀레종전설의 함의를 드러내는 데 있어 핵심사항일 뿐 아니라 가장 시급한 과제이기도 하다.

그동안 관련 학계는 에밀레종전설을 놓고 딴은 다양한 해석을 시도해 왔다. 그것들은 효행담설, 사신공덕담설, 일본 학자의 조작유포설, 종소리의 여운 상징설, 무도한 권력 고발설 등으로 정리할 수 있는데, 모두가 아이의 죽음이 실화라는 전제 하에 출발하고 있다. 말하자면 아주 오랜 옛날부터 인간 사회에 보편적 풍습으로 자리 잡고 있던 인신공희人身供犧의 재연으로 이해해 온 것이다.

김열규의 다음과 같은 견해가 바로 그러한 통념의 연장선상에 있다.

종의 생김새 그것은 모성답다. 무엇보다도 감싸 안음의 현상으로서 그렇다. 보호하고 품고하는 이미지가 농후한 게 범종이다.……생모 곁을 떠나서 애기는 이 범종이라는 대모에게 안긴 것이라고 하면 상상이 지나친 것일까?……한 개인의 어미 품에서 놓여난 애기는 온 누리에 그 보람을 울릴 종의 품에 안긴 것이라는 관념이 가능할 것도 같기 때문이다. 이리하여 애기의 '에고'는 개인적 차원의 어미를 넘어선, 초자아와 동화된 것이라는 읽기도 가능해지는 것이다.……애기의 살은 살대로 종의 살로 재생되고 뼈는 뼈대로 종의 골격으로 환생하고, 그리하여 드디어는 애기 울음이 종의 울림으로 거듭난 것.[6]

요컨대, 아이의 죽음이 에밀레종의 완성을 위한 '슬프지만 거룩한 희생'이라는 것이다. 거기에 덧붙여 김열규는 다시 그 야만적인 스토리에서 '비悲'와 '성聖'의 요소를 동시에 추출해 '슬픈 연금술'이라는 현란한 수사까지도 마다하지 않고 있다. 그러나 어미가 제 자식을 용탕 속에 던진 기막힌 패륜극이 어찌 '지극히 인간적인 이야기이면서도 극진한 불심의 이야기'가 되겠는가.

그렇다고 한다면 남도 아닌 제 어미에 의해 천진무구한 아이의 여린 사지가 펄펄 끓는 쇳물과 뒤섞이고 말았다는 이 기막힌 사연을 대체 어떻게 받아들여야 할까. 에밀레종을 만드는 과정에서 그런 '말도 안 되는' 사건이 진짜로 일어나긴 했던 것일까.

따라서 지금 이 순간 우리가 무엇보다 먼저 해야 할 일은 아이의 죽음이 사실인지를 명쾌하게 확인하는 작업이다. 그리하여 만약 전설의 내용이 사실임이 입증된다면 위와 같은 관점은 당연히 존중되고 수용되어야 하겠지만, 정반대의 결론이 나온다면 그때는 청산이 불가피할 것이다.

일단 '인신공희'란 게 무엇인지, 또 이 땅에서는 인신공희가 어떻게 전개되어 왔는지를 돌아보기로 하자.

인신공희의 역사

불가항력적인 재앙에 직면한 집단에서 정결한 육신을 바쳐 공동체의 안녕과 구원을 도모하는 데는 동서고금의 차이가 없었다. 그 중에서도 훗날 짐승으로 대체되었다고는 하지만, 오직 신을 기쁘게 할 양으로 아이가 제물로 던져졌다는 중남미의 아즈테그 및 잉카제국의 사례가 세계적으로 유명하다. 또한 서양 쪽으로 시선을 돌리면 당장 떠오르는 것이 저 《일리아드》, 《오디세이》의 영웅 아가멤논이 트로이

정복에 나서는 그리스 연합함대의 무사항해를 위해 자기의 큰딸 이
피게니아를 제물로 바친 일이다. 거기에 《구약성경》〈사사기士師記〉
11장도 인신공희가 핵심 사건으로 부각되어 있는데, 유대의 지도자
인 입다라는 인물이 신과의 약속을 지키고자 통곡 속에 딸을 번제물
로 바치는 파국으로 끝난다.

이러한 인신공희는 우리한테도 그리 낯선 풍경이 아니다. 가장 이
른 자료가 《삼국지》〈위지〉 '동옥저' 조이다. 거기에는 "그들의 습속
은 해마다 7월이면 동녀童女를 구하여 바다에 집어넣는다"는 구절이
보인다. 이 땅에서도 인신공희의 연대가 상당히 거슬러 올라감을 알
수 있거니와, 훨씬 훗날이지만 개성의 최영장군 사당이나 강원도 속
초의 비룡폭포, 울릉도 황토구미의 서낭당 등에도 처녀를 바친 것으
로 전승되어 온다.

여기에 교각을 세우고 집을 짓고 둑을 쌓을 때 공사의 무탈한 마무
리를 염원하면서 인신을 매몰시키는 소위 인주설화人柱說話도 인신공
희의 연장선상에 있다. 고려조 무신동란기의 실력자 최충헌이 대저택
을 신축하면서 주초석 밑에 동남동녀를 묻었다는 이야기는 일례에 불
과하며, 조선조 성종 25년(1494)에도 여러 왕자와 옹주가 집을 고쳐 지
으면서 어린아이를 주초석 아래 매장했다는 풍문이 경중京中에 파다해
민심이 흉흉해진 적도 있었다. 중종 23년(1528)에는 경상도 상주의 성
동이라는 자가 집을 지을 때 이웃의 심씨와 이씨의 아이들을 파묻은
사실이 뒤늦게 발각되었다고도 한다. 한편, 제방 공사 때 사람을 산 채
로 넣었다는 전설이 전국적으로 여러 편 채집되어 있는데, 벽골제의
경우 '벽골甓骨'이란 말 자체가 사람의 뼈를 뜻한다고 하며, 가깝게는

〈이피게니아의 희생〉, 지오반니 바티스타 작(1770)

〈입다의 딸의 희생〉, 크렘저 시이트 작, 18세기, 비인 바로크 미술관

일제 강점기 때 벽골제 모습(사진 엽서)

20세기 들어 압록강 수풍댐 건설 때도 처녀를 희생시켰다는 이야기가 있다.

요컨대 인신공희는 행위의 원초적인 잔인성에도 불구하고, 오히려 그 잔인성으로 말미암아 심술 맞고 변덕스러운 절대적 존재와의 소통 수단으로, 혹은 절대적 존재를 감화시키는 지극한 정성의 표현방식으로 이 땅에서도 20세기까지 끈질기게 이어져온 것이다.

이러한 역사적 맥락에 비춰볼 때 에밀레종전설이 인신공희담이라는 데에는 누구도 이의를 달기 어려우며, 일견 자연스럽기조차 하다. 주종작업이 번번이 좌초되는 상황에서 어떤 대가를 치르더라도 마무리하고픈 욕망을 그 주도자들이 충분히 품었음직하기 때문이다. 무엇보다 난관에 봉착한 주종불사가 아이를 희생시켜 마침내 성공하게 되었다는 그 스토리를 증명이라도 하듯, 실물로서의 에밀레종이 우리 눈앞에 어엿이 존재하고 있지 않은가.

바로 이 지점에서 혼란이 일어난 것이다. 인신공희

담의 외양에 현혹되어 아이의 죽음을 실제로 일어난 사건으로 받아들인 것이다. 하지만 이야기로서의 설화와 그것이 실화인지의 여부는 하등 관계가 없는 별개의 문제이다. 설령 한 편의 전설이 제법 '그럴싸한' 스토리와 구조를 갖추고 있다손쳐도 그 이야기를 실화라고는 보증해주지 않는다. 전설은 '날 것'으로서의 사실을 그대로 기록하는 역사서가 아니기 때문이다. 흔히 전설은 그 '날 것'으로서의 사실을 뒤집고 비틀고 색칠을 가해 전혀 다른 모습으로 철저하게 위장한다. 그리고 그 점이야말로 문학 본연의 속성이며, 거기에 문학의 묘미가 있고, 존재 의의가 있다.

에밀레종전설이 실화가 아닌 까닭

미리 결론을 내리고 이야기를 풀어가도록 하자. 당시 신라 사회의 성숙도나 종교사상적 동향, 혹은 금속기술의 진전 정도 등을 생각할 때 아이가 용암처럼 끓어 넘치는 쇳물에 진짜로 던져졌을 확률은 단 1퍼센트도 없다.

첫째, 근대까지 이 땅에서 인신공희가 끊임없이 자행되어 온 것은 사실이지만, 거기에는 한 가지 뚜렷한 공통점이 있다. 공개된 장소에서 버젓이 행해진 것이 아니라 대부분 음습한 어둠 속에서 은밀하게 진행되었다는 점이다.

그렇지만 에밀레종의 주조는 처음부터 중대왕실과 조정 및 불교계가 공개적으로 추진한 거국적인 불사였다. 선대왕의 위업을 기리는 성물을 제작하는, 그야말로 터럭만큼의 부정도 터부시되는 조심스러운 상황에서 참여집단 모두가 아이를 제물로 삼는 야만스러운 짓을 방조 내지 동의했으리라고는 도무지 믿어지지 않는다. 당장 현장에서 작업에 임하는 수많은 인력의 눈을 피할 수 있는 묘책이란 있을 수 없었으며, 가장 결정적인 의문은 그것이 다름 아닌 범종 제작과 관련되었다는 사실이다. 불음佛音 자체인 종소리를 위해 생목숨을 앗는 행위는 무간지옥에나 떨어질, 그야말로 불교의 근간을 뒤흔드는 끔찍한 죄악 아닌가. 아이의 죽음은 결코 묵인될 수도 용인될 수도 없는 일이다.

둘째, 신라 사회에서는 불교 공인(527) 이전부터 그런 허망한 죽임에 대한 반성 차원의 각성이 대대적으로 일어나고 있었다. 지증왕 때인 502년에는 순장殉葬을 국법으로 금했으며, 불교가 들어오면서는 붓다의 자비정신이 사회 전반으로 확산되어 갔다. 원광법사의 세속오계 중 '살생유택殺生有擇'이라는 것도 실은 그러한 시대조류의 반영으로, 국가의 안위문제와 불교의 자비사상과의 절묘한 타협의 산물이었다.

육재일과 봄·가을에는 죽이지 않는 것이니 이것은 시기를 가리는 것이다. 말·소·개 등을 죽이지 않고 고기가 한 점도 되지 못하는 세물을 죽이지 않는 것이니 이것은 물건을 가리는 것이다. 이런 것도 또한 다만 쓸 만큼만 하고 많이 죽이지 말라는 것이다. 이것이 바로 세속의 좋은 계명인 것이다.

—《삼국유사》〈의해〉편 '원광서학' 조

이런 예들은 신라 사회의 성숙도를 가늠하는 척도가 되기에 충분한데, 참고로 백제에서는 29대 법왕法王(재위 599~600)이 일체의 살생을 금해 민간의 새들을 풀어주고, 어렵 도구를 불사르게 한 일까지 있었다(《삼국유사》〈흥법〉편 '법왕금살' 조).

에밀레종이 완성된 8세기 중후반이면 지증왕의 순장 금지로부터 260여 년이나 경과한 시점이고, 그때는 불교가 이미 신라 사회에 깊이 뿌리를 내린 뒤였다. 그렇다고 한다면 당시 신라 사회가 인신공희라는 야만적 인습을 전면적으로 부정하는 도도한 물결 위에 서 있었다고 판단해도 무리는 아닐 것이다.

셋째, 당시의 금속 용융기술이나 연료 사정 및 도가니의 구조와 크기 등도 고려해야 한다. 도가니라면 오늘날의 제철공장의 초대형 용광로를 연상하기 쉬우나, 고대에는 12만 근의 구리를 일시에 감당할 만한 크기의 도가니는 존재하지 않았다. 그래서 덩치 큰 기물을 제작할 때에는 부득불 소형도가니를 수십 개, 혹은 수백 개 이상 동원하는 것이 통례였다.

언필칭 12만 근의 구리가 소요되었다는 에밀레종의 경우에는 도가니가 몇 개나 사용되었을까. 이 문제에 대한 연구가 있어 원문 그대로 인용한다.

8세기에는 대형의 쿠폴라(용광로)가 없고, 대개 큰 도가니(크루시블, 객량 150킬로 최대)를 써서 철·동재를 녹이는데, 입중 12만 근의 신종 같으면 480개의 용광로가, 황룡사 거종 같으면 입중 49만7581근이니까, 1990개의 도가니가 필요했을 것이다. 종을 주성할 때, 산더미 같은 주형 가까이에 480개, 1990개의 도가니에다 쇳물을 끓여 한꺼번에 부어야 할 터이니, 멀리 있는 도가니는 거리가 머니까 오는 도중에 온도가 내려가서 주형에 붓기 전에 응고하기 시작…….[7]

《천공개물》에 수록된 주종장면.
《천공개물天工開物》은 명나라 말기인 1637년에 송응성宋應星이 지은 중국 최초의 고대기술백과전서로 '주조鑄造' 편에 종을 만드는 과정이 도판을 곁들여 상세하게 설명되어 있다.

현 보신각종 주종 당시 용광로 모습.

480개까지는 아닐지라도 꽤 여러 개가 소용된 것만은 분명한데, 그 하나하나의 크기는 오늘날의 양동이보다 훨씬 작았다. 그런 미니도가니에 아이를 넣는다는 것은 차마 상상하는 것조차 끔찍한 엽기적인 방법이 아니고서는 불가능하다.

다소 번거롭지만 주종 불사의 어려움에 대해 알아보기로 하자.

주종 작업의 전 공정에서는 도가니 관리 문제가 제일 큰 비중을 차지한다. 길일을 받아 거기에 맞춰 수백 개의 도가니에 원석을 투입한 뒤 여러 날 동안 수백, 혹은 수천 명의 인원이 교대해 가면서 땔감을 나르고 불을 지피고 풀무질을 하는 일이 밤낮으로 계속된다. 오직 받아놓은 날의 정해진 시각을 향해 종장의 지휘에 따라 일일이 불길을 조절하면서 수백 개의 도가니 속의 용탕 빛깔을 확인해 모두 똑같다고 판단이 들 때, 승려들의 독경 속에 주입이 시작된다. 그때는 인부들이 각 도가니들의 용탕을 저마다 쇳물받이에 받아 일사분란하게 운반해 거푸집 상단에 뚫어놓은 단 몇 개의 주입구를 통해, 최대한 짧은 시간 내에 부어야 한다. 만의 하나 거푸집 내부로 흘러들어간 첫 번째 도가니 쇳물과 마지막 도가니 쇳물 사이에 온도차가 발생하면 실패로 돌아갈 확률이 높다. 1985년에 새로 주성한 보신각종의 경우를 예로 들면, 용량 2톤의 용광로 13개에서 용해시킨 쇳물을 용량 8톤의 쇳물받이Ladle 4개에 옮겨 거푸집 주입구에 붓는 데 소요된 시간이 단 10분 45초였다.

이와 같이 주종작업이란 군사작전에 방불한 대단위 프로젝트로, 한 단계 한 단계의 과정에 한 치의 오차도 허용되지 않는다. 그런 연유로 대형종의 주조는 거국적인 차원의 사업이 될 수밖에 없었고, 도가니 용량의 확장은 주물 부문의 오랜 숙원 중 하나였다. 그것은 제련 기술이나 도가니의 질료 및 연료 문제 등이 복합적으로 해결되어야 하는, 한 사회의 총체적인 역량의 향상 속에서만 기대할 수 있는 일이었다.

참고로 첨단장비와 기술을 자랑하는 20세기 후반에 들어와서도 대형종을 만들 때는 통상 십수 개의 도가니가 동원된다. 지난 1985

년 8월 15일 광복 40돌을 맞아 종로 보신각의 신종新鐘 제작 때의 도
가니 수는 13개였고, 1989년의 '석굴암대종'은 12개, 1997년의 '부
산시민의 종' 때는 14개, 2001년의 '경북대종' 때는 12개였다.

한편, 사람 몸에서 배출되는 인燐 성분이 탈산제脫酸劑로 쓰였고, 아
이의 희생은 그것을 노린 것이라면서 실화라는 견해를 펴기도 한다.
하지만 어린아이의 육신에서 추출 가능한 인은 극히 소량으로 약 12
만 근의 거종─1997년 실측 결과 현재 실제 중량은 18.9톤으로 밝혀
졌다─을 감당하기에는 턱없이 미흡하다. 설령 아이를 넣었다고 해
도 인의 양이 워낙 미미해 측정 자체가 무의미하며, 굳이 아이의 육신
이 아니어도 허공에 부유하는 많은 화학원소 가운데는 인 성분이 섞
여 있다. 그러한 까닭에 모든 기물에는 일정량의 인이 함유되어 있다
는 건 상식에 속한다. 따라서 에밀레종에서 미량의 인 성분이 검출되
었다고 해서 전설이 사실이라는 주장은 논리의 비약일 따름이다.

지금까지의 결론은 하나이다. 죽은 아이든 살아 있는
아이든 도가니 속에 던져지는 장면은
일어나지도 않았고, 일어날 수도
없었다.

그렇다면 묻지 않을 수 없는 것이,
에밀레종전설은 아무런 근거도
없는데 그냥 지어낸 허무맹
랑한 이야기일까. 그럴 가
능성 또한 전무하다. 그것이 순전
히 가공의 스토리라면 현대까지 경주를 넘어 전국

❷ 익산 미륵사지 출토,
높이 16.8cm

❶ 경주 월성 해자 출토,
높이 5.8cm

❸ 부여 쌍북리 출토,
높이 18cm

현재까지 출토된 삼국 및 통한신라 때의 도가니
는 대부분 20센티미터 미만의 소형이다. 아이
를 산채로 넣는다는 것은 처음부터 불가능하다.

각처에 광범위하게, 그것도 다양한 형태로 떠다니고 있는 현상을 설명할 길이 없기 때문이다. 따라서 현재로서는, 설화창작집단의 입장에서 그런 끔찍한 스토리를 빌리지 않으면 도저히 표현이 불가능하다고 판단함직한 어떤 '불행한 사건'이 실제로 일어났다고 보는 게 가장 자연스럽다. 바로 그것이 이름 없는 민중의 기억에 용해되고 세월에 씻기면서, 혹은 그들의 생과 사의 현장에 깊숙이 침전되어 오늘에까지 살아남은 것이다.

3.
달을 가리키는데
손가락만 쳐다보다

근친에 의한 유아살상담

손가락으로 달을 가리키나, 달은 안 보고 손가락만을 쳐다본다.

이는 불가에 전하는 고전적인 비유이다. 이 비유를 설화문학에 빗대어 말하면, '손가락'은 '전설'에, '달'은 '원형적 사건'에 해당할 것이다. 만약 '달은 안 보고 손가락만 쳐다본다.'고 지적한다면 겉으로 드러난 스토리에 집착해 정작 그 뒤에 감춰진 역사적 진실은 놓치고 말았다는 이야기가 된다.

유감스럽게도 에밀레종전설에 대한 그동안의 풀이가 꼭 그런 경우에 해당한다. 아이의 죽음이 실화라는 선입견에 사로잡혀 '원형적 사건'은 도외시한 채 단지 그 이야기의 성격을 분류하는 1차적인 수준에 대부분 머물러 있기 때문이다. 더욱 곤란한 점은 그런 유형 분류조차도 곡해로 점철되어 있다는 사실이다. 따라서 본격적인 논의에 앞서 기존의 주장을 좀더 냉정한 눈길로 차근차근 검토하기로 한다.

첫 번째 순서는 효행담이다. 인간사회에서 '효孝'라는 것은 부모와 자식 간에만 발생하는 만고불변의 가치이며, 그때의 부모와 자식의 자리는 하늘도 대신하지 못한다. 대체 불가능한 바로 그 절대성으로 말미암아 부모 자식 사이는 인륜人倫이 아닌 천륜天倫으로 표현되는 것이다.

다음은 효행담설을 강조해 온 최래옥이 제시한 '효행담의 기본도식'이다.

ⓐ효자가→ⓑ가장 소중한 것을 희생을 하였더니→ⓒ기적이 일어나→ⓓ 부모에게 효도가 되었다.[8]

이 도식은 효행담의 기본요건을 잘 보여준다. 효행담이 성립하려면 행위자로서의 자식과 수혜자로서의 부모가 함께 등장해야 하고, 아울러 희생자인 자식이 스스로의 의지로 희생을 택해야 한다. 그런 점에서 아버지의 개안開眼을 위해 인당수에 몸을 던진 심청沈淸이나 노모를 위해 자식을 땅에 묻으려다가 뜻밖의 석종石鐘을 얻게 되는 손순遜順의 이야기(《삼국유사》 '손순매아' 조)는 영락없는 효행담이다. 그러한 사실은 두 이야기를 위의 도식에 대입하면 금방 드러난다.

ⓐ심청이→ⓑ아버지의 개안을 위해 목숨을 바쳤더니→ⓒ환생해 중국 황후가 되고→ⓓ아버지가 눈을 떴다.

ⓐ손순이→ⓑ노모를 위해 자식을 버리고자 했더니→ⓒ석종이 발견되어 →ⓓ노모에게 큰 효가 되었다.

자식이 스스로 자기 목숨이나 제 자식을 버린다는 것, 그 행위가 하늘을 움직여 소망이 성취되거나 진물을 얻게 된다는 것, 결과적으로 아버지가 눈을 얻고 노모를 편안히 모시게 된 것 등은 똑같이 효행담의 조건을 충족시킨다. 이밖에 고기가 아니면 먹지 아니 하는 어머니한테 자신의 살을 베어준 신효, 흉년으로 말미암아 굶주려 죽게 된 아버지를 위해 역시 제 살을 도려낸 향득 등 《삼국유사》의 다른 이야기들도 마찬가지다. 하지만 에밀레종전설의 경우를 도식으로 그려보면 그 양상이 전혀 다르다.

　　ⓐ어미가→ⓑ아이를 희생시켰더니→ⓒ종이 완성되어→ⓓ오라비에게 도움이 되었다→ⓔ종소리에 '에밀레' 라는 원성이 깃들어 있다.

　일단 효의 대상인 어버이도 효의 실천자인 자식도 그림자조차 내비치지 않는다. 그들 자리를 엉뚱하게도 '외숙' 과 '조카' 가 대신 차지하고 있을 뿐이다. 더욱이 희생자인 아이는 자신의 뜻은 고사하고 영문도 모른 채 어미 때문에 가장 처참하게 죽어간다. 모든 면에서 효행담의 기본조건에 어긋나는 것이다.
　다른 무엇보다 기본도식에는 없는 ⓔ단계는 에밀레종전설의 폭력적 본질을 유감없이 드러낸다. 흔히 원과 한을 품고 원통하게 죽은 사람의 혼령을 '원혼malinant spirit', 혹은 '원령offended ghost' 이라고 하는데,[9] 전설 속의 아이야 말로 종소리와 함께 영원토록 현재진행형으로 기억될 그 원령이다.

김제 금산사 석종 부도, 보물26호

또한 여러 효행담의 공통점 중 하나로 지적할 수 있는 것이 결말 부분에서 모든 갈등이 해소된다는 점이다. 하지만 에밀레종전설에서는 아이의 원성이 종소리를 타고 계속 유전한다는 점에서 그 갈등이 오히려 증폭되는 양상을 보인다. 이 점 역시 에밀레종전설만의 특징이자, 그것이 효행담설로 보기 힘든 결정적인 항목이 된다.

정리하면, 오라비를 위해 어미가 자식을 죽인 행위는 결코 효의 실천이기는커녕 '효'라는 말 자체를 갖다 붙이는 것부터 어불성설이다. 따라서 이 전설이 효행담이라는 주장은 억측의 수준을 넘는 이율배반이며, 몰가치적이다. 요컨대 에밀레종전설은 근친에 의한 유아 살상담으로 새롭게 정의되는 것이 마땅하다.

반反불교적인 불교설화

에밀레종전설을 사신공덕담捨身功德談으로 분류하는 관점 또한 납득하기 어렵다. 역시 그 내용이 실화라는 고정관념 위에서 아이의 희생을 불교의 호국사상 및 왕실기복신앙이 결부된 일종의 종교의식으로 풀이하고 있는데, 그러한 견해 가운데 두 편만 골라본다.

㉮ 호국적이며 왕실 불교로서 융성된 신라 불교의 성격을 고려할 때, 봉덕사종 설화에는 여아를 희생물로 했다는 데 상징성이 있다. 여아나 동녀는 사회악에 감염되지 않은 순결성과 여성 지향적인 생번력을 가졌다는 데서 희생물로서는 적격이다. 따라서 이 설화에 있어서 여아의 희생은 국가와 민족의 번영을 위한 종교적 의식에서 기인한 설화로 보는 것이 더

타당할 것이다.[10]

④ 우리나라 불교설화에서도 보시공덕설화는 그 비중이 매우 높다. 불국사와 석굴암을 세운 '김대성설화'는 재물을 바친 대표적인 예이고, 《심청전》의 근원설화이기도 한 '관음사연기설화'나 '봉덕사의 신종'에 얽힌 설화는 몸을 바치는 사신시捨身施의 좋은 보기이다. 스스로의 몸이 진정한 보시물이 될 수 있다는 생각은 보살행이 얼마나 난행인가를 깨우쳐 주려는 의도에서 생성되었다고도 본다.[11]

이뿐만이 아니다. 불교학자 정태혁은, 멀게는 인도의 힌두교와 밀교, 가깝게는 신라 이차돈의 순교설화에 의탁해 아이의 희생을 밀교密教의식의 일환으로 풀이하기도 했다.[12]

과연 아이의 죽음을 사신공덕의 거룩한 이야기로 볼 수 있을까. 두말할 것 없이 사신공덕이란 진리를 위해, 혹은 남을 구하기 위해 스스로 신명을 바치는 행위를 가리킨다. 그것은 보살행의 여섯 덕목인 육바라밀六婆羅密의 하나인 보시바라밀布施婆羅密 중에서도 최고의 덕목으로 꼽힌다.

그러한 사실은 '보시布施'라는 단어의 원의를 새겨볼 때 더욱 확연해진다. 간단히 풀이하면 남에게 물질을 주는 행위는 '보布'라 하고, 스스로의 고통을 감내하여 은혜를 베푸는 행위는 '시施'라 한다. 헌데 그것이 실다운 보시가 되기 위해서는 일정한 조건이 충족되어야 한다. 곧, 베푸는 자와 받는 자, 그리고 시물施物 등의 세 가지 모두가 일체의 오욕에 물듦이 없이 맑고 깨끗한, 이른바 삼륜청정三輪淸淨의 상태라야 보시라는 이름에 값하게 된다. 곧 터럭만큼의 사특함도 없을 때에만 그 세 개의 바퀴가 무난히 굴러가서 보시의 궁극적 경지에 이를 수 있는 것이다. 그래서 같은 보시라도 청정한 마음에서 하는 정시淨施와 사사로운 복을 구하는 마음에서 하는 부정시不淨施의 두 가지로 구분하는 게 통례이다.

뿐 아니라 시물 자체도 상·중·하의 세 단계로 나누어진다. 예컨 대 음식은 하품에 해당하고, 귀중한 보물은 중품, 마지막으로 신명身 命은 상품이라 하여 제일 높게 평가한다. 자신의 신체나 생명 자체를 바치는 사신捨身 행위야말로 보시바라밀 중에서도 최상위에 자리하 는 것이다.

이 사신정시의 예화는 우리의 옛 사적에 풍부하게 남아 있으며, 하 나같이 스스로의 의지가 중요한 전제가 된다. 불교 공인을 위해 스스 로 죽음의 길을 걸어간 이차돈은 차치하더라도, 사냥의 즐거움에 취 한 구참공에게 불살생의 계를 깨우쳐주고자 자신의 살을 떼어준 혜 숙의 행위도 오직 스스로의 선택을 절대조건으로 하는 사신공덕의 참모습을 잘 보여준다. 신라 말엽 금강산 건봉사乾鳳寺 에서 있었다는 만일염불회의 집단적인 소신燒身 공양 사건 또한 참여자 개개인의 신앙적 결단에 따라 행해진 것일 뿐이다. 심지어 김동리의 단 편 〈등신불〉의 주인공도 오직 자의로 소신 공양 을 결행하고, 불교의 울타리 밖에 있는 '태종우 太宗雨' 설화의 태종(이방원)도 스스로 장작더미 위로 올라가는 살신성인의 자세로 끝내 하늘을 감응시켜 비를 내리도록 하여 백성을 구한다.

　　바로 이 점, 모든 사신담의 주인공이 스스로 신명을 바친다는 대목은 에밀레종전설의 스토리와 극명하게 엇갈린다. 만약 어미가 오라비의 거듭되는 실패를 진정 자신의 실덕 탓으로 여겼다면 스스로의 희생으로 그 실덕을 씻어내는 게 도리이다. 그러나 정작 어미 자신은 뒤로 쏙 빠지고, 오라비의 작업과는 아무런 상관이 없는 철부지 자식을 쇳물 속으로 떠다미는 악행을 저지른다. 그 결과를 보면 어미의 행위가 갖는 패륜성이 단박 드러난다. 종이 완성되어 오라비는 성공한 셈이 되긴 했으나, 아이와 어미는 영영 화해가 불가능한 각자의 고립된 공간에 머무르게 되기 때문이다. 결론적으로 오라비를 위해 자식을 죽이는 행위는 정시는커녕 부정시에도 해당하지 않는, 사신공덕과는 대척점에 선 패덕悖德의 행위일 따름이다.

　　에밀레종전설을 사신공덕담으로 볼 수 없는 또 하나의 결정적인 이유가 있다. 여기서 새삼스럽게 불교의 오계五戒를 나열하지는 않겠지만, 그중 맨 앞자리에 위치하는 것이 불살생不殺生이다. 그것은 붓다의 상징적 표어라 할 자비정신의 실천적 영역으로, 불교라고 하는 '세계종교'의 중핵에 해당하는 절대가치이다. 아무리 비루하고 하찮은 목숨일지라도 그 무게가 삼라우주와 맞먹는다는 그 가르침 위에 불교가 태어난 것이다. 따라서 명분이 무엇이든 간에 살생은 불교의 존립 자체를 위태롭게 하는, 가장 반불교적인 행위로 지탄을 먼키 어렵다.

사실 불가에서 말하는 모든 사신담의 기원은 전생에서의 붓다의 행적을 다룬 이른바 〈자타카Jātaka〉에 있다. 〈자타카〉는 붓다의 전생인 주인공이 누군가를 위해 목숨을 바치는 이야기들로 온통 구성되어 있거니와, 그중에서 가장 널리 회자되는 것이 투신기호投身饑虎 설화이다. 붓다가 전생에 보살로 있을 때 새끼들과 함께 굶주려 죽어가는 호랑이한테 자신의 육신을 공양한다는 내용이 중심 줄거리인데, 돈황석굴 등의 불교벽화나 일본 나라奈良 법륭사의 〈옥충주자玉蟲廚子〉 등에 그려질 정도로 자비행의 극적인 실천으로 두고두고 찬양을 받아왔다.

결론을 맺자면 에밀레종전설은 불교 설화의 외피만 쓰고 있을 뿐, 불교를 뿌리부터 부정하는 반불교적인 이야기이다. 그때 주종불사라는 대의는 근친에 의한 유아살해 행위를 감추기 위한 포장, 곧 '타락한' 명분에 지나지 않는다. 특히 '보시형'의 경우에는 보시의 진정성에 회칠을 가하고 있다는 점에서 지금부터는 '생모배신형(이하 '배신형')'으로 달리 칭하기로 한다.

신라인의 눈속임

지금까지 효행담설 및 사신공덕담설의 허실을 짚어보았지만, 나머지 풀이들도 오십보백보이다. 그 중에서 '에밀레'라는 아이의 읊조림을 에밀레종의 유장한 여운을 묘사한 의성어擬聲語라는 독특한 시각이 있다. 그런 풀이를 처음 내놓은 이는 고유섭이다.

항간에서 이 종을 설명하되 주공鑄工이 여러 번 실패한 나머지에 무남독

〈옥충주자〉와 〈투신기호도〉, 7세기, 일본 나라 법륭사 소장.
보살이 절벽에서 뛰어내려 굶주린 호랑이에게 잡아먹히는
각기 다른 장면이 한 폭에 담겨 있다.

녀를 희생시켜 부어 만든 까닭에 그 신령神靈의 우는 소리가 '어밀레 어
밀레' 한다고 한다. 이것은 뇨뇨부절嫋嫋不絕한 이 종소리의 여운의 특색
을 형용하기 위하여 고래로 있는 각종의 사실과 합쳐 지어낸 설명으로,
형용形容 설명의 소박성을 우리는 오히려 예술적 흥취 있는 것으로 들을
수 있다.[13]

고유섭의 이런 소박한 주장은 현재 대중에게 가장 익숙한 논리로 자리 잡고 있는데, 김용준도 《한국미술대요》(1949)에서 같은 입장을 보인 바 있다.[14] 그러나 에밀레종을 타종할 때 곁에서 아무리 귀를 기울여도 결코 '에밀레'라는 소리는 들리지 않는다. 그럼에도 불구하고 유홍준은 그러한 견해를 맹목적으로 확대재생산하고 있다.

> 신종이 에밀레종이라는 별칭을 갖게 된 것은 그 여운의 소리가 '에밀레' 같고, 그 뜻은 '에밀레라' 즉 '에미 탓으로'와 같기 때문이다.……나는 이 전설 속에서, 여운이 있어서 그것을 신비롭게 생각했고, 그 여운의 생김을 소릿말로 옮겨보려 했던 당시 사람들의 모습을 중요하게 생각하고 있다.[15]

한마디로 정직한 접근이 아니다. 설령 그 여운에서 벅찬 감동이 느껴졌다면 거기에 어울리는 신비롭고 아름다운 이야기를 지어 회향하는 게 온당하며, 상식을 벗어난 반생명의 스토리를 꾸며낼 이유는 어디에도 없다.

한편, 아이의 희생을 에밀레종의 주종불사가 그만큼 지난했음을 나타낸다는 견해가 있다. 하지만 그것도 인상비평의 울타리를 넘어서지 못한다. 주종 작업이 실패를 되풀이했다는 전설의 발단부는 지지부진하던 실제의 주조 과정을 차용하여 아이의 죽음이라는 비극적 결말에 필연성을 부여하기 위한 장치에 불과하다. 이 전설의 산출자가 전하고자 한 핵심은 아이와 어미 사이의 갈등이며, 살해된 아이의 어미에 대한 영영 해소될 수 없는 원한이다.

그동안 나온 주장 중에서 가장 당혹스러운 것은 문명대가 제기한 일본 학자의 조작유포설이다. 그는 "일제시대에 '에밀레종'이라는 슬픈 전설까지 채집되었지만, 이 전설은 일인들의 조작으로 알려져 있다"[16]고 하는데, 일인 어용학자가 에밀레종의 위대성을 깎아내리기 위한 의도에서 터무니없는 이야기를 꾸며냈다는 식의 어법이다.

만약 사실이라면 그보다 심각한 민족적 모욕도 없을 것이다. 그동안 그것에 대한 학술연구나 그 스토리를 제재로 취한 시, 소설, 영화, 연극, 뮤지컬 등 우리 창작계의 하고많은 문예물이 순진하게도 허깨비의 장단에 놀아난 꼴이 되기 때문이다.

혹여 일본 학계에서 정색을 하고 증거를 대라고 항의라도 할까봐 민망할 지경인데, 대체 누가 언제 어떻게 조작을 했으며, 어떤 방법과 경로로 유포했다는 것인지 물증을 제시하는 것이 연구자의 금도일 것이다. 그렇지 않는 한 자칫 우리 학계에 팽배한 '반일反日'을 앞세운 선정주의, 혹은 상업주의에 편승한 무책임한 주장이라는 오해를 피하기 어렵다. 거듭 지적하자면 에밀레종전설은 전국에 두루 퍼져 있으며, 또한 신화소가 각각 다르게 변형되어 있다. 더욱이 그것은 구한말 서구 학자들이 처음 수집하기 시작했으며, 일본 학계는 뒤늦게 20세기에 들어와서야 관심을 기울인다.

무엇보다 전설이라는 것은 어느 날 갑자기 뚝딱 만들어질 수 없으며, 집단창작의 과정을 거쳐 생산된 것 중에서 장구한 시간의 검증을 거친 극소수만이 살아남는다. 에밀레종전설 역시 그 '잔인한' 통과의례를 견뎌 전승된, 그 자체로 너무나 소중한 우리 민족의 유산이다. 미술사학에서 기와 한 조각, 목기 하나가 소중한 정보의 원천인 것과 마찬가지로 문학에서도 한 토막의 '범박한' 이야기라도 천금의 무게를 갖는다. 조작설이야말로 조작이며, 누워서 침 뱉기 식의 '자학사관'에 지나지 않는다.

지금껏 살핀 바와 같이 에밀레종전설에 관한 종래의 견해들은 손가락에 불과한 '설화' 자체를 '달'로 오인, '달'에 해당하는 '원형적 사건'에 대해서는 정작 천착하지 못하였다. 왜 그렇게 되었을까. 에밀레종전설은 일종의 눈속임이다. 서라벌의 비판적 지식인, 또는 백성이 고래의 인신공희담의 형식을 빌려 자신들의 시린 눈길로 목격한 특정 사건을 눈치 채지 못하도록 눙치듯 감춰놓은 것이다. 야박하게 말하면 오늘날의 연구자들은 옛사람들의 의뭉스러운 전략을 미처 헤아리지 못한 채 스스로 혼란의 늪 속으로 걸어들어 간 것이다.

4.
전설 속의 가계도와
왕실 가계도

원형 사건과 전설 사이

전설이라는 문학 장르는 기본적으로 원형적 사건을 비현실적인 스토리 속에 살짝 숨겨 둔 탓에 접근하기가 영 녹록치 않다. 그렇지만 그 둘 사이, 곧 원형적 사건과 비현실적인 스토리 간의 거리가 멀면 멀수록 그 전설의 의미망은 무한대에 가깝게 확장된다. 반대로 둘 사이가 지나치게 가까우면 그때는 해석의 여지가 봉쇄되어 그 전설은 한낱 '화석화된' 이야기로 전락하고 만다. 다시 말해서 '해석장애 Untransiatability'를 불러일으키는 그 간극이야말로 실은 가장 개방적인 공간이며, 역동적이고 창조적인 공간이다. 따라서 전설을 해석하는 일이란 그 간극을 좁혀서 원형적 사건의 실체, 곧 '전설'이라는 가면을 벗겨내 그 뒤의 '맨 얼굴'을 드러내는 작업에 다름 아니다. 그래서 다음의 지적은 적절할 뿐 아니라 아름답기조차 하다.

신화는 그 자체로서 생명을 지닌 것은 아니다. 신화는 우리가 그것을 육화

음습한 진실, 에밀레종 전설 55

內化해 주기를 기다리고 있다. 단 한 사람이라도 그 신화의 부름에 대답하면 신화는 우리에게 늘 그의 신선한 생명의 물을 제공한다.[17]

에밀레종전설은 살아 숨쉬는, 참으로 싱싱한 이야기이다. 비록 원형적 사건과 스토리 사이의 거리가 원체 멀어 풀이하는 데 애를 먹고 있지만, 그만큼 우리의 상상력을 자극하는, 참으로 매혹적인 전설이다. 말하자면 '육화의 순간'을 기다리는, 음습하고 불온한 한 편의 신화가 에밀레종전설인 셈이다.

지금부터 그 끔찍한 이야기를 대상으로 육화의 시간을 갖도록 하자.

이 장에서는 먼저 등장인물 간의 관계를 추적해 그들끼리 뒤얽힌 하나의 가계도를 작성할 예정이다. 그런 다음에는, 그것과 일치하는 또 하나의 가계도를 에밀레종 주성에 깊이 관여한 중대신라 혜공왕 대의 인물군에서 찾아내는 작업에 나설 것이다. 그리하여 양쪽의 가계도가 정말이지 비슷하게라도 그려진다면, 우리의 논의는 새로운 단계로 진입하게 될 것이다. 그 불가해한 스토리가 순전한 가공의 산물이 아니라는 것, 다시 말해 중대신라 말기를 장식한 어떤 '원형적 사건'을 토대로 태동했다는, 막연한 추정을 넘어서는 확신을 얻을 수 있을 터이기 때문이다.

그동안 채집된 에밀레종전설이 실언형, 배신형, 후일담형 등 크게 세 가지 유형으로 나뉜다는 사실은 앞서 지적하였다. 그렇다면 하나의 원형적 사건이 세 갈래로 나뉜 까닭은 어디에 있을까. 일차적으로는 구전과정에서 이식, 각색, 변형 등의 결과로 이해하는 게 가장 자연스럽다. 어미에 의해 아이가 희생되고, 아이의 원성이 종성에 스며들어 울려 퍼진다는 스토리의 본질만은 불변이기 때문이다.

그런데 세 유형을 꼼꼼하게 읽다보면, 저마다의 강조점이나 전하려는 핵심정보가 다르다는 사실을 눈치 채게 된다. 실언형에서는 어미가 아이의 생사를 한낱 농지거리로 삼는 경망한 인물로 그려지는가 하면, 배신형에서는 등장인물 간의 관계가 한층 명료해지면서 오라비의 성공을 위해 어미가 아이를 제물로 삼았다는 것이 스토리의 핵심으로 떠오른다. 그런가 하면, 후일담형에서는 제2의 아이를 제1의 아이의 죽음에 대해 허무감을 이기지 못해 스스로 도가니 속으로 뛰어든 사촌 형제로 설정하고 있다.

그렇다면 그런 차별상은 좀더 다른 각도에서 관찰할 필요가 있다. 짐작에 불과하지만 원형적 사건을 바라보는 관점의 차이에서 비롯된 것으로 여겨진다. 곧, 하나의 원형적 사건을 놓고 각 창작집단에 따라 중요하다고 판단한 지점이 달랐고, 설화로 재창조하는 과정에서 그 부분들을 각각 강조한 결과일 것이다. 이렇게 보면 세 유형이란 저마다 원형적 사건의 단면도로, 함부로 버릴 수 없는 나름의 소중한 정보들을 간직하고 있다고 볼 수 있다.

따라서 여기서는 자의적인 측면이 없지 않으나 세 유형을 조합해 한 덩어리의 입체적인 스토리를 재구성하고자 한다. 그렇게 재구성된 스토리를 '원전原典' 텍스트로 가정하고 이야기를 풀어 가면, 세 유형의 정보를 하나도 훼실하지 않고 '원형적 사건'에 접근하는 일이 한결 용이할 것으로 기대되는 까닭이다.

세 유형을 일반 서사물의 구성단계에 맞게 하나의 스토리로 엮어 보면 다음과 같다.

① 발단 : 성품이 유난히 경망스러운 여인이 남편을 여의고 아이와 함께
　　　　주종장인 오라비 집에 의탁하고 있었다.
② 전개 : 오라비는 봉덕사에 봉헌할 대종의 주성을 맡았으나 실패를 거
　　　　듭하여 그에게 비난이 쏠린다.
③ 위기 : 오라비의 실패를 자신의 실덕 탓이라고 여긴 여인이 오라비를
　　　　위해 '아무런 망설임 없이' 아이를 제물로 바치기로 결심한다.
④ 절정 : 처음에는 꺼려하던 종장이 봉덕사 승려의 동조 속에 조카를 도
　　　　가니 속에 던져 종이 완성된다. 그러자 아이의 사촌인 또 다른 아이가
　　　　스스로 목숨을 바친다.
⑤ 대단원 : 종을 칠 때마다 어미를 원망하는 "에밀레!"라는 소리가 들린다.

이와 같이 세 유형을 엮어 보면 등장인물의 성격이 선명해지고, 스
토리에 통일성이 부여되어 플롯의 완성도가 한층 높아진다. 또한 주
요인물은 어미, 아이, 종장, 아이의 사촌(형제), 봉덕사승려 등 모두
다섯 명으로 정리된다. 무엇보다 갈등구조가 확연히 드러나는 바, 가
장 본질적인 갈등은 어미와 아이 사이에서 발생하며, 그 갈등은 죽은
아이의 원망에서 보듯 영영 해소되지 않는다.

해석의 새 국면-가계도

그런데 에밀레종전설에는, 앞서 정리한 다섯 명의 등장인물 외에 그
들에 못지않은 너무나 중요한 인물이 숨어 있다. 그동안 모든 연구자
가 인지하지 못한 그 사람은 바로 아이의 아버지이다. 물론 아이의

아버지는 어떤 유형에도 등장하지 않는다. 어미가 과부로 설정된 점에서 이미 세상에 없는 망자亡者임을 짐작할 수 있을 뿐인데, 그러나 바로 그 점, 곧 아비의 철저한 부재不在는 에밀레종전설 탄생의 절대 조건으로 기능한다. 만약 그가 살아 있었다면 아이가 그토록 참혹하게 죽는 일 따위는 쉽게 일어나지 않았을 터이기 때문이다. 그러므로 에밀레종전설의 등장인물을 부재한 아비를 더해 모두 여섯 명으로 가정하고자 하는 것은 그럴 때 '원형적 사건'이 한층 더 빨리 그 실체를 드러낼 터이기 때문이다.

헌데 바로 이 지점에서 뜻하지 않은 새로운 정보가 떠오른다. 그들 여섯 명 중에서 봉덕사 승려를 제외한 나머지 다섯 명의 등장인물이 하나의 가계도로 거미줄처럼 묶여 있다는 점이다. 아이와 종장은 조카와 외숙의 관계에 있고, 부재한 아비와 종장은 매부와 처남, 부재한 아비와 제2의 아이는 외숙과 조카 사이임이 노출된다. 또 아이와 제2의 아이는 사촌간이며, 종장과 제2의 아이인 사촌은 사돈 간이란 점도 특기할 사항이다. 그들 여섯 명은 흡사 운명의 거미줄에 걸린 작은 새들처럼 철부지 아이를 살해하는 패륜극에서 저마다의 배역에 충실했던 것이다.

이러한 특별한 가계도는 결코 우연으로 돌릴 수 없으며, 설화 창작 집단의 허구적 상상력의 산물로 보기도 어렵다. 동일한 인간관계가 에밀레종 주성 당시의 실존인물들 사이에 형성되어 있었다고 보는 것이다. 그렇다면 그것과 일치하는 제2의 가계도를 당시 인물들 속에서 '발굴'해 내는 일이 과연 가능할까. 이런 의문에 대한 답을 찾기 위해 일차로 혜공왕 대에 왕실 및 권력의 핵심부를 차지한, 물론 에밀레종의 주성 과정에 긴밀하게 연결되어 있는 인물들의 면면을 들여다보기로 한다.

잘 알려진 대로 당초 주종불사를 발원한 인물은 강력한 왕권을 행사한 경덕왕景德王(재위 742~765)이다. 그러나 그는 사업이 미완인 상태에서 765년에 승하하고, 8세의 유소년 혜공왕이 보위를 잇는 바, 국정은 관례에 따라 모후 만월부인滿月夫人이 태후의 지위에서 총람하게 된다. 바로 이 세 사람만 해도 전설 상의 가계도와 거짓말처럼 오버랩됨을 알 수 있다.

- 부재한 아버지—사망한 경덕왕
- 철부지 아이—부왕을 여의고 만월부인 슬하에 있는 혜공왕
- 과부 어미—남편(경덕왕) 없이 혜공왕을 키우는 만월부인

이 전설이 당대의 정치 현실을 빗대고 있다는 앞의 가설이 억지춘양 식의 허구가 아님이 벌써 짐작되거니와, 일단 우리의 출발이 순조로운 셈이다.

다음 순서는 어미의 오라비에 상응하는 만월부인의 오라비를 밝혀내는 일이다. 그런데 그녀에게 실제 오라비가 있었음을 뒷받침하는 확고한 사료가 있다. 다름 아닌 에밀레종의 주성 동기 등을 세세히 밝혀놓은 〈성덕대왕신종명聖德大王神鐘銘〉(이하 〈신종명〉)이다. 종체 상단의 앞면과 뒷면, 그러니까 꽃집과 꽃집 사이에 새겨져 있는 1,000자 가량 되는 장문의 이 명문銘文은 그 웅혼하고 화려한 문체로 우리 고대 금석문의 최고봉으로 평가되거니와, 거기에 만월부인의

오라비로 짐작되는 인물이 살짝 머리꼭지를 비치고 있다.

먼저 〈신종명〉의 구성을 알아보면 다음과 같다.

- 서序 : 주성 동기 및 경위, 성덕왕·경덕왕·혜공왕·태후(만월부인)의 송덕
- 사詞 : 찬시讚詩(본문)
- 별기別記 : 주종 작업에 참여한 신료 9명 및 장인 5명의 명단

크게 세 부분으로 구성되어 있는 바, 왕들에 대한 찬문인 '서序'를 앞세운 다음, 본문에 해당하는 '사詞'가 그 뒤를 따르고, 마지막으로 참여자들의 성명과 관등 등을 나열한 '별기別記'가 붙어 있다. 이중에서 우리가 먼저 주목해야 할 부분은 '서' 부분이다. 그 내용을 보면 성덕왕, 경덕왕, 혜공왕 등의 덕을 차례대로 찬양하고 말미 부분에서 태후 만월부인에게 최대의 찬사를 바치고 있다.

우러러 살피건대 태후의 은덕은 평평한 땅과 같아 인교로써 백성을 감화시키고, 마음은 하늘의 달과 같아 부자의 효성을 권면하였네. 이로써 아침엔 원구元舅의 지혜를, 저녁엔 충신의 보필을 받았음을 알 수 있으니, 옳은 말이면 받아들이지 않는 것이 없으매, 무슨 일을 행한들 참람함이 있으리오. 이에 (경덕왕의) 유훈을 돌아보아 숙원(에밀레종 주조)을 마침내 이루었도다.

이 인용문에서 방점은 '원구元舅'라는 단어에 찍힌다. 만월부인이 '원구'라는 존재로부터 국정에 관해 자문을 구했음을 알 수 있는데,

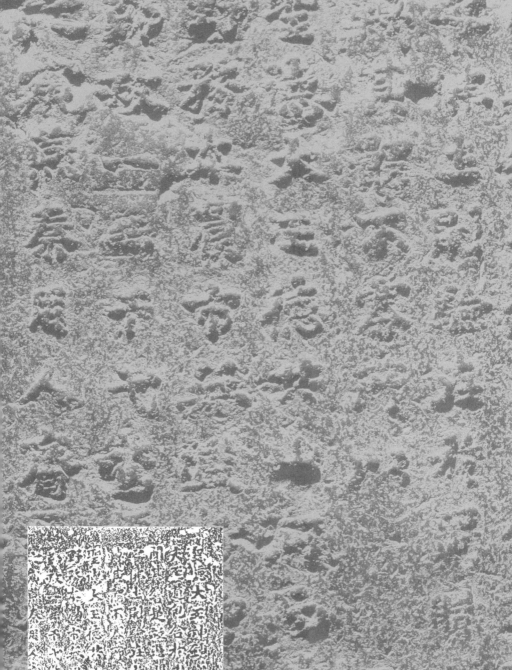
〈성덕대왕신종명〉의 '서' 부분 사진 및 탁본

'원구'는 '임금의 외숙'을 가리키는 특수한 단어이
다. 이야말로 혜공왕에게 외삼촌이 있었다는 명백
한 물증으로, 곧 만월부인에게 천정오라비가 실재
했다는 데에는 이견이 있을 수 없다. 이로써 전설에
나오는 어미의 오라비가 가공의 인물이 아닌 실존
인물에서 따왔을 가능성이 한결 높아지거니와, 위
의 인용문에는 두 오누이가 국정을 맘대로 요리하
고 있는 정황까지 드러난다. 이 '원구'가 누구인지,
그를 '종장'으로 빗댈 수 있는지는 곧이어 구체적
으로 검토하게 될 것이다.

마지막으로 남은 인물은 제1의 아이를 따라 죽
은 제2의 아이이다. 제2의 아이로 표현됨직한 인
물도 실제로 존재했을까. 존재했다면 그는 누구에
해당할까. 다시 말해서 혜공왕의 사촌을 찾아내야
하는데, 이 문제와 관련해 관심을 끄는 인물이 훗
날 혜공왕에 뒤이은 선덕왕宣德王 김양상金亮相, 金
良相이다. 《삼국유사》〈왕력〉편에 그의 모 사소부
인이 성덕왕의 딸로 명기되어 있기 때문이다. 성
덕왕의 딸이라면 경덕왕의 누이(동생)로서 혜공왕
에게는 고모가 되므로, 그 아들인 김양상은 저절
로 혜공왕의 고종사촌형이 된다.

그렇지만 이 부분은 신중에 신중을 요한다. 김
양상으로 말하자면 혜공왕을 죽이고 중대왕실을

붕괴시킨 '주범'이라는 게 학계의 오랜 정설로 굳어져 있기 때문이다. 다시 말해서 후일담형에 묘사된, 제1의 아이를 따라 죽은 사촌(원목이)의 모습과 지금까지 학계에서 말하는 김양상의 모습은 정반대 자리에 있다. 하지만 그의 전혀 다른 면모를 뒤에서 목격하게 될 것이다.

아래 표는 지금까지 검토한 결론에 따라 양쪽 인물군의 공통점을 정리한 것이다.

전 설	실존인물	비 고
부재한 아비	경 덕 왕	경덕왕 사망(765), 부재한 아비와 동일함
아 이	혜 공 왕	혜공왕—아버지 없는 편모슬하의 처지로 아이와 같음
어 미	만월부인	만월부인—과부로 혜공왕과 함께 오라비('원구')한테 의탁하고 있다고 볼 수 있음
어미의 오라비	원 구	원구—임금의 외숙. 만월부인의 친정오라비
제2의 아이 (아이의 사촌)	김 양 상	김양상—혜공왕의 고종형

여기에 이르기까지 《삼국유사》, 〈신종명〉 등의 사료를 중심으로, 에밀레종이 주성되던 무렵에 활동한 왕실 및 조정의 핵심 인사들을 설화 속의 등장인물과 대비해 보았다. 그 결과 좀처럼 믿기 어려운, 그러나 매우 고무적인 결론에 이르렀다. 등장인물 여섯 명 가운데 봉덕사 승려를 제외한 다섯 명의 가계도가 공교롭게도 당시의 무열왕계 왕실의 가계도와 정확하게 대응한다는 사실이다.

양쪽의 가계도가 부절처럼 맞아떨어지는 이 상황을 어떻게 이해해야 할까. 방법이 아주 없는 것은 아니다. 일단 전설의 등장인물이 가공의 허구적 존재가 아니라, 설화 창작집단이 당대의 실존인물들을 설화문법에 맞게 재창조한 것으로 잠정적인 결론을 맺자. 그런 다음 그들 한 사람 한 사람의 성격이나 정치적 입장을 사료와 설화를 씨줄과 날줄처럼 엮어 분석을 시도해 보도록 하자.

5.
잊혀진 지아비,
경덕왕

비극의 조건-아비의 부재

앞서 보았듯이 에밀레종전설의 특징 중의 하나는 아이의 아비가 부
재한다는 사실이다. 그의 부재 상황은 설화 성립의 결정적인 조건으
로 작동한다. 가령 어미가 터럭만큼이라도 지아비를 생각했다면 오
라비의 성공을 위해 아이를 용탕 속으로 밀어 넣는 짓 따위는 꿈도
꾸지 못했을 것이다. 그러나 어미는 자식을 죽이느냐 마느냐 하는
'절체절명'의 순간에도 지아비를 기억조차 하지 않는다. 아이의 죽
음은, 아비가 세상을 떠나는 바로 그 순간에 시작되었다고 해도 과언
이 아니다. 다시 말해 그는 아내로부터 깨끗하게 지워진 지아비, 혹
은 철저하게 배반당한 인물인 셈이다.

그렇다면 경덕왕景德王(재위 742~765)을 그 불행한 지아비 자리에
대입하는 데 문제가 없을까. 경덕왕은 성덕왕景德王(재위 702~737)의
둘째아들로 이름은 헌영憲英이다(《삼국유사》〈왕력〉편). 형인 효성왕孝
成王(재위 737~742)이 후사 없이 일찍 죽는 바람에 신라 제35대 왕으

로 등극하게 된 그는 진골귀족들과 대립각을 세우면서 각종 왕권강화책을 추진한 것으로 더욱 유명하다. 그중에서도 당나라 문물을 지속적으로 받아들이는 가운데, 지방 9개 주의 명칭을 비롯해 중앙관부의 관직명을 모두 중국식으로 고쳤으며, 특히 감찰 기능을 강화해 귀족 세력을 옥죄기도 한다.

바야흐로 불교 문화 예술의 극성기, 경덕왕 치세에는 그와 직접 관련이 있든 없든 이름만 들어도 경이로운 걸작들이 쏟아진다. 황룡사 대종, 분황사 청동약사여래, 〈만불산萬佛山〉, 굴불사, 석불사(석굴암)와 불국사, 무구정광대다라니경 등 신라 문화 예술의 정수가 온통 그의 시대에 모여 있는 듯하다.

그중에서 굴불사掘佛寺는 아예 그를 주인공으로 한 연기설화가 생성되어 있다. 《삼국유사》〈탑상〉편 '사불산 굴불산 만불산' 조에 따르면, 그가 지금의 경주 금강산 백률사에 행차하는 길에 산 아래 이르니, 땅속에서 염불하는 소리가 들려 파보게 한다. 커다란 바위가 하나 나왔는데, 사면에 불상이 새겨져 있어 거기에 새로 일으킨 절이 곧 굴불사이다. 그가 불교 세력의 힘을 빌려 왕권 강화를 추구한 상

굴불사지 사면석불

경덕왕릉

징적 사건인데, 아마도 그 무렵까지는 불교계와 밀월관계에 있었던 것이 확실해 보인다.

한편, 그는 754년에 성덕대왕비를 세운 데 이어 다시 '성덕대왕신종'을 만들고자 한다. 이는 그가 중대신라 최고의 성세를 이끈 부왕 성덕왕처럼 강력한 왕권을 재현하고 싶었음을 말해 준다. 〈신종명〉에는 선왕에 대한 경덕왕의 마음이 잘 드러나 있다.

> 엎드려 바라보건대, 성덕대왕의 덕망은 산하와 아울러 함께 높고, 명성은 일월과 가지런히 높게(밝게) 빛나도다. 왕께서는 충량한 신하를 등용하여 대중을 어루만져 다스리고, 예악을 숭상하여 풍속이 볼만했다. 농촌에서는 천하의 대본인 농사에 힘쓰고, 시중에서는 재물을 남용하지 않았고, 시대 풍조가 불의의 재물을 혐오하고 세상 사람이 문재를 숭상하였다.

그러나 경덕왕과 성덕왕 사이에는 결정적인 차이가 있었다. 장년에 이르도록 대통을 물려줄 아들을 얻지 못한 것이다. 그는 후사 문제에 전적으로 매달렸고, 그 전후사정은 《삼국유사》가 민망할 정도로 자세하게 전한다.

> 경덕왕은 음경의 길이가 여덟 치나 되었는데, 자식을 얻지 못하자 왕비인 삼모부인을 폐하고 사량부인으로 봉하였다. 후비인 만월부인은 시호가 경수태후로, 각간 의충의 딸이었다. 하루는 왕이 표훈대덕에게 말했다. "내가 복이 없어 나를 이을 자식을 얻지 못하였으니 대덕은 상제에게 청하여 후사를 두게 하라."

표훈이 천제에게 올라가 고하고 돌아와 아뢰었다.

"상제가 말하기를 딸을 구한다면 이는 좋으나 아들인즉 안 된다고 하더이다."

왕이 말했다.

"딸을 바꾸어 아들로 만들기를 바란다."

표훈은 다시 하늘로 올라가 천제에게 청하니 천제가 말한다.

"될 수는 있으나, 아들이면 나라가 위태로울 것이다."

표훈이 내려오려고 하자 천제는 또 불러 말한다.

"하늘과 사람 사이를 어지럽게 할 수는 없는데, 지금 대사는 마치 이웃마을을 왕래하듯이 하여 천기를 누설했으니 이제부터는 아예 다니지 말라."

표훈은 돌아와서 천제의 말대로 왕께 알아듣도록 말했건만 왕은 다시 말한다.

"나라는 비록 위태롭더라도 아들을 얻어서 대를 잇게 하면 만족하겠소."

―《삼국유사》〈기이〉편 '경덕왕·충담사·표훈대덕' 조

이 설화에서 경덕왕은 자신의 권력이 후계자를 통해 영속하기를 원하지만, 아들을 얻지 못하자 왕비를 교체하고 천제의 뜻까지 거스르는 비상식적인 인물로 그려져 있다. 왕조국가에서 후사 유무는 국가 존망과 직결되는 문제이므로 아주 이해 못할 바는 아니지만, 그의 경우에는 정도가 지나치다.

'아비'와 '어미'의 갈등

실은 경덕왕의 음경이 여덟 치나 되었다는 첫 문장부터 의미심장하다. 신화해석학의 관점에서 보자면 남근은 권력 욕망의 은유적 표현일 수 있기 때문이다. 결국 위 문장은 짐짓 부부 사이의 음양陰陽 문제를 거론하는 것 같지만, 실은 도착에 가까운 그의 과도한 권력욕을 나타낸다.

그러나 그는 만월부인을 들이고도 쉽게 아들을 얻지 못한다. 그럼에도 태어날 기미조차 없는 왕자를 위해 4년 7월에는 동궁東宮을 수축하고, 11년 8월에는 급기야 동궁아관을 설치한다. 뿐 아니라 불교와 전래의 고유신앙을 총동원해 전국의 사찰마다 대대적인 법회를 열고, 명산대천을 찾아 제사를 지낸 것으로 보인다. 위 설화에서 표훈대사는 불교계를, 천제는 고유 신앙을 대표하기 때문이다. 아무튼 그의 지극한 정성이 하늘에 닿았는지 그는 재위 17년 만인 758년에 마침내 만월부인에게서 아들(혜공왕)을 얻는다.

하지만 말기로 갈수록 그가 전력을 기울여 야심차게 추진했던 각종 한화漢化 정책이 수포로 돌아가는가 하면, 신문왕 때에 폐지한 녹읍을 귀족들의 반발에 못 이겨 부활시키는 등 권력의 이상 기류가 두드러진다. 재위 19년(760)에 하늘에 해 둘이 나란히 나타난 사건이나 향가 〈혜성가彗星歌〉 탄생의 배경이 된 혜성 출현이 그의 어려운 처지를 빗댄 것으로 해석되어 온 까닭도 거기에 있다.

당시 그의 착잡한 심경은 재위 24년(765) 삼월 삼진 날 충담사忠談師와의 만남에서도 뚜렷이 읽힌다. 충담사가 끓여 올린 차를 마신 후 그는 자신을 위해 노래를 지어달라고 청하는데, 흡사 회한과 무력감의 토로처럼 느껴진다. 그때 충담사가 지은 것이 〈안민가安民歌〉로, 그때로부터 석 달 뒤인 6월에 유성流星이 심성心星을 범하는 괴변에 이어 경덕왕이 사망한다.

〈안민가〉를 뜯어보면 당시 그가 어떠한 처지에 있었는지를 엿볼수 있는데, 그 주제는 "임금은 임금답게, 신하는 신하답게, 백성은 백성답게 할지면, 나라는 태평하리이다"라는 마지막 연에 담겨 있다. 그런데 그 부분을 포함해 〈안민가〉 전체에 대한 기존의 해석들이 대부분 피상적인 수준으로 흐르고 있음은 유감이 아닐 수 없다.

예컨대 장덕순은 〈안민가〉를 놓고 "군·신·민이 할 바를 노래한 것"[18]으로, 김종우는 "세간적이며 교훈적인 치국의 노래"[19]로 단언하고 있으며, 최철은 "군·신·민이 각기 자기에게 부여된 본분을 지키고 상호 긴밀한 유대를 이룰 때 나라가 태평해지리란 치리의 법을 밝힌 노래"[20]로 풀이하고 있다. 예외 없이 당시의 정치 현실로부터 그것만을 뚝 떼어내 국태민안을 비는 덕담 정도로 간주하는 평면적인 이해에 머물러 있는 것이다. 급기야는 국정 혼란의 모든 책임을 신하들에게 돌리는 시각까지 생겨났는데, 논자는 조동일이다.

> 당시의 문제는 백성 때문에 생기지 않고, 신하 때문에 생겼다. 신하가 임금의 자리를 위협하는 도전이 나타났으므로 임금은 아비요, 신하는 어미라야 백성을 살릴 수 있다고 하면서, 백성 쪽의 사정을 들어 신하의 도전을 막는 명분을 삼았다.[21]

하지만 이러한 단정은 충담사를 어용지식인쯤으로 전락시킨 곡해에 지나지 않는다. 그 점은 '충담사忠談師'라는 이름 자체에서 분명하게 읽힌다. 그 이름은 본명이 아니라 후대에 붙여진 이름이다. 향가의 시인들은 밝은 달밤에 피리를 불었다는 데서 나온 월명사月明師

〈제망매가祭亡妹歌〉, 〈도솔가兜率歌〉), 혜성을 물리쳐 하늘을 편안케 한 데서 비롯된 융천사融天師(〈혜성가彗星歌〉), 어린 딸이 눈을 얻어 천지의 광명을 보기를 간절히 희구한 데서 나온 희명希明(〈천수대비가千手大悲歌〉) 등에서 보듯 본명을 잃어버린 경우 그 사연과 행적을 따서 새로 작명했던 것이다. 곧, 충담忠談이라는 이름은 권력자에게 아부했다는 모욕적인 의미에서가 아니라 목숨을 걸고 남들이 하지 못하는 간언[談]을 충심衷心에서 했다는 평가를 바탕으로 바쳐진 가장 영예로운 이름인 것이다.

곧 그 대목이 궁극적으로 겨냥하는 대상은 임금으로, 경덕왕이 그동안 '임금답지 못했다'는 뜻의 반어적 표현이다. 충담사는 경덕왕에게 독선과 아집을 버리고, 일국의 어버이로서의 포용력을 요구하고 있는 것이다. 그 점에 대해서는 홍기삼, 최호석 등의 지적이 이미 나와 있거니와[22], 충담사가 사용한 언사는 부드러웠지만 그 내포된 뜻은 비수처럼 날카로웠다. 감히 왕의 면전에서 "임금답게"하라고 직핍하다니.

경덕왕으로서는 등골이 서늘했을 것이다. 그러면서 왕사王師로 봉하고자 청한 것을 보면, 충담사의 비판에 돌아볼 바가 없지 않았던 모양이다. 그러나 그마저도 짐짓 겸양 어린 충담사의 거부에 부딪히고 만다. 이로써 보면 경덕왕은 어느 시점부터 불교계와도 소원해진 듯하다.

아무튼 위 설화에서 경덕왕이 아들을 못 낳는다는 이유로 왕비를 갈아치웠다는 대목은 그가 아내를 수단화하는 인물임을 단적으로 말해 준다. 그에게 있어 아내는 평생의 반려자나 사랑의 대상이 아니라 단지 자식을 낳아주는 물리적 존재에 지나지 않았던 것이다. 또한 표훈을 통해 딸을 아들로 바꾸어 달라고 천제에게 요구토록 한 대목에서는 그가 목적을 위해서는 천리天理까지도 어기는 맹목의 성격임이 읽힌다.

이러한 사정을 에밀레종전설과 연결시키면, 생전의 경덕왕과 만월부인은 서로 소외관계에 있었고, 바로 그것은 혜공왕의 운명에 어두운 그림자를 드리우게 되었을 것이다. 왕실 보위를 절대선으로 추구한, 그리하여 득남을 위해 첫째 아내의 출궁도 마다하지 않은 그의 편집광적인 성향이 만월부인과 관련해서도 되풀이되었다면, 사후 그녀로부터 철저하게 잊혀지거나 능멸의 대상이 되었을 수 있기 때문이다. 에밀레종전설에서 어미가 아비를 생각조차 하지 않은 게 우연이 아니라는 추론이 그래서 성립된다.

반대로 두 사람 사이가 원만했다면, 만월부인은 정치적 고비에서 남편 경덕왕의 존재 자체를 망각하거나 외면하는 식의 선택은 하지 않았을 것이다. 하지만 전설을 빗대어 말하면, 만월부인은 원구(오라비)의 성공을 위해 혜공왕을 희생시켜도 좋다고 생각하고 있었는지 모르며, 이는 그녀에게 경덕왕에 대한 일말의 애정조차 남아 있지 않았기에 가능했을 것이다.

죽음을 앞에 둔 경덕왕은 얼마나 불안했을까. 그는 나름의 방책을 세워놓는데, 곧 자신의 처남('원구')과 누이의 아들로 조카가 되는 김양상을 권력 전면에 배치해 혜공왕을 보필하도록 한 것으로 보인다. 마침내 그는 왕실의 미래와 에밀레종의 주조를 여덟 살짜리 후계자와 아내한테 맡겨놓고 유명을 달리한다. 그 순간 그는 차마 눈이 감기지 않았을 것이다.

'입'이 없는 아이

에밀레종전설 속의 아이는 죽는 순간까지 자신의 의사를 표명하지 못한다. 이 점은 아이가 '입'이 없는 존재나 마찬가지였으며, 자신의 운명을 스스로 선택할 수 없는 상황이었음을 말해 준다. 아이는 어미한테 휘둘리기만 한, 죽음이 다가와도 침묵을 강요당한 무기력한 상태에 빠져 있었던 것이다.

그렇지만 아이의 침묵이, 아이가 사태의 진행 상황을 전연 몰랐음을 의미하는 것은 아니다. 종이 완성된 뒤의 '에밀레!'라는 울부짖음은 그가 다가오는 죽음을 예감하고 있었으며, 아울러 그것이 어미에 의해 진행 중이라는 사실까지 인지하고 있었다는 말이 된다. 아이는 흉중 깊숙이 쌓여 있던 어미에 대한 의구심과 분노를 죽은 다음에야 종소리에 실린 탁한 목소리로, 모든 게 어미 탓이라고 원망하고 있는 것이다. 육신이 산화되기 전에는 자기 입이 없던 아이가 쇳물에 던져져 종의 몸속으로 스며든 뒤에야 비로소 입을 얻은 셈이다.

바로 여기서 특별히 상기되는 것이 '후일담형'에 나오는 아이의 사나운 넋두리이다.

에밀 혜를 뽑아 신창을 받아 신어도 애석치 않겠소이다.

이야말로 정상적인 모자간이라면 상상조차 하기 어려운, 어미에 대한 증오와 저주가 너무나 생생해 아이와 어미 사이에 가로놓인 갈등의 질을 단적으로 보여준다.

그렇다면 아이의 모델로 추정하는 혜공왕惠恭王(재위 765~780)은 모후 만월부인에 대해 실제로 어떤 감정을 갖고 있었을까.

혜공왕은 경덕왕의 유일한 적자로 758년 추秋 7월 23일에 출생하는데, 그의 본명이 《삼국사기》 등에는 '건운乾運'으로, 2004년에 경상남도 사천에서 발견된 비석에는 '천운天雲'으로 다르게 나온다. 본래 천天과 건乾은 똑같이 '하늘'을 뜻하고, 운運과 운雲은 음이 같으므로 결국 건운과 천운은 하나로 통한다. 이름자에서부터 중대왕실의 영속을 간구한 경덕왕의 집요한 욕망이 읽히지만 애석하게도 혜공왕에게는 하늘의 보살핌도, 운세도 따라주지 않는다.

그는 두 돌을 맞은 760년 추 7월에 왕태자로 책봉되고, 다시 5년이 지난 765년에 경덕왕이 사망하자 고작 여덟 살의 유소년으로 신라 36대 왕으로 즉위한다. 모후 만월부인이 태후로서 섭정을 맡게 된 사정은 앞에서도 보았지만, 6년 후인 771년에 주성된 〈신종명〉의 '서'에는 아래와 같이 그를 묘사한다.

지금의 우리 성군은 행동하심이 조상의 뜻에 일치하고, 뜻하심이 지극한 진리에 부합하여 기이하고 상서로운 일이 천고에 드물고, 아름다운 덕은 당시에 으뜸이라. 거리마다 용운이 옥계를 덮고 구천의 우레북은 금궐에 울렸도다. 과미菓米의 번창함은 외경에까지 뻗치고 서기가 서울에 넘쳐 빛났도다. 이런 현상이 왕의 탄신일을 알리더니 그가 정사에 임할 때에도 상서로운 일이 나타나도다.

흡사 최고의 성군이라도 되는 양 온갖 미사여구가 동원되었지만, 그러나 우리는 그러한 찬사가 얼마나 허망된 것인지 잘 알고 있다. 다음은 《삼국사기》의 일절이다.

왕은 어려서 즉위하여 성장함에 따라 성색聲色에 빠지고 무시로 유행遊幸하여 기강이 문란하고 재이災異가 잇따라 발생했으며, 인심이 이반하고 사직이 불안했다.

−《삼국사기》〈신라본기〉9 '혜공왕' 조

한마디로 탕자蕩子조차 못 된다는 혹평이다. 유가의 춘추필법이 아니더라도 혜공왕은 나라를 말아먹은 무능한 군주의 표본일 뿐이었다.

가장 먼저 재위 4년(769)에 발발한 김대공·대렴 형제의 난은 '96각 간의 난'으로 불리기도 하는데, 궁성이 33일간이나 난군에 포위되는 '한심하기 짝이 없는' 상황까지 벌어진다. 이듬해(770)에는 김유신의 직계 후손으로 거론되는 김융이 난을 일으킨다. 에밀레종이 주성되기 1년 수개월 전의 일로, 중대왕실은 그만큼 위기에 노출되어 있었다. 애써 에밀레종을 주성했다지만, 775년 6월 이찬 김은거가 반역을 꾀하다가 사형에 처해지고, 그 직후인 8월에 다시 이찬 염상과 시중 정문이 거병한다. 이 두 차례의 역모에 대해서는 이견이 분분한데, 혜공왕 주변의 권신들을 척결해 혜공왕의 권력을 회복시키려 했다는 견해도 있다.

혜공왕대의 정치적 혼란은 흔히 심상찮은 천문현상으로 은유되곤 했다. 《삼국사기》를 보면 태양 둘이 나타났다는 왕 2년 정월 기사를 필두로, 4년 봄에는 천구성(혜성)이 동루 남쪽에 떨어지고, 같은 해 7월에는 북궁 뜰에 별 두 개가 쏟아졌으며, 6년 5월에는 혜성이 한 달간이나 사라지지 않았다. 한결같이 왕실과 민심의 불안을 상징하는 변고인 바, 그중에서도 두 개의 해가 동시에 떴다는 기사는 특정인이나 집단이 혜공왕과 대등하거나 압도적인 권력을 행사하고 있는 상황을 빗댄 것으로 파악된다. 마침내 왕 16년(780) 2월에 김지정이 군사를 일으켰고, 그것을 진압한다는 명분으로 다시 4월에 김양상이 궐기해 그 와중에 혜공왕이 사망하면서 중대왕실이 종언을 고한다.

이와 같이 혜공왕 연간(765~780)은 각종 천재지변과 반란으로 점철된 극도의 혼란기였다. 그러나 중대신라의 파멸이 온전히 혜공왕만의 책임인지에 대해서는 보다 냉정하게 따져볼 필요가 있다.

아이의 이중二重 감정

경덕왕이 사망하는 그 순간, 무열왕계 왕실은 일종의 공동화空洞化 상태에 빠져든다. 중대왕실의 직계로 혜공왕의 후견인이 되어줄 만한 인물은 하나도 남아 있지 않았기 때문이다. 결국 권력은 만월부인 일파에게 송두리째 넘어가고 왕실은 빈껍데기가 되었을 것이다. 아침마다 '원구'와 더불어 국정을 논했다는 〈신종명〉의 내용이 그 방증인데, 그렇듯이 왕권의 진공 상태를 틈탄 만월부인과 그 외척세력의 전횡은 반발 세력의 결집을 불러왔을 것이다. 결론적으로 혜공왕은 만월부인파와 진골귀족 사이의 암투 속에서 군주로서의 정당한 권위나 발언권을 행사하지 못했다고 봐야 한다. 조정과 왕실의 요직을 외가붙이들이 독차지한 상황에서 그는 고립무원의 처지에 던져진 꼭두각시일 수밖에 없었을 것이다.

한편, 심리학에서는 아동기에 있어 부모의 죽음, 혹은 어느 한쪽의 죽음은 세계의 분열로 다가온다고 한다. 그렇게 볼 때, 경덕왕의 죽음은 혜공왕을 분열된 세계에 팽개친 것이나 진배없는 충격이었을 것이다. 그리고 아버지의 죽음은 사내아이가 마땅히 추구해야 하는 '아버지 像'의 부재로 이어지는데, 혜공왕에게는 '왜곡된 아버지', 모후 만월부인만 있을 뿐이었다. 그럴 때의 어머니─만월부인은 보호자인 동시에 모든 것을 움켜쥔 채 온갖 참견을 일삼는 '감시자'라는 이중의 이미지를 띠게 된다.

　　이러한 가설은 '96각간의 난' 때의 상황을 구체적으로 상상해보면
이해가 한결 수월해진다. 김대렴과 대공 형제의 반군한테 왕성이 포
위된 그 33일 동안, 난군의 함성과 북소리가 밤낮없이 들려오고, 궁
밖으로 한 발짝도 나가지 못하는 상황에서 아직 유소년에 불과한 혜
공왕의 심경이 어떠했을지는 자명한 일이다. 흡사 수양대군이 일으
킨 계유정난(1453) 때 12살짜리 단종(재위 1452~1455)과 다를 바 없이
공포에 질린 채 모후 만월부인의 치마폭에 매달려 발만 동동 굴렀을

것이다. 반란은 지방군사까지 끌어올려 가까스로 진압되지만, 그 뒤의 처리과정이 그로서는 더욱 끔찍했는지 모른다. 《삼국사기》의 "구족을 주살했다[誅九族]"라는 표현에서 보듯 가담 세력의 씨를 말리는 대대적인 살육과 약탈이 뒤따랐고, 그것을 주도한 것은 만월부인 일파였다. 특히 난을 진압하는 과정에 그 오라비인 '원구'의 공이 지대했을 것이다.

당시 혜공왕에게 모후는 유일한 의지처이면서 또한 두려움의 대상으로 각인되었을 것이다. 그리고 그때의 경험은 그의 일생을 지배했을 터이고, 모든 걸 모후한테 의존하게 되었다고 보아도 비약은 아니다. 따라서 전설 속의 아이가 편모슬하라는 조건 하에 외숙 집에 살고 있다는 설정은 '원구'에게 만월부인과 혜공왕이 정신적으로나 군사적으로 의지하고 있는 정황의 투영일 수 있다. 그러한 조건 속에서 만약 만월부인이 설화에 나타난 그대로 경망스럽고 잔인한 성격의 소유자였다면, 혜공왕과의 사이에는 어떤 일이 일어날까.

심약한 사내아이가 드센 어머니 밑에서 우유부단해지고 삶의 의욕을 잃는다는 것은 익히 알려진 사실이다. 자식을 억압하는 그런 유형의 여성을 신화학에서는 '거세형去勢形 여인'이라 칭한다.[23] 그런 여인은 남편에게도 심리적인 압박을 가해 일종의 거세된 상태로 만드는데, 남자를 지배하고 경멸하며 일방적으로 자신의 결정을 강요한다. 그럴 때 사내아이는 어머니를 향해 모순된 이중감정, 곧 한편에서는 어머니의 강함을 닮고자 하면서 다른 한편에서는 어머니로부터의 독립을 끊임없이 갈구한다고 한다. 그렇지만 정작 독립해야 할 상황이 되면 어머니의 사랑을 잃을까 두려워하고, 또 어머니를 배신하는 듯한 죄책감에 실행에 옮기지 못한다는 것이다.

혜공왕의 흉중에도 평생 만월부인에 대해 선망과 증오가 충돌하고 있었을 가능성이 높은데, 그것은 복잡한 정치상황과 맞물리면서 혜공왕에게 끊임없이 상처를 입혔을 것이다. 그리하여 그의 내면에는 복잡한 심리적 기제들이 충돌하면서 심각한 인격장애로 이어졌을 것으로 짐작된다. 이렇듯이 소심한 아들과 드센 어미라는, 혜공왕과 만월부인의 성격상 편차는 단순히 모자 관계에 머물지 않고, 정국의 향방에도 심대한 영향을 끼쳤을 것이다. 여타 진골 세력에 대한 태도에서도 상반된 입장을 취했을 수 있으며, 도전과 반발이 있을 때마다 대응방식과 뒤처리를 놓고 이견을 보였을 개연성도 충분하다.

헌데, 위에서 인용한 《삼국유사》의 기사 뒤에는 다음과 같은 비상한 내용이 붙어 있다.

> 왕은 원래 여자로서 남자가 되었기 때문에 첫돌부터 즉위할 때까지 항상
> 계집애들의 놀이를 하면서 자랐다. 비단 주머니 차기를 좋아했으며, 도류
> 道流와 어울려 희롱하고 노니 나라가 크게 어지러웠다.
>
> ―《삼국유사》〈기이〉편 '경덕왕·충담사·표훈대덕' 조

어려서부터 여자놀이를 하고 여자의 노리개를 좋아했다는 것이야말로 모후에 대한 선망의 표출일 수 있다. 그런가 하면 자기 의사를 제대로 개진하지 못하고 불만을 속으로 싸안고 홀로 삭히고 마는, 현실 도피의 모습으로도 읽힌다.

헌데 사내아이가 여자놀이와 노리개를 좋아했다는 것은 또 다른 의

미를 갖는다. 일종의 의상도착증으로 해석할 여지가 충분하기 때문이다. 문제는 의상도착증이란 것이 성적 정체성과 관련이 깊다는 점이다. "도류道流와 어울려 희롱하고 노니"에서도 그것이 관찰되는데, 앞서 본 《삼국사기》에는 "왕은 어려서 즉위하여 성장함에 따라 성색에 빠지고 무시로 유행하여 기강이 문란하고"와 같은 이야기를 반복한다. 혜공왕을 우리 사료에 비치는 최초의 동성애자로 규정하는 것도 그런 까닭이다.

더욱 의미심장한 사실은 성적 정체성이 어머니의 성향과 일정한 영향관계에 있다는 점이다. 심리학에서는 어머니를 의식함 없이 여성과 성관계를 맺을 수 있을 때 정상적인 성인 남자로 간주한다. 하지만 어머니의 억압 속에 성장한 소심한 사내아이는 여자를 사랑의 대상이 아니라 자신을 구속하는 존재, 혹은 두려운 존재로 여긴다고 한다. 결혼을 하더라도 배우자를 멀리하는 경향을 보인다는 것이다.

정신분석학자들이 평가한 106명의 게이 남성에 대한 내용을 보면, 모두 아버지와 정상적인 관계를 이루지 못했다. 그들의 아버지들은 적대적이거나 무관심하거나 고립된 생활을 하고 있었다. 반면 어머니들은 남성들에게 냉담하고, 남편을 압도하며, 아들의 남성다운 태도를 낙담시키고, 아들의 관심을 어머니에게만 편중시키고, 아들에게 자신만을 믿게 하면서 과잉보호를 하였다. 또 아들과의 관계를 밀착시켜 그를 유혹하고, 남편 대신 아들을 사랑의 상대자로 여기고, 사춘기 시절에는 이성애적 행동을 방해하기도 하였다.[24]

우연의 일치인지 모르나 혜공왕은 두 명의 왕비를 보았음에도 후사가 없다. 그가 왕비들을 가까이하지 않았다는 간접 증거일지 모른다.

마지막 몸부림

이 모든 걸 종합해 볼 때 지식인 사가들이 비판해 온 혜공왕의 일탈 행위라는 것도 실인즉슨 살아남기 위한 자기보호본능의 일환일 수 있다. 그는 자신이 '비뚜로' 나갈수록 모후와 그 외곽 세력이 안심하고, 반대로 정상적인 행동을 보이면 불안해 한다는 사실을 감지하고, 설화 속의 아이처럼 '입이 없는 존재'로 위장했을지 모른다. 그는 모후에 대한 스트레스로 인해 끊임없는 좌절 속에 순치되어 가면서 더더욱 무책임한 생활에 탐닉하게 되었을 것이다.

심리학의 도움을 받아 그의 내면 풍경을 좀더 자세히 들여다보자.

J. B. Sidowski(1971)는 원숭이를 출생 시부터 생후 6개월이 될 때까지, 그들의 어미와 자기 또래 새끼원숭이들로부터 격리시켜 놓았다. 생후 6개월이 되었을 때 감금되지 않은 다른 원숭이들이 보는 앞에서 이 원숭이들을 하루에 한 시간씩 "감금장치restraining device"에 넣어 매달려 있도록 하였다. 움직이지 못하는 원숭이들은 그들 또래 원숭이들로부터 통제할 수 없는 학대를 당하였다. 즉, 감금되지 않은 원숭이들은 감금된 원숭이들의 눈을 후벼 파고, 그들의 입을 비집어 벌리려 하고, 머리털과 살갗을 뜯어냈다. 이런 식으로 무기력하게 된 원숭이들의 반응은 정말 놀랄 만한 것이었다.

속박에서 풀려나려고 소리 지르고 몸부림치면서 2~3달을 보낸 뒤 감금당한 원숭이는 정서적 반응이 천천히 감소하여, 마침내는 절망적으로 이를 받아들이는 상태가 되었다. 옆에서 다른 원숭이가 얼굴을 찡그리고 소리를 질러도 전혀 반응이 없고, 다른 원숭이들이 그의 입 속으로 성기나 손가락을 찔러 넣을 때 물 수 있는 기회가 주어지더라도 물어뜯기를 않았다. 이원숭이를 감금 장치에서 풀어주어도 이러한 상태는 계속되었다. 또, 다른 원숭이들 속에 섞어 넣었을 때, 그들은 극도로 심한 공포에 질려 있었다.[25]

동물에 관한 실험이라 거부감이 따르지만 혜공왕이 처한 전후 사정을 돌아보면 수긍되는 면이 없지 않다. 그는 주변으로부터 가해지는 어떠한 자극에도 저항력을 상실, 무기력과 자학의 구렁텅이로 서서히 침몰해 갔을지 모른다. 그렇지만 혜공왕이 끝까지 만월부인의 꼭두각시로 살았는지에 대해서는 의문이 없지 않다. 19세가 된 재위 12년(776)에 이르러 전에 없던 행동들을 취하기 때문이다.

첫째, 《삼국사기》 〈신라본기〉 9권 776년 '정월' 조의 "행감은사망해幸感恩寺望海"라는 구절부터 간단치 않다. 그것은 단지 '감은사에 나들이해 지척에 있는 동해를 바라보았다'는 뜻이 아니다. '망望' 자에는 '바라보다'라는 1차적 의미 외에 '제사祭祀'의 의미가 따라 다닌다. 또 하필 감은사와 동해구가 무대와 배경인 점, 시기가 정월인 점도 의미심장하다. 알다시피 감은사라면 문무왕이 짓다가 신문왕 2년(682)에 준공된 중대왕실의 대표적인 원찰이고, 동해구는 그 감은사와 이견대 및 문무왕의 수중릉인 대왕암을 포괄하는 중대왕실의 성지 아닌가. 결국 위의 기사는 혜공왕이 신년을 맞아 감포 주변 문무왕의 사적들을 찾아 제사를 지냈다는 뜻으로 파악할 수 있다. 그는 문무왕의 위업을 회고하면서 심기일전, 국가의 최고 통치자로서 새 출발을 다짐하는 의식을 감은사나 이견대에서 치렀는지 모른다.

둘째, 2월이 되자 혜공왕은 국학國學에 나아가 청강을 하는 등 거듭 '어울리지 않는' 모습을 보인다. 국학이라면 유교 진흥을 위해 신문왕이 설치한, 중대왕실을 뒷받침한 신진 관료 세력의 근거지로, 왕권유지를 위해서는 그들의 지지가 필수적이었다. 혜공왕은 선대의 예를 쫓아 그들과의 연결을 시도했는지 모른다.

셋째, 역시 같은 해에 선대의 직계 조상들을 오묘五廟에 모신 기사가 《동국통감東國通鑑》에 있다. 오묘는 원래 687년 신문왕이 중국에서 처음 도입한 제도로 당시는 미추왕, 진지왕, 문흥왕(김춘추의 부 김용춘, 또는 김용수), 무열왕, 문무왕으로 구성된다. 그러나 혜공왕은 진지왕과 문흥왕을 제외하고 그 자리를 조부인 성덕왕과 아버지인 경덕왕으로 대체한다. 이러한 조치 역시 같은 맥락으로 이해할 수 있는데, 그때 무열왕 및 문무왕을 어떤 일이 있어도 다른 데로 옮길 수 없는 이른바 불천지위不遷之位로 삼는다. 이야말로 중대왕실의 존엄을 재확인함으로써 자신의 위상을 제고시키기 위한 정책일 수 있다.

이처럼 혜공왕 말기의 행적은 그에 대한 조롱 섞인 다른 기사들과 거리가 있다. 철이 나면서 나름으로는 선대의 위명을 빌려 자신의 권위를 높이는 한편, 국학의 신진그룹과의 연대를 추구한 것으로 보인다. 하지만 모든 게 만시지탄이었다. 혜공왕은 재위 16년 만인 780년 2월의 김지정의 난과 곧 이은 4월의 김양상의 난에 휘말려 약관 23세로 목숨을 잃는다.

입이 가벼운 '어미'

에밀레종전설에 등장하는 어미는 그 비극적 사건의 연출자이자 주연이다. 문제의 어미는 현실공간에서는 물론 그 많은 소설이나 설화 어디에서도 찾기 어려운 독특한 캐릭터다. 자식이 위험에 처하면 불구덩이에라도 뛰어드는 게 '어미'일진대, 그녀는 거꾸로 자식을 역청같이 끓어 넘치는 용탕 속에 내던진다. 이러한 그녀의 캐릭터는 유형에 따라 다른 듯하지만 내적으로는 일관된 모습을 잃지 않는다.

먼저 실언형에서 그녀는 대단히 입이 가벼운 인물로 등장한다. 보시를 권하러 나온 승려에게, '바칠 것이라고는 아무것도 없으니 대신 내 하나밖에 없는 아이라도 가져가려면 가져가시오'라고 농담을 했다는 것이 그 방증이다. 그날은 일단 그냥 돌아간 승려가 다시 아이를 달라고 왔을 때, 어미는 '농담'이었노라고 발을 빼지만 승려는 부처님 전에 한 약속이니 물릴 수 없다고 아이를 빼앗아 간다. 결국 어미의 실언이 아이의 죽음으로 귀결되었다고 해서 '실언형'이란 명칭이 붙은 것이다.

그러나 그 명칭은 '농담' 뒤에 숨은 중대한 사실을 간과하였다. 그녀의 가벼운 말버릇은 단지 경망한 성품만을 뜻하는 게 아니라, 그녀의 본질하고 직결된다는 점이다. 여염집의 어미라면 상상조차 할 수 없는 농담을 함부로 구사하는 것은 그녀에게는 '아이의 생사' 조차도 '농담거리'에 불과함을 의미한다. 정상적인 어미라면, 타인이 재물이든 뭐든 요구할 때, 그것이 '어미 자신'이거나 '자신의 일부'라는 사실을 직감으로 알아챈다. 하지만 실언형의 어미는 '자신의 전부' 일 수도 있는 아이를 별다른 고민 없이 한낱 '물질'에 대입하고, 결국은 자식을 배반한다. 그것이 바로 이 어미의 본질이다.

경상북도 창녕에서 채록한 후일담형에 나오는 어미는 한층 더 노골적이다. 경주감사가 '평생토록 먹고살 구바닥(보물)을 줄 테니 대신 아이(봉덕이)를 내놓으라'고 할 때에 어미의 반응은 기가 막힌다. "이 아로 언지 키아각고 생전 묵고 살 거럴 벌겟노. 이 아로 주면 생전 묵고 살 것얼 준다카이 줄 뺵이 없다"면서 아이를 내어놓기 때문이다.[26] 장래의 대가를 바라고 자식을 키운다는 것도 언어도단인데, 자식이 자라서 사람 구실을 하게 되는 그 세월조차 못 참아 자식을 저승사자에게 팔아넘기는 것이다.

그녀가 얼마나 '입을 함부로 놀리는' 인물인지는 앞서 본, 손진태 채록본의 '후일담형'에 나오는 죽은 아이의 넋두리가 더욱 여실히 보여 준다. "에밀 헤를 뽑아 신창을 받어 신어도 애석치 않겠소이다"라는 걸 보면 아이는 죽어서까지 어미의 '혀'를 증오한 것이다. 이야말로 모든 비극이 그녀의 '혀'에서 비롯되었음을 말해 주는 단적인 증거이다.

공포의 어머니

어미의 그러한 속성은 배신형에서 더욱 극대화된다. 그녀는 오라비의 세계를 구축하려는 허욕에 눈이 멀어 자신이 낳고, 자신이 가꾸어야 할 '씨앗'을 더없이 극악한 방식으로 '처리'한다. 그렇게 그녀는 '어머니'–자신 속의 '모성'을 팽개치고 '악한 어미'의 길을 떳떳이 걷는다. 여기서 떠오르는 것이 신화학에서 말하는 이른바 '공포의 어머니'이다. 자식이 당할 고통쯤은 아랑곳하지 않는다는 데서 그녀와 '공포의 어머니'는 조금도 다르지 않다.

> 어머니의 상징적 의미는 양가성을 띤다. 곧 일반적인 어머니는 자연의 이미지로 나타나지만, '공포의 어머니'는 죽음을 상징하기 때문이다. …… 융은 16세기에 어머니의 이미지가 운명의 여신의 형상으로 실제로 재현된다는 점에 유의한 바 있다. 그는 이런 사실을 더욱 발전시켜 '공포의 어머니'가 피에타와 대립된다는 점을 강조한다. 이때의 공포의 어머니는 죽음뿐만 아니라 인간들의 고통에 대해서 무관심한 잔인한 측면을 상징하게 된다.[27]

그녀는 부글부글 끓어오르는 용탕 속에서 자식의 사지가 녹아버리든 타버리든 상관하지 않는다. 오라비만 성공하면 그만인 것이다. 그러고는 불사佛事라는 거룩한 명분 뒤에 숨어 버리는데, 그 정도로 그녀는 파렴치하고 사악하며, 이율배반적이다. 채집된 자료 중에는 재산이 많으면서도 승려를 놀리려고 일부러 "우리 집에는 어디 무엇

내놓을 게 있어야지, 우리 애기나 줄까?" 했다는 내용도 보인다. 이야말로 재물이 곳간에 가득 쌓여 있음에도 불구하고 죽이지 않아도 될 아이를 죽였다는 이야기가 된다.

어미와 관련해, 비록 보신각종의 연기담으로 처리되어 있긴 하지만, 《별건곤》 1929년 9월호에 실린 〈종로 인경의 신세 타령〉(송작생 필)이라는 글도 맥락이 같다. 곧 아이를 가져가라는 어미의 말에 쇠를 걷으러 다니던 이가 "하도 기가 막히고 끔찍스러워서 그만 그 집은 그만 두라 하고 돌아오니까 그 과부는 분기를 내며 가로되 만일에 네가 이 아이를 가져가지 않으면 아무리 별 수단을 다 하더라도 종은 만들지 못하리라"고 악담을 퍼부었다는 것이다.

그렇다면 어미의 원형적 인물로 짐작되는 만월부인이 과연 그런 정도의 악한 인물이었을까. 사료가 영성하기 짝이 없지만, 그것들을 토대로 윤곽이나마 그려보기로 하자.

만월부인滿月夫人은 성덕왕대의 유력한 진골귀족인 김의충의 딸로, 아들을 못 낳는다는 이유로 출궁당한 첫째 비 삼모부인에 이은 경덕왕의 두 번째 비이다. 김의충이 효성왕 3년(739)에 사망했음에도 그녀가 입궁(743)한 것이나 15년이 넘도록 출산을 못했지만 쫓겨나지 않은 것은 그 친정가의 세력을 짐작케 하기에 족하다. 그녀는 765년 혜공왕 즉위 후 태후로서 제 오라비와 더불어 국사를 주무른다. 〈신종명〉에서 그녀에게 바쳐진 군주에게나 어울릴 법한 과도한 찬사는 그녀의 권력이 생각 이상으로 훨씬 비대했다는 증빙이다. 뒤이은 본문 격의 사詞에서도 "위대하여라, 우리 태후시여! 왕성한 덕이 가볍지 않도다"라고 되풀이해서 그녀를 찬양한다. 그러나 그녀는 780년 김지정 및 김양상의 난 와중에 혜공왕과 함께 피살되고 만다.

앞에서 전설 속 어미를 대단히 경솔한 성격의 소유자이며, '공포의 어머니'로 규정한 바 있지만, 만월부인은 그 정도까지는 몰라도 상당히 적극적인 성품이었던 것만은 분명해 보인다.

우선 〈신종명〉의 '서'에 보이는, "아침에 원구의 지혜" 운운한 부분은 그녀가 친정오라비와 마주앉아 국정을 농단하던 사정을 잘 말해 준다. 저녁에 신료들의 보필을 받았다는 것은 양인의 합의사항을 추인하는 요식행위에 불과하기 때문이다. 뒤이은 "유훈에 따라 숙원을 이루었다"는 기사도 특기할 만하다. 이는 에밀레종 주성의 대역사를 그녀가 밀어붙여 마무리했다는 것으로, 그 성품의 일단이 드러난다. 그동안 에밀레종 주성이 혜공왕의 업적이라는 학계의 관행적인 서술은 실상과는 거리가 먼 인식인 셈이다.

한편, 만월부인은 중대신라 전 기간 중에 유일하게 당으로부터 태후 책봉을 받아냈다. 유년에 즉위한 효소왕(재위 691~702) 때는 신목왕후, 효성왕(재위 737~742) 때에는 소덕왕후가 각각 섭정을 맡지만 두 사람의 태후 책봉 기사는 보이지 않는다.

말을 맺자면 그녀가 정치 전면에서 활동한 것만은 의심의 여지가 없으며, 오라비와의 야합을 통해 무소불위의 권력을 행사한 것으로 판단된다. 〈신종명〉의 지나친 찬양도 공연한 수사가 아니라 그녀의 현실적 위상의 반영일 것이다. 전설로 미루어볼 때 그녀의 성품이 경박스럽고 사악했을 가능성이 높지만, 사료로는 입증이 불가능하므로, 그 부분은 공백으로 남겨둔다.

태후인가 대군인가

한편, 에밀레종의 명문銘文인 〈신종명〉은 우리 고대의 금석문 중에서 으뜸으로 꼽히는 명문名文이다. 에밀레종의 풍모와 울림에 걸맞은 웅혼하고 화려한 문장에는 당대 신라인의 세계관이 응축되어 있어 문예미학의 관점에서도 최고 수준에 있다. 그런데 금석문이라는 태생적인 한계로 말미암아 판독 자체가 용이하지 않아 안타깝게도 해석상 적잖은 혼란을 노정시키고 있다. 여러 선학의 주해註解를 살펴보면 주술관계부터 명확치 않고 문맥에 어긋나는 경우가 적지 않은데, 하필 만월부인 관련 대목이 가장 심하다.

따라서 논의가 다소 번거롭게 장황하게 흘러가겠지만, 지금까지 이야기한 만월부인의 정치적 성향을 보다 명확히 할 겸 이참에 그 대목에 대한 기존의 주해에서 엿보이는 혼란과 착종을 바로잡고자 한다.

앞에 나온 인용문은 다음과 같이 세 문장으로 나누어진다.

㉠ 우러러 살피건대 '태후太后'의 은덕은 평평한 땅과 같아 인교로써 백성을 감화시키고, 마음은 하늘의 달과 같아 부자의 효성을 권면하였네 [仰惟 太后 恩若地平 化黔黎於仁敎 心如天鏡 獎父子之孝誠].

㉡ 이로써 아침엔 원구元舅의 지혜, 저녁에는 충신의 보필을 받았음을 알 수 있으니, 옳은 말이면 받아들이지 않는 것이 없으매, 무슨 일을 행한들 참람함이 있으리오[是知 朝於元舅之賢 夕於忠臣之補 無言不擇 何行有僣(僭)].

㉢ (태후는) 이에 (경덕왕의) 유훈을 돌아보아 숙원(에밀레종 주조)을 마침내 이루었도다[乃顧遺言 遂成宿意].

이 글 전체의 주어는 당연히 ㉠문장의 '태후' 이다. 그래야 성덕왕, 경덕왕, 혜공왕, 만월부인으로 이어지는 왕실 위계에 맞고, 글의 흐름에도 부합한다. 그런데 《동경잡기》(1669)를 비롯해 《경주부읍지》(1789~1791), 《동경통지》(1933) 등에는 '태후' 가 엉뚱하게도 '대군大君' 으로 기록되어 있다. 풍우에 마모되어 자체字體를 알아보기 어려운 탓인데, 실제로 그 부분의 탁본 사진을 보면 '대군' 인지 '태후' 인지 애매한 것이 사실이다.

그러나 '대군' 이 통상적 의미의 '왕자' 를 가리킨다고 할 때 당시 중대왕실의 계보에서 '대군' 으로 칭할 만한 인물은 존재하지 않았다. 경덕왕에게는 형인 효성왕이 있었을 뿐이고, 혜공왕은 독자였다. 또 그 윗대인 성덕왕도 형인 효소왕과 함께 달랑 두 형제만 있었다. 그러니까 혜공왕 6년이라면 무열왕계 왕통의 직계 왕손은 모두 사망한 뒤였다. 그러므로 '대군' 으로 풀이할 경우 만월부인이 실종되고, 실체를 알 수 없는 '유령幽靈' 같은 존재가 나라를 다스렸다는 '어처구니없는' 결론으로 내몰리고 만다. 무엇보다 신료들을 거느리고 국정을 이끌 자격을 갖춘 인물은 어린 왕의 모후인 만월부인이 유일했고, 실제로 그녀는 태후의 위치에서 국정을 총괄하고 있었다.

바로 그 점을 간파한 다른 연구자들은 진작부터 그 단어를 정확히 '태후' 로 읽어 왔다. 예컨대 일정기에 나온 금서룡의 《신라사연구》(1933), 갈성말치의 《조선금석고》(1935) 등부터 비교적 근래에 나온 제등충의 《고대조선·일본금석문자료집성》(1983), 진홍섭의 《한국미술사자료집성》(1987), 황수영의 《한국금석유문》(1994) 및 《금석유문》(황수영, 1999), 김영태의 《삼국신라시대불교금석문고증》(1992) 등이 거기에 속한다.

심지어 우리 전통종에 관한 가장 이른 논고의 하나인 E.M.Cabley의 "Old Korean Bells"(*Royal Asiatic Society* XVI, 1295)에도 "The queen Mother", "She", "Her" 등으로 주어를 삼고 있다. 사정이 이러함에도 여러 역본에서 그 부분을 "우러러 생각하건대 대군大君께서는"으로 시작하고 있는데,[28] 바로 지난해에 국립민속박물관에서 펴낸 《조선대세시기IV–동경잡기》[29]에까지도 여전히 '대군'으로 읽고 있음은 유감이 아닐 수 없다.

다음으로 ㉡문장과 관해서도 혼란스럽기는 마찬가지다.

먼저 "왕王은 신하들이 제언하는 안을 선택하지 않는 것이 없었으

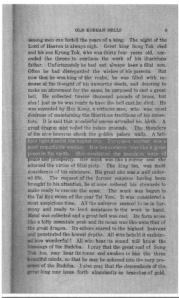

"Old Korean Bells" 중 에밀레종전설의 어미 부분

〈성덕대왕신종명〉 '태후' 부분 탁본

니, 무슨 일을 결행한들 잘못됨이 있겠는가? 경덕왕의 유언에 따라 숙원을 이루고저"라는 이지관의 해석이 단적인 예이다.[30] 그 문단의 주어를 '대군'으로 판독한 다음 그 '대군'을 다시 혜공왕으로 새기고서 그가 부왕인 경덕왕의 유언을 받들었다는 식이다. 그러나 당시 혜공왕의 나이는 14살로 국정을 다룰 수 없었으며, 대신 만월부인이 만기를 총람하고 있었음은 재언의 여지가 없다.

게다가 만약 '대군'을 혜공왕으로 풀이한다면 ㉠문장의 "부자의 효성을 권면하였네獎父子之孝誠"와의 충돌을 피하지 못한다. 혜공왕 자신이 '아버지와 자신'의 효성스러움을 장려했다는 자가당착에 빠지기 때문이다. 곁들여 지적하면, 혜공왕을 주어로 가정하고 "태후나 신하의 말이라면 다 받아들였다"는 이호영의 풀이 역시 주체인 태후를 객체로 뒤바꿔놓은 실수를 범하고 있다.[31]

이러한 오류 모두가 《동경잡기》 등의 옛 문헌에 지나치게 의존한 채 당시의 왕실 사정 및 전체 문맥의 흐름을 도외시한 결과로, 그러한 혼선은 ㉢문장과 관련해서도 계속된다. 우선 "이에 유언을 남기어 드디어 숙원을 이루었다"는 풀이가 있는데,[32] 도대체 누가 유언을 남겼으며, 어떤 인물이 그 누구의 숙원을 이루었다는 것인지 오리무중에 빠지고 만다.

뿐만이 아니다. 그 뒤를 이어서 "나는 그 유사를 시켜 일을 분변하고 공장을 시켜 그리고 하니"라고 풀이하고 있지만, 그 문장에서 '나'라는 주어는 처음부터 성립이 불가능하다. 알다시피 〈신종명〉은 왕이나 태후가 직접 지은 것이 아니라 한림랑 급찬 김필해金弼奚가 명을 받아 지은 것이다. 따라서 '나'라는 1인칭 주어를 사용할 수 있는 자격은 오직 김필해 한 사람에게만 있을 뿐이다. 찬탄의 대상인 만월부인이 홀연 스스로 나서서 자신을 '나'라고 칭할 수 없는 일 아닌가.

이와 같이 〈신종명〉에 대한 그동안의 풀이는 금석문의 특수성을 감안하더라도 납득하기 어려운 오류들이 산견된다. 그 결과 만월부인을 외척세력의 중심으로 바라보려는 시각 자체가 존재하지 않았고, 그로 인한 혜공왕과의 갈등 양상 등에 대한 천착도 자연 행해질 수가 없었다.

이 글에서는 홍사준[33] 및 정대구[34]의 풀이에 크게 의존했음을 밝혀두면서, 장차 보다 정밀한 주해를 바탕으로 한 본격적인 평설이 나오기를 고대한다.

'전典'자의 비밀

바야흐로 배신형에 등장하는 종장鐘匠, 곧 어미의 오라비로서 주종불사를 책임진 인물의 정체를 규명해야 할 시간이다. 이 문제는 지금까지 우리가 앞세운 가설, 곧 에밀레종전설이 실화가 아니라 무열왕계 중대왕실의 몰락을 자초한 궁중비극의 문학적 메타포라는 주장의 성패를 판가름 짓는 핵심 관건이다. 만약 설화 속 종장이 실존인물, 곧 만월부인의 친정오라비로서 에밀레종 주성과 밀접한 관계에 있다는 사실이 판명된다면 우리의 가설은 한층 신빙성을 더할 것이다. 우리의 발걸음이 어느덧 에밀레종전설이라는 가면 뒤에 은폐되어 있는 당대 정치사의 실체적 진실을 '폭로'할 마지막 도정에 이른 것이다.

앞에서 〈신종명〉을 통해 '원구'라는 단어로 애매모호하게 처리된 만월부인의 오라비에 대해 이야기한 바 있다. 곧 실명은 모르지만 그런 인물이 실재했다는 것만은 분명하게 확인하고 넘어온 폭인데, 이제 그 실명을 추적하고자 한다.

배신형의 전설에서 일전一典, 혹은 하전下典으로 불리는 종장은 일단은 매우 성실하고 신심이 돈독한 인물로 그려져 있다. 당초 그에게는 불사를 원만히 회향하고자 하는 목표 외에는 일체의 야심이 없던 것처럼 보인다. 과부가 된 누이동생과 조카를 거두고 있다는 점에서 최소한 몰인정한 사람도 아닌 듯하다. 확대해서 풀이하면 누이동생과 조카의 후견인을 자처하는, 더 나아가 죽은 매부와의 의리도 중시하는 사람으로 가정할 수 있는 것이다.

그러나 주종 작업이 거듭 난관에 봉착하고 비난이 빗발치자 끝내는 '사람'이 달라진다. 누이동생의 간청을 못 이기는 척, 죽은 매부와의 기억이나 의리에 대해서는 두 눈을 질끈 감고서 어린 조카를 도가니에 던진다. 다만 적극적인 누이동생에 비해 소극적인 태도를 취하는 걸 보면, 원래부터 악한 성품의 소유자는 아닌 듯하다. 천성은 착하지만 궁지에 몰리면 결국은 어떤 짓도 마다하지 않는 위인이 종장인 셈이다.

과연 그 '종장'은 누구를 빗댄 것일까. 물론 그 사람은 다음의 두 가지 조건을 충족시켜야 한다. 첫째는 만월부인의 친정오라비여야 하고, 둘째는 그 인물이 에밀레종의 '종장'으로 표현됨직한 위치에 있어야 한다는 점이다.

전설의 스토리를 액면 그대로 이야기하자면, 그 궁극적인 의미가 무엇이든 조카가 되는 혜공왕을 제물로 삼아서라도 기어코 '성공'하고자 한 이 배리背理의 인물은 누구일까. 일단은 〈신종명〉에서 '원구'로 표현된, 만월부인이 아침마다 국정에 관해 자문을 구한 혜공왕의 '외숙'을 그 사람으로 지목할 수밖에 없다. 그런데 실명이 아닌

'원구'로 표현된 그 점에서 어려움이 따른다.

이 난제를 풀 수 있는 단서가 다름 아닌 '일전一典'이라는 종장의 독특한 이름이다. 채록본에 따라서는 '하전下典'으로도 나오지만, 어느 편이든 종장이 이름을 갖고 있다는 사실부터 매우 이례적이다. 정작 주인공인 어미와 아이는 익명으로 처리하고서, 부차적 인물에 불과한 종장에게만 유독 이름을 붙여두었기 때문이다.

그렇다면 '일전', 혹은 '하전'은 에밀레종을 직접 만든 종장의 본명일 가능성은 없을까. 미리 말하자면 '일전'이든 '하전'이든 에밀레종의 실제 종장과는 하등 관계가 없다. 〈신종명〉의 '별기' 중에 그것을 완성시킨 장인 네 사람의 실명이 명기되어 있기 때문이다.

주종대박사 대나마 박종일朴從鎰,

차박사 나마 박빈나朴賓奈,

나마 박한미朴韓味,

대사 박부악朴負岳

그들 네 사람이 에밀레종을 회향한 것인데, 그 중에서 주목해야 하는 이는 주종대박사鑄鐘大博士 박종일이다. 대박사라는 직책이야말로 기술적으로 에밀레종의 주성을 지휘한 '종장'을 뜻하기 때문이다.

결론적으로 '하전'이나 '일전'이라는 이름의 종장은 존재하지 않았다. 문제는 '박종일'이라는 어엿한 실명이 있음에도 불구하고, 설화 창작집단이 군이 제2의 가명으로 대체한 까닭이다. 필경 어떤 '불순한' 의도가 있다고 봐야 하는데, 그 답은 '일전'과 '하전'이라는 가명 자체에서 찾는 것이 순리일 것이다.

먼저 '하전'의 경우 그 용례가 다름 아닌 황룡사대종과 관련해 발견된다. 곧, 《삼국유사》에 삼모부인 등의 시주로 제작된 황룡사대종(754)의 장인을, 이른바 35금입택金入宅이라고 불리는 유력한 가문 중 하나인 이상택里上宅의 '하전下典'으로 나와 있다.

문제는 그 '하전'이 그것을 주성한 장인의 실명인가 아닌가 하는 점인데, 지금까지의 조사 결과 실명일 가능성은 매우 희박해 보인다.

'전典'자에는 원래 책册이나 법, 규정, 표준, 의식儀式, 가르침 등의 뜻과 함께 '벼슬'의 의미가 있다. 조선시대 관아에 딸린 구실아치를 칭하는 '아전衙典'이 대표적인데, 전의감典醫監, 전악서典樂署, 전객사典客司, 전옥서典獄署 등 관청 명칭의 '전典'도 마찬가지다.

그런데 '하전'의 상대어는 당연히 '상전上典'이다. '상전'은 예전부터 흔히 비복들이 제 주인을 칭할 때 사용했고, 오늘날도 직장에서 상사를 가리키는 말로 여전히 살아 있다. '윗사람' 정도가 될 터인데, 거기에 비춰보면 '하전'은 '아랫사람' 내지 '아랫것' 쯤으로 풀이할 수 있을 것이다. 근본적으로 상전과 하전의 '전'자는 '벼슬', 혹은 '관官'과 연관이 깊은 것이다.

이렇게 볼 때, '상전'과 '하전'은 원래는 상급관료와 하급관료를 구별하던 관의 용어였으나 언어의 인플레 현상으로 점차 관아의 울타리를 벗어나 사가私家에서도 웃어른은 '상전', 아랫사람은 '하전'으로 부르게 되었을 것이다. 이는 조선조에서 정3품 이하의 벼슬아치를 뜻하던 '영감令監'이 훗날 노인 내지 남편의 뜻으로, 요즘의 '사장社長'이나 '선생先生'이 초면의 상대방이나 고객을 가리키는 말로 변질(!)되는 과정을 연상하면 될 것이다. 정리하면 이상택의 '하전' 은 정식 벼슬아치가 아니라 '아랫것'의 의미로 격하된 상용어였던 것이다.

그런데 황룡사대종을 주성한 이는 관청이 아닌 이상택이라는 일 개 집안에 소속된 기술자이다. 그렇게 보면 '하전'은 일단 국가 소속 의 '공장公匠'이 아닌 특정 가문 소속의 '사장私匠'으로 새길 수 있다. 그 말은 공식 벼슬아치가 아닌 신라시대에 실제로 사용한 보통명사 로도 쓰였음을 알 수 있는데, 삼모부인은 이상택 집안의 기술자를 초 치하여 황룡사대종의 주성을 맡겼던 것이다.

결론적으로 에밀레종전설에서 종장을 '하전'으로 처리한 것은, 특 별한 의미가 있어서가 아니라 상용어의 단순한 차용으로 보아야 한다.

남은 과제는 종장의 또 다른 이름인 '일전―典'이라는 이름의 함의 이다. '일전'은 설화창작집단이 아무런 의미 없이 적당히 갖다 붙인 '엉터리' 이름일까. 그렇게 보기는 어렵다. '하전'이나 '상전'이 언 어시장에서 오래도록 유통되어온 '흔해 빠진' 말인 반면, '일전'은 일절 용례가 찾아지지 않기 때문이다. 따라서 어떤 특수한 목적을 가 지고 만들어낸 의도적인 신조어新造語일 가능성에 무게를 두고자 한 다. 〈신종명〉에 나오는 '원구'라는 수수께끼 같은 인물의 정체를 '일 전'을 통해서 밝히려는 것이다.

'일전―典'은 '일―'과 '전典'으로 나뉜다. 그중에서 '일―'은 보통 '하나'라는 뜻이 먼저이지만, '첫째'나 '일인자―人者' 등 우두머리 의 뜻으로도 풀이된다. 그러므로 그 '일―'에다 '벼슬'을 가리키는 '전典'을 조합하면, '일인자+벼슬'이라는 뜻밖의 등식이 성립된다.

그렇게 보면 '일전'은 '권력의 제일인자'로 치환이 가능해져 당시 '권력의 최고 실세'를 빗댄 일종의 은어隱語일 수 있다. 결국 혜공왕 대에 권력의 최정점에 있으면서 만월부인의 오라비이기도 한 특정인물이 '일전'으로 표현되었을 개연성이 높다.

오라비의 정체

그렇다면 〈신종명〉의 '원구'를 통해 확인한, 만월부인의 오라비이자 혜공왕의 외숙으로서 '일전'이란 이름에 어울릴 만큼 강력한 권력을 행사한 인물은 누구일까. 함부로 단언하기는 어렵지만, 마침 〈신종명〉에는 당시 최고 권력자들이 줄줄이 올라 있다. 그 '별기'에 보면 주종 사업에 직접 간여한 신료들의 이름과 벼슬이 서열 순으로 열거되어 있거니와, 그중에서 가장 눈길을 잡아끄는 이름이 있다. 그들 중에서 앞자리를 차지한 김옹金邕의 벼슬이란 것이 일반의 상식을 훌쩍 뛰어넘기 때문이다.

검교사 병부령 겸 전중령 사예부령 수성부령 감사천왕사부령 병 검교진 지대왕사사 상상 대각간 신 김옹檢校使 兵部令 兼 殿中令 司馭府令 守城府令 監 四天王寺府令 幷 檢校眞智大王寺使 上相 大角干 臣 金邕

문자 그대로 조정 권력의 절반을 독차지한 형국이다. 요즘 식으로 말하면, 우선 국방부장관(병부령), 수도방위사령관(수성부령), 청와대경호실장(전중령) 등 군부의 요직이 몽땅 그에게 장악되어 있다. 국가와

도성 및 궁성의 안위가 오직 그 사람의 손에 달린 셈이다. 뿐 아니라 건설교통장관(사예부령)에다 재상 급에 해당하는 상상과 대각간을 차지하고 있으며, 중대왕실의 상징적인 원찰인 사천왕사의 장관이자, 중대왕실의 비조 격인 진지왕의 능찰인 진지대왕사 공역의 총책임자(검교사)이기도 하다. 그중에서 특히 맨 앞에 배치된 검교사라는 벼슬이 영 예사롭지 않다. 검교사라면 그 시절 거국적인 토목공사나 불사를 총괄하는 최고책임자를 가리키는 일종의 별정직으로, 결국 김옹이라는 인물이 에밀레종의 주성 작업 전반을 총지휘하고 있었던 것이다.

원래 김옹은 경덕왕 19년(760) 4월부터 22년(763) 8월까지 시중을 지낸 중신으로, 경덕왕 사후에 오히려 그 위상이 한껏 높아져 있는 셈이다. 진흥왕 때의 이사부나 즉위 전의 김춘추, 혹은 문무왕 대의 김유신도 미치지 못하는, 조정과 군문을 통틀어 최고실력자로 군림하고 있었던 것이다.

김옹의 이러한 파격적인 승차와 겸직은 어떻게 가능했을까. 그 답은 태후 만월부인에게서 찾아야 한다. 그녀의 전폭적인 지지와 배려가 아니라면 그런 벼락출세는 불가능할 터이기 때문이다. 그렇다면 바로 그가 원구, 곧 만월부인의 친정오라비일 가능성이 발생한다. 그녀가 아침마다 누군가와 국정을 논하였다면, 친정오라비와 마주 앉아 있는 장면이 가장 자연스럽기 때문이다. 만약 김옹과 '원구'가 서로 다른 인물이라고 할 경우, 김옹 같은 실력자를 젖혀 놓고 만월부인이 제 친정오라비하고만 국사를 주무른다면 김옹의 반발은 불을 보듯 뻔한 일 아닌가. 결론적으로 만월부인이 아침마다 함께 국사를 논했다는, 〈신종명〉의 '원구'는 김옹으로 비정하는 것이 현재로서는 가장 타당하다. 아마도 김대공·대렴 형제의 난이나 김융의 난을 진압하는 데 있어 그가 결정적인 기여를 했고, 만월부인으로서도 역모가 줄을 잇는 상황에서 친정오라비한테 전권을 위임하는 것 이상의 안전판은 없었을 것이다.

이쯤에서 김융의 검교사 직과 전설 속의 종장을 함께 생각할 필요가 있다. 거듭 말하면 검교사가 주종사업을 행정적으로 총괄한 책임자라면, 종장은 기술적으로 공역 자체를 맡은 실질적인 책임자이다. 따라서 전설 속의 '종장'은 김융의 검교사 직을 은유적으로 표현한 것이라는 추론이 얼마든지 성립한다. 전설에서 어미의 오라비가 '종장'으로 설정된 것은 김융의 '검교사' 직을 빗댄 장치인 것이다.

되풀이하면 김융은 정치권력에서도 일인자요, 주종과 관련해서도 일인자 자리에 있었다. 종장의 이름 '일전'은 '권력의 제일인자'로서 주종불사 전반을 관장한 김융한테 더 이상 잘 어울릴 수 없는 절묘한 이름인 셈이다. 배신형의 창작집단은 김융의 절대적 위상을 드러내기 위해 신조어를 만들어낸 바, '일전'이야말로 고도의 전략적 작명인 셈이다.

그런데 〈신종명〉에는 김양상도 검교사로 나와 있다. 그 역시 '종장'이라는 전설 속 인물의 후보가 될 수 있다. 그러나 김양상은 비록 훗날에 왕이 되긴 했지만 혜공왕 7년 무렵에는 김융의 뒷자리에 있는 권력의 2인자일 뿐이다. 결국 전설의 '종장' 자리에는 김융 외에 다른 인물이 올 수 없다.

권력의 제2인자

에밀레종전설의 여러 유형 가운데 후일담형이 갖는 차별성은 종이 완성된 후 제2의 아이(원목이)가 따라 죽는다는 데에 있다. 제2의 아이가 제1의 아이(원산이)의 사촌으로 나오고, 또 자발적으로 죽음을 택한다는 것이 특징적이다. 원목이는 평소 원산이를 생각하는 마음이 지극했고, 원산이의 죽음으로 인한 충격과 허무감이 죽음의 길로 들어서게 했다는 것이다. 그 점에서 혜공왕의 사촌으로 지목한 선덕왕 김양상에 대한 평가는 여간 조심스런 일이 아닌데, 기존의 시각과는 정반대이기 때문이다.

김양상金亮相, 金良相은 경덕왕 22년(764)에 시중을 역임했으며, 혜공왕 10년(774)에 상대등에 오른다. 그리고 3년 뒤인 동왕 13년(777) 하夏 4월에는 상소를 올려 국정을 극렬하게 비판하고, 혜공왕이 시해된 뒤에 왕권을 차지한다. 재위 기간은 780년부터 785년까지 만 6년에 불과한데, 바로 그가 〈신종명〉에는 김옹에 이은 제2인자로 나타난다.

검교사 숙정대령 수성부령 검교감은사사 각간 신 김양상檢校使 肅政臺令 修城府令 檢校感恩寺使 角干 臣 金良相

숙정대령은 오늘의 검찰총장, 수성부령은 수도방위사령관에 비견되며, 검교감은사사는 그 무렵 감은사가 중창되고 있었던 듯 그 감역을 총괄하는 자리였다. 김옹만은 못하지만, 혜공왕 초기의 권력 구조 속에서 일정한 지분을 차지하고 있었음은 의심의 여지가 없다.

현재 그에 관한 대부분의 평가는 혜공왕 13년(777)의 국정 비판이나 혜공왕 이후 왕위에 올랐다는 이유로 매우 부정적이다. 반 무열왕계 세력의 중추적 인물로 혜공왕을 죽이고 왕위를 찬탈했다는 것이다. 그러나 사료의 행간을 꼼꼼히 읽어보면, 그가 흔히 보는 찬탈자의 잔인하고 야비한 모습과는 먼 거리에 있음을 깨닫게 된다.

첫째, 즉위 후 오묘에 직계조상 2대를 모실 수 있음에도, 그는 친조부를 젖혀놓고 외조부 성덕왕과 함께 선대 김효방을 개성대왕開聖大王으로 추존해 이친묘二親廟를 구성한다. 경덕왕을 자신의 아비로 대체하는 선에 그친 것이다. 이는 자신을 성덕왕의 계보에 편입시킨 처사로, 그가 반 무열왕계의 노선을 걸었다면 쉽게 납득이 안 간다. 그는 성덕왕의 외손으로 몸속에 흐르는 무열왕계의 피를 태생적으로 부정할 수 없는 처지에 있었던 것이다. 그 점은 이미 이광규가 "부계로 말하면 선덕왕은 무열계 왕실과 관계가 없는 사람이지만 그의 모인 사소부인四炤夫人은 성덕왕의 녀女이니 그는 모계로 보면 혜공왕의 고종사촌 형제가 된다. 따라서 선덕왕은 외가로 말하면 무열계 친족집단에 속한다고 하겠다"[35]고 지목한 적이 있다. 더 나아가 신형식은 김양상을 김옹과 함께 중대왕실을 떠받치고 있는 왕당파로 간주하였으며,[36] 이호영은 에밀레종의 명문에 나타난 직명職名을 근거로 김양상과 김경신을 역시 왕권파로 파악하였다.[37]

김양상의 유일한 업적으로 평가되는 패강진浿江鎭 개척도 반추를 요한다. 당나라와의 지루한 교섭 끝에 그곳이 신라의 강역에 정식으로 포함된 것은 성덕왕 34년(735). 진덕여왕 2년(648)에 김춘추와 당 태종 사이의 밀약에서 대동강 이남을 할양을 받기로 한 지 87년 만에 나당 사이의 해묵은 현안이 종결된 것이다. 이후 황무지로 버려져 있던 그곳에 주목한 선덕왕은 781년에 패강 남쪽의 군현들을 안무하고, 다음해에는 지금의 서울인 한산주를 순행하여 그 민호를 대대적으로 옮긴다. 783년에 이르러서는 패강진전浿江鎭典의 두상대감頭上大監을 설치하는 등 유독 그곳에 집착한다. 이야말로 중대왕실의 유업을 계승하려는 의도로 판단해도 좋을 것이다.

둘째, 그는 한 번도 권력욕을 노골적으로 드러낸 적이 없으며, 오히려 무욕無慾의 모습까지 보인다. 즉위할 때도 신하들의 추대를 세 번씩 물리치는가 하면, 6년이라는 짧은 재위 중에도 몇 차례나 양위 의사를 밝힌다. 사망에 즈음한 조서에도 그의 그런 성향이 잘 묻어난다.

과인은 본질이 워낙 얇아 대보大寶에 야심이 없었고, 추대를 도피치 못하여 부득이 즉위하였던 것인데, 즉위 이래로 해마다 일이 순성順成치 못하고 민생이 곤궁하니, 이는 다 나의 덕이 백성들의 뜻에 맞지 아니하고 정치가 천심天心에 합치 아니한 때문이다. 항상 위를 선양하고 밖으로 퇴거하려 하였으나 여러 신하들이 매양 지성껏 말리므로 뜻과 같이 되지 못하고 머뭇거리다가 지금에 이르렀던 바, 홀연히 병에 걸려 일어나지 못하니 생사에는 명命이 있는지라 다시 무엇을 한하랴.

—《삼국사기》〈신라본기〉 '선덕왕 6년 정월 조

문맥 어디에도 찬탈자의 모습은 비치지 않는다. 도리어 현실과 원칙 사이에서 갈등하다가 뜻에 없는 왕위에 올랐고, 사촌인 혜공왕의 죽음과 중대왕실의 몰락을 막지 못한 데 따른 회한과 속죄 속에 말년을 보낸 허무주의자의 초상이다.

결국 그는 자신을 화장해 동해구에 산골散骨하라는 유언을 남긴다. 동해구라면 더 말할 것 없이 문무왕의 성적이 즐비한, 중대왕실의 성소라는 점에서 그는 사후의 세계에 들어서도 중대왕실과의 정서적 유대를 계속 간직하고 싶었는지 모른다. 마지막 순간까지 중대왕실의 일원으로 자신의 정체성을 확인한 것이다.

《삼국사기》와 《삼국유사》를 근거로 할 때 사후 화장된 신라의 왕은 모두 8명이며, 그중 문무왕과 효성왕, 선덕왕만 동해구를 장지로 택한다. 반면, 원성왕·진성여왕·효공왕·신덕왕·경명왕 등 하대 신라의 왕 5인 가운데 동해구를 유택으로 삼은 경우는 하나도 없다. 불교식에 따라 화장을 했음에도 그들의 유골은 서라벌을 벗어나지 않았다.

대종천 하구. 중앙의 검은 암초가 대왕암이다.

셋째, 가장 논란이 되는 혜공왕의 죽음만 해도 지금껏 시원하게 밝혀진 건 하나도 없다. 《삼국유사》에는 혜공왕의 죽음을 재위 16년 (780) 2월에 일어난 김지정의 난을 진압한다는 명분으로 4월에 궐기한 김양상의 소행으로 분명하게 기록하고 있다. 그러나 《삼국사기》가 전하는 내용은 정반대이다.

> (2월에)이찬 김지정이 반叛하여 도당을 모아 궁궐을 에웠다. 4월에 상대등 김양상이 이찬 김경신으로 더불어 군사를 일으켜 지정 등을 주誅했으나, 왕과 후비는 난병에게 피살되었다. 양상 등은 왕을 시謚하여 혜공왕이라 하니 원비 신보왕후는 이찬 유성의 딸이요, 차비는 이찬 김장의 딸이나.
> —《삼국사기》〈신라본기〉'혜공왕 16년 2월 및 4월' 조

이 기사의 문맥을 비틀지 말고 있는 대로 정직하게 읽으면, 김양상은 모반의 주모자이기는커녕 김지정이 일으킨 반란을 진압하기 위해 거병한 둘도 없는 충신이다. 곧 위의 단락 어디에서도 역적의 냄새가 느껴지지 않는다. 오히려 진압 와중에 궁성에 인질로 잡힌 혜공왕과 왕비가 김지정 군에 의해 시해되고 마는데, 그 사태를 막지 못해 자책하는 듯한 뉘앙스마저 풍긴다. 이러한 판단은 그가 곧바로 혜공왕과 왕비에게 시호를 올린 점에서도 뒷받침된다. 그것은 매우 이례적인 일로, 조선조의 세조가 쿠데타로 왕위를 차지한 후 영월에 귀양가 있던 단종을 액사縊死케 하고 그 시신을 청령포의 겨울강물에 팽개쳐 둔 비정한 모습과는 사뭇 대조적이다.

이렇듯이 정작 사료에 비치는 김양상의 면모는 '후일담형'에 나타

난 원목이의 모습과 통하는 면이 없지 않다. 따라서 그가 반왕권파의 수괴라는 주장의 근거들을 엄정하게 재검토할 필요가 생긴다.

우선, 김양상이 내건 거병의 명분은 '군측君側의 악惡'을 제거하자는 데 있었다. 그런데 바로 여기서 '군측의 악'이란 말의 의미가 매우 애매하다. '군측'은 즉 혜공왕이 아니라 왕을 에워싸고 있는 특정세력을 지칭하기 때문이다. 일단 김양상은 혜공왕을 제거하고자 군사를 일으킨 게 아닌 것이다. 그렇다면 혜공왕을 에워싼 그 특정세력의 범주에는 김지정보다는 만월부인과 김옹이 더 어울린다. 만약, 모반의 주역인 김지정 자신이 왕이 되고자 했다면 그는 당연히 '역적逆賊' 혹은 '역도逆徒'로 지칭되었어야 온당하며, '군측의 악'이라는 표현은 성립할 수 없다. 김지정의 난이 만월부인 남매의 친위 쿠데타일 개연성을 전적으로 부인하기 어려운 실정인 것이다.

실제로 난을 일으킨 김지정이 만월부인 파인지, 혜공왕 파인지, 혹은 스스로 왕위를 노린 야심가인지 전혀 불분명하다. 더욱이 그가 궁궐을 장악한 후, 김양상이 궐기할 때까지의 만 2개월간 궁궐 내에서 구체적으로 어떤 일이 진행되었는지도 안개에 덮여 있다. 만약 김양상이 권력욕에서 거병했다면, 시간을 그리 오래 끌 이유가 없었을 것이다. 그래서 도리어 정반대의 해석이 가능해진다. 그는 그 긴박한 상황에서 만월부인 세력의 볼모가 되어 있는 혜공왕을 무사히 구해내는 일을 최우선 과제로 여겼을 수도 있다. 거병을 두 달씩이나 늦춘 것도 혜공왕을 자칫 위험에 빠뜨릴 것을 우려한 신중한 태도일 수도 있는 것이다.

한편, 김지정의 난이 만월부인 측에 의한 친위 쿠데라라면 풀어야 할 문제가 남는다. 궁중을 포위한 그 두 달 동안, 이미 무력한 상태에 있는 혜공왕을 제거하는 것은 여반장일 터이기 때문이다. 그러나 그렇게 밀어붙이지 못하고 주저한 것 역시 궁성 밖에 위치한 김양상을 의식한 결과일 수 있는 일이다. 이에 관한 해석은 뒤에서 다시 개진될 것이다.

아무튼 김양상은 군사를 일으키면서 김춘추의 6대손으로 분류되는 김주원金周元을 끌어들인다. 김주원은 혜공왕 13년(777)에 시중을 역임한 인물로, 몇 안 남은 중대왕실의 울타리라 할 종친이었다. 그러므로 김양상이 반 무열왕계였다면, 김주원은 경계 내지 제거 대상에 올랐어야 한다. 하지만 김양상은 정반대로 김주원을 합류시킨다. 왜 그랬을까. 김주원을 통해서 중대왕실을 지키려는 자신의 의도를 천명하고자 했는지 모른다. 요컨대 김양상의 궐기는 권력찬탈이 아니라 만월부인 일파를 제거해 중대왕실을 복원하는 데 그 목적이 맞춰졌다고도 볼 여지가 충분한 일이다.

중대왕실의 복원을 꿈꾸다

혜공왕은 김양상의 바람과는 달리, 난을 진압하는 와중에 횡사하고 만다. 김양상의 모든 계획이 수포로 돌아간 것이다. 결국 그는 중망에 따라 마지못해 왕위에 오른 후, 김주원을 자신의 후계자로 지목하고 있었던 듯 상대등으로 임명한다. 실제로 김주원은 왕위계승권자로서 가장 유력했고, 김양상이 후사 없이 사망했을 때 군신이 그를 왕으로 추대하기도 했다. 그러나 김주원은 대권을 눈앞에 두고 좌초하고 만다. 불운하게도 알천閼川이 홍수로 범람하여 왕성으로 입성하지 못하자 그것을 군신이 하늘의 뜻이라 하여 다시 상대등 김경신(원성왕)을 추대한 것이다.

이렇게 보면 김양상이 혜공왕 13년(777)에 올렸다는 이른바 〈시정극론時政極論〉도 색깔이 전혀 달라진다. 그동안 그의 상소는 혜공왕으로 대표되는 왕권파에 대한 경고로 풀이되어 왔다. 하지만 당시 섭정의 지위를 이용해 혜공왕을 배제하고 월권을 일삼던 만월부인과 김옹 등 외척을 겨냥한 공격으로 풀이할 여지도 충분하다. 김양상이야말로 그들의 전횡을 누구보다도 잘 아는 위치에 있었고, 그들로 인한 혜공왕의 방황과 고통을 정확하게 응시하고 있었을 것이다. 특히, 그 전 해인 혜공왕 12년(776) 정월과 2월에 잇달아 행한 동해 제사 및 국학 방문 등 혜공왕의 친정親政 움직임에 대해 만월부인 측의 반발 내지 무력화 시도가 있었다면, 혜공왕 편에 서서 만월부인의 퇴진을 강력하게 요구한 것일 수도 있다. 외척의 득세로 인한 국정의 파행을 비판하면서 왕권의 정상화를 도모했다고 보는 것이다.

김양상과 관련해 한 가지 유의해서 살펴야 할 사항이 남아 있다.

알다시피 〈신종명〉의 '별기'에는 그가 김옹과 더불어 에밀레종의 검교사를 맡은 것으로 나와 있다. 에밀레종 주성이 경덕왕의 여망이었음을 감안하면, 두 사람이 나란히 검교사 직에 보임된 것은 경덕왕의 뜻이 반영된 인사로 볼 수 있다.

경덕왕이 두 사람을 함께 검교사로 지명한 의중은 무엇일까. 단도직입적으로 말하면, 후계구도의 일환으로 생각된다. 김옹은 아내의 오라비로 처남이 되고, 김양상은 누이의 아들로 조카가 아닌가. 경덕

중대신라를 읽는 두 관점, 전제주의와 반 전제주의

중대신라기를 전제주의 세력과 반 전제주의 세력의 대립구도로 파악하는 것
은 우리 학계의 해묵은 관점이다. 중대신라 전 기간(645~780)의 권력변동과
정책, 천문현상, 외교, 불교, 문화예술 등의 모든 영역을 해석하는 데 그러한
이분법이 결정적인 잣대로 기능해 왔다. 다음과 같은 구분이 그 예이다.

- 전제주의세력 : 반 전제주의세력   • 친 왕권파 : 반 왕권파
- 무열왕계 : 반 무열왕헤   • 친 혜공왕계 : 반 혜공왕계

혜공왕 대만 보더라도 혜공왕과 만월부인을 왕당파, 김옹과 김양상 등을 반
왕당파라는 식으로 단순하게 이원화시켜 이해해 온 것이다. 그러나 '전제주
의'와 '반 전제주의'의 개념부터 애매하다. 상식적으로 전제주의의 반대는 민주
주의, 혹은 공화주의를 지칭하기 때문이다. 이른바 전제주의 중대왕실을 타도하
고 수립한 하대신라에서 민주정이나 공화정을 지향했다는 사실이 확인되지 않
는 한 전제주의 대 반 전제주의 세력의 대결구조 자체가 성립되지 않는 것이다.
이 문제에 대해 하일식은, "왕권을 중심으로 역사를 파악한 나머지 모든 인간
을 '친왕파'와 '반왕파'로 분류·판단하려는 경향도 존재한다. 신라사에 등장
하는 인물들의 성향에 대해, 지금까지 많은 연구가 '친왕파', 또는 '반왕파'의
분류를 해왔음에도 불구하고 여전히 일치된 이해에 도달하지 못하고 있는 상
태는 그 경향이 낳은 폐단의 일단에 불과할 것이다"고 지적한 바 있다.[38]
그러한 경직된 사고로는 여러 세력이 난마처럼 뒤엉켜 합종연횡하면서 전개된
당시 권력암투의 실상을 충분히 드러내기 어렵다. 단적인 예가 혜공왕과 만월
부인 사이의 갈등이나, 조정과 왕실에 엄청난 그림자를 드리웠을 외척문제, 경
덕왕의 후계구도 등은 특별한 논의가 찾기 어려운 실정이다. 아울러 〈신종명〉의
'원구'에 본격적으로 주목한 논고도 보이지 않는다. 숙고를 요하는 부분이다.

왕의 입장에서는 처남과 조카 이상으로 믿을 만한 사람이 마땅찮았을 것이다. 따라서 두 사람에게 어린 후계자와 왕실의 버팀목이 되어주길 기대했고, 그러한 자신의 의중을 에밀레종의 검교사라는 상징적인 자리를 통해 밝혔다고 보는 것이다. 결론적으로 두 사람을 쌍두마차로 해서 자신의 사후에 대비한 것으로 이해할 수 있다.

지금까지의 논의를 간추리자면 오늘날의 사가는 김양상에게 중대왕실 붕괴의 혐의를 씌워 비판하지만, 옛 서라벌 사람들은 오히려 혜공왕을 지켜내지 못한 것을 괴로워하다가 죽은 인물로 그를 기억하고 옹호하고 있다. 적어도 서라벌 사람들은 그를 중대왕실의 파괴자로서 인식하고 있지는 않은 것이다. 이와 관련해 《삼국사기》에서 김양상을 혜공왕의 바로 뒤에 묶어놓고 있음을 근거로, 그를 중대왕실의 마지막 군주로 비정하고 있는 신형식의 관점은 탁견이라 하겠다.

반란의 진실

전설이란 개인의 즉흥적인 사유나 허구적 상상력의 산물이 아니다. 거기에는 개인의 의식과 체험을 앞서는 근원적인 집단무의식의 여러 심리 내용이 가장 순수하게 나타나 있다. 삶과 우주를 바라보는 특정 집단의 치밀하고도 과학적인 사유의 결과물이 곧 전설이다.[39]

경덕왕의 사망은 그 자체로 위기를 몰아온다. 만월부인과 김옹은 어린 혜공왕을 앞세워 일국의 정사를 한낱 가정소사로 전락시켰으며, 그들의 전횡은 여타 진골귀족의 반발을 불러일으켰고, 무자비한 탄압을 반복했다. 그런 악순환은 중대왕실의 몰락을 재촉하게 된다.

그런데 전설에서는 어미가 자식을 희생시키면서까지 오라비의 성공을 기원한 것으로 나와 있다. 그것을 현실에 옮기면, 만월부인에게도 혜공왕을 배신하면서까지 추구한 김옹의 '성공'이 있었다는 말이 된다. 그렇다면 김옹의 성공이 의미하는 바는 무엇일까.

이미 조정 권력을 사유화한 만월부인 남매에게 있어 남겨진 수순이란 한 가지밖에 없다. 명목뿐인 무열왕계 왕통을 끝내고, 새로운 왕통을 개창하는 일, 곧 혜공왕을 밀어내고 김옹이 즉위하는 일일 것이다. 그 문제에서 만월부인이 더욱 적극적이었으리라는 것은 설화에 나타난 어미의 성격을 통해 추론이 가능하다. 처음에는 주저하던 김옹도 서서히 야심을 키워나간 것으로 보인다. 선양의 형식을 취하든, 폐위시키든 혜공왕에게서 왕위를 앗아 오는 방법을 암중모색했을 것이다. 다만, 여타 진골귀족 및 중대신라 들어 급성장한 관료조직의 동향이 맘에 걸리고, 무열왕계 왕실에 대한 민심 등이 우려스러웠을 것이다. 이런 경우 정통성 확보가 가장 큰 난제이다. 자식을 내치고 친정 왕조를 세운다는 것이 도덕적으로나 정치적으로나 용납되기 어려운 일임을 만월부인 스스로 잘 알고 있었을 것이다. 귀족세력의 자발적인 추대가 유일한 대안이겠지만, 혹 김양상 등의 비협조 내지 거부로 성사되지 못한 채 지지부진한 상태가 지속되면서 만월부인 남매는 결단의 순간으로 내몰린 건 아닐까. 앞서 김지정의 난이 만월부인 파의 친위쿠데타일 가능성을 언급했지만, 그것이야말로 만월부인 남매가 초조함을 이기지 못해 일으킨 모반으로 파악하는 것이다.

당시 상황을 정확히 알기 위해서는 김지정의 반군이 궁성을 장악한 두 달 동안 무슨 일이 벌어졌는지를 파악하는 것이 중요하다. 그러나 애석하게도 이 시기에 대한 자료가 공백인지라 추론만 가능할 뿐인데, 만월부인 남매는 궁성 밖에 머물던 김양상 등과 모종의 정치적 타협을 시도했을 수 있다. 일정한 지분을 약속하면서, 혜공왕을 폐위시켜 중대왕실을 깨끗이 정리하고, 김옹을 추대해 새로운 왕조를 개창하는 데 협조 내지 추인을 요구했던 건 아닐까.

그러나 김양상 등의 격렬한 반발에 부딪혀 사태가 장기화되어 두 달씩이나 끌었던 것으로 보인다. 결국 김양상과 김경신의 거병으로 궁성이 함락되고, 일대 혼돈 속에 자멸하듯 만월부인과 김옹, 김지정, 그리고 혜공왕 및 왕비들까지 목숨을 잃는다. 상세한 내막은 알 길이 없지만 궁지에 몰린 만월부인 세력이 정신적 공황 상태에서 최악의 극단적인 방향으로 상황을 몰고 갔을 가능성도 배제하기 어렵다. 진상이야 어떠하든 한 여자의 허욕이 스스로를 망침은 물론 친정 집안을 도륙내고, 자식의 목숨까지 앗는 참극으로 이어진 셈이다. 김춘추와 김유신이 손을 맞잡고 일으킨 중대신라, 거기에 문무왕이라는 걸출한 영웅을 통해 이 땅의 역사를 새롭게 써내려가던 무열왕계 왕실은 그 내부에 파멸의 광기가 잉태되어 있었던 것이다.

말을 돌리면, 중대왕실이 단절된 책임의 일부 혹은 전부를 혜공왕에게 묻고 있는 옛 사가들과 달리, 설화 창작집단은 그 책임이 전적으로 만월부인에게 있다고 확신한 것으로 보인다. 그러한 확신이 세월의 이끼에 덮이면서 설화의 옷으로 갈아입고 방방곡곡으로 퍼져나가게 된 것이다. 물론 중대왕실의 몰락을 만월부인 한 사람만의 잘못으로 돌리는 건 무리한 노릇이다. 그녀 역시 자신을 에워싼 복잡한 정치 상황의 희생물일 수 있기 때문이다. 다른 무엇보다 지금까지의 우리의 해석 자체가 역사적 진실과는 동떨어진 오독誤讀일 위험성 또한 부정하기 어려운 실정이다. 문헌사료의 절대적인 부족 탓이다.

그러나 중요한 사실은, 적어도 서라벌 백성의 눈에는 왕궁에서 벌어진 파란과 비극이 만월부인에 의해 촉발되고 확대된 것으로 비치었다는 데 있다. 그들은 궁중 내의 음모와 암투를 예의 주시하면서,

만월부인을 자식을 버린 '악한 어미'로 받아들였고, 혜공왕에게는 어미에 의해 소외되고 핍박받은 인물로 여겨 동정어린 눈길을 보낸 것이다. 그렇지 않다면 무고한 아이가 어미의 손에 의해 도가니에 던졌다는 터무니없는 이야기를 '조작'해 낼 리가 만무하지 않은가.

혜공왕의 비극적인 죽음 이후 봉덕사 쪽에서 에밀레종 소리가 조석으로 울려 퍼질 때마다 서라벌 백성은 몸서리쳤는지 모른다. 그들에게는 일통삼한의 꿈을 이루고, 대당독립전쟁을 승리로 이끌어 수백 년 동안의 전란에 종지부를 찍어 처음으로 평화의 세기를 열어젖힌, 그리고 비교적 백성에게 온정적이던 중대왕실의 몰락과, 모후와 외숙을 포함한 야심가들 틈에 끼어 전전긍긍하다가 끝내 횡사한 젊은 임금 혜공왕이 상기되었을 것이다. 그러면서 조심조심 속삭였을 것이다.

"아이 잡아먹은 종이야.",
"그 여자 입이 꽤나 방정맞았다지?"
"그 악 맞은 어미 때문에 죄 없는 애만 죽은 거지."
"오라비한테 미쳐서 새끼를 버리다니."
"얼마나 한이 맺혔을꼬?"
"그게 전수 에미 때문이라니까!"

바로 그러한 귀엣말로부터 '에밀레'라는 말이 탄생했을 법한데, 그 말이야말로 최후의 순간에 맞닥뜨린 혜공왕의 심경을 잘 대변하고 남는다. 죽음의 벼랑으로 내몰린 그 순간에 혜공왕은 어쩌면 처절하게 "이게 다 어머니 때문이야!"하고 비명을 질렀는지 모른다. 아니면, 더없이 담담한 어조로 "결국, 어머니 때문에!" 하고 되뇌었을 수도 있다. 그러나 '에밀레'라는 말은 단지 '혜공왕'만의 원성이 아니다. '에밀레'라는 단어는 그에게 무량한 연민을 품고 있던 백성의 정서적 공감에서 돋아나온 비극적 상징어이다.

이와 관련해 뒤늦게 떠오르는 또 다른 후일담 한 편이 있다. 임석재가 경상남도 의령에서 채록한 그것은 그 잔혹함이 상상을 넘는다. 제1의 아이의 희생으로 종은 완성되었으나 소리가 안 나자 제2의 아이의 발목을 잡고 그 머리로 종을 때려 두개골을 깨뜨린 다음 그 피를 종체에 묻히고서야 소리가 났다는 것이다. 고대 중국의 '흔종釁鐘' 의식을 연상시키기에 충분한데, '흔종'이라면 종을 만든 뒤 소를 죽여 그 피로 종체의 갈라진 틈을 바르는 일종의 종교의식을 말한다.[40] 대관절 아이 하나 가지고도 모자라 또 다른 아이가 더욱 잔혹하게 희생되는 이야기까지 보태진 까닭은 무엇일까. 에밀레종을 바라보는 당대인의 정서가 그만큼 '비정상적'이었음을 뜻하는 건 아닐까. 서라벌 사람들은 에밀레종을 이름만 들어도 몸서리가 쳐지는, '저주서린' 종으로 인식하지는 않았을까.

마지막으로 짚어보아야 할 부분이 중대신라의 몰락이 진행되던 당시 불교계의 동향이다. 전설 속의 봉덕사 승려를 통해 실마리를 얻을 수 있을 법한데, 그는 일견 스토리를 이끌어가는 중립적 내레이터쯤으로 보인다. 내용적으로는, 주종불사를 원만하게 회향하고자 고심에 고심을 거듭하고, 아이의 죽음까지도 부처의 뜻으로 받아들이는 충직한 불제자의 모습을 하고 있다. 그러나 엄밀히 따져보면, 그는 불제자도 수행자도 아니다. 붓다의 진정한 제자라면 아이를 들쳐 업고 야반도주하거나 아이 대신 자신이 도가니 속에 뛰어드는 게 도리다. 진리를 위해 신명을 바치는 위법망구爲法忘軀의 참된 경계란 그럴 때 더욱 빛을 발하는 게 아닌가. 그래야 불은佛恩을 만분의 일이라도 갚는 것이 되고, 진정한 구도자라 이름할 수 있는 게 아닌가.

하지만 채집물에 따라서 그는 후회하는 어미에게서 아이를 강제로 빼앗는 악역까지도 마다하지 않는다.[41] 결과적으로 그는 불살생의 계율을 배반, 스스로의 정체성을 부정하는 위치에 서고 만다. 전설에는 아이의 죽음이 어미 한 사람의 책임으로 묘사되지만, 불교의 본질에 비춰보면 승려의 죄가 수미산보다 더 높다. 꿈에서 부처님, 혹은 도인이 권하는 대로 따랐을 뿐이라는 변명을 앞세울지 모르나, 그럴 때의 현몽이란 자기욕망의 투영일 뿐이다. 그가 보시를 권하러 거리로 나서는 행위 역시 종장을 도와주는 일로, 종장과 야합의 가능성까지 엿보인다. 아이의 죽음은 어미와 종장, 승려 세 사람의 합작품인 셈이다.

이렇게 볼 때, 만월부인 남매에 의해 혜공왕이 고립되어 가는 것을 당시의 불교계 일각에서 묵시적으로나마 동조한 게 아닌가 하는 의구심마저 든다. 전부는 아닐지라도 일부 세력은 무열왕계 왕실에 등을 돌리고, 그 몰락을 불가피한 현실로 받아들였을지 모른다. 아이를 강제로 빼앗아 도가니 속에 던지는 봉덕사승의 악역이 그 방증인데, 그것이야말로 승려 개인의 독단적인 행동이 아니라 불교계 일각의 풍향계로도 읽을 수 있다.

궁중비극의 문학적 메타포

불멸을 꿈꾼 이들이 있었다. 그들은 탑을 세우고, 불상을 빚었다. 고즈넉한 어둠에 덮인 성전을 지어 영원한 스승 붓다에게 바치면서는 벽마다 최고로 아름다운 그림을 그렸다. 그러나 그들, 불멸의 꿈의 주인공들은 짧고도 날카로운 비명과 함께 일순간에 무너지고 말았다. 그들이 떠나간 뒷자리, 그 텅 빈 시간 위에는 금빛 찬란한 종소리만이 감돌았다.

종과 함께 남겨진 사람들은 그 종소리가 들릴 때마다 진저리쳤다. 종소리에서 끼쳐오는 진한 피비린내 때문이다. 그러나 그들은 함부로 입을 열 수 없었다. 나지막한 귀엣말로 그 종을 만들 때 죽어간 한 아이에 대해 속삭이는 것이 전부였다. 그리고 언젠가부터 짤막한 노래가 떠돌기 시작했다.

한 아이가 있었네.
아이는 엄마가 무서웠다네.
엄마는 오빠 집을 세상에서 젤로 크게 지어주고 싶었다네.
엄마는 아이를 팔아 오빠와 오순도순 살고 싶었다네.
아이는 도가니에 던져져 종 속으로 들어가고 말았다네.
오늘도 엄마를 원망하면서 울부짖고 있다네.
에밀레, 에밀레—.

에밀레종전설은 엘리트 사가의 춘추필법을 뛰어넘는 '음습한 진실들'로 가득 차 있다. 창작집단의 예리한 직관력은 중대왕실의 파멸이라는 궁중비극 속에 내재된 '야만적 폭력'을 간파했고, 그들의 출중한 문학적 상상력은 고래의 인신공희담의 형식을 빌려다가 그것을 온전하게 보존한 문학 '작품'을 창작했다. 자신들이 직접 목격한 정치적 격변을, 참으로 '의뭉스럽게도' 모자간의 갈등을 축으로 삼아 오라비의 세계를 자신의 세계와 동일시한, 그리하여 남편과 자식을 배반한 어미와 억울하게 희생된 아이의 이야기로 각색한 것이다.

에밀레종전설은 역사를 배반胚盤으로 탄생한 독립된 문학작품으로, 중대왕실의 숨결을 앞당겨 끊어버린 궁중비극의 문학적 메타포이다. 사가史家의 문자언어가 아닌 여항閭巷의 구술언어로 등장인물의 성격을 창조하고, 스토리에 필연성을 부여했으며, '야만적인 폭력'이라는 핵심주제를 선명하게 부각시킨 점 등에서 오히려 사서의 한계를 뛰어넘는다. 그 모두가 창작집단의 준열한 비판정신과 문학적 상상력 덕분에 가능했음은 물론이다. 이러한 평가는 그것이 천삼백 년이라는 첩첩한 시간을 뚫고 작금에까지 흘러온 사실이 입증한다. 구조적으로 완결되지 않고서는 설령 역사를 반영하고 고발성이 강하더라도 종내는 세월의 격랑에 휩쓸리고 언중으로부터 버림받아 소멸되는 게 설화의 피할 수 없는 운명 아닌가.

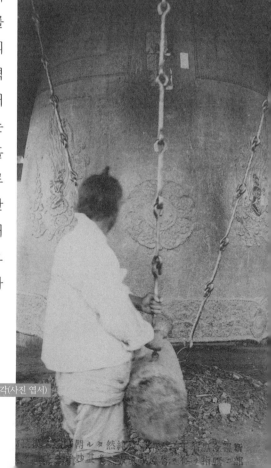

에밀레종 타종 모습, 일제 초기 구 종각(사진 엽서)

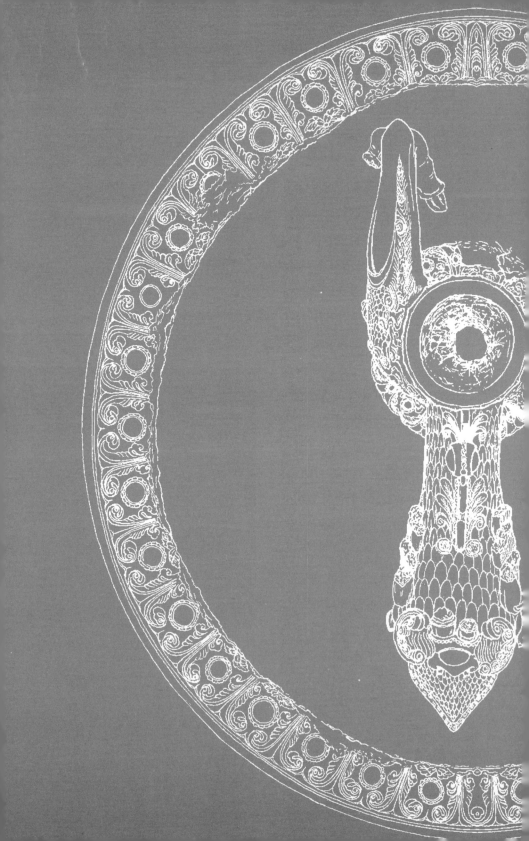

제2부

신라 신新3보에 담긴 무열왕계의 꿈

11. 대기大器의

영웅, 그리고 신기

영웅적 인물이 신기神器를 얻어 큰일을 성취한다는 것은 고래의 보편적 인식이다. 신기는 영웅만의 특권이자 징표로, 역사의 격변기마다 그 시대의 소망을 상징하는 신기가 출현한다. 때문에 일연은 《삼국유사》의 서두를 다음과 같이 시작한다.

> 제왕이 일어날 때는 반드시 부명符命을 얻고 도록圖錄을 받는다. 따라서 보통사람과는 다른 점이 있게 마련이다. 그런 뒤에라야 대변大變의 기회를 타서 대기大器를 잡고 대업大業을 이룩할 수 있다.
>
> —《삼국유사》 〈기이〉편

우리 민족사에서 가장 오래된 신기로는 역시 〈단군신화〉에 등장하는

시대

천부인天符印 세 개를 꼽아야 할 것이다. 원시적 주술도구로써 그것들이 권위의 상징이었음은 의심의 여지가 없는데, '환웅'으로 표현된 특정 집단이 신소재인 청동제 검과 거울, 요령 등을 앞세우고 원주原住 세력들인 '호랑이' 토템 족과 '곰' 토템 족 중에서 후자와 손을 맞잡고 일으킨 나라가 '조선朝鮮'인 셈이다.

대부분의 신기는 '하늘'로 표상되는 신성한 존재로부터 전해지고, 그로 인해 하늘의 신성神聖은 신기를 받는 주인공에게 고스란히 전이된다. 〈단군신화〉에서도 천부인을 내린 환인의 신성은 환웅과 웅녀를 거쳐 단군에게 침윤되고, '조선'은 천손족天孫族과 지모신족地母神族이 함께 이룩한 '거룩한' 국가로 격상된다.

하지만 신기를 받은 영웅에게는 그 대가

로 흔히 시련과 고난이 따른다. 숙명적인 고독을 안고 만난을 극복해 대업을 이루는 것이 그의 정해진 운명이다. 과연 그는 신성의 징표를 가진 단독자로서 부조리한 세계 내지 원시적 어둠의 존재와 일대일로 맞선다. 선과 악, 이상과 현실이 충돌하는 세계에 홀로 던져진 그는 불굴의 의지와 용기로 전자를 추구하고, 대개의 경우 '숨은 신'이 그를 돕는다.[1] 그리하여 그는 온갖 위기를 이겨내고 뜻을 이루어 영웅의 반열에 오른다. 혹은 신적인 존재로 복귀하는 경우도 있는데, 뒷날 단군이 아사달의 산신이 되었다는 〈단군신화〉의 마무리 부분이 같은 맥락이다.

이러한 까닭에 신기는 절대의 권능을 확보하며, 모든 인간은 신기 앞에 마땅히 순복해야 한다. 고구려 미천왕 대의 낙랑 정벌에 얽힌 자명고自鳴鼓 이야기는 호동왕자와 낙랑공주의 파멸로 끝나는데, 그것은 이미 예정된 결과였다. 신기인 자명고를 찢은 것은 한낱 인간이 하늘의 성물에 저항하는 '불경스러운 행위'이기 때문이다.

본 2부에서는 우리 옛 선인의 삶의 방식 내지 세계관이 투영된 각종 신기에 대한 이야기가 중심이 될 것이다. 상대신라기에 신성한 기물로 숭앙되던 이른바 신라 3보新羅三寶부터 중대신라기의 만파식적萬波息笛 및 흑옥대의 의미를 차례로 알아볼 것이다. 그 과정에서는 진흥왕, 진평왕, 선덕여왕을 거쳐 특히 문무왕의 새로운 초상과 맞닥뜨리게 될 것이다. 에밀레종으로 대표되는 특수한 구조와 양식의 신라종이 그가 주역을 맡은 만파식적 이야기를 바탕으로 탄생하기 때문이다. 아울러 에밀레종이야말로 실은 중대왕실의 집단무의식이 투영된 특별한 신기로 제작되었을 개연성도 엿보게 될 것이다.

이 땅에서 명멸한 나라 가운데 신기와의 인연이 유난히 깊은 나라는 역시 신라이다. 시조 박혁거세 때 등장한 금척金尺의 경우 죽은 사람도 그것으로 재면 버젓이 살아났다는 이야기에서 우리는 건국기 신라에 처음으로 획기적인 척도尺度가 도입되었음을 짐작하게 된다. 도량형의 일대쇄신을 통해 신라 사회를 한 단계 업그레이드시킨 역사적 사실이 금척이라는 신기로 은유된 것이다.

그러나 점차 인지가 깨이면서 영웅에게도 신기가 주어지지 않는 기현상이 발생한다. 주몽에게는 신궁神弓이 있었지만, 김수로, 석탈해, 온조, 김알지 이야기를 아무리 뜯어보아도 신기라고 칭할 만한 기물은 눈에 띄지 않는다. 대신 금궤金櫃라든가 천마天馬, 영조靈鳥인 닭이나 까치, 금란金卵 정도가 주인공한테 아우라를 입히는 정도이다. 혹간 김수로와 석탈해의 대결에서 보듯이 스스로 둔갑술 등을 통해 자신의 역능을 입증해야 하는 '구차스러운 처지'로 내몰리기도 한다. 아예 속화俗化의 길을 걸을 때도 있는데, 우리네 범부와 별반 다를 바 없는 사술을 부려 호공瓠公의 집을 뺏고, 시자가 물을 먼저 먹었다고 까탈을 부리는 석탈해 이야기는 그래서 눈길을 끈다.

이와 같이 신기신앙이 전반적으로 퇴색해 가던 6,7세기에 이르러 신라에서 돌연 일대 반전이 일어난다. 진흥왕(재위 540~576)의 황룡사 장육존상, 진평왕(재위 579~631)의 옥대, 선덕여왕(재위 631~646)의 황룡사 9층탑 등 이른바 '신라 3보新羅三寶'라는 낯선 신기들이 집중 제작된 것이다.

신라 3보의 출현 시기는 일연이 《삼국유사》에서 '중고성골시대'로 구획한, 왕실의 성골의식이 선명하게 부각되는 신라 중고기에 해당한다. 당시 신라는 진흥왕의 대대적인 정복전쟁을 통해 서라벌 중심의 옹색한 터전을 깨고 영토를 한창 팽창해 나아가던, 문자 그대로 흥륭지세의 기상을 보이고 있었다. 여기에 제23대 법흥왕(재위 514~540) 때에 일어난 이차돈의 순교(527)를 기점으로 불어 닥친 불교의 거센 폭풍은 신라 왕실의 자기 인식에 중대한 변화를 가져온다. 자기들을 진리의 영웅 붓다와 한 핏줄로 인식하기 시작한 것이다. 그런 시대적 변화가 3보 출현의 한 배경으로 작동한다.

성골왕실은 자신들의 정체성을 확립하고자 각종 조치를 취하는데, 첫 번째가 연호 제정이다. 법흥왕이 즉위 23년(536)에 건원建元이란 연호를 반포한 것은 신라 역사상 처음 있는 일로 기록되어 있다. 뒤이은 진흥왕은 즉위 11년(550)까지 건원을 사용하다가 개국開國, 대창大昌, 홍제鴻齊 등을 번갈아 쓰는데, 그중 홍제는 진지왕을 건너뛰어 진평왕 6년(584)에야 건복建福으로 바뀐다. 다시 선덕여왕 3년(634)에는 인평仁平, 진덕여왕 원년(647)에는 태화太和 등을 사용하다가 진덕여왕 4년(650)부터 중국 연호를 빌려다 쓴다. 흥미로운 것은 법흥왕과 진흥왕대의 연호들이다. '나라를 열다', '세우다', '크게 일으키다' 등 한결같이 새로운 국가를 건설한다는 강한 자긍심이 읽히기 때문이다.

두 번째로 사서史書 편찬을 들 수 있다. 곧, 진흥왕은 재위 6년(545)되는 해에 거칠부에게 《국사》를 짓게 한다. 이런 조치가 복잡다단하게 전개되는 국제질서 속에서 왕실의 존엄을 드러내고 나라의 위상을 높이려는 자주의식의 발로임은 물론이다. 참고로 고구려는 영양왕 때인 600년에 이문진이 이전부터 전해온 100권짜리 《유기留記》를 바탕으로 《신집新集》 5권을 새로 찬했으며, 백제는 근초고왕(재위 346~375) 때 고흥이 《서기書記》를 편찬한다.

세 번째가 불교식 왕명의 유행이다. 법흥왕, 진흥왕, 진지왕, 진평왕, 선덕여왕, 진덕여왕 등은 흡사 불교의 세례명 같기도 한 바, 특별히 '불교왕명시대'로 분류되기도 한다.[2] 뿐 아니라 왕족의 이름을 정반淨飯, 백반白飯 등 석가족의 왕족 이름을 따르거나, 혹은 동륜銅輪(진흥왕의 장자), 사륜舍輪(진흥왕의 차자, 뒷날의 진지왕) 등 붓다시대의 문화코드를 차용한 것도 같은 맥락이다. 이때의 '륜輪'은 고대 인도의 이상적 군주상인 전륜성왕轉輪聖王(차크라바르틴)의 그 '륜(차크라)'에서 따온 것으로, 자신의 후계자가 천하의 주인공이 되기를 기대한 진흥왕의 의도가 역력하다. 특히 진평왕의 이름은 백정白淨이고, 그의 왕후는 마야摩耶부인이다. 알다시피 마야부인은 싯다르타 붓다의 생모로, 석가족 정반왕의 비이다. 성골왕실은 자신들을 '성가족聖家族'으로 자긍하고 있었던 것이다.

제1보－황룡사 장육존상

6, 7세기의 신라 사회는 지난 시대의 그늘을 벗어나고자 하는 욕망에 사로잡혀 있었고, 그런 흐름은 마침내 신기들의 출현으로 이어진다. 그 첫머리를 장식한 것이 진흥왕 대의 황룡사 장육존상이다.

진흥왕은 7살의 어린 나이로 즉위해 모후가 섭정을 맡는다. 하지만 그는 얼마 안 가 흉중에 품고 있던 야망을 유감없이 발휘한다. 가야제국을 흡수하고 백제와 고구려를 압박해 한강유역을 장악하고, 내처 평안 및 함경의 남부 지역에까지 깃발을 꽂은 쾌거가 모두 진흥왕대의 일이다. 수백 년 지속된 한반도의 판도를 완전히 바꿔버린 것이다.

사실, 그동안 종주국처럼 행세해 온, 그래서 감히 넘볼 수조차 없던 고구려에 대한 공격을 감행한 것, 한강유역의 전략적 가치에 주목해 120년간이나 유지되어온 나제동맹을 일거에 깬 것 등은 그가 얼마나 과단성 있는 인물인지를 잘 보여준다. 화랑도 창설에서 보듯 그는 국력을 결집시키는 방법을 알고 있었고, 국가의 진로를 개척할 줄 아는 드문 군주였다. 훗날 문무왕이 삼한통합의 대업을 이룩한 것은 진흥왕대의 도약이 있었기에 가능한 일이었다.

진흥왕 개인의 궁극적 지향점은 고대 인도의 이상적 제왕인 전륜성왕이었다. 그는 인도대륙을 최초로 통일한 마우리아 왕조의 정복 군주 아소카(아육)왕과 자신을 동일시했다. 그는 창녕이나 마운령, 북한산 등 자신이 확장한 국경 요처에 잇달아 순수비巡狩碑 건립에 주력하였다. 그것들은 아소카왕이 인도대륙을 통일한 연후에 전국을 순력하면서 세운 아소카 석주石柱의 복제품이라고 해도 틀림이 없었다.

바로 그러한 흐름의 연장선에서 제1보인 황룡사의 장육존상이 조영된다. 황룡사는 진흥왕의 야심이 집약된 곳이다. 원래는 궁궐을 지으려고 공사에 착수했으나 도중에 '황룡'이 나와 절로 고쳐 지은 것으로 《삼국유사》는 전한다. 사실 '황룡黃龍'이란 단어가 중국에서 황제의 이칭으로 쓰였다는 점을 감안하면, 진흥왕은 스스로를 중국 황제와 동격으로 인식하고 있었음이 확실하다. 당시 중국은 수隋나라의 천하통일(590) 직전으로, 후한後漢의 멸망(220) 이래 남북조로 나뉜 여러 왕조가 수백 년간 분립하면서 저마다 황제국을 자임하고 있었다.

진흥왕은 바로 그런 방일한 시대 조류를 누린 행운아이기도 했다.

황룡사 공역은 553년에 시작되어 17년 만에 담장을 두르는 것으로 마무리된다. 뒷날 백제의 무왕武王(재위 600~641)이 세운 익산 미륵사彌勒寺나 일본 성덕태자聖德太子(6세기 말~622)가 일으킨 나라奈良의 법륭사法隆寺보다 수십 년 앞서는 대역사였다. 황룡사는 신라 불교의 성지처럼 예우를 받으면서 신라 말엽까지 대표적인 국찰로 군림했으며, 고려조로 넘어가서도 그 명성이 하늘을 찔렀다.

바로 그곳에 불상을 모시는 범상치 않은 연기설화가 《삼국유사》에 실려 있다. 569년에 황룡사가 준공된 직후, 마치 기다렸다는 듯 하곡현 사포(지금의 울주 곡포)에 배 한 척이 정박한다. 현의 관리가 배를 조사해 보았더니, 기이한 내용의 문서가 나온다.

> 서축의 아육왕이 황철 5만 7,000근, 황금 3만 푼을 가지고 장차 석가삼존상을 부어 만들고자 하였으나 이루지 못하여 바다에 띄워 보내며 "인연 있는 땅에 가서 여섯 길의 존용을 이루어주소서"라고 축원하고, 아울러 견본으로 부처 1상과 보살 2상을 실었다.
>
> ─《삼국유사》〈탑상〉편 '황룡사장육존상' 조

현의 관리로부터 사실을 보고받은 왕은 하곡현의 동쪽 언덕에 동축사東竺寺라는 절을 열고 삼존상을 모시도록 한다. 배에 실려 있던 금과 철을 서라벌로 옮겨 4년이 지난 573년 3월에 마침내 장육존상丈六尊像을 주조해 황룡사 금당에 봉안한다. 여기서 '장육丈六'이란 1장 6척의 뜻으로, 부처님의 키가 8척인 보통 사람의 두 배라는 뜻에서 나온 말이다. 당척으로 환산하면 장육존상은 대략 5미터 안팎의 대형 불상이라는 뜻이 된다.

진흥왕은 아소카왕조차 실패한 난제를 자신이 이루었다는 자부심에서 더 나아가 존상 조성을 붓다의 뜻이라고까지 포장한다. 다음은, 진흥왕이 사망하고도 한참 후의 인물인 자장(590~658)이 중국 오대산에서 만난 문수보살로부터 받았다는 수기이다.

> 너희 나라의 황룡사는 석가불과 가섭불이 강연하던 땅으로 연좌석이 아직도 거기에 있다. 그런 연유로 천축(인도)의 무왕(아소카왕)이 황철을 모아 바다에 띄워서 1,300여 년이 지난 뒤 너희 나라에 이르러 불상을 이루어 그 절에 봉안하였으니, 이는 부처님의 위엄과 인연으로 그렇게 된 것이니라.
>
> ──《삼국유사》〈탑상〉편 '황룡사 장육존상' 조

어느 특정 장소가 아소카왕 및 붓다와의 인연이 깊다는 유연국토 사상은 중국 고문헌에서도 자주 눈에 띈다. 예컨대 혜교(?~554)의 《고승전》, 도선(594~667)의 《광홍명집》, 《집신주삼보감통록》 등을 보면 아소카왕이 세운 8만 4천 탑의 기단석 자리가 발견되었다든가, 아소카왕이 만든 불상이 4세기 남조의 진陳 나라 곳곳에 나타나 영험을 보였다는 것이다.[3]

장육존상은 고대 그리스인이 아크로폴리스 언덕의 파르테논 신전에 봉안한 제우스신상과 다를 바 없는 왕도 서라벌의 심벌이었다. 더 노골적으로 말하면 진흥왕과 한 몸이었다. 위의 기사에 이은 "이듬해 (574) 불상이 발꿈치에 닿도록 눈물을 흘려 바닥이 1척이나 젖었는데, 이는 대왕이 승하할 조짐이었다"는 문장이 그것을 뒷받침한다.

하지만 황룡사는 13세기에 이르러 몽고군의 화를 입어 초토화되고, 그때 장육존상은 같은 금당 벽에 그려졌다는 솔거奉居의 〈노송도 老松圖〉와 더불어 녹아내린다. 그로부터 잡초무더기의 허허벌판으로 변한 그대로 황룡사의 옛 이야기는 무심한 쟁기질과 가래질에 하나하나 지워져갔다. 오늘의 황룡사 터는 수만 평에 달하는 텅 빈 그대로의 허무를 풀어내면서 텅 빈 하늘과 마주하고 있을 뿐이다.

그런 가운데 장육존상의 보금자리였던 금당 부지는 사역 중간에 불룩하니 둔덕을 이루고 있다. 열주의 초석이 가로세로 열병을 벌이는 그 한복판에는 장육존상의 대좌였던 거석 하나가 협시불들의 대좌석들을 좌우로 거느린 채 역사의 무상을 설법 중이다. 마침 경주박물관에는 우리의 안타까움을 조금이나마 달래주

황룡사터와 장육존상 대좌

는 유물 한 점이 전시되고 있다. 금당의 용마루 한쪽 귀퉁이에서 광채를 발하던 2미터에 가까운 초대형 치미鴟尾인데, 그 뒷면에는 살짝 미소 띤 인면人面이 새겨져 있다. 이름 없는 장인이 심심파적 삼아 손가락으로 꾹꾹 눌러 빚어낸 지두화指頭畵라고나 할까. 더없이 정겨운 그 미소야말로 낙천적인 심성의 실루엣이다.

황룡사 이야기는 아직 많이 남아 있다. 선덕여왕(재위 631~646) 대에 가면 그 유명한 목조 9층탑이 존상이 봉안된 금당 바로 정면에 웅자를 드러내고, 경덕왕(재위 742~765) 대로 넘어가면 기록상으로는 최대가 되는 50만 근짜리 초대형 범종이 걸린다.

황룡사지 출토 금당 치미, 182cm,
7세기, 국립경주박물관

제2보─진평왕 옥대

제2의 보물인 옥대는 진평왕眞平王(재위 579~631)에 의해 만들어진다. 진평왕의 본명은 백정白淨이고 진흥왕의 손자로, 그 아버지는 진흥왕의 장자인 동륜銅輪 태자이다. 그러나 동륜이 갑자기 죽고 숙부인 사륜舍輪(진지왕)에게 왕위가 넘어가면서 대통으로부터 완전히 멀어졌다. 그런데 3년 뒤에 일대반전이 일어난다. 《삼국유사》에 따르면 진지왕은 "정치가 어지럽고 음탕하다[政亂荒淫]"는 석연찮은 이유로 '국인 國人'으로 표현된 수상쩍은 집단에 의해 전격 폐위되고, 곧 죽음을 맞는다. 그 뒤를 이어 진평왕이 13살 어린 몸으로 왕위에 오른 것이다.

옥대 설화는 문헌상 진평왕이 즉위한 바로 그 해에 발생한다.

천인이 대궐 마당에 내려와 왕에게 말하기를, 상황上皇[제석천]이 나를 보내 옥대를 전해 주라고 했다고 이르니, 왕이 친히 무릎을 꿇고 받았다. 천사는 하늘로 올라갔으니 무릇 교외에 나가 지내는 제사 때나 종묘에 지내는 제사 때나 모두 왕이 이 옥대를 사용하였다.

—《삼국유사》〈기이〉편 '천사옥대' 조

위의 '상황上皇'이라는 존재에 대해서는 제석천이라는 전제 하에 불교신앙의 산물로 보거나[4] 종교적 편향성을 경계하면서 당의 황제일 가능성[5]을 열어놓는 등 견해가 제각각이다. 하지만 '상황'이 누구이든 그가 내린 옥대가 신기신앙의 산물이라는 점만은 분명하다.

진평왕 시대는 그가 숙부인 진지왕의 불명예스러운 추락 덕분에 즉위했으므로 여러 문제가 야기되었을 법한데, 추대 세력의 전횡도 십분 상상이 간다. 따라서 추대 세력으로부터의 정치적 독립이 절실했으리라는 그의 입장을 감안할 때 옥대의 등장이야말로 하나의 전환점으로 읽혀진다. 그는 자신이 신성한 임금임을 드러내려는 의도에서 그것을 만들었을 터인데, 다만 즉위 초년이 아닌 성년이 된 후의 일로 생각하는 게 한결 자연스럽다.[6]

진평왕이 오래도록 애중했다는 옥대는 과연 어떻게 생겼을까.

흔히 고대 사회의 요대는 크게 두 부분으로 구성된다. 허리에 직접 두르는 기다란 띠는 과대銙帶, 거기에 주렁주렁 매달린 것들은 요패 腰佩라고 칭한다. 그중에서 고구려 것으로는 호남리 사신총四神塚에서 나온 과대금구銙帶金具가 유명하고, 백제 것으로는 무령왕릉에서 수습된 길이 70.4센티미터의 은제銀製 과대와 길이 58센티미터의 금은제 요패가 있다. 저 유명한 도깨비 문양의 백제 전돌도 드물게 좋은 자료로, 도깨비 주제에 '시건방지게도' 언감 과대와 요패를 빠짐 없이 챙겨 허리에 차고 있기 때문이다.[7]

그러나 신라의 요대야말로 양과 질 모든 면에서 위의 두 나라를 압도하고도 남는다. 일제 강점기에 발굴된 금관총, 금령총, 서봉총에서부터 해방 후 개봉된 천마총, 황남대총 등 대부분의 경주 고분에서 금관과 더불어 요대가 쏟아져 나왔다. 그것들은 과분할 정도의 찬사에 휩싸여 있는데, "고대에 황금 세공이 현저하게 발달했고, 또 이것을 애용한 점에서 조선은 세계에 자랑할 만한 지역이며, 고대 미케네의 아돌레우스의 보물이나 남러시아 켈트 지방의 스키치아의 금은보석, 또는 4~6세기의 스칸디나비아 황금세공에 비하여 결코 손색이 없다"[8]는 일본의 고고학자 등전양책의 극찬도 그중 하나이다.

그런데 진평왕의 옥대는 금이 아닌 옥으로 제작했다는 데에 특장이 있다. 당대 최고의 명장이 옥공예의 진수를 보여주었을 터인데, 그렇지 않다면 설화까지 생성되는 일은 없었을 것이다. 다행히 그 대강의 구조를 유추할 수 있는 기록이 다음의 '천사옥대' 조 기사 앞의 분주에 보인다.

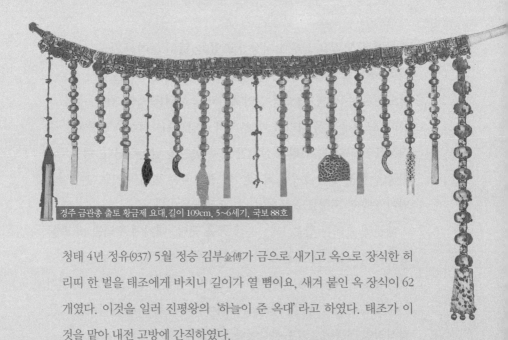

경주 금관총 출토 황금제 요대, 길이 109cm, 5~6세기, 국보 88호

청태 4년 정유(937) 5월 정승 김부金傅가 금으로 새기고 옥으로 장식한 허리띠 한 벌을 태조에게 바치니 길이가 열 뼘이요, 새겨 붙인 옥 장식이 62개였다. 이것을 일러 진평왕의 '하늘이 준 옥대'라고 하였다. 태조가 이것을 맡아 내전 고방에 간직하였다.

—《삼국유사》〈기이〉편 '천사옥대' 조

935년 12월에 신라가 망한 후, 정승 신분으로 격하된 경순왕이 1년 반이 지난 시점에 고려 태조 왕건에게 왕실에 비전되어 온 진평왕의 옥대를 신상했다는 것이다. 아무튼 위 내용을 통해서 그것이 모두 62개의 옥편玉片으로 구성된, 2미터 안팎의 기다란 구조였다는 정도는 짐작이 가능하다.

제3보-황룡사 9층탑

세상의 탑塔이란 탑은 하나같이 지심地心을 뚫는다. 뿌리가 지구란

혹성의 가장 깊은 심부를 지향하고 있어, 탑이 들어선 자리는 어디든 지축地軸으로 승격된다. 반대로 탑의 날카로운 정수리는 흡사 하늘을 떠도는 우주의 영기靈氣를 잡아채기라도 하려는 듯이 천공天空을 찌른다. 그래서 탑을 바라볼 때 우리의 심안心眼은 탑신을 관통하는 수직선을 타고 하늘 뒤편의 심원한 우주 공간을 날아다닌다. 하늘로의 비상을 꿈꾼 인간의 원초적 의지에 불교라는 절대의 가르침이 결합되어 순후한 조형물로 표현된 것, 그것이 탑이다.

때문에 우리는 탑을 보는 순간 꿈을 꾼다. 대지에 뿌리를 박고 금방이라도 하늘로 날아갈 듯한 탑의 날씬한 자태 앞에서 누군들 꿈에 잠기지 않으랴. 그때의 꿈이란 우리 눈앞에서 반짝이는 모든 물질적인 것들로부터의 놓여남이며, 우리 눈 뒤에 감춰진 채 반짝이는 모든 정신적인 것들에로의 돌아감이다.

중국으로부터 불교와 함께 불탑佛塔이 소개된 후 한반도와 일본열도의 각 왕실은 '높은 탑 쌓기' 경쟁에 나선다. 7세기로 접어들면서 일본의 성덕태자는 백제 장인을 초청해 나라 법륭사에 33미터의 목탑(607)을 건립하고, 백제 무왕(재위 600~640)은 익산 미륵사彌勒寺에 장대한 석탑 두 기를 동서로 마주 쌓고, 그 중간에 역시 흰칠한 목탑을 세운다. 신라는 비교적 늦게 경쟁 대열에 뛰어든다. 선덕여왕(재위 631~646)은 분황사芬皇寺에 모전模塼석탑을 올리는 한편, 황룡사 금당 앞에다가는 전대미문의 목조대탑大塔을 건립한다. 그것이 상대 신라 3보 중 마지막 세 번째 보물이다.

진평왕의 딸인 선덕여왕은 여성이라는 이유로 즉위 전부터 반대파의 도전이 만만찮았다. 당태종이 모란꽃 씨를 보내왔을 때 그 꽃에 향기가 없을 것을 예견했다는 등 선덕여왕의 선견지명을 말해 주는 이른바 '지기삼사知機三事'의 설화가 만들어진 것도 그만큼 그녀의 위치가 불안정했다는 반증이기도 하다. 여기에 재위 11년(642)에 발생한 백제 의자왕에 의한 대야성 함락은 또 다른 정치적 위기로 이어지고, 같은 해 고구려에서 연개소문이 영류왕을 죽이고 정권을 장악한 변란은 신라에까지 그 여파가 미친다.

그러한 긴박한 상황에서, 그 이전인 636년 당나라에 건너가 있던 왕권파인 자장慈藏이 643년 두 가지 신비한 체험을 안고 돌아온다. 하나는 문수보살로부터 소위 '마정수기摩頂受記'라는 것을 받은 일이다. 선덕여왕을 가리켜 저 아득한 과거세에 인도에서 바라문에 이어 두 번째 계급인 크샤트리아[찰제리종]에 속하는 특수혈통을 타고났으며, 더 나아가 붓다로부터 장차 왕이 되리라는 예언을 받았다는 것이다. 그 징표로 붓다가 입던 붉은 비단에 금점을 수놓은 가사 일습과 붓다의 정수리 뼈와 치아 및 사리 100과顆까지 받았다.

다른 하나는 태화지에서 만난 신인에게서 황룡사 9층탑 건립의 당위성을 듣게 된 일이다.

> 황룡사 호법룡은 나의 장자로 범왕의 명을 받아 그 절을 보호하고 있으니 본국에 돌아가 그 절에 구층탑을 이룩하시오. 그리하면 이웃나라가 항복하고 구한이 와서 조공하여 왕업이 길이 태평할 것이오. 탑을 세운 후에 팔관회를 베풀고 죄인을 구하면 외적이 해치지 못할 것이오.
>
> ─《삼국유사》〈탑상〉편 '황룡사 9층탑' 조

참고로 같은 내용이 〈황룡사구층탑찰주본기〉나 〈사중기寺中記〉에는 종남산의 원향선사에게서 들은 것으로 되어 있다. 어느 쪽이든 자장으로부터 대탑 건립을 권유받은 선덕여왕은 증조부인 진흥왕이 창건한 황룡사에 목조대탑 공사에 착수한다. 그런데 당시 신라는 국제적인 문화운동에 뒤쳐져 있었고, 그만한 역량을 갖춘 건축가가 드물었다. 부득불 백제의 조탑공造塔工 아비지阿非知를 초청해야 했다. 마침내 645년, 높이 225척의 9층짜리 대탑이 준공된다. 황룡사 대탑은 선덕여왕이야말로 미륵보살의 화신이며, 신라는 미륵불국토임을 선언하기 위해 지어진 것이다.

찰주刹柱 끝의 상륜부 정수리로는 서라벌의 숭엄한 하늘을 모시고서 제 무릎 아래에 깃든 뭇 생령의 희비고락을 말 못하는 거인처럼 묵연히 지켜보았을 황룡사 9층대탑, 그것은 동북아 고대 건축사의 한 획을 긋는 목탑 양식의 절정이다. 그것은 깊은 신앙심과 정치적 에너지, 그리고 백제의 건축술이 삼위일체가 되어 일구어낸 값진 승리였다.

안압지

모전석탑

분황사

황룡사

황룡사 9층탑 모형, 국립경주박물관

그러나 우리는 13세기 초(1227) 몽고병란으로 소실될 때까지 장장 6백 년 동안 서라벌의 아침노을에 젖고, 밤마다 은하수를 희롱했을 황룡사대탑의 위용을 짐작하지 못한다. 현재 남아 있는 30톤에 이르는 심초석을 비롯해 60여 개의 주춧돌을 어루만지면서 높이가 80.18미터에 달하고, 한 변의 길이가 23.5미터에 이르는 대탑의 신령스러운 자태를 상상으로 그려볼 뿐이다. 연구자마다 가상의 설계도를 그려보고, 컴퓨터 그래픽으로 재연하는 등 그 실체에 다가가려는 작업은 아직 진행 중이다. 신라 예술가와 현대 예술가 사이의 상상력의 한판 승부가 겨뤄지는 형국이라고 할까.

궁금증을 풀기 위해 불적佛蹟의 성지 경주 남산南山으로 발길을 옮기자. 그곳 탑골[塔谷]에 가면 영락없는 9층대탑의 암각화岩刻畵가 숲을 통과한 햇살을 입고 음영을 짙게 드리우고 있다. 얄팍한 부조浮彫의 이 마애대탑은 정확한 비례에 따라 위로 올라갈수록 좁아지는 날렵한 맵시를 과시한다. 추녀 끝마다 층층이 달린 풍경風磬은 금방이라도 쩔렁거릴 듯하고, 밤이면 하늘의 별들이 쏟아져 기왓골에서 미끄럼이라도 탈 성싶은데, 이집트 신전의 오벨리스크와 방불한 상륜부는 수직으로 꼿꼿하다.

기실 수직의 탑이란, 신화학에서 볼 때 우주목宇宙木의 표현이다. 그 이미지는 내면에 잠재된 부조리와 욕망을 털어 내고 하늘을 똑바로 우러러 서 있는 구도자와 동일하다. 특히 탑의 최상층부는 절대의 진리를 향해 빛나는 영안靈眼을 뜻한다. 황룡사 9층대탑의 지향점 역시 다르지 않을 것이다. 분황사에 머무르던 원효도 경전을 뒤적이다가 첫새벽의 검푸른 하늘로 우뚝 솟아난 대탑의 장대한 실루엣에 취

경주 남산 탑골 암각화

9층 마애대탑

7층 마애대탑

해 산책에 나서곤 했을 것이다.

하지만 탑골의 마애그림만으로 황룡사 대탑의 웅장미와 절대고독을 추체험하기란 불가능하다. 속리산 법주사의 팔상전捌相殿이나 20년 전 소실되어 신축한 구례 쌍봉사 대웅전
등 후대의 목탑들도 미흡하기는 마찬가지다.
도리어 바다 건너 나라 법륭사의 오중목탑 등
에서 대탑의 환영幻影이나마 엿볼 수 있을지 모른
다. 법륭사 목탑이야말로 아비지와 심미적 혈통을
함께 하는 백제인의 손자국이 묻어 있는 까
닭이다.

여기서 간과할 수 없는 사항은 김춘추의
아버지인 김용춘이 대탑 건립에 직접 관여
했다는 사실이다. 그가 소장小匠 2백 인을
거느리고 일을 주관했다는 《삼국유사》〈탑
상〉편 '황룡사 9층탑' 조의 기록은 진지왕
계가 9층탑 건조를 통해 권토중래의 꿈을
키워가고 있었음을 짐작케 한다.

지금까지의 이야기에서 드러났듯이
신라 3보는 공통점이 뚜렷하다. 첫째는
최고 권력자의 정치적 목적에 따라 이
룩된 점이고, 둘째는 신적 존재가 직
간접으로 등장한다는 점이다. 여기까

일본 나라 법륭사 5층석탑, 7세기

지는 종래의 신기담神器談과 크게 어긋나지 않는다. 그러나 3보에는 이전 신기담과는 분명한 차이가 하나 있다. 불교와 관련이 깊다는 점이다. 황룡사의 장육존상 및 9층탑은 사찰에 봉안된 성물이고, 진평왕 옥대 역시 전래신앙 및 도교와 불교와의 습합의 산물이기 때문이다.

정리하면, 신라 3보는 고래의 신기신앙을 차용한, 중고기 성골왕실의 확고한 자아의식의 결정체이다. 그 점은 훗날 《고려사》가 진평왕 옥대를 두고, 진평왕이 성골 출신이므로 '성제대聖帝帶'라고 불렀다고 기록한 대목에서도 읽힌다.[9] 신라 3보는 철저한 시대의 산물인 것이다.

군말을 보태면, '3보'라는 용어는 당사자들이 사용한 게 아니라 뒷날 부회된 개념이다. 신라 왕들이 처음부터 '3보'를 기획하고 제작한 게 아니다. 하나씩 만들다가 훗날 그것들 중에서 셋을 골라 불법승佛法僧의 불가삼보佛家三寶에서 '3보'란 명칭을 따다 칭한 것이다. 다시 말해 당대에 유사한 것들이 여럿 제작되었을 것이나 그 셋이 유독 관심을 끌어 특별한 예우의 대상이 되었다고 봐야 한다.

성골왕실, 무너지다

6세기 중엽, 한반도에서 새로운 기상을 떨치던 신라의 성골왕실은 '신라 3보'를 만들어 자신들이 신성족임을 천하에 과시한다. 그렇지만 선덕여왕이 재위 16년(647) 정월에 일어난 상대등 비담毗曇의 난 와중에 사망 내지 피살되고, 뒤이은 진덕여왕(재위 647~654)의 짧은 재위를 끝으로 성골왕실이 단절된다. 뒤이어 대권을 움켜쥔 이는, 진지왕의 손孫으로 왕위 계승권으로부터 멀찌감치 밀려나 있던 김춘추(재위 654~661). 무열왕계 중대왕실이 역사의 전면에 홀연 등장한 것이다.

진흥왕(재위 540~576)에 이어 '운 좋게' 왕위에 오른 진지왕(재위 576~579)은 3년 만에 쫓겨나 죽고, 진평왕(재위 579~631)이 즉위한다. 그 이야기를 《삼국유사》의 '도화녀와 비형랑' 조를 따라 간단히 알아보자.

진지왕이 축출되기 직전에 사량부沙梁部에 도화녀桃花女라는 여인이 있었다. 복숭아꽃이라는 이름이 붙을 정도로 미색이 특출했던 모양인데, 왕이 소문을 듣고 여인을 불러들인다. 그러나 여인은 남편이 있는 몸으로 천자라도 따르지 않겠노라고 거절한다. 왕이 죽이겠다고 겁박해도 마찬가지였다. 그러자 왕은 만일 남편이 없으면 허락하겠는가, 하고 다시 묻는다. 그러자 여인은 그때는 따를 수 있다고 답한다. 왕은 여인을 돌려보냈는데, 그해에 폐위되어 죽는다. 그후 2년이 지나 도화녀의 남편이 세상을 떠난다.

열흘 남짓 지난 어느 날 밤, 진지왕이 생시와 똑같은 모습으로 도화녀의 방에 나타난다. 왕이 머무는 동안 오색구름이 지붕을 감싸고 방 안에 향기가 가득하였다. 왕은 이레를 그녀와 함께 지낸 뒤 종적을 감추고, 그후 도화녀는 사내아이를 낳았다. 그가 곧 비형랑鼻荊郎이다. 비鼻는 '코', '짐승의 코에 코뚜레를 꿰다' 등의 뜻이고, '형荊'은 '가시나무', '인삼나무', '곤장' 등의 뜻이다. 이런 이상한 이름자로 보아 비형랑의 모습을 상상해볼 수 있는데, 아마도 그는 기이한 얼굴에 기골이 장대했을 것이다. 진평왕에게는 사촌아우가 되는데, 왕이 그를 궁중에 살게 하고, 15세가 되었을 때 집사 벼슬을 내린다.

그런데 필사본 《화랑세기》는 진지왕과 비형랑에 관해 《삼국유사》가 놓친 적나라한 사실을 전한다. 태자 동륜은 부왕 진흥왕의 후궁인 미실美室과 정을 나누는 관계에 있으면서도, 보명이라는 딴 여인을 찾아갔다가 어처구니없게도 그곳의 개에 물려 횡사하고 만다. 결국 차남인 금륜이 미실 등의 정략으로 보위를 잇게 되니, 바로 진지왕이다. 그러나 그는 미실을 왕후로 앉히겠다는 당초의 약속을 어겼고, 끝내 자신의 추대세력과 틈이 벌어져 유폐된 채 3년 후에 쓸쓸히 죽는다. 《삼국유사》에서 진지왕의 유령과 도화녀가 통정했다는 불가사의한 이야기가 실은 그가 유폐된 상태에서 일어난 일임이 필사본 《화랑세기》 덕분에 비로소 밝혀진 것이다. 일국의 군주가 보위에서 쫓겨났으니 죽은 거나 진배없는 일이고, 그래서 《삼국유사》에서는 그를 유령으로 표현한 것이다.

《삼국유사》에 전하는, 진지왕의 혼령과 도화녀 사이에서 태어난 비형랑은 진지왕의 자식인 김용춘이고, 선덕여왕대에 황룡사 9층탑을 세운 장본인이다. 짐작컨대 그의 신이한 태생담도 세인의 눈길을 끌었겠지만, 이목구비까지 특이해서 본명보다 비형랑이라는 별명으로 즐겨 불렸는지 모른다. 그러니까 김용춘은 폐위된 왕과 빈한한 가문의 도화녀 사이에서 난 사생아이므로 혈통을 중시하는 신라 사회에서는 폐족廢族이나 한가지였다. 그런데 그 폐족의 후예인 김춘추, 곧 사생아의 아들이 왕권을 거머쥔 것이다.

진지왕계의 화려한 복권

김춘추의 등극에는 대강 두 가지 의미가 있다.

첫째는 축출 당한 뒤 3년간 유폐되어 있다가 통분 속에 자연사 내지 시살된 진지왕의 화려한 복권이라는 의미를 띤다. 앞에서 연호 문제를 잠깐 살폈지만, 법흥왕 때부터 연호를 사용한 6명의 왕 가운데 진지왕만 연호가 없다는 그 점만으로도 그가 얼마나 모욕적인 삶을 마감했는가를 알 수 있다. 김춘추는 즉위하자마자 진지왕의 무덤을 수축, 자신의 계보가 진지왕에 닿아 있음을 천하에 고해 새로운 왕통의 개막을 알린다.

둘째는 성골시대가 끝나고 진골시대가 열렸다는 점이다. 아무리 성골이 끊겨 부득이한 상황이라지만, 당시 지배층의 세계관에 비춰 볼 때 진골 출신의 왕이란 경천동지할 사건이었다. 거꾸로 말하면 무열왕계 왕통의 출범은 진골이면 누구든 왕이 될 수 있다는 난기류를 형성했고, 그것은 중대신라기 내내 왕실과 여타 귀족 간의 끊임없는 알력의 원인으로 작용한다.

신라 역사에서 상대는 건국(기원전 57)부터 진덕여왕 죽음(654)까지의 710년간을, 중대는 무열왕 즉위(654)부터 혜공왕 몰락(780)까지의 126년간, 그리고 하대는 선덕왕(김양상) 즉위(780)부터 멸망(930)까지의 150년간으로 보는 것이 일반적이다. 다만 선덕왕 김양상의 경우는 에밀레종전설 부분에서 보았듯이 정체성이 모호하다. 성덕왕의 외손이라는 점에서 핏줄의 절반이 중대왕실에 닿아 있기 때문이다. 그래서 그를 중대왕통 끝에 올려붙이고, 하대를 원성왕부터 꼽는 것도 타당한 관점일 수 있으나, 이 글에서는 편의상 김춘추에서 닻을 올리고 혜공왕에 이르러 난파한 무열왕계 왕실을 중대신라로 부르기로 한다.

굳이 세계사를 들출 것도 없이 천 년이라는 장구한 세월을 존속한 왕조는 희유하다. 비잔틴 제국 외에는 대부분 2백년 안팎이고, 길어야 500년을 넘지 못하는데, 신라는 거의 영생이라고 할 만한 992년의 수명을 살아낸다. 문자 그대로 천년왕국의 꿈을 실현한 것이다. 그래서 우리는 '신라 천 년'이라는 관용어가 말해 주듯 신라 전체를 하나의 왕조로 간주하는 데 매우 익숙해져 있다.

하지만 '신라 천 년'은 박·석·김의 세 성이 번갈아 왕위를 차지했다는 점에서부터 그리 간단한 문제가 아니다. '신라 천 년'의 이면을 들여다보면 항상 더없이 드센 격랑이 요동쳤고, 수시로 역성혁명에 준하는 정치적 격변이 휩쓸어갔다. 무엇보다 후대의 신라인 스스로 분절의식을 가지고 자국의 역사를 바라보았다. 신라 말 진성여왕대(888)에 나온, 각간 위홍과 대구화상의 소작인 향가鄕歌 모음집 《삼대목三代目》에서 '삼대'란 상대와 중대, 하대를 칭하는 말로 알려져 있다. 세 시기를 통틀어 가장 중요한[目] 작품이라는 뜻인데, 이야말로 신라 지식인들부터 자기네의 역사를 세 토막으로 잘라 인식하고 있었다는 이야기에 다름 아니다.

헌데 상대는 992년이라는 전체 기간의 4분의 3가량인 710년간 존속하나, 중대는 단 126년 만에 무너지고, 하대도 겨우 150년간 지속될 뿐이다. 다시 말해 중·하대를 합쳐봐야 300년에 크게 못 미친다. 아울러 신라의 왕은 박혁거세부터 경순왕까지 모두 56명인데, 그중에서 상대는 28명이고, 중대는 고작 8명이며, 하대는 20명이다. 그러니까 중대와 하대를 합쳐야 상대와 맞먹는 28명이 된다. 이처럼 어느 모로 보나 중대를 분리시킬 이유가 없는데도 하대인은 중대를 굳이 따로 떼어 놓는 까탈을 부리고 있는 것이다.

이러한 풀이는 신문왕대인 687년에 처음 시행한 오묘五廟의 변천 과정을 통해 좀더 설득력을 얻는다. 당초 신문왕은 태조대왕(미추왕)을 앞세운 다음, 진지대왕, 문흥대왕(김춘추의 부 김용춘, 또는 김용수), 태종대왕, 문무대왕 등 자신의 직계조상만으로 오묘를 구성한다. 이야말로 자기네 왕실의 정통성을 강조하려는 의도가 분명하다. 앞의 에밀레종전설 부분에서 이야기했듯이 혜공왕 12년(776)에는 진지왕과 문흥왕 대신 성덕왕과 경덕왕으로 바뀐다.

문제는 그 이후에 발생한다. 혜공왕 다음의 선덕왕 김양상(재위 780~785)은 경덕왕을 아버지 김효방(개성대왕)으로 바꾸는 선에서 그치지만, 뒤이은 원성왕 김경신(재위 785~798)은 성덕왕과 김효방을 밀어내고 자신의 아버지 효양(명덕대왕), 조부 위문(흥평대왕)으로 대체한다. 더욱 결정적인 변화는 애장왕(재위 800~809) 때에 일어난다. 불천지위인 무열왕과 문무왕을 따로 이묘를 지어 쫓아 내고, 자신의 고조부터 부까지로 오묘를 구성한다. 이에 대하여 김창겸은, "원성왕은 신라 하대의 새로운 왕통을 일으킨 중시조中始祖 내지 중흥군주中興君主로 인식되어 있었다. 이는 그의 시호가 그러하고, 하대의 새로운 오묘제五廟制의 제정에서 그를 시조 태조대왕太祖大王과 더불어 모신 것에서도 알 수 있다"[10]고 한다. 하대인은 중대왕실을 태어나서는 안 될 왕통으로 여긴 것이다.

한반도의 주인이 된 신라

무열왕계 중대왕실이 우리 민족사에 드리워놓은 그림자는 참으로 거대하고 심원하다. 중대왕실은 7세기에서 8세기로 넘어가는 126년 동안에 난숙한 문화예술의 황금기를 열어젖혔는데, 그 바탕에는 삼한 통합과 대당독립전쟁이 자리하고 있다.

무열왕 김춘추는 즉위(654)하자마자 고구려와 백제, 왜 등 세 나라의 포위망을 돌파하기 위해 당과의 연합을 통한 국제전에 돌입한다. 내부갈등을 외부로 돌릴 겸 대야성 전투에서 죽은 자기 딸과 사위의 원한을 갚으려는 일대 도박이기도 했다. 그것은 즉위 전인 648년에 그가 당 태종과의 회합에서 합의한 시나리오에 따른 연출이었다. 당시 그는, 전선을 매번 요동 쪽으로만 설정해 대 고구려 전에서 낭패를 거듭하던 수·당의 잇따른 전략적 과오를 정확하게 꿰뚫어보고, 백제를 먼저 토벌해 고구려를 턱밑에서 공격할 수 있는 우회로를 확보하라는 획기적인 전략을 당 태종에게 제시한다. 그것은 동북아의 변화무쌍한 역학관계를 주시하던 냉철한 판단의 결과로, 나중에 뒤틀어지긴 하지만 대동강 이남의 땅을 신라가 차지한다는 묵계를 당 태종으로부터 받아낸 것도 그때의 일이다.

이후의 전개는 우리가 아는 그대로 백제가 패망하고, 김춘추가 죽고 문무왕 대로 넘어가면서 요동과 한반도의 영원한 강자였던 고구려마저 역사의 무대에서 강제로 퇴장 당한다. 이어서 신라는 한반도 전체를 접수하려는 당의 야욕을 철저하게 분쇄, 동북아의 판도를 새로 짠다. 한반도의 주인은 오직 신라라는 사실을 당은 물론 일본까지 인정하지 않을 수 없게 만든 것이다. 전쟁이라는 재앙이 없는 평화의 시대가 최초로 이 땅에 찾아온 것이다. 천하 재편의 그 격렬한 드라마를 완성한 이는 다름 아닌 문무왕, 곧 김춘추의 장자인 김법민이다.

그런데 그 즈음에 이상한 일이 발생한다. 오랜 전란의 불길이 꺼지고 막 평화의 시대로 진입함으로써 물리적 에너지가 인문학적 에너지로 환원되기 시작한 바로 그 시점에, 그래서 이전에는 절실한 정치적 수단이던 신기라는 것들이 도통 필요 없을 법한 안정기에 돌연 새로운 신기들이 출현한다. 《삼국유사》〈기이〉편 '만파식적' 조에 나오는 동해용왕으로 환생한 문무왕이 신문왕에게 내렸다는 만파식적과 흑옥대가 그것이다.

창업과 수성

문무왕 김법민金法敏(재위 661~681)은 진평왕 48년(626)에 김춘추와 김유신의 누이동생인 김문희金文姬, 즉 문명왕후(훈제부인) 사이에서 태어난다. 친가는 진지왕계, 외가는 가야계인 셈인데, 두 집안의 정치적 결연은 그의 출생을 계기로 더욱 확고해진다. 당시 김춘추나 김유신은 비주류의 한계를 극복하고 조정과 군부의 실세로 새롭게 떠오르는 중이었다. 문무왕은 김춘추가 즉위(654)하면서 병부령이 되고, 이듬해인 655년에 태자로 책봉된다. 신라와 당나라의 연합군이 백제를 공략하기 만 5년 전의 일이다.

　그런데 《삼국유사》에는 문무왕을 '문호왕文虎王'으로 표기하고 있다. 고려 2대 혜종(재위 943~945)의 이름인 '무武'를 기휘한 결과인데, 백제의 무령왕武寧王도 호령왕虎寧王으로 적었다. 조선조에서 무반武班과 호반虎班이 함께 쓰인 데서 보듯 통상 '무武'는 '호虎'와 함께 쓰였으므로 의미상으로는 똑같다. 무든 호든, '문文' 자와의 조합으로 인해 그는 문무겸전의 인물이라는 뜻을 갖게 된다. 후계자들은 그의 생애 전반을 그렇게 이해한 것이다. 당시의 국제관계 및 신라 사회 내부의 사정 속에서 그의 정확한 위상과 역할을 새겨보도록 하자.

현재 우리의 사고의 틀 안에서 문무왕은 무척이나 왜소하다. 김춘추와 김유신의 그늘에 가려 흡사 거인 옆에 서 있는 난쟁이 같은 느낌마저 든다. 그러나 역사의 무대에서 그가 감당해낸 몫은 두 사람의 역할에 비해 결코 뒤지지 않는다. 관점에 따라서는 역사의 전당에 두 사람이 그린 벽화보다 그가 그린 벽화가 훨씬 더 넓은 면적을 차지한다고도 볼 수 있다. 영원한 이인자二人者, 그러나 '아름다운' 이인자였던 김유신은 논외로 치고, 김춘추와 대비해 보자.

김춘추로 말하자면 여타 진골귀족의 도전을 뚫고 중대왕실을 개창한 점, 동북아 전체의 정세를 활용해 통한전쟁의 서전을 이끌어 숙적 백제를 패망시킨 점 등 후인의 존숭을 받기에 충분하다. 그러나 부왕의 유업인 삼한통일을 완수하고 대당독립전쟁을 승리로 이끌어 무열왕계 왕실을 반석 위에 올려놓은 문무왕도 못지않다. 그래서 두 사람은 훗날 혜공왕에 의해 오묘에서 똑같이 불천지위로 최고의 예우를 받는다. 한마디로 우열을 가리기가 쉽지 않은데, 여기서 설화가 훌륭한 잣대가 된다. 인물 설화의 생성 여부는 후대인의 인식을 정확하게 반영하기 때문이다.

알다시피 김춘추에 대해서는 그의 탁월한 지략과 용기를 입증하는 이야기들이 일본과 중국 측 사료에까지 풍부하게 전하고, 우리 측에는 김유신과의 관계 속에서 즉위 전의 설화가 몇 편 남아 있다. 하지만 그는 독자적인 설화를 갖고 있지 않으며, 특히 사후에는 아무런 설화도 발생하지 않는다. 김춘추에게는 초자연적인 아우라가 형성되어 있지 않았던 것이다.

이러한 양상은 하대신라를 일으킨 원성왕 김경신이 뜻밖이라고 할 만큼의 많은 설화를 갖고 있는 것과는 사뭇 대조적이다. 원성왕은 김주원과의 왕위 계승권 쟁투와 관련한 복두幞頭 설화, 만파식적 획득 설화, 동천사東泉寺의 동지東池 청지靑池 설화, 황룡사 금광정金光井 설화, 사후의 괘능 설화 등 다채로운 이야기를 《삼국유사》에 남겼다.

이야기를 다시 문무왕으로 돌리면, 그는 누구에게도 뒤지지 않을 풍성한 설화에 둘러싸여 있다. 만파식적 설화 말고도 《삼국유사》〈기이〉편 '문호(무)왕' 조의 첫머리를 장식한, 즉위년에 사비수 남쪽 바다에 거구의 여인 사체가 떠 있었다는 이야기, 석탈해가 현몽해서 동악의 신으로 받들었다는 이야기, 무장사鍪藏寺에 병기를 묻었다는 이야기 등 다층위의 설화가 그를 중심으로 생성되어 있다.

이렇듯이 김춘추보다 문무왕에게 더 많은 설화가 형성된 것은 두 부자父子의 생애가 후대인에게 퍽 다르게 인식되어 왔음을 말해 준다. 김춘추의 역할은 중대왕실을 개창하는 데서 끝나고, 이후 중대왕실을 반석 위에 올려놓는 일이나 삼한통일의 대업은 문무왕에게 넘겨진 것이다. 요컨대 김춘추는 창업형의 인물이고, 문무왕은 수성형의 인물이다.

과연 김춘추는 백제가 스러진 다음해인 661년, 백제 부흥군이 오히려 요원의 불길처럼 기세를 더해가는 시점에 죽음을 맞이한다. 그에게는 서막의 북을 울리는 소임은 맡겨졌으되 끝맺음의 역할은 주어지지 않은 것이다. 결국 장남인 태자 김법민이 36세의 연부역강한 나이에 문자 그대로 마상馬上에서 대보大寶를 넘겨받게 된다. 요동치는 전란의 와중에, 한 발만 삐끗하면 국가와 왕실이 송두리째 날아갈 위기 국면에 그야말로 혜성처럼 등장한 인물이 문무왕이다.

뱀의 지혜와 호랑이 담력의 소유자

문무왕은 왕명王名 그대로 숙명처럼 주어진 평화와 전쟁이라는 상충되는 두 가지 과업을 비할 데 없이 훌륭하게 수행한다. 당시 외삼촌인 김유신은 나이가 들어 고구려 공격시 당군이 군량미를 보내라고 했을 때 겨울 혹한에 군사를 이끈 것을 마지막(?)으로 전쟁 일선에서 은퇴한 상태였다. 따라서 이후의 모든 과정은 오직 문무왕 개인에 의해 통제되고 실현된다.

그는 혼돈과 위험에 찬 시대를 자신의 욕망과 지략에 충실하면서 거침없이 돌파해 자기 시대를 창조한다. 백제 부흥군을 제압하는가 하면, 백제 부흥군을 지원하기 위해 백강(백촌강)까지 침입한 일본군을 당과 힘을 합쳐 바다에 수장시켰으며, 오만한 당나라 장수들과의 동상이몽적인 협력 속에 고구려를 해체시키고, 고구려가 무너진 뒤에는 곧장 대당독립전쟁에 나선다.

《삼국사기》는 그를 "외모가 영특하고 또 총명하고 지략이 많은 이"로 그렸는데, 실제로 그의 행적을 보면 격정적인데다가 뱀의 지혜와 호랑이의 담력을 동시에 갖춘 마키아벨리스트로 불러도 전혀 과하지 않다.

그가 얼마나 격정적인 인물인가는 백제 패망 직후인 681년 8월 2일에 사비성에서 벌어진 전승 축하연에서 포로로 잡혀온 망국의 왕자

부여융夫餘隆한테 침을 뱉었다는 기록에서도 쉽게 가늠이 된다. 당시 그가 던진 말은 지금도 생생하다.

너의 아버지는 내 누이동생을 참혹하게 죽여 옥중에 묻어 나로 하여금 20년간 마음을 아프게 하고 고통스럽게 하였는데, 오늘은 네 목숨이 내 손에 달렸구나.

—《삼국사기》6 〈신라본기〉 '문무왕 7년' 조

의자왕義慈王은 642년에 윤충允忠에게 대야성을 공격토록 했는데, 그의 누이 고타소古陀素와 매부 김품석金品釋이 비참하게 살해당한다. 그때의 사무친 원한이 분출한 것이다.

한편, 그의 용의주도함은 골리앗과 다윗의 싸움이나 진배없는 당나라와의 8년 독립전쟁에 돌입하면서 더욱 빛을 발한다. 당시 신라의 국세란 당나라와 비교한다는 것부터가 '우스꽝스러울' 정도로 약체였고, 여타 진골귀족의 견제와 저항으로 국력을 결집하는 일도 쉽지 않았다. 아닌 게 아니라 그를 '얕잡아' 본 당은 백제 구토에 대한 연고권을 신라로부터 송두리째 박탈하였으며, 백제의 부흥운동이 완전히 소멸된 664년에는 해괴하게도 요즘의 불가침 조약에 해당하는 부여융과의 형제의 맹약을 신라에게 강요하는 치욕을 안기기도 했다.

그러나 그는 길들여지지 않았다. 힘의 현실에 타협하지 않았고, 자신의 욕망을 포기하지도 않았다. 격정적이고, 교활하며 야비한 한 마리 야수……. 그는 자신과 왕실, 신라를 에워싼 감당키 어려운 현실을 날카로운 이빨로 물어뜯었다. 당 조정의 동향을 냉정하게 응시하면서 안으로는 반 왕실 진골세력을 가차 없이 제거하는 한편, 백제 잔존세력과 당의 야합을 경계하다가는 전광석화처럼 백제의 구토를 접수해 버린다. 이야말로 당의 음모를 일거에 뒤틀어버린 쾌거로, 이후 그는 화전和戰 양면 작전으로 당군 축출에 임한다.

문무왕의 맞상대, 측천

당시 그의 실질적인 맞상대는 당의 고종高宗(재위 650~682)이 아니었다. 중국 역사상 여자의 몸으로 유일하게 황제 자리를 자력으로 쟁취하여 나라 이름까지도 주周(684~704)로 바꾼 '철鐵의 여제女帝' 측천무후였다. 비록 그 성품은 더없이 사악했으되 신진인물을 발탁해 적재적소에 앉히고 위민정책을 추진한 점에서, 또 당 태종 이세민조차 굴욕을 맛본 고구려를 몰락시킨 점에서도 그녀는 분명 최고의 안목을 갖춘 통치자였다. 원래 태종의 궁녀로 입궁한 그녀는 태종이 사망하자 그 아들 고종을 유혹해 후궁이 된 다음, 자신의 아이를 스스로 목 졸라 죽이고 그 혐의를 자신을 총애하던 황후한테 뒤집어씌워 돼지우리에 가두고, 그것도 모자라 끝내 황후의 사지를 잘라버린 악의 화신이었다. 이후 병약하던 고종이 죽자 황족들을 대량 학살하면서 제 자식들을 번갈아 황제 자리에 앉혔다가는 죽이는 등 농단을 일삼다가 드디어는 스스로 제위에 오른 것이다.

문무왕은 8년이라는 결코 짧지 않은 기간을 바로 그 측천과의 징그러운 두뇌게임을 벌이면서 전쟁을 연전연승으로 이끈다. 한마디로 그는 측천에 못지않게 영악스럽고 인내심이 강한 냉혈한이었다. 전황이 불리하다 싶으면 비굴할 정도로 싹싹 빌었고, 상대가 허점을 보이면 언제 그랬냐는 듯 일격을 가했다. 그는 고구려 부흥군을 지원했으며, 당의 사신을 뇌물로 매수하는 일도 서슴지 않았다.

현실과 이상을 하나로 묶고, 현재와 미래를 함께 꿰뚫어보는 눈은 그를 당할 자가 없었다. 이를테면 패망한 백제를 구하려고 달려온 왜의 함대를 백촌강白村江 전투(663)에서 당군과 함께 궤멸시킨 후, 왜의 포로들을 모두 살려 보낸 것도 실은 당의 야욕을 미리 간파하고 일본과의 우호관계를 열기 위한 사전 포석이었다.

문무왕의 대일 정책은 우리의 통념과는 사뭇 다르다. 그는 일본과의 관계 개선에 능동적으로 임해 재위 기간(661~681)에 도합 10여 차례나 일본에 사신을 파견한다. 당시 일본도 백촌강에서 패한 후 나당 연합군의 침략을 우려해 대재부로 천도까지 한 상황이라 신라를 자기편으로 붙잡아 두고자 했다. 그것은 668년 9월에 문무왕이 처음 파견한 사절단이 귀국길에 오를 때 천무천황이 문무왕과 김유신에게 각기 배 한 척씩을 선물로 보내 화답한 사실에서도

중국 서안(장안)의 건릉과 측천무후의 무자비無字碑. 당 고종과 측천무후의 합장묘이다. 무자비는 비신에 아무 글자도 새겨지지 않아 '무자비'라고 불린다. 그 이유에 대해서는 측천 스스로 글로 형언할 수 없을 만큼 자신의 위업이 커서 공백으로 남겨두었다는 설과, 측천 사망 후 그녀의 악행과 패덕을 고발하기 위해 일부러 비워두었다는 설이 있다.

확인된다. 그의 등거리 외교가 보기 좋게 성공을 거둔 것이다. 그렇게 확보한 후방의 안전이 이후 대당전쟁을 승리로 이끄는 데 확고한 토대가 되었음은 물론이다. 덧붙이면 서로 이해가 맞아 떨어진 양국 사이에는 7세기 후반까지 35차례나 사절단이 오간다. 신라와 일본이 가장 밀착된 시기가 바로 문무왕대였던 것이다.

사태가 여의치 않게 돌아가자 당 조정은 등 뒤에서 만지작거리던 비장의 카드를 빼어든다. 문무왕 14년(674), 당시 장안에 머무르고 있던 문무왕의 동생 김인문金仁問을 신라 왕으로 봉함과 동시에 문무왕의 모든 관작을 박탈한다. 실제로 김인문을 태운 대선단이 서해로 밀려와 압박을 가한다. 조정은 강온파로 갈리고 친당파들이 준동을 꾀한다. 절체절명의 위기였다. 그러나 그는 그야말로 아무런 주저 없이 즉각 사죄사를 파견해 잘못을 시인함으로써 측천의 낯을 살려주어 당의 대군을 회군케 하고 관작을 되돌린다. 그러나 그뿐이었다. 675년 매소성買肖城(혹은 '매초성') 일대(경기 양주, 혹은 연천)에서 이근행이 이끌던 당의 20만(혹은 4만) 대군의 주력을 몰살시킨 데 이어 676년 기벌포伎伐浦(금강 하구)에서의 대회전을 끝으로 측천의 한반도 지배 야욕을 무참하게 꺾어버린다.

사천왕사와 망덕사

경주 낭산狼山에 가면, 비록 설화적 이야기로 윤색되었지만 문무왕의 능소능대한 변신의 증거들이 고스란히 남아 있다. 울산으로 빠지는 국도를 중심으로 마주보듯 양쪽에 자리한 사천왕사四天王寺와 망덕사

望德寺의 옛 터이다. 낭산이라면 "이 산의 흙 한 줌을 가슴에 얹고 이 산에 묻히는 것이 소원"이라는 말이 지금껏 떠돌 정도로 원래부터 신령스러움이 넘치는 장소로 인식되고 있었다. 사천왕사는 거기에 세워진 문자 그대로의 호국도량이었다.

《삼국유사》〈기이〉편 '문호왕' 조에 의하면, 당나라에 유학 중이던 의상대사義湘大師가 670년 50만 대군으로 신라를 침략하려는 당 조정의 계획을 알고 급거 귀국해 신라 조정에 알린다. 신라 조정에서는 신인종神印宗의 명랑법사明朗法師가 용하다는 소문을 듣고 그를 찾는다. 명랑은 이미 신들의 영지로 잘 알려진 그곳 신유림神遊林에다 채색 비단으로 절을 꾸미고, 풀을 엮어 오방五方신상을 모시고는 이른바 문두루비법文豆婁秘法이라는 주술을 행한다. '말도 안 되는' 그의 비방秘方이 통한 것일까, 진짜로 당의 대함대가 풍랑에 휘말려 침몰하고, 다음 해에도 같은 일이 반복된다. 위기에서 벗어난 후 신라 조정은 신유림에 정식으로 절을 짓고 사천왕사라는 이름을 바친다.

사천왕사 터

액면 그대로 믿을 수는 없지만, 이 이야기는 사천왕사의 성격과 관련해 중요한 시사점을 준다. 곧 그런 설화가 형성된 사실 자체가 당시의 사천왕사가 대당항쟁의 제반 문제를 숙의하고 총괄하는 일종의 작전본부와 같은 역할을 담당했음을 짐작케 한다.

이러한 추측과 연결되는 것이 당의 사신 악붕귀樂鵬龜 매수 사건이다. 연패를 거듭하던 당에서 갑자기 예부시랑 악붕귀를 보냈는데, 그가 사천왕사를 방문하겠다고 고집을 부린다. 그러나 신라는 극구 출입을 막으면서 황제의 덕을 흠모하기 위해 지은 진짜 사천왕사라면서 대신 그 맞은편에 갓 지은 절(망덕사)로 안내한다. 악붕귀가 반발하자 금천 량을 안겨 입막음을 하였다. 과연 그는 귀국 후 자기가 본 것과는 정반대로 당 조정에 거짓 복명을 해 뇌물값을 톡톡히 한다. 악붕귀가 굳이 사천왕사를 염탐하려고 한 것과 신라 조정이 뇌물까지 써가면서 끝내 공개를 꺼린 이유를 짐작하기란 그리 어렵지 않다. 당은 신라의 전력과

사천왕사지 출토 녹유신장상, 7세기 후반, 국립경주박물관

군사기밀을 탐지하려 했고, 신라는 그것의 노출을 방지하려는 신경전을 벌인 것이다.

이러한 창건 배경을 실증하는 조형물들이 있다. 일제 강점기에 출토된 녹유화상전綠釉畫像塼의 신장상들이다. 비록 파손된 것이지만 견갑堅甲을 두르고 악귀를 깔고 앉은 도상부터 그들의 역능이 짐작되고도 남는데, 흙을 빚어 구워냈음에도 고대 그리스의 청동신상靑銅神像인 양 강인한 이미지가 물씬 풍긴다. 현재 학계에서는 그들의 정체를 두고 사천왕설과 팔부신중설이 대립 중이지만, 어느 쪽이든 극사실적인 묘사와 국제성이 돋보이는 조형감각은 신라 미술의 백미로 평가될 만큼 우수하다. 그런 이유로 온 곳도 간 곳도 모른다는 저 전설적인 조각가 양지良志의 작품으로 운위되기도 한다. 일연이 《삼국유사》에서 신묘하기가 비할 바 없다고 최대의 찬사를 보낸 그의 작품 목록 중에 "천왕사 탑, 밑의 팔부신장[天王寺塔下八部神將]"이라는 구절이 또렷하기 때

석굴암 사천왕상

문이다. 다만 '탑 아래의 팔부신장'이라는 그 구절의 뜻이 애매해 그동안 의견이 구구했는데, 지난 해 실시된 서쪽 목탑 터의 발굴 조사에서 진짜 기단부 벽체에서 신장상의 파편들이 쏟아져 나왔다. 탑의 기단부를 돌아가면서 석조기둥 중간 중간에 녹유신장상들을 장식한 독특한 구성방식이 처음 공개된 것이다.

아무튼 사천왕사는 그 이름자에서부터 호국호법의 대승경전으로 유명한 《금광명경金光明經》의 주인공 격인 사천왕 신앙의 열기가 훅훅 끼쳐온다. 동방의 지국천왕持國天王, 남방의 증장천왕增長天王, 서방의 광목천왕廣目天王, 북방의 다문천왕多聞天王은 수미산을 지키는 천하무적의 용사들로, 그들의 삼엄한 기세는 석굴암 궁도宮道(비도) 좌우의 화강암 조각상들에서 얼마든지 확인할 수 있다.

그러나 오늘의 사천왕사는 역사의 깊은 상흔을 문신처럼 온몸에 새겨 안고 있다. 언제인지 모르게 잡초더미의 폐허로 버려진 것도 한스러운데, 일제 강점기에 기차선로가 그 중심부를 관통하는 바람에 사역이 두 동강 난 것이다. 신유림이라는 원래의 이름이 뜻하는,

신들이 밤마다 내려와 노니는 일이 더 이상 불가능해진 것이다. 더욱 참담한 것은 등에 지고 있던 빗돌을 잃어버린 채 절터 남쪽 둔덕 아래 버려진 두 마리의 돌거북이다. 뛰어난 석공의 끌질에서 태어난 출중한 작품이나 흡사 참수라도 당한 듯이 두 마리 모두 목이 댕강 잘려나간 채이다. 각각 문무왕릉비文武王陵碑와 사적비寺蹟碑의 귀부龜趺로 짐작되는데, 그중에서 문무왕릉비는 신문왕이 부왕의 장의 절차를 모두 마친 682년 즈음에 건립한 것으로 추정된다. 지금은 남쪽을 향해 엎드려 있지만 원래는 거기서 문무왕의 화장터로 추정되는 능지탑陵只塔 방향인 북쪽을 향해 세워진 것이 일제의 철로 부설 당시 방향이 바뀐 것으로 이해하는 연구자도 있다. 다행히 그 비신의 일부가 전해지는데, 판독된 내용이 《삼국사기》에 실린 문무왕의 유언과 죽음, 장례 등에 관한 기사와 똑 떨어질 정도로 거의 동일하다.

한편, 망덕사에 대해서는 애매한 면이 없지 않다.

《삼국사기》는 창건 연대를 신문왕 5년(685)으로, 《삼국유사》는 효소왕 원년(692)에 공사를 시작해 6년(697)에 준공했다고 각각 달리 적었는데, 앞서 보았듯이 망덕사는 악붕귀가 찾아왔을 때 황제의 덕을 사모해서 임시로 지었다는 기록이 위의 사천왕사 설화와 함께 묶여 있다. 그것을 근거로 그동안은 당 고종의 덕을 기리기 위해 창건한 사찰로 믿어져 왔는데, 의문이 적지 않다. 당시는 당나라를 상대로 국운이 걸린 건곤일척의 치열한 전투가 수년째 계속되는 상황이었다. 신라의 입장에서는 당 고종이든 측천이든 선대의 약속을 파기한 것도 모자라 남의 강토와 백성을 강탈하려는, 용서할 수 없는 원구怨仇일 뿐이었다. 비록 힘에 부칠 때는 불가피하게 머리를 낮출 때도

문무대왕릉비의 기구한 사연

조선 영조 때 경주부윤으로 부임한 홍양호洪良浩(1724~1802)는 우리 사적에 관심이 깊었던 인물로, 농부가 밭을 갈다가 발견한 빗돌 조각이 문무왕릉비의 일부임을 고증한다. 그는 그 사연을 자기 문집《이계집耳溪集》에도 적어두었지만, 그것의 탁본을 떠서 청나라 북경으로 보내 그곳 금석학자들의 일람을 청한다. 그러한 연유로 청의 유연정 劉燕庭이 찬한《해동금석원海東金石苑》에 그 탁본이 실리게 되었거니와, 비편은 다시 행방이 묘연해졌다가 200여 년이 흐른 뒤에 재발견된다. 1960년대에 경주박물관장을 지낸 홍사준이 일본인의 집에서 그것을 되찾아 홍양호가 발견했던 것과 같은 것임을 확인하게 된다. 문자 그대로 천우신조였다.

문무왕릉비의 귀부

문무왕릉비의 비편 및 탁본

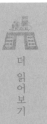

사천왕사와 월명사의 인연

사천왕사와 망덕사는 현재 허허벌판으로 버려져 있지만, 신라적으로 돌아가면 주변 분위기는 지금과는 판이했을 것이다. 서로 마주 바라보는 듯한 사천왕사와 망덕사 중간으로 기다랗게 뻗어 있었을 길에 서면, 아마도 하늘을 가를 듯 치솟은 대형 목탑들의 숲을 거니는 느낌이었을 것이다. 아닌 게 아니라 더없이 낭만적이면서도 가슴 저린 이야기가 바로 그 길 위에서 태어난다.

《삼국유사》에 실린 향가 14수 가운데 〈도솔가兜率歌〉와 〈제망매가祭亡妹歌〉를 남긴 월명사月明師. 속세의 모든 인연을 끊고 출가한 수행자의 몸이면서도 누이의 죽음에 애를 끓인 그 점에서 더욱 믿음이 가는데, 어느 휘영청 밝은 달밤에 그가 피리를 불면서 사천왕사 앞길을 지나간다. 그런데 그 선율이 어찌나 아름답던지 하늘을 흐르던 달이 그만 발을 멈추고 귀를 기울였다든가. 왕산악이나 우륵 등 다른 예인의 이야기들도 전하지만, 월명사의 음악은 하늘의 달마저 사로잡은 것이다. 그 사건에서 월명사란 이름이 생겨나거니와, 혹 그가 그날 연주한 곡이 〈제망매가〉는 아니었을까. 그랬다면 그는 누이에 대한 사무친 그리움을 먼저 시로 짓고 스스로 작곡을 하고, 또 직접 연주까지 해서 천지신명을 감응시킨 셈이다.

있긴 했지만. 그들의 덕을 기리는 창사創寺란 있을 수 없는 일이다.

더욱이 '망덕사望德寺'라는 사명寺名부터 의문이다. 곧 '망望' 자는 주로 죽음과 관련해 사용해온 글자라는 점을 상기해야 한다.

이를테면, 망곡望哭은 임금이나 부모의 상을 당해서 곡을 하는 것이고, 망사望祀와 망사望祠 및 망제望祭 등은 제사를 지낸다는 뜻이며, 망주석望柱石은 무덤 앞에 세우는 한 쌍의 돌기둥을 가리키며, 망질望秩은 섶을 태워 산천에 지내는 제사의 의미이다. 따라서 '망덕'은 생존해 있는 이보다는 죽은 이의 덕을 기리는 것으로 헤아리는 게 자연스럽다. 그렇다면 당시의 분위기상 그 대상은 문무왕 외에 다른 누구도 될 수 없다. 그러고 보면 '망덕望德'은 감은사感恩寺의 그 '감은感恩'과 의미가 통한다. '감은사'라는 사명이 선대 문무왕의 은혜에 감사하는 뜻에서 신문왕이 붙인 이름이듯이 망덕사 역시 그의 덕을 그리워하는 차원에서 후계자들이 바친 이름일 것이다.

망덕사는 한때 그 사세가 대단했을 것으로 여겨진다. 13층의 대형탑이라면 나름대로 그 의장과 위용이 상당히 화려했을 것이다. 황룡사 9층탑과의 단순비교는 뭣하지만, 13층짜리 목탑 두 기가 나란히 서 있었다는 《삼국유사》의 기록이 그런 생각을 가능케 한다. 그러나 현재 망덕사는 그야말로 황량한 폐

망덕사터와 당간지주

사지로 버려져 있다. 농지로 변한 절터 한복판으로 텅 빈 동서 양쪽의 목탑 자리 위로는 을씨년스러운 바람만이 스쳐갈 뿐이다. 다만 서쪽 목탑 자리에서 서남 방향으로 약 30미터쯤 되는 지점에 불쑥 솟아 있는 높이 2.44미터의 훤칠한 당간지주 한 쌍이 발길을 붙든다. 아무런 장식이 없는 단순하고도 소박한 맵시 그대로, 천 년 전 한 영웅의 그림자처럼 홀로 무화無化의 시간 속에 던져진 절터를 지키고 있는 듯하다.

이 사천왕사와 망덕사의 일화가 말해 주듯 문무왕은 상황이 급박할 시는 예봉을 피해 시간을 벌어놓고는 언제 그랬냐는 듯 다시 또 일전에 나선다. 그는 마키아벨리스트 이상이다. 기벌포에서의 대패로 전의를 상실한 당은 평양에 설치했던 안동도호부를 쫓기듯 황망하게 요동으로 옮겨간다. 표독스럽고 총명한 측천무후조차 결국은 문무왕에게 손을 든 것이다. 돌궐 등 북방 민족과의 복잡한 관계 속에서 일어난 일이지만 문무왕이라는 영악하고 지혜로우며 대범한 리더십이 없었다면 결코 쉽지 않은 일이었다.

이제 신라는 한반도 내에서 유일한 지배자로 군림한다. 허다한 종족집단과 대소 국가가 뒤얽힌 수백 년 이래의 분립과 내전에 가까운 전란이 멎은 자리에는 평화라는 낯선 드라마가 처음으로 공연되기 시작한 것이다. 이상에서 본 대로 통한전쟁의 최초 각본은 김춘추가 썼지만, 그것을 실행에 옮긴 것은 문무왕이다. 더 나아가 아버지의 각본에는 없던, 한반도 전체를 식민지화하려는 당의 음모를 분쇄한 것도 그다. 문무왕은 아버지의 각본을 완벽하게 고쳐 쓴 극작가이자 직접 출연한 주인공이었으며, 동시에 그 모두를 연출한 명감독이었다. 다음장부터는 설화를 통해 그에 관한 새롭고도 긴장감 넘치는 이야기를 나누게 될 것이다.

부정한 출발

문무왕을 둘러싼 설화는 그 어느 인물보다도 풍성하다. 태어남도 죽음도, 죽음 이후까지도 온통 설화더미에 묻혀 있다. 그를 주인공으로 내세운 여러 설화를 차근차근 음미하기로 하자.

첫 번째가 그의 탄생 연기담이다.

김유신과 김춘추 두 사람의 정치적 연대를 거론할 때 우리가 예로 드는 단골 일화가 있다. 김유신의 누이 보희寶姬가 어느 날 꿈에 서형산西兄山에 올라가 오줌을 누었더니, 오줌이 흘러 온 나라 안에 가득 찼다. 그 이야기를 들은 동생 문희文姬가 그 꿈을 자신에게 팔라고 하자 보희가 엉겁결에 비단치마와 꿈을 맞바꾼다. 수일 후 김유신은 일부러 김춘추의 옷고름을 밟아 뜯어지게 해 자기 집으로 유인하듯 불러들였고, 문희와 김춘추의 야합이 이루어진다. 그때 수태된 아이가 뒷날의 문무왕이다. 하지만 둘 사이의 혼인은 매끄럽게 진행되지 못했다. 대망을 품고 있던 김춘추가 속으로 주판알을 굴리면서 주저한 것이다.

그 다음의 사태는 다 아는 그대로이다. 선덕여왕이 남산에 행차한다는 사실을 안 김유신은 그 시각에 맞춰 한 판 연극을 꾸민다. 짐짓처녀의 몸으로 수태를 했다 하여 문희를 장작더미 위에 올려놓고 불을 지른 것이다. 과연 남산에 납신 선덕여왕이 때 아닌 연기가 김유신 집에서 뭉게뭉게 피어오르는 것을 먼발치에서 보고는 시자를 보내 사정을 알아오도록 한다. 곁에 시립해 있던 김춘추가 난감해 하다가 사실을 고백하고 결국 문희를 아내로 맞아들인다. 훗날의 문명왕후인데, 문희로서는 비단치마 한 벌로 왕후 자리를 얻은 것이다. 아무튼 어미의 뱃속에서 세상 구경도 하지 못한 채 화장될 뻔한 위기를 겪은 문무왕이 나중에 유언을 남겨 스스로 화장을 택한 것은 아이러니가 아닐 수 없다.

그런데 이 이야기가 단지 김유신과 김춘추의 정치적 연대를 나타내거나, 혹은 문희의 성공스토리에 그치는 걸까. 지금까지는 그런 시각에서 바라봤지만, 그 이야기의 숨겨진 주인공은 바로 문무왕이다. 그 것이 실린 자리가 엉뚱하게도 《삼국사기》〈신라본기〉 '문무왕' 조의 맨 앞이기 때문이다. 결국 그 이야기는 문무왕의 탄생 연기담으로 읽어야하고, 그래야 《삼국사기》의 찬자인 김부식의 의도에 부합한다.

그 점에서 특별히 눈길을 끄는 장치가 보희의 오줌이 온 나라에 흘러 넘쳤다는 대목이다. 꿈에서의 오물汚物은 흔히 길한 것으로 풀이되는데, 오줌이 온 나라를 흠뻑 적셨다는 그 의미는 자명하다. 그것이야말로 문무왕이 천하를 제패할 영웅의 운명을 타고 태어난 인물이라는 설화적인 표현 아닌가. 전체적으로 보면 김유신으로 대표되는 외가 쪽의 전폭적인 지지와 협력 속에 그가 대업을 성취하게 되리라는 예지몽豫知夢의 성격이 짙다.

두 번째 설화는 그의 등극 시점의 이야기이다. 《삼국유사》〈기이〉편 '문호왕' 조의 첫 머리에 실려 있는데, 부정不淨하기 짝이 없다.

> 왕이 처음 즉위한 때는 용삭 신유(661)였다. 사비수 남쪽 바닷속에 한 여자의 시체가 있었는데, 키는 73척, 발의 길이는 6척, 음문의 길이가 3척이었다. 혹은 말하기를 키가 18척이요, 건봉 2년 정묘(667)의 일이라고 했다.
>
> —《삼국유사》〈기이〉편 '문호왕 법민' 조

키가 73척이면 장장 22미터에 이르고, 18척이라고 해도 최소한 5미터가 넘는다. 또한 음문의 길이 3척은 1미터에 가깝다. 이런 거구의 아마조네스가 돌연 시체로, 이를테면 문무왕의 대관식에 전격 출연한 셈이다. 도대체 이런 음습하고 그로테스크한 이야기로 문무왕의 약전略傳을 출발한 일연의 저의는 무엇일까. 일각에서는 반어법으로 보아 세상이 태평해지리라는 길조로 풀이하기도 하나, 동의하기 어렵다.[11]

때는 바야흐로 온조溫祚의 건국 이래 수백 년 동안 그 조묘에 타오르던 백제의 향화가 꺼진 지 1년, 그런 상황에 서해 해상에 여인의 시체가 떠올랐다면, 백제와의 연관성을 생각하지 않을 수 없다. 특히

사비수 전경(사진 엽서)

사비수는 백제의 마지막 수도인 지금의 부여 앞을 흐르는 금강錦江을 가리키므로, 사비수 남쪽 바다란 응당 서해 연안으로 봐야 한다.

백제하면, 투박하고 상무적인 남성상의 고구려에 비해 섬려하고 세련되고 우아한 여성의 이미지가 떠오른다. 1972년 무령왕릉에서 수습한 왕과 왕비의 금관식金冠飾이나 1993년 부여 송산리에서 나온 금동백제대향로 등이 뿜어내는 찬란을 극한 아름다움도 그러하고, "달아, 노피곰 돋아샤……"로 시작하는 〈정읍사井邑詞〉의 애끊는 서정도 그러하다. 여기에 부여 정림사지定林寺址의 5층 석탑도 다부지고 강건한 신라 석탑에 견주면 그 여성성이 한층 두드러진다.

물론 이런 상념에는 무엇보다 백제의 '망국'이라는 역사적 사실이 선입견으로 작용했으리라. 한때는 산둥반도까지 진출하고, 철옹성 같던 고구려 평양을 함락시켰으며, 익산 미륵사에 무비의 석탑들을 세운, 또 바다 건너 왜국에 문화와 예술, 종교의 씨앗을 뿌린 백제의 그 모든 남성성에 대한 모독의 혐의를 면할 길 없지만, 그러나 종내 '그' 백제는 스러졌고, 바로 그 스러짐이 여성적 이미지를 부추겼는지 모른다.

따지고 보면 이 세상의 모든 죽음은 여성으로의 회귀이다. 대지는 여신으로서 만상을 낳고 길러주며, 또한 때가 다해 돌아가는 만상의 식어버린 육신을 묵묵히 받아준다. 그 작은 육신들로 인해 대지는 더 큰 여신이 되는데, 그것은 여인의 역할과 별반 다르지 않다. 우리는 낡을 대로 낡아버린 여인의 사체 앞에서 숭고함을 갖는다. 그 육신이야말로 생명이 깃들고, 그 생명을 길러낸 작은 의미의, 그렇지만 더없이 위대한 대지 아닌가.

신화학의 관점에서 보면 국가의 경우에도 별반 다르지 않다. 하나의 나라가 멸하는 순간 그 나라는 여인으로 환원된다. 백제라는 국가는 한 여인의 일대기로서의 역사를 완성하고 숨을 거둔 것이다. 설화와 역사를 낳고, 문화와 예술을 베풀고, 종당에는 허망한 몰락의 이야기까지 던져놓고 죽어간 것이다. 위의 글에서 여인의 음부가 강조된 이유가 거기에 있을 것이다.

그런데 백제라는 여인은 스스로 목숨을 끊었을까, 아니면 누군가에게 살해된 것일까. 백제는 스스로도 죽었고, 남에게도 죽임을 당했다. 비록 사서史書라는 것이 승자의 기록이라고 하지만, 우리는 백제가 스스로 파멸의 구렁텅이로 걸어 들어간 이야기를 기억한다. 흥수나 성충의 충언과 절규를 끝내 외면한 의자왕의 오만과 어리석음과 타락이 그러하고, 계백의 황산벌 전투를 제외하면 변변한 저항 한 번하지 못한 지리멸렬이 그러하다. 백제는 분명 스스로 죽어간 것이다.

백제는 또한 타살되었다. 백제를 죽인 주체는, 수백 년 이상 등을 맞대고 살던 신라이며, 바다 건너 대륙의 풍운 속에 중원의 새로운 슈퍼파워로 등장한 당나라이다. 그리고 그 중심에는 김춘추가 서 있다. 문무왕의 입장에서는 아버지가 백제라는 거구의 여인을 죽인 것이다. 그렇게 볼 때 여인의 사체는 문무왕의 앞에 놓여 있는 전후처리라는 지난한 과업의 은유일 수 있다. 위 장면의 시점을 건봉 2년(667)이라고 해도 결론은 달라지지 않는다. 그때는 요동과 한반도 북부의 영원한 패자로 군림하던 고구려가 상복喪服을 입기 직전으로, 이듬해(668)에 벌어질 고구려의 패망을 예견한 것일 수도 있다. 아니면 부여족이라는 한 뿌리에서 나왔으니, 고구려와 백제 두 나라를 함께 거구의 여인으로 표현했는지도 모른다.

여인의 장례식

이제 종전 후에 문무왕이 해야 할 일이란 자명해졌다. 백제라는 여인의 시신을 거두는 일, 자기 아버지 김춘추가 살해한 여인의 장례식을 치르는 과업이 그에게 주어진 것이다.

당군의 철수로 긴박한 상황이 종료되자 과연 문무왕은 여인의 장례식전을 주관하듯 전시체제에서 평화체제로의 전환에 돌입한다. 새로 편입된 백제와 고구려 옛 땅의 관리 및 유민의 효율적이고도 지속적인 통치를 위해 중앙 및 지방의 행정제도를 대대적으로 개편하고, 전란으로 피폐해진 민생을 되살리는 위민정책을 시행한다.

그 점에서 눈길을 끄는 게 《삼국유사》〈탑상〉편 '무장사미타전鍪藏寺彌陀殿' 조이다. "세간에서 전하기는 태종(문무왕의 오기)이 삼한을 통일한 이후 병기와 갑옷들을 이 골짜기 속에 간직해 두었다고 하여, '무장사'라 이름 지었다"라는 마지막 문장 때문이다. 단, 김춘추는 백제 패망 이듬해인 661년에 사망하므로, "삼한을 통일한 이후"라면 그의 이야기가 될 수 없다. 그러므로 인용문의 '태종'은 문무왕의 오기誤記로 간주되고 있다.

현재 무장사는 보문단지 뒷산 너머 깊디깊은 암곡동 골짜기에 숨어 있는데, '무鍪'는 '투구', '장藏'은 '감추다'로 새겨진다. 결국 투구를 포함한 모든 무구武具를 땅속 깊이 파묻었다는 이야기가 된다. 이 단출한 기록이 의미하는 바는 자명하다. 그것은 곧 평화의 세기가 도래했다는 것이고, 위민과 건설의 시대가 열렸다는 것이다. 또한 다음 장에서 다룰 그의 유언 가운데 "무기를 녹여 농구를 만들었다"는 구절과도 잘 맞아 떨어진다. 왜 그런 험준한 심곡이 채택되었는지는 알 길이 없으나 전쟁에 관한 모든 기억을 말끔히 씻어내는 상징적인 의식을 문무왕이 거기서 베풀었을 소지가 없지 않다.

문무왕의 그러한 행적은 흡사 고대 인도를 통일해 대제국을 건설한 저 아소카왕이라도 보는 듯하다. 아소카왕 역시 카랑카 제국과의 전투에서 대승을 거두었으나 그때의 충격으로 불교에 귀의하면서 평화의 일대조칙을 발표, 자신의 판도 아래서는 영원히 전쟁이 없음을 선포하였다. 문무왕도 아소카왕의 경우처럼 스스로 평화의 사도이기를 원했던 것이다.

그 무렵 신라 땅으로 새로 편입된 지역에 많은 가람이 건립된 것도 같은 맥락으로 이해된다. 가람을 세우는 일은 흉흉한 민심과 반발을 붓다의 손길로 쓰다듬는 선무의 의미와 더불어 진흥황의 순수비 같은 기능도 함축되어 있다. 670년에 당나라에서 돌아온 의상대사義湘大師가 낙산사(672), 부석사(676), 범어사(678) 등을 잇달아 창건한 것은 문무왕과의 이심전심 속에서 이루어진 일로 보인다. 의상은 영원한 도반이자 선배인 원효와는 또 다른 방식으로, 화엄이라는 새로운 불교의 씨앗을 방방곡곡에 심으면서 평화의 씨앗도 함께 뿌린 것이다.

석탈해를 불러내다

전란이 멎고 문무왕의 권위는 하늘을 찌를 정도였다. 하지만 종전終戰이란 단어는 그동안 잠복해 있던 갈등이 표출될 환경이 조성되었다는 말과 다를 바 없었다. 신라의 내

암곡동 무장사 3층석탑

부 상황은 여전히 불투명했고, 중대왕실은 여타 진골 가문에 포위당한 고립된 섬처럼 겉돌았다. 문무왕의 입장에서는 잠재적인 도발세력의 싹을 아예 도려내거나 무력화시켜 왕권안정을 확보하는 일이 무엇보다 중요했다.

그래서였을까. 사망하기 1년 3개월 전인 680년 3월 15일, 문무왕의 꿈에 느닷없이 신라 4대왕인 석탈해昔脫解(재위 57~79)가 나타난다.

(가) 그(석탈해)는 재위 23년 만인 건초建初 4년 기묘(79)에 세상을 떠났다. 소천구疏川丘 속에 장사 지냈는데, 뒤에 신령神靈이 명령하기를, "조심해서 내 뼈를 묻으라"고 했다. 그 두골의 둘레는 3척 2촌, 신골의 길이는 9척 7촌이나 된다. 이는 서로 엉기어 하나가 된 듯도 하고 뼈마디는 연결되어 있었다. 이것은 이른바 천하에 짝이 없는 역사의 골격이었다. 이것을 부수고 소상을 만들어 대궐 안에 모셔두었다. 그랬더니 신이 또 말하기를 "내 뼈를 동악에 안치해 두어라"고 했다. 그래서 거기에 봉안케 한 것이다.

(나) 27세世(代) 문호왕 때인, 조로調露 2년 경진(680) 3월 15일 신유 밤 태종(문무왕의 잘못)의 꿈에 몹시 사나운 모습을 한 노인이 나타나 말하였다. "내가 탈해이니라. 내 뼈를 소천구에서 파내 소상塑像을 만들어 토함산에 안치하도록 하라."

왕은 그 말을 따랐다고 한다. 그런 까닭에 지금까지 제사를 끊이지 않고 지내니 이를 동악신東岳神이라고 한다.

―《삼국유사》〈기이〉편 '탈해왕' 조

석탈해라면 (가)에서 보듯 79년에 세상을 떠난 건국 초의 신화적 인물이다. 그런데 (나)를 보면 실존인물인지조차 애매한 그가 장장 601년이나 지난 시점에 뜬금없이 문무왕의 꿈자리를 찾았다는 것이다.

무엇보다 그는 김씨 왕실의 시조도 아니고 문무왕의 직계 조상은 더더욱 아니다. 그런 존재가 문무왕에게 현몽했다는 것도 의아하지만, 그 명을 그대로 따랐다는 것도 당최 현실감이 떨어진다. 가령 문무왕의 입장에서 선대왕을 받들고자 했다면, 김알지나 미추왕의 묘를 수축하거나 신궁을 세우는 게 상식에 맞는다. 과연 문무왕이 희미한 핏줄조차 닿지 않는, 까마득한 어둠 저편의 유령 같은 존재를 불러내야 할 현실적 요구는 무엇이었을까.

신라의 국성國姓은 박·석·김 셋이다. 세 성씨가 번갈아 왕위를 이어왔는데, 그러한 관행은 초기의 한시적인 현상에 그친다. 제13대 미추왕(재위 262~284) 이래로 김씨 세습체제가 강고하게 구축되어 박씨와 석씨는 왕권으로부터 멀어진다. 그나마 박씨는 왕비를 배출해 외척으로 등장하기도 하고, 하대에 와서 경문왕이나 경애왕 등이 왕위에 오르는가 하면, 에밀레종 주조에 참여한 종장 대부분이 박씨이듯이 중하위 관등으로 활동하기도 한다. 하지만 석씨는 3세기의 12대 첨해왕(재위 247~261) 이후로는 권력의 중추로 부상한 예가 없다. 이는 석씨 집단이 권력으로부터 지속적으로 유리되어 왔음을 뜻한다.

그러므로 석탈해의 현몽이란 진골귀족과 연결이 안 되는 석씨집단을 왕실의 외곽세력으로 끌어들이기 위한 고도의 정치적 테크닉일 가능성이 높다. 석탈해의 신화적 아우라를 앞세워 반대파의 의구심을 차단하면서 소외된 석씨 집단과 자연스럽게 손을 잡았다고 보는 것이다.

문무왕이 자신에게 남은 마지막 일 년을 그 일에 진력했으리라는 것은 능히 짐작이 간다. 아마도 당시의 서라벌은 석씨 일족의 적극적인 협력 속에 토함산 자락에 탈해신전脫解神殿을 세우는 토목공사부터 탈해의 소상塑像을 조영하는 등 한동안 소동에 휩싸였을 것이다.

그러나 문무왕의 원모심려는 거기서 끝나지 않았다. 그는 자신의 사후까지를 내다보고, 왕국의 만년지계를 위한 최후의 시나리오를 마련하고 있었다. 동해용왕이 되어 후계자에게 나타난 '만파식적 설화' 사건이 그것이다.

최후의 시나리오

문무왕이 사망할 즈음부터 만파식적 사건에 이르기까지 대략 1년 동안의 사건들은 흡사 보이지 않는 손이 통제하는 듯한 느낌이 완연하다. 그 과정이 상당히 치밀해서 거의 음모(!) 수준인데, 겉으로는 파편화된 채 별개로 떠다니는 듯한 여러 사건이 실은 아주 짜임새 있게 오직 '만파식적 사건'이라는 정점을 향해 치닫는다. 그 하나하나가 문무왕의 삶과 죽음을 제재로 삼은 서사시의 하위단위처럼 읽힌다.

이제 그것들을 일반 서사문학의 발단, 전개, 위기, 절정, 대단원 등의 다섯 단계로 나누어 알아보기로 하자. 첫 단계인 발단發端은 문무왕이 지의智義 법사에게 자신의 복심을 밝히는 대목이다.

"나는 죽은 뒤에 나라를 지키는 큰 용[護國大龍]이 되어 불법을 높이 받들어 나라를 수호하려 하오."

"용이라면 짐승의 응보인데, 어찌 용이 되신단 말입니까?"

"나는 세상의 영화를 싫어한 지 오래되어, 만일 추한 응보로 내가 짐승이 된다면 이야말로 내 뜻에 맞는 것이오."

—《삼국유사》〈기이〉편 '문호왕 법민' 조

지나가는 투로 던진 듯한 이 진술이 만파식적 사건의 씨앗인 셈이다. 이 서원이 아니었다면 그가 동해용왕으로 환생할 이유도 없고, 굳이 만파식적 사건이라는 대형 이벤트를 위해 소란을 떨 근거도 없다.

우선 왜 하필 바다 속 용왕인지, 그 서원의 연원을 따져볼 필요가 있다. 호국신의 존재로 거듭나는 데에도 여러 경로가 있겠기 때문이다. 마침 《아함경Agama》에는 용왕과 용궁 이야기가 나온다. 바다 속 깊은 곳에 천룡팔부 중의 하나인 사가라沙伽羅 용왕이 그의 권속과 사는 용궁이 있다는 것이다. 그것이 전부는 아닐 수도 있지만, 문무왕은 경전을 통해 적어도 사가라 용왕의 이야기만은 알고 있었을 것이다.

그런데 동해용왕으로 거듭나기 위해서는 한 가지 전제 조건이 있다. 곧, 반드시 바다에 장례되어야 용왕으로 환생하는 게 가능해진다. 앞 시대의 왕들처럼 산이나 들판에 세운 거대한 분묘 안에 잠들고 나서 생뚱맞게 바다의 용왕으로 태어났다면 누군들 곧이듣겠는가. 문무왕은 그 점을 잘 헤아리고 있었고, 구체적인 대안을 마련해 놓고 있었다.

문무왕은 심술궂은 삶의 신 앞에서도 더없이 당당했지만 냉혹한 죽음의 신 앞에서는 한층 위엄 있는 태도를 취한다. 죽음이 임박하자 조용히 자신의 생애를 성찰한다.

과인은 어지러운 시절에 전란을 당하여 서(백제)를 치고 북(고구려)을 벌하여 강토를 극정克定하였으며, 모반하는 자는 자르고 협조하는 자는 손을 맞잡아 드디어 원근遠近의 땅을 안정케 하였으니, 위로는 조종祖宗이 남긴 원願을 위로慰勞하고 아래로는 부자父子의 숙원을 갚았노라. 전쟁에 나아가 산 자와 죽은 자를 널리 찾아 상을 내리고 중외中外에 소직疏爵을 골고루 나눠주었으며, 병기를 녹이어 농구를 삼고, 백성을 인수仁壽의 역域에 처하게 하였도다. 부세를 가볍게 하고 요역을 덜어주어 집마다 부富하게 되고 인구가 늘어났으며 민간이 안정하고 성내에 우환이 없어지고 국고는 산언덕 같이 쌓이고 감옥은 잡초가 무성하니, 나는 가위 선조에 대하여 부끄러움이 없고 선비들에 대하여 저버린 것이 없다고 말할 수 있도다.

—《삼국사기》〈신라본기〉'문무왕(하)' 조

역사의 물줄기를 휘어잡아 구시대에 종지부를 찍고 새 시대를 열어젖힌 영웅의 뜨거운 육성이라면 바른 표현이

경주 황남동 대릉원

될까. 죽음의 문턱에서 이렇듯이 반듯하고 간결하게 자신의 생애를 돌아보기란 쉬운 일이 아니다. 뒤이어 그는 뜻밖에도 자신의 '영혼'이 머물렀던 껍질을 불길에 태워서 다시 바다에 수장하라고 기이한 형식의 장례를 당부한다.

나는 풍상을 무릅쓰고 견디다가 드디어는 고질을 만들고, 정사와 교화에 근심하여 더욱 병이 심하여졌다. 운이 가고 이름이 남는 것은 고금이 한 가지이므로 문득 대야大夜로 돌아간들 어떠한 유한이 있겠는가.…… 산곡은 변천하고 인간 세대는 옮겨가니, 오왕의 북산 무덤에 어찌 금향로의 광채를 볼 수 있으며, 위왕이 묻힌 서릉의 망루는 단지 동작대라는 이름만을 전할 뿐이다. 옛날에 만기를

다스리던 영왕도 마침내 한 줌의 흙무덤을 이루어 초부와 목동은 그 위에서 노래 부르고 여우와 토끼들은 그 곁에 구멍을 파고 있느니……. 그런 일은 한갓 자재만 낭비하고 거짓말을 책에 남기며 공연히 사람들의 힘만 수고롭게 만들고 말 것이다. 이야말로 유혼幽魂을 오래도록 건지는 도리가 아니다. 고요히 이를 생각하면 마음이 상하고 아픔이 그지없을 따름이니, 이와 같은 것은 내가 즐거워하는 것이 아니다. 내가 임종한 뒤에 10일이 되면, 고문외정庫門外庭에서 천축天竺의 의식에 따라 화장하도록 하라.

—《삼국사기》〈신라본기〉 '문무왕(하)' 조

이야말로 전형적인 니힐리스트의 발언이다. 하지만 값싼 감상주의자의 허무한 독백이 아니라, 만난을 딛고 천하를 경영한 자의 마지막 소회라는 점에서 그 무게가 남다르다.

그는 지금의 봉황대나 황남대총 등 서라벌 곳곳에 무리를 이루고 있는 전 시대의 붕긋한 고분들을 분명 눈여겨보았을 것이다. 흙무덤 위에서 초부와 목동이 노래를 부르고 여우와 토끼가 구멍을 팠다는 진술도 고사古事의 반복이 아니라 직접 목격한 장면일 것이다.

그래서였을까. 그는 감연히 이 땅의 군왕으로서는 유례가 없는 화장을 희망한다. 물론 겉으로는 국장의 번다함을 막을 겸 국고의 낭비를 경계하려는 의중으로 읽히기도 하고, 불교에 대한 귀의심의 표현으로도 들린다. 그러나 실상을 들여다보면 동해용왕으로 환생하기 위한 사전 포석의 성격이 짙다. 바다에 수장되어야 용왕으로 태어날 수 있을 터인데, 수장의 전 단계로 화장을 거치기로 한 것이다.

죽음의 길을 떠나다

다음 단계의 전개展開는 그의 죽음 및 특이한 장법이다.

이 난세의 영웅은 681년 7월 1일, 56세를 일기로 눈을 감는다. 그의 유구는 유언에 따라 열흘 뒤에 현재의 낭산 자락에 위치한 배반동에서 화염에 휩싸인다. 사천왕사에 건립된 문무왕릉비文武王陵碑의 남은 파편에는 그의 장례를 "불교식으로 섶[땔감]을 쌓아놓고 장례를 지냈다[釋式 葬以積薪]"고 묘사하고 있다.

아들인 신문왕은 아비의 육신이 한 오라기 연기로 화해 적멸의 세계로 흩어진 배반동의 그 자리를 영원히 기억하고자 기념물을 세운다. 현재의 능지탑陵旨塔, 陵只塔이 그것이다. 능지탑은 그 모양새부터 특이하다. 네모난 기단 위에 흙을 덮고 다시 또 네모의 기단을 덧쌓아 전체적으로 2층을 이루고 있어 무덤으로 분류하기도 어렵고 탑이라고 부르기도 적절치 않다. 얼핏 보면 경주에서 울산으로 통하는 길에서 불국사로 직각으로 꺾어드는 초입의 단층짜리 구정동 방형方形 고분을 연상시킨다. 경주의 허다한 무덤 모두가 덕성스러움이 넘치는 원형분인 가운데, 구정동 고분만 정사각형을 취하고 있기 때문이다. 하지만 구정동 고분은 능지탑보다 대략 1세기 이상 뒤에 조성되었다는 게 중론이라 군이 따진다면 능지탑이 선배가 된다.[12]

그러나 현재의 능지탑을 원형이라고 부르기에는 난점이 따른다. 오래 전에 도괴된 것을 일제 강점기에 사천왕사를 가로지르는 철도를 부설하면서 위층의 석재들을 헐어 반출해서 철도부목으로 사용하는 바람에 원형을 상실한 탓이다. 그 이후 일본학자 제등 충齊藤忠의 간단한 발굴과 조사가 있었는데, 그는 아래층의 기둥들에 새겨진 12 지상支像에 대해 "신라 통일시대에 있어서 가장 걸출한 작품"이라고 극찬하기도 한다. 하지만 무관심 속에 계속 방치되어 있다가 그나마 오늘의 모습으로 복원된 것은 1979년이다.

그러므로 근방에 즐비한 심상찮은 유구, 유적들과 함께 정밀한 조사연구가 요망되는데, 당장 능지탑 뒤편의 건물지가 주목된다. 또한

능지탑

마애삼존불상, 많은 석탑재와 불대좌, 경주박물관으로 옮겨진 십일면관음보살상 등에 대해서도 문무왕의 정토환생을 기원하기 위한 탑묘塔廟 시설 같은, 능지탑의 부대 조형물일 가능성을 짚어보아야 한다. 사실 능지탑이란 이름도 정확하지 않다. 고문헌 어디에도 자취가

보이지 않으며 지역의 노인들로부터 나온 전칭傳稱일 뿐이다. 연화탑蓮花塔 등 딴 이름도 있으며, 그런 이름들에 대한 의견이 분분하다. 능지탑은 자세한 내용은 잃어버린 채로나마 중요한 사적으로 오래도록 인식되어 온 것이다.

아무튼 화장 후 수습된 문무왕의 유골은 능지탑 자리에서 수십 킬로미터나 떨어진 동해구東海口, 현재의 양북면 대북리 및 봉길리 일

대왕암 일출

대왕암 내부구조

대의 대종천大鐘川 하구로 운구되어 해안에서 수백 미터 떨어진 해중 암초暗礁, 즉 지금의 대왕암에 장례된다. 이전의 신라 임금 중에서 왕경으로부터 그토록 멀리 장례된 예

를 찾기 어려운 것도 특기할 사항이지만, 승하에서 장례까지의 전 과정이 일사분란하게 진행된 것을 보면 문제의 기암奇巖은 그의 생전에 장지로 점정點定되어 있었다고 보는 게 온당하다.

대왕암은 예전부터 지역에서 '댕바위', '뎅바우' 등으로 친근하게 불려 왔다. '댕' 이든 '뎅' 이든 '대왕' 의 축약으로, 영험이 깃든 곳으로 믿음의 대상이 되어왔음을 알 수 있다. 옛 사료 역시 대왕암에 대해 다음과 같이 전하고 있다.

- 《삼국사기》〈신라본기〉: 군신이 유언에 따라 동해구 큰 바위 위에 장례했다. 세상에서는 왕이 용으로 화하였다고 하여 그 바위를 대왕석으로 부른다고 전해온다[君臣以遺言 葬東海口大石上 俗傳王化爲龍 仍指其石 謂大王石].
- 《삼국유사》〈왕력〉편 : 능은 감은사 동쪽 바다 가운데 있다[陵在感恩寺東海中].
- 《삼국유사》〈기이〉편 '만파식적' 조 분주 : 대개 유언으로 유골을 장례 지낸 곳은 대왕암이다[蓋遺詔之 葬骨處 名大王岩].

이밖에 《신증동국여지승람新增東國輿地勝覽》, 《지봉유설芝峯類說》의 내용도 대동소이하며, 《동경잡기東京雜記》에는 "동해 대석에 뼈를 감추었다[藏骨東海大石]"고 특별히 '장골藏骨' 이라는 표현을 쓰고 있다.

한편, 《세종실록지리지》와 조선 영조 때 경주부윤을 지낸, 문무왕릉비의 비편을 고증한 바 있는 홍양호洪良浩의 《이계집耳溪集》에는 대왕암의 특징적 면모가 나름대로 잘 포착되어 있다.

- 《세종실록지리지》 : 바다 가운데 바위가 있는데 네 귀퉁이가 우뚝 솟아 꼭 네 개의 문 같다. 그곳이 바로 '장처'이다[海中有石 四角聳出 如四門 是 其葬處].
- 《이계집》 : 바다 가운데 바위가 있는데 우뚝 솟아 뾰족뾰족하여 작은 섬과 같았다. 태자와 여러 신하가 (문무왕의 유언을) 감히 어기지 못하고 그 돌 사이에 장사지냈다[海中有石 嵯峨一峙如小島 太子群臣不敢違 葬於石間].

모두 대왕암을 주의 깊게 관찰하지 않고서는 나오기 어려운 묘사들이다. 조선조의 선비들 역시 대왕암을 문무왕의 능침으로 인식하고 있었던 것이다.

대왕암은 세 덩어리의 암초로 구성되어 있으며, 그 중에서 제일 큰 암초가 문무왕의 유택幽宅으로 판단된다. 전체 모양새부터 괴이한 중에 가장 주목할 사실은 중앙의 웅덩이를 축으로 정확히 네 방향으로 갈라져 열 '십十'자 모양의 물길을 이루고 있는 점이다. 그 물길을 따라 사방의 파랑이 쉴 새 없이 넘나드는데, 중앙의 웅덩이에는 항시 물이 고여 있어 흡사 소沼라도 보는 듯하다. 더욱 수상쩍은 것은 바로 그곳에 덮여 있는 거북 모양의 너부죽한 거석(길이 3.7×폭 2.6×두께 1.45 미터)이다. 얼핏 석관묘의 뚜껑을 연상시키는 그 거석 아래에 문무왕의 신골이 안장되었을 것이다.

대왕암의 그런 모든 특징은 결코 자연의 조화나 우연으로 돌릴 수 없으며, 인위적인 공역의 결과로 보는 게 타당하다. 실제로 1994년의 정밀조사에서는 물길의 동쪽 입구가 서쪽보다 30센티미터 가량 낮아 해수가 동쪽에서 들어와 서쪽으로 빠져나간다는 사실과 개석

주위와 수로를 따라 인공치석의 흔적이 거듭 확인되기도 했다.[13]

여기서 우리는 신라인의 또 다른 상상력을 실감한다. 아득한 옛날부터 인간이 인간의 주검을 다루어온 모든 방식과 통념을 뛰어넘어, 그것도 군왕의 무덤을 해중의 고도에 조성한 그 점부터 전무후무하기 때문이다. 같은 수장이라고 해도 흔히 바이킹족 영화에서 보듯 시신을 배에 실어 바다로 띄워 보내는 정도가 대부분 아닌가. 신라인은 전래의 그 어떤 장의풍속과도 맥이 닿지 않는 희유한 장법을 고안한 것이다.

근대 들어 일찌감치 대왕암의 역사적 의의에 깊이 몰입한 이는 고유섭이다. 그는 〈대왕암〉이란 시를 짓기도 하고, "경주에 가거든 문무왕의 위적偉蹟을 찾으라"로 시작되는 명문 〈나의 잊히지 못하는 바다〉를 남기기도 했다.

경주에 가거든 문무왕의 위적을 찾으라. 구경거리의 경주로 쏘다니지 말고 문무왕의 정신을 기려보아라. 태종 무열왕의 위업과 김유신의 훈공이 크지 않음이 아니나 이것은 문헌에서도 우리가 가질 수 있지만, 문무왕의 위대한 정신이야말로 경주의 위적에서 찾아야 할 것이니, 경주에 가거들랑 모름지기 이 문무왕의 유적을 찾으라.[14]

하지만 대왕암은 현재 안타깝게도 온갖 모욕적인 언사에 휩싸여 있다. 요컨대 왕릉이 아니라 단지 '산골처散骨處'에 지나지 않는다는 것이다. 시비의 발단은 한국일보사가 기획하여 1964년부터 활동해 오던 신라오악조사단新羅五嶽調査團(단장 김상기)이 1967년에 "대왕암은 세계 유일의 해중릉海中陵"이라고 발표한 데 있었다. 당시 조사단은 대왕암에 직접 올라가 십자형 수로 및 거북돌, 암설에 남아 있는 인공치석의 흔적 등을 확인하고 간단한 실측을 거쳐 그 거북돌 밑에 납골장치가 숨어 있다는 추정 하에 해중능설을 처음 공포한 것이다.

장골葬骨과 장골藏骨과 산골散骨

문제는 개석 밑에서 납골장치의 존재를 확인하지 못한 점이다. 그 점을 빌미로, 납골장치의 존재 여부가 명확해지지 않는 한 왕릉으로 인정하기 어렵다는 비판론이 거세게 일어났다. 이후 남천우는 《유물의 재발견》(1987)에서 거북돌을 바위에서 굴러 떨어진 자연석에 불과하다고 주장하는가 하면, 유홍준은 《나의 문화유산답사기》(1993)를 통해 수중릉설이 과대 포장된 '대국민사기극'이며, 공명심에 찬 학자들이 3선 개헌을 앞둔 박정희 정권에 부역한 것이라는 극언까지도 서슴지 않았다. 다음은 유홍준의 지적이다.

> 물길에 인공의 흔석이 있는지 여부는 1천3백 년이 지난 뒤여서 확인하기 힘들며, 개석을 들어내 보지도 않고 수중릉이라고 주장한 것은 추측과 가설을 새로운 발견인 양 내세우는 것에 불과하다. …… 학계의 과다한 의욕과 3선 개헌을 앞둔 3공화국 정권의 국민 관심 돌리기 전략 및 언론의 센세이셔널리즘이 맞아 떨어져 빚어진 것…….[15]

그러나 이런 언사야말로 침소봉대된 혹세무민의 전형이다.

첫째, 앞에서 본 대로 현전하는 모든 문헌은 대왕암을 문무왕의 '장처葬處', '장골처藏骨處', '능陵'으로 일관되게 기록하였다. 역사가 남긴 활자를 부정할 권리는 누구한테도 없으며, 설령 획 하나가 부서진 활자라도 우리는 그 앞에서 겸허하고 또 진중해야 한다. 반대로 '산골'로 기술한 사료는 단 한 점도 찾아지지 않는다. 곧, 문헌사료에 국한할 때 '대왕암=산골처'라는 등식 자체가 성립 불가이다. 대왕암과 관련해 '산골처'라는 용어부터 비판론자들이 만들어낸 신조어라는 점에서 더욱 그러하다.

기실 《삼국사기》나 《삼국유사》의 위 기록들은 다른 왕들의 경우에 비해 오히려 구체적이다. 대부분 지명만을 적고 있는 정도인데, 예를 들어서 법흥왕은 "애공사 북쪽 봉우리에 '장葬'했다", 진평왕은 "한지에 '장葬'했다", 진덕여왕은 "사량부에 '장葬'했다"는 식이다.

둘째, 대왕암의 특이한 구조는 인위적인 손길에 의해서만 가능하다. 자연의 역능이 제아무리 오묘하고 무궁하다고 해도 해중의 암괴를 질서 있게 깎아 열 십+ 자 형의 수로를 구획하고, 중앙부에 개석까지 얹어놓는다는 것은 상상이 안 된다. 백보 양보해 설령 현재의 모습이 인공이 가해지지 않은 원형이라고 해도 그곳이 왕릉이라는 '진실' 자체는 변하지 않는다. 하필 그런 해중 기암을 택해 왕의 유골을 장례한 많은 기록들이 왕릉임을 인증하기 때문이다.

셋째, 납골장치가 발견되지 않은 까닭도 얼마든지 새로운 풀이가 가능하다. 문무왕은 사후 동해용왕이 되기를 원했고, 그러자면 그의 유골은 옹색한 사리기든 유골함이든 갇혀 있을 이유가 없다. 그런 용기에 갇힌다면 그가 동해의 지배자가 되는 일도, 마음대로 감은사를 오가는 일도 불가능하다. 사리기든 유골함이든 처음부터 봉납할 이유가 없었던 것이다. 같은 관점에서 동서남북으로 뻗은 수로는 그가 자신의 유택과 해중심처의 용궁을 자재하게 왕래하는 통로로 이해할 수 있으며, 그럴 때 이듬해에 준공될 감은사 법당 마루 밑까지의 여행도 가능해진다. 따라서 납골장치의 부재는 하등 이상하지 않으며, 거꾸로 당연한 결과로 볼 수도 있는 문제이다.

넷째, 거북돌의 용도 문제는 《동경잡기》(1669)에 나오는 "장골藏骨"이라는 단어를 대입하면 저절로 풀린다. 이 문제를 확실히 매듭짓기 위해 '산골散骨'과 '장골藏骨', '장골葬骨' 등 용어의 개념을 정리하도록 하자. 우선 '산골散骨'이 특별한 장치 없이 골분을 비산飛散시킨 것이라면, '장골藏骨'은 특정한 장소에 납골함을 묻거나 혹은 골분을 안치하고 뭔가로 덮었다는 말이 된다. 한편, '장골葬骨'은 '장골藏骨'이든 '산골'이든 장례의식 전반을 포괄하는 개념이다. 결국 《동경잡기》의 '장골藏骨'은 문무왕의 신골을 어떤 식으로든 감추었다는 뜻이 되는데, 거북돌이 그 역할을 담당했다고 볼 수 있다. 간추리자면 그의 신골은 납골함 없

고인돌 개석(위)과 대왕암 십자수로 중앙의 거북돌(아래). 대왕암의 십자수로 중앙에 놓인 거북돌이 고인돌의 덮개돌과 비슷하다.

이 수로 중앙부 연못에 흩뿌렸으며[散骨], 그런 다음 석관묘의 뚜껑처럼 거북돌을 덮어 '장골藏骨' 했을 가능성이 높다. 그 결과로써 대왕암은 '장지葬地' 내지 '장처葬處'가 되어 해중릉의 의미를 획득한다. 그리고 보면 거북돌의 모양새도 매우 낯이 익은데, 이 땅의 많은 고인돌 위에 놓인 개석과 닮은꼴이다.

다른 왕들의 예와 비교해 보면 이런 판단이 더욱 명료해진다. 신라 전체에서 화장된 임금은 문무왕을 포함해 효성왕, 선덕왕, 원성왕, 진성여왕, 경명왕, 효공왕, 신덕왕 등 모두 8명이다. 그 중에서 동해구에 장례된 이는 중대에 속하는 효성왕과 선덕왕뿐인데, 두 사람은 장지에 대한 별다른 언급이 없이 '산골散骨'로만 표현되고 있다. 그들의 유골은 해수에 뿌리는 것으로 모든 장례절차가 마무리되었으며, 그 결과 그들은 능을 갖지 못한 것이다. 한편, 하대신라의 임금 5명 중에서는 약속이나 한 듯 단 한 명도 동해구를 택하지 않는다. 효공왕과 신덕왕은 '장골藏骨' 되고, 진성여왕과 경명왕은 '산골散骨' 되는데, 모두가 왕경 서라벌을 벗어나지 않는다. 예외적으로 하대왕실의 시조인 원성왕만 화장 사실이 짤막하게 언급되고 마는데, 만약 현재의 괘릉掛陵이 그의 능이 맞다면 그의 유골은 거기에 '평범하게' 매장된 것으로 봐야 한다. 문무왕의 경우만 그 신골이 해중 기암이라는 '아주 특수한 장소'에, '아주 특수한 방식'으로 봉안된 것이다.

궁금한 것은 유독 문무왕의 신골이 특별한 예우의 대상이 된 까닭이다. 그 무렵 신라 사회에는 잇달아 불탑이 건립된 데서 보듯 불사리佛舍利 신앙이 만연해 있었다. 불사리라면 진흥왕 원년(549)에 중국 양梁나라로부터 처음 들어온 이래 선덕여왕 12년(643)에는 자장이 중국 오대산 태화지에서 문수보살로부터 받은 것을 가지고 귀국해 황룡사 9층탑과 양산 통도사의 금강계단 등에 나누어 봉안했다. 이미 불사리가 불상에 버금하는 신앙과 경배의 대상으로 정착되어 있었던 것이다. 헌데 불사리 신앙은 점차 확대되어 붓다나 고승이 아니더라도 특별한 인물의 뼈에도 신이한 권능이 깃들어 있다는 일종의 주력呪力신앙으로 발전한다. 문무왕이 석탈해의 무덤을 파내어 그 뼈로써 조상彫像을 만들어 토함산 신전에 봉납한 것도, 뒤따라 이야기를 나눌 원효의 영골靈骨로 제작했다는 원효의 조각상도 같은 맥락에서 이해된다. 결론적으로 문무왕의 유골은 한층 더 강력한 주술적 영험이 기대되었을 것으로 간주해도 크게 잘못되지는 않을 것이다.[16] 그렇게 본다면 대왕암은 일종의 사리탑舍利塔처럼 당대인에게는 최고의 성소로 인식되었을 가능성마저 점쳐진다. 차이가 있다면 일반 사리탑의 경우 사리함을 내부에 깊숙이 봉안하는 폐쇄구조를 취하는 데 비해, 대왕암은 개방구조를 취해 주인공에게 자유로운 여행을 보장하였다. 이러한 대왕암의 개방구조는 곧이어 나올 감은사 법당의 구들구조와 상통한다는 점에서 신빙성을 더한다.

지금까지의 이러한 풀이를 가능케 하는 단서가 에밀레종전설 부분에서 지나온, 혜공왕이 "감은사에 행차해 바다에 제사를 지냈다[幸感恩寺 望海]"는 왕 12년(776) 정월의 기록이다. 매년 정월이면 역대의 왕들이 동해구로 행차하여 대왕암을 향해 제사를 받들었을 개연성이 읽히는 대목인데, 그 장소는 대왕암이 내려다보이는 현 감포읍 대본리의 이견대利見臺 터일 가능성이 높다.

따라서 1967년에 나온 신라오악조사단의 발표는 과대포장도 아니

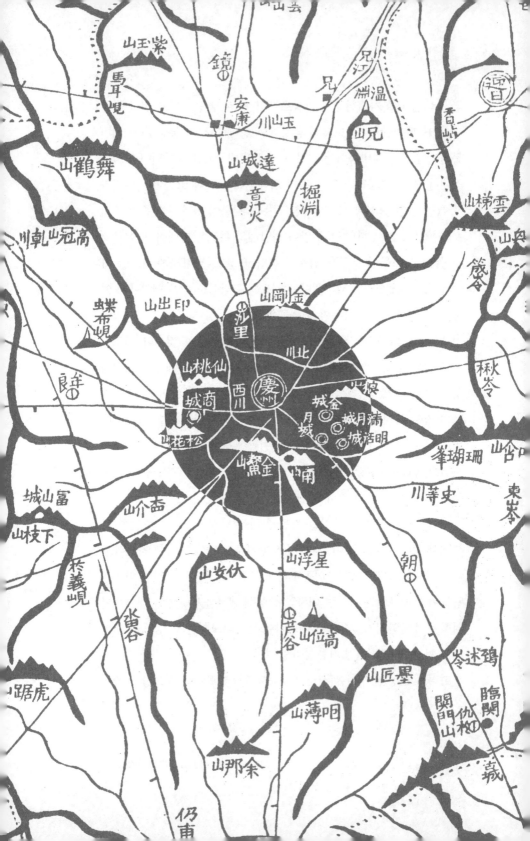

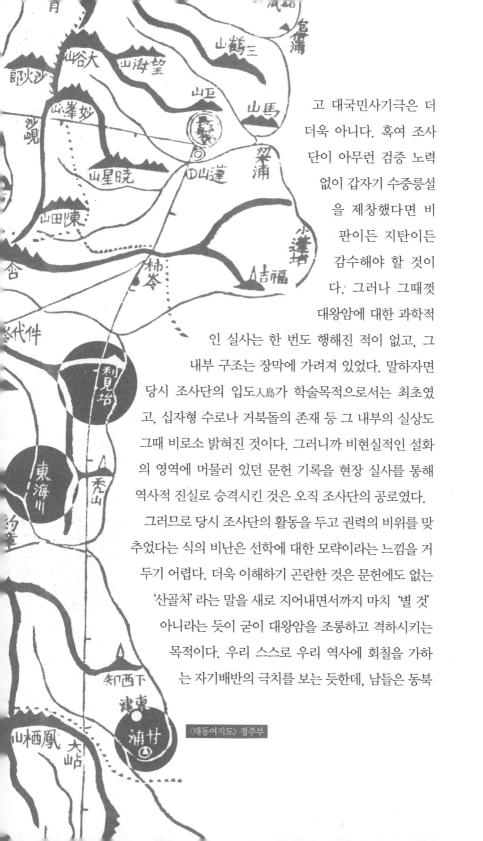

고 대국민사기극은 더
더욱 아니다. 혹여 조사
단이 아무런 검증 노력
없이 갑자기 수중릉설
을 제창했다면 비
판이든 지탄이든
감수해야 할 것이
다. 그러나 그때껏
대왕암에 대한 과학적
인 실사는 한 번도 행해진 적이 없고, 그
내부 구조는 장막에 가려져 있었다. 말하자면
당시 조사단의 입도入島가 학술목적으로서는 최초였
고, 십자형 수로나 거북돌의 존재 등 그 내부의 실상도
그때 비로소 밝혀진 것이다. 그러니까 비현실적인 설화
의 영역에 머물러 있던 문헌 기록을 현장 실사를 통해
역사적 진실로 승격시킨 것은 오직 조사단의 공로였다.
　그러므로 당시 조사단의 활동을 두고 권력의 비위를 맞
추었다는 식의 비난은 선학에 대한 모략이라는 느낌을 거
두기 어렵다. 더욱 이해하기 곤란한 것은 문헌에도 없는
'산골처'라는 말을 새로 지어내면서까지 마치 '별 것'
아니라는 듯이 굳이 대왕암을 조롱하고 격하시키는
목적이다. 우리 스스로 우리 역사에 회칠을 가하
는 자기배반의 극치를 보는 듯한데, 남들은 동북

〈대동여지도〉 경주부

공정이다, 역사왜곡이다 하여 없는 것도 지어내는 판국에 우리만 번연히 있는 것조차 참으로 열심히 깎아내리고 있는 형국이다.

그로 인한 후유증도 지적되어야 한다. 대왕암이 장골처냐 산골처냐 하는 표피적인 문제가 마치 가장 중요한 과제인 양 부각되면서 정작 그것이 담지한 본질적인 의미에 대한 탐색이 소홀해진 것이다. 국수주의도 문제지만 스스로의 역사를 폄하하는 태도 역시 마땅히 타기되어야 한다. 하찮은 것들에도 조용히 눈길을 맞추어 중첩된 시간의 지층 밑에 묻혀 버린 진실을 발굴해내는 일은 역사학도만의 '영광된' 책무 아닌가.

천만 감사한 것은 학계의 주류가 무의미한 싸움에 골몰하는 사이에 그 싸움과는 멀찌감치 거리를 두고, 대왕암 및 만파식적 설화의 감춰진 의미망을 겨냥한 실질적인 연구성과들이 속속 나타나고 있다는 사실이다. 배병삼의 〈통일 이후를 위한 만파식적의 정치적 독해〉(《창작과 비평》 1999년 여름호)나 송효섭의 《초월의 기호학》(2002) 등이 거기에 해당하는데, 그들의 직관과 혜안을 만나는 시간이 뒤에 마련되어 있다.

결론을 맺자. 대왕암은 문무왕이 영면을 취하고 있는 세계 유일의 해중 능묘이다. 그가 세상을 떠난 지 천수백 년, 그동안 파도에 씻기고 세월에 씻기어 오늘의 대왕암은 무심한 갈매기 떼의 서식처로 변해 있다. 흡사 지난날의 격렬했던 전장을 조용히 회억하는 늙은 장수처럼 세간의 포폄褒貶 따위에는 귀를 막은 채 무시로 물어뜯는 무궁동無窮動의 파도에 한 점 한 점 닮아가고 있는 것이다.

법당에 구들을 놓았느니

다음 단계의 위기危機는 장례 이듬해 봄에 있은 동해구 대종천 변의 감은사感恩寺 낙성이다.

감은사라면 대왕암을 지키는 문무왕의 능찰陵刹로, 통한전쟁과 대당독립전쟁에서 승리한 기반 위에 조영된 중대왕실의 으뜸가는 성전사원成典寺院이다. 원래 문무왕이 진국사鎭國寺라는 이름으로 발원하나 미완인 상태에서 그가 승하하자 신문왕이 완공하면서 '감은사'로 개칭하였다.

'감은感恩'이라……. 무엇에 감사한다는 것일까. 좁게는 선대 문무왕의 은혜와 열성조에게 감사한다는 뜻이고, 넓게는 천지신명과 삼천대천 세계의 모든 불보살께 위없는 감사의 염을 바친다는 뜻이리라.

바야흐로 감은사가 준공되었다는 것은 곧 '만파식적'이 중심 제재인 연극이 공연될 만반의 준비가 끝났음을 의미한다. 중대왕실은 이후 일어날 '만파식적 사건'의 전 과정을 지휘하는 일종의 본부로 감은사를 조성한 것이다. 그래서 감은사와 대왕암은 지호지간의 거리에 위치한다. 만약 둘 사이가 너무 멀면 그 연극을 공연하는 데 여러 모로 지장이 발생할 터이기 때문이다. 실제로 두 유적은, 해중과 육지라는 상이한 곳에 각각 위치함에도 숙명적으로 연결되어 있다. 다름 아닌 대종천大鐘川(옛 이름은 동해천東海川)이 두 유적을 하나로 묶어준다. 대종천은 대왕암을 한 곁에 거느린 해구를 출발해 거의 일직선으로 토함산吐含山과 함월산含月山 방향으로 파고든다. 그리하여 대종천의 본류가 용당산 앞에 이른 지점에서 작은 물줄기 하나가 뻗어나와 북쪽으로 살짝 꺾어져 감은사 옛터로 이어져 있었음이 발굴조사에서 확인되기도 한다.

그러나 높다랗게 둔덕을 차고앉은 오늘의 감은사지는 황룡사 같

감은사지 전경

은 서라벌의 대찰들과는 비교 자체가 안 될 정도로 옹색하고, 평면구성상으로도 남북축이 길고 동서축이 짧은 대부분의 사찰과는 반대로 남북이 짧고 동서가 길다. 산중턱이라는 입지 조건 탓일 수도 있지만, 나라에서 선대왕의 능찰을 세우는 데 그깟 산허리를 갈라 지경을 넓게 다지는 일이 무에 대수겠는가. 그보다는 앞서 말한 만파식적 사건의 지휘부로서의 역할을 겨냥해 처음부터 광대한 사역을 추구하지 않은 결과로 짐작된다.

바로 이 감은사지가 지난 1959년에 새삼 사계의 이목을 집중시킨 바 있다. 금당 자리를 발굴하는데 생각지도 않게 한옥의 온돌구조가 드러난 것이다. 돌들을 몇 줄로 질서 있게 배열해 지면으로부터 공간을 확보하고서 그 위에 장대석들을 걸친 다음 다시 정식으로 마루를 까는 유례없는 구조를 채택한 것이다. 지금도 그대로 노출되어 있어 당장이라도 확인 가능한데, 붓다가 주인공인 금당에다 구들을 들이다니……. 《삼국유사》를 통해 그것의 의미를 충분히 이해할 수 있다.

절 안에 있는 기록에는 이렇게 말했다. 문무왕이 왜병을 진압하고자 이 절을 처음 창건했는데 끝내지 못하고 붕하여 바다의 용이 되었다. 그

아들 신문왕이 왕위에 올라 개요 2년(682)에 공사를 끝냈다. 금당 뜰 아래에 동쪽을 향해 구멍을 하나 뚫어두었으니 용이 절에 들어와서 돌아다니게 하기 위한 것이다.

—《삼국유사》〈기이〉편 '만파식적' 조의 분주

그러니까 한낱 전설 정도로 치부되던 위의 기사가 사실로 입증된 것이다. 결국 금당의 해괴한 구들구조는 해룡으로 화신한 선왕으로 하여금 대종천 물길을 타고 사찰 경내까지 자유롭게 왕래할 수 있도록 한 신문왕의 배려이자 문무왕이 '진짜' 용왕으로 환신했음을 세상에 광포廣布하는 상징 장치였던 것이다.

지금까지 보았듯이 감은사는 단순한 문무왕의 능찰에 머물지 않는다. 그의 사령死靈을 저 죽음의 세계에서 불러내는 한 판 씻김굿을 총괄하는 본부로 창건되고, 그 연장선상에서 언제라도 그의 환신인 해중용왕이 머무는 별궁別宮으로 마련된 것이다.

이와 관련해 또 하나 눈길을 끄는 유구遺構가 있다. 높직한 둔덕을 이루고 있는 절터 바로 턱밑, 곧 돌계단이 끝나는 경계 지점에 맞닿도록 구획되어 있는 장방형의 연못 자리이다. 아마도 바닷속 용궁을 떠나 대종천을 거슬러 올라온 용왕이 돌계단을 타고 경내로 오르기 전 한 번 호흡을 고르라는 일종의 행재소行在所로, 오늘날은 일부 매몰된 데다 갈대가 무성하지만 예전에는 대종천의 물줄기를 끌어들여 항상 물결이 넘실거렸을 것이다. 한편,

감은사지 금당 구들

정면 중앙의 돌출된, 돌계단과 직결되는 석축은 그 시절 흡사 용선龍
船이라도 댔음직한 선착장 시설로 짐작되는데, 그 구성이 매우 다부
지다. 그러한 구성 방식과 의장은 훗날 불국사의 그 화려한 대석단大
石壇으로 진화한 듯이 보인다.

　오늘날 감은사지에 올랐을 때 당장 눈길을 사로잡는 것은 동서 양
쪽으로 병립한 3층짜리 석탑들이다. 그밖에는 1959년 발굴된 그대로
의 허전한 금당 터와 나무 한 그루가 전부인데, 가람배치 방식에서도
감은사는 하나의 전범이 된다. 그 앞전에 영건된 사천왕사 및 망덕사
등에서 금당 하나에 목탑 두 기를 세운 적이 있지만, 1금당 1탑 방식
의 오랜 관행에서 벗어난 1금당 2탑 방식의 가람배치는 감은사를 거
치면서 더욱 확고하게 정착된다.

　다음은 감은사를 그야말로 더욱 감은사답게 만든 그 3층짜리 쌍둥
이 석탑에 대한 색다른 이야기를 나눌 차례이다.

감은사탑, 완벽한 추상

참다운 예술은 추상抽象 그 자체로 존재한다. 로댕의 〈생각하는 사람〉
처럼 지극히 사실적인 구상具象 계열의 작품일지라도 전형典型을 획
득하는 그 순간 온전한 추상의 덩어리로 비약한다. 이때의 '추상'은
시간을 뛰어넘어 하나의 전범典範으로 존중되면서 명작의 반열에 오
른다. 까마득한 과거의 '낡은' 작품이 현재적 의미를 갖는 까닭이 바
로 거기에 있다. 헌데 명작의 앞자리에는 흔히 혼돈과 모순의 물결이
일렁거리곤 한다. 양식 및 매질 문제에서 여러 줄기의 물결이 뒤엉켜

혼미를 거듭하면서 불안한 시간을 보내다가는 영감에 찬 예술가에 의해 그것들이 통일적으로 재구성되면서 위대한 예술이 탄생한다. 요컨대 예술사의 고원에 오른 걸작은 이전 시대의 모든 혼란과 모순을 수렴하고 또 극복하여 추상의 경지로 나아간 경우가 대부분이다. 그러한 예를 우리는 감은사지의 쌍둥이 3층 석탑에서 생생하게 목격할 수 있다.

감은사 창건 이전 이 땅의 불탑들은 딴은 복잡한 양상을 보이고 있었다. 중국의 전탑과 목탑이 우리 풍토와 미감에 맞게 '석탑'으로 변용되어 가는 과도기적 혼돈이었다.

우선 석탑石塔의 경우를 말하자면, 익산 미륵사에 대형 목탑을 건립한 백제 무왕은 그것만으로는 성에 안 찼던 듯 참으로 엉뚱하고도 거창한 꿈에 사로잡힌다. 목탑의 외양을 고스란히 석재로 변안한 석탑 두 기를 중앙의 목탑 양쪽에 병립시킨 것이다. 이 땅의 불탑사에서 최초의 석탑들로 추정되는데, 두 작품은 석재 자체에서 뿜어지는 압도적인 괴량감으로 무왕을 흡족케 하고도 남음이 있었을 것이다. 하지만 그것들은 석재를 사용한 점에서는 석탑이라고 볼 수 있지만, 양식은 여전히 목탑을 벗어나지 못한 어정쩡한 상태에 머물러 있었다.

다음으로 전탑은 그 출발부터 영 변칙적이었다. 벽돌로 쌓은 순수한 의미의 전탑이 아니라 전탑의 모양을 흉내 낸 모조품 석탑, 곧 모전석탑模塼石塔이 먼저 조영된 때문이다. 선덕여왕이 황룡사 북편에다 잇대어 건립한 분황사의 다층석탑은 안산암을 벽돌처럼 재단해 쌓아 올려 딴은 전탑의 맛을 한껏 살린 것이다. 그러니까 겉으로는 전탑처럼 보이나, 실질에 있어서는 석탑이라는 이중성격의 모순덩어리가 분황사 다층석탑이다. 명실상부한 전탑은 8세기로 접어들어서야 축조되는데, 안동 신세동 7층전탑 및 조탑동 5층석탑 등이 그것으로 우리나라 탑파의 역사에서는 비주류에 속한다. 한 가지 덧붙이면 분황사 모전석탑이 인도의 스투파를 직접 모방했다는 독특한 견해가 있는데(박경식),[17] 여기서는 일반론에 따른다.

이와 같이 중국을 원산지로 하는 다층누각 형태의 목탑 및 전탑은 이 땅에서 돌이라는 매질을 만나 불완전한 상태로나마 '석탑'이라는 불교 탑파사의 새 장을 열어젖힌다. 그러나 재차 강조하지만 그것들은 엄밀한 의미의 '석탑'이 아니었다. 양복 정장을 우리 전통 무명으로 지은 것과 다를 바 없는, 정체성이 모호한 '의사擬似 목탑'과 '의사 전탑'일 뿐이었다. 따라서 무엇이든 외래의 것이 이 땅의 고유한 미감을 담아내며 환골탈태하듯 완전한 '미지의 석탑'을 향한 도전과 모험이 요구되고 있었고, 그러한 변혁의 거센 폭풍이 먼저 결실을 맺은 쪽은 역시 백제였다.

백제의 마지막 요람이 되고 만 부여 정림사지의 5층석탑은 '석탑'으로서의 정체성을 최초로 실현한, 말하자면 수십 미터의 대형 목탑이 미학적으로 응축될 때 어떤 모습이 될지를 한눈에 보여준 신개념의 파격적인 작품이었다. 그것은 굉대한 건축물로 존재하던 불가의 탑파를 미학적인 성격이 강한 조각예술의 영역으로 끌어들인 위대한 전환이기도 했다. 단아하고 세련되고 더없이 우아한 기품의 '진짜' 석탑은 백제 석공에 의해 처음 탄생했던 것이다.

한편, 백제의 반대편 신라는 아직 그 단계에는 이르지 못하고 있었다. 게다가 당시 서라벌에는 순수한 목탑(황룡사 9층탑)과 의사 전탑

(분황사 모전석탑)이 혼재되어 있어 사정이 한층 더 복잡했다. 다시 말해 목탑과 전탑이라는 상호 이질적인 세계를 하나로 응결시키는, 단순히 대형 목탑을 응축시킨 부여의 정림사지 5층석탑과는 또 다른 심미적 상상력이 요구되는 상황이었다.

그런데 이 땅에서 전쟁의 신이 물러간 직후인 682년, 홀연 목탑과 전탑을 하나로 뭉뚱그린, 그것도 돌덩어리로 완벽하게 내면화시킨 3층짜리 석탑 두 기가 나란히 모습을 드러낸다. 감은사의 쌍둥이 3층석탑이 그것이다.

감은사의 쌍탑은 어느 모로 보나 새로웠다. 우선 탑신의 네 귀퉁이에 돌을새김으로 드러난 갓기둥이 목탑의 기둥을 단순화한 것이라면, 지붕돌의 비스듬한 경사면과 네 귀퉁이가 살짝 위로 휘어진 것도 목탑의 날렵한 처마 부분을 간소화한 것이다. 한편, 지붕돌 아래쪽의 층진 부분은 분황사 모전석탑의 지붕 아랫부분을 질서 있게 정제시킨 결과이다. 이야말로 백제계 석탑의 완성태인 정림사지 석탑과는 또 다른 신라계 석탑의 완성태로, 신라의 이전 탑들이 안고 있던 모순과 혼돈을 단숨에 극복한 일대 쾌거였다.

감은사의 두 탑에서 확립된 신양식의 석탑은 곧이어 원효가 머물던 고선사 3층석탑(7세기 후반, 경주박물관) 등을 거쳐 8세기 중

부여 정림사지 석탑

분황사 모전석탑

미륵사지 석탑

반 불국사 석가탑(751)에서 최적의 조화로운 비례를 발견한다. 감은사는 우리 탑파 예술의 넉넉한 모태 역할까지 떠안았던 것이다.

비교하건대 정림사지 5층석탑이 여성적이고 귀족적이라면, 감은사의 두 탑에서는 당당한 무사武士의 그림자가 어른거린다. 백제도 아니고 신라도 아닌, 차라리 고구려의 냄새마저 풍기는 것이 돌덩이로 쌓았으되 무쇠덩어리 이상으로 위압적이다. 오직 수직과 수평의 날카로운 직선요소들로만 짜인 그 근엄한 실루엣을 바라보노라면 알 수 없는 에너지가 뿜어져 나온다.

이러한 모든 지적은 감은사의 쌍탑이 하늘과 땅 사이에 완벽한 추상의 덩어리로 숨 쉬고 있음을 뜻하며, 또한 천수백 년이 지난 오늘에 와서도 과거의 유물이 아닌 현재적 의미의 걸작으로 평가받는 이유이기도 하다.

오늘의 감은사는 금당도 잃고 불상도 잃은 한낱 폐사지에 불과하지만 두 탑이 있어 결코 외롭지 않다. 공空의 세계에 던져진 절터가 두 탑으로 말미암아 어떤 때는 충만감마저 느껴질 정도이다. 두 탑이야말로 감은사에 영원성의 시간을 부여한 주역인 셈이다.

헌데 이것으로 감은사의 쌍둥이 석탑에 대한 우리의 이야기를 접기에는 뭔가 빠진 듯한 느낌을 지우지 못한다. 두 탑을

고선사지 석탑

불국사 석가탑

중심자리에 놓고 새롭게 되새겨보아야 할 우리 불교 탑파사의 중요한 의문점들이 남아 있기 때문이다. 첫 번째는 지난 천여 년 동안 왕조가 교체되고 시대가 바뀌었음에도 불구하고 이 땅에서 석탑이 그토록 줄기차게 조성된 이유이며, 두 번째는 다른 나라의 탑들과는 상대조차 안 되는 소형의 탑파를 지향하게 된 배경이다.

돌, 그 침묵과 불멸을 사랑하다

동양미술사에서는 중국을 '전탑의 나라', 일본을 '목탑의 나라', 우리나라를 '석탑의 나라'라고 즐겨 부른다. 그만큼 중일 양국에 비해 우리나라 석탑의 비율이 높다. 조선후기까지 조영된 석탑이 무려 1,500여 기에 이른다. 반면 전탑은 안동 지역을 중심으로 몇 기가 전하고, 목탑은 절대수가 불길 속에 사라져 현존하는 것으로는, 탑이라기보다는 아직 건축적 성격을 벗지 못한 조선후기의 법주사 팔상전 捌相殿이 유일하다.

　과연 이 땅의 사람들이 7세기 말 이래 지금껏 돌탑에 집착한 까닭은 무엇일까.

　일단은 그동안의 견해대로 화강암 같은 암석이 유난히 풍부하다는 자연환경에서 답을 찾는 게 순리일 것이다. 일본은 울창한 수림 덕분에 목탑이 발달하고, 중국은 그 넓은 대륙을 뒤덮은 황토를 이용한 전탑이 성행한 것과 같은 맥락인데, 양질의 석재가 불충분했다면 '석탑'이라는 것은 발생하지도, 또 발달하지도 못했을 것이다. 그렇지만 단지 돌이 많다는 조건 하나만으로 석탑이 그 오랜 세월 그토록 열렬하게 환영을 받아 왔다고는 생각되지 않는다. 혹여 뭔가 우리가 모르는 제2의 내밀한 이유가 따로 숨어 있는 것은 아닐까.

새삼 강조할 나위 없이 돌은 물에 녹지도 않고 불길에 타지도 않으며, 쉽게 녹슬지도 않는다. 한 줌의 온기도 흐르지 않고, 당연히 한 마디 말도 하지 않는다. 그리하여 돌은 침묵이며, 생명이 아닌 차가운 주검이며, 바로 그 침묵과 주검으로 말미암아 불멸의 존재가 된다. 그런데 알베르 까뮈에 의하면, 이런 무뚝뚝한 돌에게 인간은 비할 바 없는 두려움을 느끼면서도 신뢰감을 갖고 매료된다고 한다. 헌데 그러한 돌의 특성 내지 이미지는 사리舍利의 특성 및 이미지와 일맥상통한다.

쉽게 말해 사리란 인간 육신의 핵核이다. 인간의 육신에서 외적인 요소—살과 뼈와 머리칼과 터럭과 손톱발톱과 고름과 침과 수분—가 모두 불길에 녹아 스러진 뒤 마지막에 남는 극미極微의 결정체이다. 그렇게 비본질적인 모든 요소를 제거한 그때의 사리는 죽음이며, 역설적으로는 영원한 진리를 표상한다. 따라서 그러한 사리를 제 몸 깊숙이 비장하는 탑塔이라는 건조물 역시 침묵이며 죽음이며, 불멸을 상징한다.

고유섭에 따르면 탑은 붓다 이전의 바라문교에도 있었다고 한다. 하지만 탑다운 탑은 역시 붓다가 쿠시나가라 성의 사라쌍수 아래서 열반한 후 다비한 그의 사리를 팔분八分하여 세운 여덟 기의 탑, 곧 근본팔탑根本八塔에서 출발한다. 그때부터 탑은 붓다의 몸[佛身], 혹은 붓다의 다르마[佛法] 자체로 인식된다. 말하자면 진리를 향해 타오르는 삼엄한 정신, 예리하고 청렬한 정신의 핵이라는 의미일 때만 탑이라는 이름으로 온전히 불릴 수 있다.

이렇듯이 탑은 돌과 근원적인 지점에서 하나로 만난다. 둘은 똑같이 침묵이고 똑같이 죽음이며, 똑같이 불멸의 시간을 누린다. 그렇게 본다면 앞의 첫 번째 의문을 일정 부분 해명할 수 있는 길이 열린다. 곧, 이 땅의 고대인은 돌과 사리라는 두 물질의 친연성을 본능적으로 간취하고 있었다고 보는 것이다.

그들은 중국으로부터 불탑이라는 낯선 건축양식이 전래되자 처음에는 당연히 그것들을 모방하는 데 힘을 쏟지만, 익산 미륵사의 목탑형 석탑과 경주 분황사의 전탑형 석탑에서 보듯 갑자기 전탑이든 목탑이든 돌덩어리로 직역하는 일대 모험에 나선다. 바로 이 점, 백제와 신라 양쪽에서 공히 석탑으로의 전환을 꾀한 것은 그들의 심안心眼이 스투파와 돌덩이가 상통한다는 존재론적 직관에 도달해 있었음을 짐작케 한다. 고구려 내의 상황까지는 알 길이 없지만, 적어도 중부 이남의 조탑사造塔師들은 통한전쟁 이전에 우리 산하 곳곳에 뒹구는 돌덩어리와 우정어린 악수를 나누고 있었던 것이다.

섣부른지 모르지만 결론을 짓자. 이 땅에 석탑이 출현하고 또 성행한 데에는 석재의 풍부함이라는 일차적 요인 외에 돌과 탑을 바라보는 옛 사람들의 직관에 찬 사유가 또 하나의 결정적인 배경으로 작동한다. 그들은 탑 본연의 정신을 드러내는 데 있어 더없이 투박하고 무심한, 그렇지만 덕성스럽고 또한 불멸의 이미지가 내면화되어 있는 돌덩이를 최적의 매질로 선택한 것이다.

그런데 지금까지의 이러한 풀이는 다시 두 번째 의문, 곧 우리 석탑들이 턱없이 작아진 까닭에 대해서도 새로운 인식의 문을 열어준다. 이제부터 그 문제를 곰곰이 생각해 볼 예정이거니와, 특히 문무왕의 캐릭터와 불가분의 관계에 있음을 확인하고자 한다.

한국의 석탑, '스투파'로 회귀回歸하다

우리 석탑의 소형화 문제는 그동안 아무도 눈길을 주지 않아 학계의 관심권 밖에 머물러 있다. 하지만 관점 여하에 따라서는 양식상의 변화 문제에 못지않은, 우리 탑파 연구의 핵심 주제가 될 수도 있다.

경주 시내에서 4번 국도를 타고 덕동호를 스쳐 추령 고개(터널)를 넘어서 감포를 향해 차를 달리노라면 정작 그토록 장하다는 감은사지의 두 탑은 눈에 잘 띄지도 않는다. 가까이 접근해서도 휑한 언덕배기에 그저 쇠꼬챙이 두 개가 나란히 꽂혀 있는 듯한 형국에 불과하다. 그 명성에 비해 솔직히 실망스럽다. 반대로 중국이나 일본 여행길에 마주치는 대형 목탑과 전탑의 그 웅대하고 고준하고, 그러면서도 절륜한 아름다움 앞에서는 저절로 주눅이 든다. 중국과 일본뿐인가. 건축 계보를 완전히 달리하는 동남아시아나 인도대륙의 그 허다한 탑 중에는 경악을 금치 못할 만큼의 매머드급 탑들이 즐비하다. 그런 것들과 나란히 세운다면 감은사지의 두 탑은 솔직히 아이들 장난감 수준밖에 안 된다. 높이는 고사하고 면적이나 체적 문제로 넘어가면 수십 분의 일 내지 수 백 분의 일로 '쪼그라들었다'고 해도 과언이 아니다. 때문에 감은사의 두 탑을 두고 아무리 양식을 논하고 역사적 의의를 강조해도 우물 안 개구리 식의 자화자찬이 아닌가 하는 의구심을 지울 길이 없다.

아소카왕 석주

당초 감은사가 문무왕이 짓다가 미완인 상태에서 사망하고, 신문왕 2년 봄에 준공되는데, 그 사실을 감안하면 두 탑이 그처럼 '쪼그라든' 것은 불가불 문무왕의 의지에 따른 결과로 봐야 한다. 또한 그 뒤를 잇는 절대다수의 석탑이 모델로 삼고 있다는 점에서 이 땅의 모든 석탑의 왜소화를 선도한 '원흉'이 바로 감은사의 두 탑인 셈이다.

문무왕은 무슨 의도에서 두 탑을 그토록 왜소하게 세운 것일까.

역사를 돌아볼 것도 없이 정복자들이 자신의 영광을 공고히 하고 권력의 쾌감을 즐기기 위해 대규모 토목공사를 벌이는 데에는 동서고금의 차이가 없었다. 로마 황제들은 개선문을 세웠으며, 진시황은 아방궁으로도 부족해 자기 무덤을 축조하는 데 수많은 인민을 동원한다. 고대인도 마우리아 왕조의 아소카 왕(기원전 272?~232?)이 제국 곳곳에 석주石柱를 세운 것, 혹은 마케도니아의 알렉산더 대왕이 정복지마다 신도시를 건설해 똑같이 '알렉산드리아'로 명명한 것도 본질적으로는 같은 맥락에 속한다. 진흥왕만 해도 자신이 개척한 강역의 경계마다 순수비巡狩碑들을 건립하지 않았던가. 요컨대 정복자는 모든 영광을 독식하고, 대부분 그것을 거대한 조형물로 기념하는 데 몰두한다.

이러한 지적은 불탑의 경우에도 똑같이 해당한다. 그 무렵 동북아의 여러 나라는 최대한 화려하고 위압적인 '높은 탑 쌓기' 경쟁 중에 있었다. 그것을 혹 강렬한 신앙심의 발로로 너그럽게 이해할 수도 있지만, 본질적으로는 현대의 독재자들이 자신의 동상을 세우는 것과 다를 바 없는 현시욕의 산물일 따름이었다.

좋은 예가 중국 수隋나라 문제文帝의 이른바 인수사리탑仁壽舍利塔이다. 한漢제국의 붕괴 이후 수백 년간에 걸친 남북조 시대의 혼돈을 마감하고 천하를 통일(589)한 수문제는 인수仁壽 원년(601)부터 중국 곳곳에 100기의 탑을 건립하는 일에 착수한다. 한 날 한 시를 기해 전국에서 동시에 착공했다는 이야기까지 있는 걸 보면 정치적 이벤트로 기획되었음을 알 수 있는데, 북조 출신으로서 강남 지역의 민심을 얻으려는 선무책宣撫策의 일환이기도 했다. 그러므로 그때의 인수사리탑은 욕망의 도구로서의 성격을 강하게 풍길 수밖에 없었다. 눈길을 한반도로 돌리면 백제의 무왕은 익산 미륵사에 수십 미터짜리 석탑을 한꺼번에 두 기나 세워놓고 의기양양해 하지 않았던가. 또한 신라의 경우도 이미 그 반세기 전에 동북아에서 거창함에서 손에 꼽히는 황룡사 9층탑을 올린 경험이 있고, 또 분황사의 모전석탑을 세운 바 있었다.

스투파, 탑파, 탑

'탑塔' 이란 말의 연원은 범어의 '스투파Stupa' 이다. 한역漢譯 과정에서 스투파
의 '스' 를 묵음 처리해 '탑파塔婆' 로 바뀌는데, 거기서 다시 '파婆' 자마저 떼
어내 '탑塔' 이란 약칭이 탄생한 것이다. '아메리칸' 에서 음이 약한 '아' 를 생
략해 '미리견' 으로 표기하다가 다시 '리견' 을 아예 떼어내고 남은 '미' 에
다 '국國' 을 붙여 '미국' 으로 부르는 것과 같은 이치이다.

최초의 불탑은 붓다의 사리를 봉안했다는 근본팔탑으로 알려
져 있다, 하지만 그것들의 구체적인 구조 및 양식은 유적이 남아
있지 않아 베일에 가려져 있다. 다만, 현존하는 가장 오랜 스투
파인 산치 대탑 등을 통해 벽돌로 쌓아올린 엎어진 사발 모양의
이른바 복발형覆鉢形이 아니었을까 하는 게 대체적인 견해이다.

아무튼 근본 팔탑에서 출발한 불교의 스투파는 불상이 만들어
지지 않던 수백 년 간의 무불상無佛像 시대를 통틀어 강렬한 신앙과 예배의 대
상이 되어 왔다. 아잔타나 엘로라 등 고대인도의 그 무수한 석굴사원에서도
가장 심부深部를 복발형의 스투파가 차지한 것도 그 유흔이다. 하지만 세월이
흐르고 쿠샨 왕조 때로 접어들어, 간다라와 마투라 지역을 중심으로 불상이
태동하면서 스투파의 절대적 위상에 균열이 가기 시작한다. 대중의 신심을
불러일으키는 데는 당장 눈에 보이는 붓다의 형상이 더 효과적이었고, 그 점
에서 이미 추상화된 스투파는 상대적으로 불리할 수밖에 없었다. 그리하여
불교가 중앙아시아를 통과해 중국에 도달할 즈음에는 사찰의 중심 공간인 법
당을 불상에게 내주고 탑파 스스로는 법당 앞마당으로 밀려나게 된다. 그렇
지만 그것이 탑파에게 오직 불운으로 작용한 것만은 아니었다. 조형적으로는
도리어 자유로운 실험과 변형이 가능해진 탓인데, 곧 중국의 풍토와 건축 전

산치대탑 사리함

통, 혹은 그들의 미적 감수성에 따라 새롭고도 독자적인 양식의 불탑으로 나아간 것이다. 그러니까 인도의 복발형 스투파와는 판이한, 중국 전래의 고루 전각을 차용한 대형 목탑이 유행하는가 하면, 내구성이 강한 벽돌로 쌓은 다부진 전탑博塔들이 곳곳에 조성된다. 뿐만 아니었다. 평면구성에 있어서도 원형圓形에서 사각四角, 육각六角, 팔각八角 등으로 다양화되면서 그 내부에 방을 마련하고 불상 등을 봉안해 법당의 역할을 겸하는 경우도 적지 않았다.

우리의 경우도 불교의 전래와 더불어 중국의 탑파 문화가 고스란히 이식되어 요동과 한반도를 아우르면서 각종 양식의 탑파가 속속 몸을 일으킨다. 이 땅의 초기 탑파에 관한 기록은 《삼국유사》을 통해 얼마든지 확인이 가능한데, 고구려 성왕聖王이 요동성에 세웠다는 육왕탑育王塔 및 가야의 금관성 호계사에 허황후가 아유타국에서 가져왔다는 파사석탑婆娑石塔과 관련한 신이담이 그 예이다. 다른 한편 고고학상으로는 평양 청암리 절터 및 대동군 상오리 절터 등 고구려 지역에서 목탑지가 발견된 바 있으며, 백제에서도 부여 군수리 절터 및 익산 제석사지 등에서 목탑지가 확인되기도 했다. 그리고 백제 무왕에 의해 건립된 익산 미륵사의 대형 석탑들과 그 중간에 서 있던 대형 목탑, 그리고 신라 선덕여왕이 경주 중심에 건립한 황룡사의 9층탑에서 보듯 7세기로 접어들면서 이 땅은 본격적인 탑파의 시대로 접어들고 있었다. 이후 통한전쟁을 전후해서 새로운 형태의 석탑이 발생하거니와 부여의 정림사지 5층석탑 및 경주의 감은사의 쌍둥이 3층석탑은 이후 한국 탑파의 양대 산맥을 선도한다.

중국 하복성 개원사탑, 11세기, 높이 80여m

바로 이 문제와 관련해 선각 고유섭의 형형한 눈길이 빛난다.

탑파가 고도高度로 높아지는 것도 교리상으로는 '적취積聚의 공덕功德'
의 소치라 설명할 수 있겠지만 예술 원칙으로 말하면 그것이 '기념적인
것'인 까닭이라고 할 수 있다. 이 점에서 볼 때 탑파나 오벨리스크
Obelisque나 피라미드Pyramid나 기공비紀功碑 등이 다름이 없다 하겠다.[18]

고유섭은 불가의 대형 탑파들이 실은 제왕들의 기념비로 기능하
고 있음을 꿰뚫어 본 것이다.

이야기를 문무왕으로 돌리면 당시 신라의 기세는 욱일승천 그 자
체였다. 특히 문무왕은 최후의 승리자로, 백제나 고구려 쪽에서 보면
엄연한 정복자였다. 그가 백제 구토 및 고구려에 속했던 대동강 이남
에 전승을 기념하는 토목공사를 일으켰다고 해도 문제될 게 하등 없
었다. 당대인들에게는 그것이 항상적으로 겪어온 정복자의 기본적인
생리이자 당연한 존재 방식인 때문이다. 혹여 다른 사람이었다면 전
쟁이 끝나자마자 만사 젖혀 놓고 갓 복속된 지역에다 대역사를 벌이
느라 백성을 동원하고 국고를 쏟아 부었을 확률이 그 반대의 확률보
다 훨씬 높다.

그러므로 문무왕이 이전의 대형 탑파를 능가하는 초대형 석탑을
세웠다고 해도 특별히 이상할 게 없는 상황이었다. 그러나 그는 국찰
로 경영하는 자신의 능찰에 평균치에도 못 미치는 고작 10미터 안팎
의 소탑小塔 둘을 세우는 데 만족한다. 남들은 보란 듯이 희대의 거탑
을 세워 하늘과 땅을 지배하려는 욕망을 후손들에게 선사했건만 그

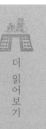

문무왕과 안압지

안압지의 원래 이름은 월지月池로, 왕성인 반월성半月城과 마주하고 있다. 백제의 마지막 수도 부여의 궁남지宮南池에서 자극을 받아 문무왕이 조영한 것으로, 동아시아 정원예술의 백미로 손꼽힌다. 《삼국사기》〈신라본기〉 '문무왕 14년 2월' 조에 '궁내에 못을 파고 산을 만들어 화초를 심고, 진귀한 새와 짐승을 길렀다'고 되어 있는데, 연못 안에 세 개의 인공 가산假山(삼신산)을 띄우고, 호안 석축을 따라 12봉峯을 치설했다. 일차적으로는 중국으로부터 수입된 도교의 이상세계를 현실세계에 재연하고자 한 욕망이 엿보이거니와, 1970년대에 있은 대대적인 발굴조사에서 수많은 유물이 수습되어 한국의 정창원正倉院이라는 별칭을 얻기도 했다. 한편 월지는 동궁東宮, 곧 태자의 거처로 기능했다는 데서 또 다른 역사적 의의가 찾아진다. 문무왕 19년(679) 8월에 그곳에 동궁을 창건했으며, 경덕왕 11년(752)에 동궁아관을 설치하기 때문이다. 이러한 기록들은 왕실의 영속을 추구한 중대왕실의 지향점이 잘 드러나는 것으로, 특히 문무왕이 사망 이태 전에 동궁을 세웠다는 것은 그가 후계자 문제를 얼마나 중시했는지를 잘 보여준다. 월지는 단순한 궁중정원이 아니라 중대왕실의 명운과 관련이 깊은 국가의 중요시설인 셈이다.

안압지 야경

의 천하경영의 의지는 그리도 옹색했던 것일까.

문무왕, 기념비를 거부하다

문무왕은 철저하게 실용적이면서 절제의 미덕을 알고 있던 인물이었다. 앞서 읽은 유언에서도 확인했듯이 자신의 승리를 과시하기 위한 속된 '짓' 따위하고는 거리가 멀었다. 그의 목표는 오직 하나, 진정한 통합의 시대를 열어나가는 데 있었다. 오랜 전란으로 강토는 피폐해해지고 민심은 갈가리 찢긴 상황에서 진정한 애민愛民에 대해 진지하게 고민하고 있었고, 붓다의 대자대비를 통해 사나워진 민심을 위무하고자 했다. 의상과의 이심전심 속에 이른바 화엄십찰華嚴十刹을 전국에 경영한 것이 그 한 예이다.

결국 그는 역대의 정복자들과는 정반대로 이전 시대의 대탑이 아닌 '작은 탑 쌓기'로 나아간다. 다만 그것이 그 스스로의 깨달음에서 비롯된 것이라고만은 보기 어려운데, 그를 자극하고, 그를 이끈 무엇인가가 있었다고 보는 것이다. 바로 그 점에서 새롭게 인식되어야 하는 것이 정림사지의 5층석탑이다.

앞에서 돌과 사리, 혹은 탑의 관계에 대한 이야기를 나누었지만, 이 땅의 고대인은 탑이라는 것이 필요 이상으로 과장되고 장식될 하등의 이유가 없음을 서서히 깨우친 것으로 보인다. 말하자면 대형 탑파는 사리, 혹은 스투파의 본질에서 벗어난 것임을 직시했던 것이다. 그들은 대형 탑파를 버리고 스투파의 시원적 의미에 충실한 작은 단위의 석탑으로 나아가는데, 그 첫 번째 결실이 곧 정림사지 5층석탑이다. 그것은 줄잡아 수백 년간 오로지 대형으로만 치닫던 동북아 탑파 건축의 물줄기를 단숨에 반전시킨, 그러니까 사리탑 본연의 정신을 변증법적으로 회복한 신 개념의 획기적인 스투파이다. 감은사의 쌍둥이 석탑은 바로 그것에 자극을 받아 건립되었는지 모른다.

통한전쟁의 서막이 올랐을 때 문무왕은 태자이자 병부령의 신분으로 신라군을 이끌고 백제의 수도 부여로 진격한다. 아마도 그때 그는 처음으로 정림사 5층석탑과 대면했을 것이다.

아버지와 자신이 죽여 버린 거구의 여인 백제가 남겨놓은 '초라한' 돌무더기……

상상이 허락된다면, 작지만 단아한 그 낯선 돌탑 앞에서 그는 승리의 기쁨보다는 당혹감을 느꼈을 수도 있다. 혹은 황룡사 9층탑 등 서라벌에 즐비한 대형 탑파들밖에 모르던 그로서는 전율에 가까운 심미적 감동을 느꼈을 수도 있다. 보다 근원적으로는 대형 탑들이 태생적으로 안고 있던 토목적 성격을 말끔히 털어낸 그 '작은' 탑과 권력의 분비물로서의 대형 탑들 사이에 가로놓인 거리를 알아챘을지 모른다. 그리하여 스투파 본연의 의미를 드러내는 데 그런 소형 탑이 더할 나위 없이 잘 부합한다는 점을 직시하게 되었을 것이다. 바로 그때의 충격이 20년이 지나 자신의 죽음을 예비하는 과정에서 대형 석탑을 포기(!)하고 작지만 금강석 같은 불후의 스투파를 자신의 원찰에다 점지하게 되었을 것이다. 외형적인 것, 겉으로 팽창하는 모든 것의 허망함을 진작부터 알고 있던 그가 아닌가.

결론적으로 감은사의 두 탑이 정림사지 석탑을 따라 소형탑으로 기획된 것은 그 공덕주인 문무왕의 강력한 의지의 산물로 판단된다.

허례를 싫어하고 실질을
중시하는 그가 모든 비
본질적인 요소가 제거
된, 그리하여 인도 초기
스투파의 정신을 받드는
또 다른 개성의 탑파 양
식을 탄생시킨 것이다.
그는 우리나라가 '석탑
의 나라'로 나아갈 정초
를 다져놓았던 것이다.

청출어람青出於藍이라
는 말이 있지만, 감은사
의 쌍탑은 정림사지 석
탑보다 돌이라는 물질의
원초적인 침묵, 죽음, 불
멸 등의 이미지가 한층
더 선명하다. 수평요소와 수직요소의 절묘한 배합에서 오는 단순하
면서도 장중한 조형미는 원시 스투파의 지향점을 완벽하게 실현하고
있기 때문이다. 감은사의 두 탑을 신라계 석탑의 완성태이자 한국 석
탑의 전범으로 평가해야 할 이유가 또 하나 추가된 셈이다.

물론 지금까지의 이러한 추론은 어디까지나 상상에 의한 가설에
불과하다. 하지만 사료에 새겨진 문무왕의 캐릭터에 비춰볼 때 아주
허무맹랑한 이야기로 돌릴 수만은 없다. 그의 성향을 짐작케 하는

인상적인 일화가 《삼국유사》와 《삼국사기》에 똑같이 실려 있다. 사망 두 달 전인 681년 5월, 그는 왕도 서라벌 외곽에 성벽을 쌓으려고 한다. 그러자 부석사에서 그 소식에 접한 의상義湘이 반대하는 편지를 보내온다.

왕의 정교政敎가 밝으시면 비록 풀 언덕에 금을 그어 성城이라고 해도 백성들은 감히 이것을 넘지 않을 것이며, 재앙을 씻어 깨끗이 하고 모든 것이 복이 될 것이나, 정교가 밝지 못하면 비록 장성長城이 있다 하더라도 재해를 없이할 수는 없을 것입니다.

-《삼국유사》〈기이〉편 '문호왕 법민' 조

글자 하나하나가 비수 같거니와, 그 글을 보고 문무왕은 공역을 중지시킨다. 《삼국사기》에는 왕이 먼저 자문을 구하고 의상이 답을 올린 것으로 순서가 바뀌어 있으나(《삼국사기》7〈신라본기〉7 '문무왕(상)' 조), 어느 쪽이든 권력자가 축성築城 같은 문제로 출가자에게 자문을 청하는 것도, 또 누가 반대한다고 해서 추진하던 국책사업을 단념하는 것도 드문 경우이다. 그는 안압지雁鴨池를 새로 조성하고 궁궐을 크게 수축하기도 했지만, 그가 되도록이면 불요불급한 일은 피하고자 했음을 짐작케 하는 일화가 아닐 수 없다. 기실 그가 이전의 '평범한' 정복자들을 추종했다면, 대형 석탑을 조성할 역량이 충분히 축적되어 있는 상황에서 훨씬 더 거창한 석탑을 욕망했을 것이다.

이쯤에서 이야기의 방향을 바꿀 필요가 있다. 여기에 이르도록 감은사의 두 탑을 두고 줄곧 왜소하다고 타박을 해왔지만 막상 두 탑 곁에 서면 결코 작다거나 가볍다는 느낌이 들지 않는다. 턱없이 작은 두 탑이 저 땅속 깊은 곳에서 홀연 솟아난 듯한 지축地軸과도 같은 느낌마저 불러일으키는 까닭은 무엇일까.

첫째는 거듭 강조해 마지않은 석재 자체의 불멸성과 영원성이 그 힘의 원천이 될 것이다. 둘째는 신라인의 뛰어난 조형감각 덕분이다.

앞에서 두 석탑의 몸돌과 지붕돌에 목탑과 전탑의 이질적인 양식이 절묘하게 녹아들어 있다고 말한 바 있다. 하지만 그것들 이상의 또 다른 중요한 장치를 그들은 마련해 두고 있었다. 기단부를 상·하의 2층으로 구성해 이전 탑들의 기단부보다 훌쩍 높인 것이다. 아래 장충식의 글에서 보듯 탑의 규모를 줄임으로써 필연적으로 나타날 수밖에 없는 왜소화 현상을 기단부를 재구성하는 득의의 수법을 통해 극복한 것이다.

이들 양탑의 구성은 동일한 형식인데 기단의 구성이 삼국시대 탑과 다른 것이 주목된다. 즉 삼국시대의 탑파는 목탑과 석탑을 가릴 것 없이 모두 단층기단을 형성하였으나 이곳에서는 비로소 상하 이층기단을 형성하고 있다. 그러므로 단층기단의 건축적 수법에서 출발하여 이같은 이층기단을 형성한 것은 이미 여기에 건축적 의사보다는 장엄적 성격이 더욱 강조되고 있음을 느낄 수 있다.[19]

탑신을 높은 기단 위에 얹었을 때 훨씬 높고 장엄하게 보인다는 시지각적인 효과를 최대한 살린 것이다.

정리하자. 거대하다는 표현이 부족할 정도로 충일하고 지나치게 엄격해서 삼엄한 기풍까지 흐르는 두 탑의 이미지는 그 시대를 이끈 정신의 분출이다. 특히 문무왕의 기상, 시대의 중심에 우뚝 서서 흔들리지 않은 부동不動의 자세로 만난을 이겨낸 그의 투철한 이미지와 잘 맞아 떨어진다. 그래서 두 탑 앞에 서면 저절로 신복信服하게 된다. 두 탑은 한 시대의 사유나 에너지는 외적으로 확장 분출되는 게 아니며, 내면화되고 응축되어야 한다는 사실을 오늘의 우리에게 설파하고 있는 것이다.

감은사 서탑 사리함

감은사의 두 탑은 과거형의 신라를 거쳐 도달한 현재형의 신라이다. 그 내부에는 미래형의 신라가 잉태되어 있다. 1959년도의 발굴조사 때 서탑에서 나온 사리함은 당대 금속공예의 금자탑이라고 부를 만큼 명품인데, 뜻밖에도 꼬맹이 주악비천상들이 그 안에서 발견된다. 그것들은 곧이어 다루어질 만파식적 설화의 주제 '소리의 정치학'과 관련이 깊은데, 문제의 '소리의 정치학'은 중대왕실의 미래를 겨냥한 것이기 때문이다.

지금까지 감은사지 쌍둥이 석탑의 의의를 수박 겉핥기식으로 살펴보았다. 미진하기 짝이 없는 것이 경주 고선사지 3층석탑, 나원리 5층석탑, 익산 왕궁리 5층석탑, 충주 탑정리 7층석탑, 의성 탑리 5층석탑 등 우리 탑파사에서 그 비중이 결코 가볍지 않은 작품들을 제대로 거두지 못하고 지나왔다. 다른 기회에 이야기하기로 하고, 아쉬움을 간직한 채 만파식적 설화의 그 신비로운 그물망 속으로 발을 들여놓기로 하자.

소리로써 세상을 다스릴 징조

감은사 준공 직후인 신문왕 2년(682) 5월 1일, 마침내 문무왕을 주인
공으로 한 서사시의 본 막이 오른다. 네 번째 절정 단계이다.

이승과 결별한 지 정확히 10개월이 되는 그날, 이승과 저승의 거
리가 약여함에도 문무왕은 자신의 후계자에게 때가 무르익었다는 신
호음을 띄운다. 작은 산 하나가 바다 위에서 감은사를 향해 둥둥 뜬
채로 오고 간다는 해관海官 박숙청의 보고가 신문왕(재위 681~692)에
게 올라온 것이다. 이야말로 황룡사 장육존상 연기설화의 복사판이
다. 진흥왕이 황룡사를 준공(569)하자마자 하곡현 사포에 출현한 배
한 척에 대한 관리의 보고가 올라오고, 배에는 아육왕이 보낸 장육존
상을 만들 재료와 편지까지 실려 있었지 않은가.

이 장면, 곧 움직일 수 없는 산이 움직였다는 것은 움직일 수 없는
존재(망자)가 어떤 움직임을 통해 이 세상에 영향을 미치려 한다는 도
상기호로 해석된다. 특히 감은사는 신라 자체를 나타내는 지표기호

로, 결국 산이 오고간다는 것은 신라를 향해 어떤 영향을 미치려는 문무왕의 의지가 반영된 도상기호로 읽을 수 있다.[20]

신문왕은 너무 놀라서, 혹은 놀란 척 일관日官 김춘질에게 점을 치게 한다. 김춘질은 두 성인聖人—용왕으로 화한 문무왕과 천신이 된 김유신—이 마음을 합쳐 값을 매길 수 없는 수성지보守城之寶를 전하려는 것으로 풀이한다.

신문왕은 동해구로 행차해 5월 7일에 일단 지금의 감포읍 대본리 이견대로 나아간다. 거기서 문제의 산을 멀리 바라본 왕은 시자侍者를 보내 관찰토록 한다. 산은 마치 거북 머리처럼 생겼는데, 산 위에 대나무가 있어 낮에는 둘이었다가 밤에는 하나가 되고, 산 또한 낮과 밤으로 대나무처럼 열렸다가 합쳐지기를 반복한다는 것이다. 신문왕이 감은사에서 하룻밤을 묵는데, 갑자기 비바람이 몰아치더니 이레 동안이나 어둠이 걷히지 않는다. 왕은 악천후가 멎은 5월 16일에야 배를 타고 대왕암으로 짐작되는 문제의 산으로 들어갈 수 있었다.

과연 두 성인이 보냈다는 사자용使者龍이 흑옥黑玉으로 만든 옥대[黑玉帶]와 만파식적을 만들 대나무를 건넨다. 왕이 산과 대나무가 갈라지고 합쳐지는 까닭을 묻자 사자용은 '소리로써 세상을 다스릴 징조'라는 말을 전한다. 일종의 신탁神託까지 받게 된 신문왕은 기림사를 거쳐 지금의 용연龍淵이라는 못가에 이르러 휴식을 취한다. 그때 소식을 듣고 달려온 태자 이공理恭—훗날의 효소왕孝昭王—이 흑옥대를 유심히 살펴보고는 그 마디 하나하나가 용이라고 말한다. 과연 그중 하나를 떼어 물에 던지니 용으로 변해 하늘로 올라가는 이적이 일어난다.

여기까지가 절정이다. 사후 동해용왕이 되겠노라는 문무왕의 서원에서 촉발된 긴 스토리가 마침내 생사와 시공을 뛰어넘는 초현실적인 사건으로 이어지고 있는 것이다.

다음 단계는 모든 갈등이 해소되는 마지막 대단원이다. 신문왕은 흑옥대와 대나무를 가지고 왕경 서라벌로 돌아와 장인으로 하여금 그 대나무로 피리를 제작토록 해 천존고天尊庫에 보관한다. 천존고라면 일본의 나라 동대사東大寺의 정창원正倉院과 같은 왕실의 보물창고로 추정되는데, 아마도 당대 최고의 신품이 가득했을 것이다.

그때 신문왕은 그 피리에 참으로 상징성이 풍부한 이름을 붙인다. 천하의 파란을 잠재우는 피리라는 뜻의 '만파식적'이라고 한 것이다. 그것을 불면 적군이 물러가고 돌림병이 나을 뿐 아니라 가뭄에는 비를 내리고 장마도 그치며 바람이 멎고 파도가 가라앉는다는 것이다.

이와 같이 문무왕의 죽음을 전후한 시기의 사건들을 엮으면 인과관계가 뚜렷한 한 편의 서사물이 태어난다. 만파식적 사건의 발생 시점은 신문왕대이지만, 전체 스토리를 이끌어가는 실질적인 주인공은 문무왕이다. 문무왕이 극작가이자 연출자이며 또한 배우로서 전반부에 직접 출연했다면, 신문왕은 후반부에 등장해 각본에 따라 무사히 공연을 마친다. 만파식적 사건을 생전의 문무왕과 태자이던 신문왕 두 부자의 공모共謀로 봐야 하는 이유이다. 만파식

신라 옥저

적 사건, 문무왕은 왜 그런 얼토당토 않은 시나리오를 기획했을까.

성물 획득의 이야기

만파식적 설화는 명백한 신기설화이다. 시여자가 일정한 신격을 갖춘 존재라는 점, 매개자가 신물神物을 공여하고 신탁이 행해진 점, 수혜자가 군주라는 점, 또 정치질서의 일대쇄신이 요구되는 상황이었다는 점 등 신기설화의 조건을 충족시킨다. 이러한 풀이는 각각의 신화소를 분석해 들어가노라면 더욱 수긍이 간다.

첫째, 서사구조가 무속에서 흔히 보는 성물획득聖物獲得의 이야기와 부절처럼 합치한다. 코스모스적인 일상의 질서공간에 위치하던 신문왕이 카오스적인 신성공간으로 들어가 성물을 얻어 다시 일상의 질서공간으로 귀환하는 전체 스토리가 그러하다. 도입 단계에는 거룩한 힘이 드러나는 신성현시神聖顯示(Hierophany)가 있고, 다음 단계에는 거룩한 힘의 의지에 따른 실행이 있으며, 마지막 단계에서 성물을 얻음으로써 평범한 인간이 신통한 능력의 샤먼으로 탄생하는 성무成巫 이야기를 차용한 것이다. 특히, 비바람이 몰아치는 상태가 '이레' 동안 지속되었다는 것은 구각舊殼을 깨고 새 시대를 열어젖히기 위한 진통으로 간주된다.

이에 대해 송효섭은 "천지가 진동하고 바람이 불고 비가 오면서 캄캄했던 날씨가 개이고 물결이 평온해지는 과정 역시 메시지로 해석될 여지가 있다. 이러한 천문현상은 혼란에서 질서로 나아가는 도상기호이며 지표기호일 수 있는 것"[21]으로, 배병삼은 "그 어두움의 정체는 개벽적 혼돈으로, 새 날을 위해 통과하지 않으면 안 되는 천지공사天地公事이며, 해원解寃의 마당이자, 개벽을 예비하는 한바탕 천지의 뒤바꿈"[22]으로 풀고 있다.

둘째, 설화의 발화發話 시점을 감은사 완공 직후인 682년 5월 1일로 택한 점도 의미심장하다. 문무왕의 사망일인 681년 7월 1일로부터 정확히 열 달 만의 일로, 그것은 그가 용왕으로 환생하는 데 소요된 시간을 뜻한다. 곧, 사람이 잉태되어 출산되기까지의 기간과 일치한다. 선대왕의 환생시점을 인간의 생명시계에 맞추는 동시에 감은사 공역과도 연결 짓는 치밀함이 돋보인다.

셋째, 공간적 배경인 동해구의 성격도 남다르다. 감은사 공역은 원래 문무왕 생전에 착수되었으며, 또 신문왕이 인근의 기림사에 머무른 점 등을 감안하면, 그 일대는 중대신라 출범 전부터 김춘추 집안의 봉지였을지 모른다. 곧, 경주 낭산이 중대왕실에 대해 갖는 관계와 기본적으로 동일하다는 판단이다. 오늘날 보듯이 문무왕의 화장 장소인 능지탑을 위시해 그가 창건한 사천왕사와 망덕사뿐 아니라 뒷날의 신문왕릉이나 성덕대왕릉 등이 낭산 자락에 집중적으로 위치하고 있지 않은가.

동해구는 기왕의 그런 사정에 다시 만파식적 사건으로 말미암아 그 성격이 일변한다. 중대왕실의 성지라는 의미가 새롭게 더해지면서 신화적 공간으로 부상한 것이다. 동해구 안에 포괄된 감은사와 대왕암, 이견대는 마치 중대왕실의 '신성한 트라이앵글' 같은 느낌마저 준다.

앞에서 감은사와 대왕암은 나름대로 이야기했으므로, 여기서는 신문왕이 달려와 대왕암을 바라보았다는 이견대에 관해 짚어보기로 하자.

감포읍 대본리臺本里에 가면, 앞으로 바다가 활짝 펼쳐지는 해변에 돌출되듯 높다란 벼랑을 딛고 정자 하나가 아슬아슬하게 서 있다. 1960년대 및 1970년대의 발굴에서 건물지를 확인하고, 이견대 자리로 추정해 1979년에 재건한 이견정利見亭이다. 거기에 서면 출렁거리는 바닷물 위에 작은 점처럼 아스라이 떠 있는 대왕암이 시야에 잡힌다.

그러나 황수영의 재조사 결과 원래의 이견대는 거기서 대본초등학교 뒤로 더 올라간 산꼭대기로 추정된다.[23] 지역민들이 '듬북재'라고 부르는 후강산後崗山 위에 4~500평 되는 대지의 삼면이 축석으로 돌려져 있고 근처 석비에서 '이견대利見坮'라는 문자가 확인되기도 했다. 현재의 국도가 뚫리기 전에는 대본부락에서 감은사로 이어지는 옛길이 그곳을 지났다고 한다. 또한 그곳에서 옛날 기왓장들을 동네 아낙네들이 주워다 그릇을 닦았다는 증언도 있다.[24]

그 자리에 서서 눈길을 오른쪽으로 돌리면 산자락 끝의 감은사지가, 왼쪽으로 돌리면 바다 위에 가물거리는 대왕암이 눈에 들어온다. 말하자면 신문왕은 높이와 거리 및 방향에서 대왕암과 감은사를 동시에 조망할 수 있는 가장 절묘한 지점을 취해 의식을 거행한 것이다. 물론 아래쪽의 이견정에서는 대왕암은 뚜렷이 보이지만 감은사지는 산허리에 가려 전혀 보이지 않는다. 그렇듯이 양쪽의 두 유적이 손을 뻗으면 잡힐 것 같고 부르면 답할 듯한 최고의 전망대가 바로 이견대 자리인데, 다음은 최남도崔南圖라는 조선시대 선비의 시 〈이견대에 노닐며遊利見臺〉(《銘巖文集》)이다.

이견대에서 바라본 대왕암

푸른 산 마주보니 바다 문 열려	青山對峙海門開
그 사이 높이 솟은 이견대	中有崔○利見臺
감은사 대왕암은 천고의 옛 자취	恩寺王巖千古跡
석양의 뱃노래 두어 곡에 서러움 돋운다	夕陽漁笛數聲哀

만약 그 자리에서 감은사와 대왕암이 함께 보이지 않는다면 이 시는 결코 태어나지 못했을 것이다.

신문왕은 만파식적을 주제로 한 공연이 모두 끝나자 그 자리를 기념하고자 이견대를 세운다. 《주역》의 "비룡재천 이견대인飛龍在天 利見大人"이란 문구에서 그 이름자를 따왔다는데, 해중용왕이 된 부왕으로부터 천하의 파란을 잠재울 신기와 더불어 신탁까지 얻었으니 그보다 나라에 더 큰 이익은 없을 것이다. 실은 '대본리臺本里'라는 마을 이름도 이견대가 있던 마을이라는 뜻이다.

지금까지 확인한 대로 감은사와 대왕암, 이견대는 서로 불가분의 관계로 맺어져 있다. 앞에서 중대왕실의 '신성한 트라이앵글'이라는 말을 했지만, 세 유적은 중대신라 초기를 거치면서 무열왕계 왕실의 가장 거룩한 장소로 부상한 것이다. 신문왕 이래 중대왕실의 후계자들은 이견대에 올라 문무왕의 기개를 떠올리면서 대왕암을 향해 스스로를 정화하는 제의의 시간을 갖곤 했을 것이다.

누구나 신선이 될 수 있는 곳, 이견대……. 우주공간으로 뻗어나간 가없는 창공과 그 하늘을 항시 머리에 이고 양양하게 굽이치는 일망무제의 바다, 그리고 사철 빛깔을 달리하는 첩첩한 산자락들이 그곳에 서면 와락 한꺼번에 달려든다. '산천은 의구하되 인걸은 간 데 없다'는 옛말을 그곳만큼 생생하게 체험할 수 있는 곳도 드물다. 대왕암에 얽힌 고사와는 무관하게 그 자체로 천하의 절승이다. 그곳에 오르면 우리네 범부라도 저절로 우화등선羽化登仙의 꿈에 취하게 된다. 옛 선비들이 즐겨 그곳을 찾아 호연지기에 잠기거나 시를 남긴 까닭이 거기에 있을 것이다.

그나저나 문무왕은 왜 하필 피리라는 악기를 신기로 취했을까. 같은 신기라도 다른 종류의 기물을 얼마든지 선택할 수 있기 때문이다. 이와 관련해 고대 인도의 설화 한 편이 눈길을 끈다.

우전왕 설화

인도의 많은 설화가 불전을 타고 이 땅에 흘러들어 왔음은 익히 알려진 사실이다. 그중에서 붓다 재세 시에 신실한 우바새(남자 재가신도)로 유명한 바차국의 우전왕 [우데나왕] 설화에 악기가 등장한다.

비파를 든 다문천황

바차국의 수도 코삼미성에 바란타파라는 이름을 가진 왕이 있었다. 어느 날 아침, 그가 임신한 왕비와 함께

232 에밀레종의 비밀

뜰에 나가 앉아 있었다. 왕비는 왕의 외투를 걸치고 왕의 반지를 자기의 손가락에 끼고 있었다. 마침 그때, 넓은 하늘에서 엄청나게 큰 새가 날아왔다. 왕은 재빨리 몸을 숨겼으나, 몸이 무거운 왕비는 미처 달아나지 못하여 새의 발톱에 채여 히말라야 산으로 끌려가고 말았다.

왕비는 다행히 산중에 사는 선인에게 구조되었으며, 거기에서 태어난 아들을 우데나라고 이름을 지었다. 이 선인은 비파琵琶를 들고 있었다. 이 신비스러운 악기를 타면 코끼리를 불러들이거나 달려가게 하는 일을 마음대로 조종할 수가 있었다. 어느 날 선인은 천문을 관찰하여 바란타파 왕이 죽은 것을 알았다. 왕비는 왕의 외투와 반지를 주어 왕자를 코삼미 성으로 보냈다. 선인은 비파를 내주고는 그것을 타는 법을 가르쳐 주었다. 왕자는 그것을 이용하여 몇 천 마리의 코끼리를 불러 모은 다음 그것들을 이끌고 코삼미성으로 달려가 자신이 바란다파의 왕자인 우데나라고 밝히고 왕위에 올랐다.[25]

이야말로 영락없는 신기설화로, 주목되는 것은 비파이다. 부왕의 외투와 반지는 그가 왕위계승권자임을 입증하는 신표信標에 불과하다. 우리로 치면 동부여에 남아 있던 유리가 고구려의 시조인 아버지 주몽을 찾아와 내민 육모난 돌 정도에 해당한다. 그러나 비파의 경우는 차원이 다르다. 그것은 선인으로 표현된 신성한 존재가 내린, 또 고대 인도에서 군사력의 척도인 상군象軍을 마음대로 움직이는 이적의 신물인 탓이다.

그렇게 우전왕 설화의 신화소는 만파식적 설화의 신화소와 잘 맞아 떨어진다. 선인은 문무왕과 김유신에, 비파는 만파식적, 우전왕은

신문왕에 비견되고, 코끼리를 맘대로 부리는 비파의 이적은 외적을
물리치는 등 만파식적의 역능과 별반 다르지 않다.

짐작컨대 각종 경전을 통해 사가라 용왕 이야기와 우전왕 설화 등
을 인지하고 있던 문무왕은 두 이야기를 하나로 묶어 스스로 신룡으
로 환생해 비파 대신 피리를 후계자에게 전하는 정치적 상징조작을
생전에 기획했을 것이다. 그 시나리오를 공유하고 있던 신문왕이 부
왕의 사망 열 달을 기해 공연에 나선 것으로 판단하는 것이다.

이와 같이 만파식적 설화는 종래의 신기설화를 답습하면서도 고
대 인도의 신기설화, 사가라 용왕설화 등을 보태어 이루어지지만, 한
층 더 정련된 모습을 선보인다. 등장인물이 복잡하게 얽히고, 만파식
적도 단순한 상징물을 넘어 신탁까지 담지함으로써 사상적 깊이가
더해진 점 등이 그러하다.

효소왕과 흑옥대

흑옥대에 관해서는 좀더 세심한 주의가 필요하다. 설화에 나오는 태
자 이공, 곧 효소왕(재위 692~702) 대목이 후대의 가필이기 때문이다.

효소왕은 신문왕 7년(687)에 나서 5살(691)에 세자가 되고, 신문왕
이 692년 사망하자 6살에 등극한다. 다시 말해서 신문왕 2년(682)이
라면 태어나지도 않은 상태였다. 따라서 그가 주연을 맡은 흑옥대 대
목은 뒷날에 더해진 게 확실하며, 이는 설화 제목이 '만파식적' 조라
는 데서도 쉽게 가늠된다. 원래의 만파식적 설화에다 흑옥대 이야기
를 편입시킨 것이 오늘에 보는 《삼국유사》 〈기이〉편 '만파식적' 조인

셈이다.

흑옥대 이야기를 만들어낸 까닭은 무엇일까.

효소왕이 유년에 즉위하자 태후 신목왕후의 섭정이 행해지고 김흠돌의 난을 진압한 공신들이 권력을 쥐락펴락한다. 만월부인의 섭정을 받은 훗날의 혜공왕과 처지가 똑같은데, 그만큼 정치 불안이 예고되어 있었다. 정확한 시기를 추단할 길은 없지만, 효소왕도 그러한 사정을 돌파하려는 의도에서 흑옥대를 제작하게 되었을 것이다.

마침 《삼국유사》〈탑상〉편 '백률사' 조에는, 당시 효소왕이 처한 상황을 짐작케 하는 동시에 만파식적 설화의 후일담 격의 이야기들이 실려 있다.

효소왕 즉위 이름해인 692년, 김흠돌 역모 사건으로 말미암아 신문왕이 폐지한 화랑도가 부활하고, 첫 국선國仙에 살찬 대현의 아들 부례랑이 임명된다. 신목왕후의 뜻이 반영된 인사였겠지만, 화랑 세력을 왕실의 근간으로 삼으려 한 의중이 역력하다.

그러나 이듬해인 693년 3월, 예기찮은 불상사가 발생한다. 부례랑이 무리와 함께 통천으로 유람을 떠났다가 북명北溟(지금의 원산만)에 이르러 그곳 흉도들에게 납치된 것이다. 당시 그쪽 지역은 신라의 영향권 언저리에 있어 말갈이나 고구려계 유민의 소행으로 추정되는데, 나머지 무리는 되돌아오고, 평소 가깝게 지내던 안상만이 뒤를 추적하다가 역시 행방불명된다. 화랑의 나라라 할 신라에서 우두머리가 한낱 도적들한테 잡혀갔음에도 그 무리는 무책임하게 돌아서는 어처구니없는 장면이 연출된 셈이다.

설상가상으로 이번에는 천존고에 보관 중이던 만파식적과 현금玄

弨이 감쪽같이 사라진다. 만파식적 사건(682)이 발생한 지 11년 뒤의 일로, 그동안 만파식적은 천존고에 봉납된 그대로 나라의 신기로 애중을 받고 있었음을 짐작케 한다.

국선을 잃은데다 선대의 은사품까지 망실되자 효소왕과 중대왕실은 두 사람과 두 보물을 찾는 사람에게 1년간의 조세租稅를 상급으로 내건다. 그러던 5월 보름에 부례랑의 부모가 지금의 경주 금강산 백률사의 부처님 앞에 나아가 자식의 무사귀환을 간절히 기도한다. 백률사라면 이차돈의 순교 사건 때 그 목이 날아가 떨어진 곳에 세운 신라 불교의 성지로, 그 영험을 기대한 것이다. 대현 부부가 기구하기를 여러 날, 과연 갑자기 향탁 위에 만파식적과 현금이 놓여 있고, 부처님 뒤에 부례랑과 안상이 서 있었다.

두 사람의 전언은 기이했다. 적의 소굴로 끌려가 말 치는 일을 하는 중에 한 승려가 나타나 자신은 현금 위에 타고, 두 사람에게는 만파식적을 둘로 쪼개어 내주면서 각각 타라고 해서 그대로 따랐더니, 저절로 허공을 날아 순식간에 돌아왔다는 이야기였다.

백률사 금동약사여래입상, 177cm, 8세기, 국보28호왕실은 크게 기꺼워 백률사에는 많은 진물과 마납가사摩衲袈裟, 생명주[大絹], 밭 1만 경頃 등을 바쳐 부처님의 은덕에 보답하고, 주지는 왕실원찰인 봉성사에 살게 한다. 뿐 아니라 전국의 죄수를 사면하고, 관리는 3계급씩 특진시켰으며, 백성에게는 3년간의 조세를 면제해 준다. 당사자인 부례랑은 대각간에, 부 대현은 태대각간에 올리고, 모 용보부인은 사량부의 경정궁주로 삼고, 안상은 대통을 삼는다. 신기로서의 만파식적의 역능이 일차 증험된 것이다.

헌데, 한 달 뒤인 6월에 또 다시 변고가 일어난다. 12일과 17일 양일에 걸쳐 두 번씩이나 혜성이 나타난 것이다. 다급해진 왕실은 그것을 쫓기 위해 다시 한 번 만파식적의 위력을 빌리고자 한다. 공신에게 봉작을 내리듯이 그것을 '만만파파식적萬萬波波息笛'으로 고쳐 부르도록 했더니, 과연 혜성이 물러간다. 선대왕의 계시대로 만파식적은 왕실이나 국가를 위기에서 구하는 신통력을 잇달아 입증한 것이다.

연거푸 계속된 위기 속에 효소왕 그룹에게는 정치적 이벤트가 절실했을 것이고, 결국 진평왕의 옥대를 대체할, 혹은 능가하는 새로운 신물로 흑옥대를 조영한 것이다. 이로 인해 자연스럽게 효소왕은 어려서부터 예지를 지닌 뛰어난 인물로 부각되었을 것이다.

이 흑옥대의 모양은 베일에 가려져 있으나 그 아름다움이 상당한 수준이었을 것이다. 왕실이 정치적 목적을 가지고 만든 신물인 만큼 하늘 아래 견줄 대상이 없을 만큼 화려하고 신성한 분위기를 자아냈을 것이다. 만약 평범한 수준이었다면 설화가 덧입혀지는 일 따위는 일어나지 않았을 것이다.

그러나 정작 효소왕(재위 692~702)은 그것을 허리에 몇 번 둘러보지도 못했을 것이다. 53년이나 재위한 진평왕에 비해, 즉위 10년 만인 16살에 요절한 탓이다. 그래선지 후대에까지 명성을 구가하면서 인구에 회자된 만파식적과 달리, 흑옥대는 만파식적 설화에 끼어 살짝 등장한 이후, 어떠한 기록에도 나오지 않는다. 효소왕의 단명과 함께 신기로서의 권능이나 상징성이 일찌감치 퇴색한 것이다.

새로운 신기의 필요성

만파식적과 흑옥대를 중대왕실의 신기라고 할 때, 한 가지 의문이 남는다. 황룡사 장육존상과 진평왕 옥대, 또 황룡사 9층탑 등 상대왕실의 3보가 어엿한 상황에서 구태여 새로운 신기 제작에 나선 배경이다.

첫째, 그 무렵의 신라는 이미 통한전쟁 전의 신라가 아니었다. 백제의 구토를 송두리째 차지했으며, 개국 이래 수백 년간 정수리를 철추처럼 짓눌러 오던 고구려가 소멸되고, 게다가 집요하고도 강고한 물리적 투쟁 끝에 당의 식민 야욕을 분쇄한 것은 중대왕실의 자긍심을 고양시키기에 충분했다. 김춘추의 묘호를 '태종太宗'이라고 추증한 데서 그들의 긍지가 잘 나타나는데, '태종'이라면 중국에서도 국기를 다잡거나 국란을 극복한 영웅적인 황제에게나 추서하는 최상급 묘호로, 당나라의 영걸 이세민이 '태종'이었다. 그래서 뒤늦게 그 사실을 알게 된 당의 고종이 항의 사절을 보내는 등 심각한 외교현안으로 비화되기도 하지만, 신문왕은 조목조목 반박을 해서 그 시호를 끝내 관철시킨다.

687년에 처음 시행한 오묘제도 그런 의식을 반영한다. 앞서 신문왕이 태조대왕(미추왕)에 이어 자기네 직계조상만을 대상으로 제사를 지낸 사실을 확인했지만, 이는 상대왕실과 분리시켜 자기 왕실의 계보를 체계화한 것이다.

둘째, 더욱 실질적으로는 권력 내부의 상황과 직결된 것으로 보인다. 그 즈음의 정국은 극히 불안정한 상태였다. 681년 7월 1일에 문무왕이 사망하자 7월 7일에 신문왕이 즉위하고, 문무왕의 화장이 7월 10일에 낭산 배반동, 현재의 능지탑 자리에서 행해진다. 그로부터 그의 유골을 동해구 대왕암에 안장하기까지 적어도 열흘 안팎이 소요되었을 터인데, 바로 그 직후에 중대왕실은 최대의 시련에 봉착한다. 그러니까 신문왕이 즉위한 지 한 달밖에 안 된 8월 8에 권력의 앞마당에서 모반이 일어난 것이다. 왕비인 신목왕후 김씨의 생부로, 신문왕에게 장인이 되는 김흠돌金欽突이 그 주모자였다.

김흠돌의 혈연관계는 거미줄처럼 복잡해서 정리하기도 쉽지 않다. 그는 김유신의 사위이자 조카였다. 조카를 사위로 맞은 것인데, 결국 문명왕후 문희의 조카가 된다. 말하자면 가야계에 일정한 지분을 갖고 있었으며, 그 세력을 배경으로 왕비를 배출했던 것이다. 이 부분은 필사본 《화랑세기》에 소상히 나와 있는데, 김흠돌이 가야계 화랑집단을 등에 업고 문무왕의 후궁 야명부인의 소생인 인명仁明을 옹립해 권력을 장악하고자 했다는 것이다.

하필 반란의 수괴가 장인이라니……. 신문왕은 극도의 배신감에 치를 떨면서 역모에 연루된 자는 전쟁공신이든 왕실인척이든 가리지 않고 처단한다. 출범한 지 30년도 채 안 된 신생 왕조 중대신라의 초기를 피로 물들인 전방위적인 숙청이었다. 또 화랑집단이 간여했다는 이유로 화랑도까지 폐지하는 극단적인 조치를 취한다. 그 사건을 계기로 여타 귀족에 대한 불신이 한층 깊어졌고, 중대왕실은 흡사 고치 속으로 몸을 숨기는 누에처럼 더욱더 폐쇄적인 권력 운용의 길로 나아간다. 이러한 정황을 통해서 보면 끊임없이 도전해 오는 반 무열왕계 세력에 대한 경계와 압박의 뜻이 두 신기의 탄생을 재촉했으리라는 추정이 가능해진다.

셋째, 통한전쟁 이후 고구려 및 백제 유민에 대한 나름의 포섭정책이 시행되지만, 진흥왕 23년(562)에 가야제국 중 마지막까지 남아 있던 대가야大伽倻를 멸망시킬 때와는 사정이 판이했다. 가야 왕족은 진골귀족이라는 이름으로 통째로 끌어들일 수 있었으나, 여제의 핵심 지배층은 대부분 당으로 끌려갔고, 잔존 세력은 부흥운동을 벌여 오히려 격멸의 대상이었다. 귀부해 온 고구려 왕족 안승을 사위로 맞이해 금마저(익산)를 내주고 고구려왕에 봉했으나, 끝내 모반을 꾀하다가 살해되기도 했다. 여기에 여제 양국의 고위관리를 6두품 이하에 편입시키기는 등 노력을 기울이지만 그것도 한계가 뚜렷했다. 그만큼 쉽게 순복하지 않는 양국 유민을 위압하거나 동화시킬 수 있는 특단의 대책으로 신기 제작에 나섰을 수도 있다.

넷째, 상대3보의 의미가 퇴색되었으리라는 점도 상기할 만하다.

예컨대 황룡사 9층탑의 경우, 중대왕실의 눈에는 시효를 다한 과거의 기념비로 비쳤을 것이다. 삼한통일의 완수와 대당전쟁에서의 승리로 구한조공이라는 건탑 당시의 소망이 일정 정도 달성된 때문이다. 또, 황룡사 장육존상으로 말하면, 선덕여왕이 영묘사에 또 다른 장육존상을 조영했다는 《삼국유사》의 기록을 감안할 때 그 독점적 권위가 많이 약화되었을 것이다. 여기에 진평왕 옥대는 진평왕 개인의 캐릭터가 너무 강하게 배어 있어 중대왕실 전체의 신기로 받아들이는 데는 거부감이 있었다고 봐야 한다. 이러한 저간의 사정이 얽히어 자신들만의 신기에 대한 욕구를 자극했을 것이다.

중대왕실의 다목적 카드, 신3보

만파식적과 흑옥대는 무열왕계 왕실의 정치적 수요품으로 새 시대의 개막을 알리는 팡파르이자 왕실의 무궁을 약속하는 최고의 신물이었다. 새롭게 펼쳐지는 국제질서 속에서 신라의 국위를 높이고, 여타 진골 귀족들을 제압할 겸 구 백제 및 고구려 유민을 통어하기 위한 다목적 카드로 보는 것이다.

두 기물의 신성성은 그 별칭에서부터 짐작된다. 만파식적을 두고 무가지보, 수성지보, 신적 등으로 불렀음은 앞서 말한 바 있지만, 무가지보無價之寶는 그 진기함을, 수성지보守城之寶는 그 성격을, 그리고 신적神笛은 그것의 신성을 드러내기에 족한 경칭이다.

흑옥대 역시 그러한 경칭을 받을 자격이 충분하다. 만파식적과 함께 문무왕으로부터 내려졌으며, 특히 그 마디 하나하나가 용이라는 사실은 그것이 얼마나 거룩한 기물인지를 잘 말해 준다. 만파식적을 '신적'이라 불렀듯이 흑옥대는 '신대神帶'로 칭했을 수도 있는 노릇이다. 신문왕이나 효소왕은 선대왕의 은사품이라는 형식을 빌려 자신들이 신적인 존재들의 보우를 받고 있음을 세상에 천명하고자 한 것이다.

지금까지 옛 사람들의 신기신앙의 관점을 빌려 중대신라 신문왕대의 만파식적 설화를 새롭게 읽어 보았다. 그리하여 만파식적과 흑옥대가 상대의 3보를 대체하는 중대왕실의 새로운 신기들일 가능성에 도달했다. 그러나 신기에 대한 중대왕실의 집념과 열망은 거기서 멎지 않는다. 그들은 다시 또 이전의 모든 신기를 능가하는, 그 모두의 결정판이라 할 초유의 신기를 꿈꾼다. 바로 에밀레종인데, 자세한 이야기는 이 글의 맨 뒤로 미루어두기로 하자.

무기가 악기로 변하다

만파식적 설화의 중심 제재인 만파식적은 문무왕의 심모원려의 산물이다. 그렇다면 문무왕은, 고작 한 줄기 대나무나 전하기 위해 화장을 원하고, 해중 암초에 수장되고자 한 것일까. 그 답은 이미 설화 속에 숨어 있다. 사자용의 전언 형식을 빌린, '소리로 세상을 다스릴 징조'라는 그의 신탁神託이 답이다. 문무왕은 새 시대에 어울리는 통치 이데올로기를 제시하고자 했다. 바꿔 말하면, 만파식적 설화의 주제는 신기로써의 만파식적 자체가 아니라 바로 그것이 표상하는 신탁에 있다.

우리 고대사에서 신탁의 예를 찾자면, 〈단군신화〉의 '홍익인간弘益人間'이 가장 먼저 떠오른다. 옛 조선의 건국이념은 '인간세상을 널리 이롭게 한다'는 홍익인간 단 네 글자에 압축되어 있으며, 그것을 통해 개천開天—나라를 세우는 일—의 정당성과 신성성이 확보된다.

그러나 다른 건국신화나 그 주역들에는 국가 창업에 걸맞는 신탁이 찾아지지 않는다. 주몽이나 온조, 박혁거세, 김수로, 김알지, 석탈해 등에게 여러 신화소를 통해 아우라는 부여하고 있지만 정작 개국의 정신적 바탕이 되는 신탁이 없다. 전승 과정에서 흩어진 결과일 수도 있지만, 설령 그렇다고 해도 불완전하다는 느낌은 줄어들지 않는다.

한편, 신라의 상대3보에는 제한적이나마 신탁이 주어지긴 한다. 유연불국토사상有緣佛國土思想이나 구한내공九韓來貢의 예언 같은 것이 예인데, 그러나 해당 인물이나 장소의 신성성을 강조하는 수준 이상은 아니다. 바로 그러한 점에서 만파식적 설화의 차별성이 한껏 돋보인다. '만파식적 사건'이라는 한 편의 연극을 통해 문무왕이 세상에 던지고자 한 메시지가 명증하게 선포되었기 때문이다. 그 신탁의 의미망을 기호학의 눈으로 읽어내기로 한다.

설화 속에서 신문왕은 대왕암에 올라 사자용에게 산과 대나무가 갈라지고 합쳐지는 까닭을 묻는다. 사자용의 대답을 옮기면 다음과 같다.

> 비유해 말씀드리자면 한 손으로 치면 소리가 나지 않고 두 손으로 치면 소리가 나는 것과 같습니다. 이 대나무란 물건은 합쳐야 소리가 나는 것이오니, 성왕聖王께서 소리로 천하를 다스리실 징조입니다. 왕께서는 이 대나무를 가지고 피리를 만들어 부시면 온 천하가 화평해질 것입니다.
>
> —《삼국유사》〈기이〉편 '만파식적' 조

'소리'로 천하를 경영하라는 뜻밖의 이데올로기가 그때 처음 선을 보인 셈인데, 이 짤막한 문장에는 고단했지만 영웅적인 생애를 살다 간 문무왕의 세계관이 잘 집약되어 있다. 그는 '소리'라는 단 한 마디에다 자신의 모든 것을 압축해 놓았고, 또 그것을 표상할 만파식적의 원자재인 대나무를 마련해 두고 있었다.

원래 대나무는 상고시대부터 신목神木으로 간주되어 왔으며, 마한의 소도蘇塗에서 사용한 장대[竿]도 대나무였다. 미추왕릉에 얽힌 죽엽군竹葉軍 설화를 통해서도 대나무의 권능이 확인된다. 제14대 유리왕 때 이서국 사람들이 공격해와 신라가 곤경에 빠져 있을 때였다. 홀연 이상한 군사들이 나타나 신라군을 도왔는데, 그들은 모두 댓잎을 귀에 꽂고 있었다. 적이 물러간 후 그들의 행방이 묘연했는데, 무수한 댓잎이 미추왕릉 앞에 쌓여 있었다. 그로부터 미추왕릉은 죽현릉이라는 별칭을 얻게 되거니와, 대나무는 일찌감치 신령스러운 나무로 인식되고 있었던 것이다.

마침, 만파식적의 본질적 의미에 대한 배병삼의 출중한 해석이 있다.

대나무가 피리로 만들어지는 바로 그 순간, 대나무의 용도는 '죽창이라는 무기로부터 악기로 전환'되며, 따라서 적대敵對로부터 상생相生으로 길을 잡는다. …… 이리하여 피리소리는 '서로 다름'을, 이를테면 신라 · 고구려 · 백제가 서로 다름을 각기 '주체적'으로 인정하고, 그 차이에 대한 이해를 통해 상생을 꾀하는 데로 나아간다. 여기서 만파식적이 지향하는 시대정신은 확장이 아니라 심화요, 침잠이다. 결국 만파식적은 통일시대의 새로운 이념적 요구, 즉 언어로부터 소리로의 길, 좀더 구체적으로는 '구별적이고 권력적인 언어'로부터 '화용적인 소리'로의 길을 열 상징으로 제시된 연극적 장치다. 이런 점에서 만파식적 설화는 통일을 만드는 시대가 아닌, 통일된 시대의 바람이 정치신화적으로 전개된 것이라 하겠다.[26]

'죽창이라는 무기로부터 악기로 전환', 이것은 지나온 무장사 설화에서 투구를 땅에 파묻는 일이며, 문무왕의 유언에서 창칼을 녹여 쟁기로 만드는 일이며, 궁극적으로는 화합과 평화의 메시지이다.

비록 전란이 멎었다고는 하지만 신라 사회는 여전히 '과거적인' 무武의 세계관에 갇혀 있었다. 그런데 이제 무의 시대가 종언을 고하고, 문文의 시대가 열리고 있었다. 새로운 시대에는 거기에 걸맞는 제세안민의 새로운 방략이 요구되는 법, 그것을 문무왕은 '소리'라는 말로 압축해 표현했다. 문무왕이 내린 신탁의 요목은, 상호간의 차이를 긍정한 바탕 위에 화해의 길로 나아가라는 것이다. 중대왕실은 '소리', 그러니까 물리력이나 권위가 아닌, 평화의 화음으로 자신들의 왕국을 운용하려고 했던 것이다.

이 '소리'라는 것의 의의는 상대3보와 대비할 때 한층 더 명료하게 부각된다. 상대3보는 공히 시각적인 것들로, 황룡사 장육존상은 장중하고, 진평왕 옥대는 화려하며, 황룡사 9층탑은 거창했다. 특히 황룡사 9층탑은 서라벌의 하늘로 수미산처럼 솟아 수십 리 밖에서도 보일 만큼 높은, 목탑으로서는 동북아 최고였다. 그것들에 반해 만파식적은 턱없이 작지만, '소리'가 생명인 악기라는 차별성을 갖는다. 새로운 시대의 개막과 더불어 당대인의 사유가 시각 중심에서 청각 중심으로 이동한 것이다.

소리의 정치학

"한 손으로 치면 소리가 나지 않고, 두 손으로 치면 소리가 나는 것"
이라는 문장의 구체적인 함의는 무엇일까. 일단 겉으로 보면 개별적
인 무수한 소리의 '하나 됨'을 가리키지만 거기에는 조건이 따른다.
각각의 소리가 본연의 색조를 잃음이 없어야 한다는 점이다. 무수한
소리의 물리적 합산이 아닌, 저마다 고유의 소리깔을 견지하는 가운
데 서로의 경계를 허물어뜨려야 닿을 수 있는 화음和音의 세계, 그것
이 곧 '한 손으로 치면……'이라는 신탁의 궁극적인 지향점인 것이
다. 그래서 다음과 같은 송효섭의 풀이가 가슴에 와 닿는다.

> 대나무로 만든 피리가 내는 소리는 국가의 안녕을 나타내는 지표기호이
> 면서 도상기호다. 또한 그것은 반복된 관습이 된다는 점에서 상징기호이
> 기도 하다. 소리는 음악을 나타내는 것이고, 음악은 경계를 허문다. 조화
> 는 대립된 것 사이의 경계를 허무는 것이다. 이러한 문화적 약호들이 바
> 탕이 되면서 상징적인 메시지는 해석된다. 그리고 그 해석은 곧 실천과
> 그에 대한 결과를 낳는다.[27]

그런데 이 화음의 세계란 것이 갑자기 표출되었다고는 보기 어렵
다. 당시의 신라 사회를 움직이던 정신적 에너지들과 어떤 방식으로
든 연관을 맺고 있을 것이다. 그중에서도 불교와 유교를 생각하지 않
을 수 없다. 미리 말하자면 화음의 세계에는 붓다의 자비정신에 기반
한 원효의 화쟁和諍사상 및 유교적 이상국가의 이념인 예악禮樂사상

이 함께 녹아 있다.

첫째, 불교에서 흔히 말하는 동체대비同體大悲 사상, 그중에서도 원효(617~686)의 화쟁사상은 흡사 화음의 세계를 의역한 것만 같다.

화쟁이란 모순되고 대립적인 요소들이 서로의 존재를 긍정하면서 더 높은 변증법적인 통일의 세계로 나아감을 뜻한다. 그것은 관념의 표백이 아니다. 승僧과 속俗, 지배자와 피지배자, 승자와 패자, 경쟁자와 나 등 인간 사회의 모든 계급관계 및 인간관계에서 기필코 관철되어야 하는 실천 윤리이다. 거기서는 상대방을 부정하는 일도 타기되어야 하지만, 어느 강력한 존재가 중심이 되는 무조건적인 통합 또한 지양되어야 한다. 아무리 하찮고 보잘것없는 것일지라도 함께 품어 안고 가자는 데에 화쟁의 실다운 의의가 있다. 새롭게 펼쳐지는 통한시대는 구시대의 정복이나 제압의 원리가 아닌, 보다 열린 시각에서의 새로운 이념을 필요로 했고, 원효는 그것을 화쟁이라는 말로 명쾌하게 담아냈다. 요컨대 '화쟁'은 전쟁이라는 증오와 광기의 시대 한복판을 홀로 뒤뚱뒤뚱 걸어가던 한 수행자가 도달한 종착점이었다.[28]

원효, 뒤를 돌아보다

마침, 원효의 삶과 그가 추구한 화쟁정신을 쉽게 이해할 수 있는 뜻밖의 자료가 있다. '원효 회고상元曉回顧像'이라는, 원효 사후에 그의 아들 설총薛聰이 만든 조각상이다.

《삼국유사》〈의해〉편 '원효불기元曉不羈' 조에 실린 이 이야기는 다

《화엄연기》 중 원효가 의상과 함께 당항만의 한 동굴에서 잠에 든 장면. 도깨비는 그의 번뇌를 뜻한다.

원효 초상

분히 비현실적이다. 686년, 원효가 말년에 머물던 혈사穴寺에서 입적하자 설총이 그의 시신을 다비해서 유골로 소조상塑造像을 제작해 분황사에 모시고서 절을 한다. 그때 그것이 갑자기 뒤를 돌아다보았다는 것이다.

얼굴을 돌려 뒤를 바라보는 조각상이라니……. 한낱 물질에 불과한 조각상이 어찌 생명체인 양 고개를 돌릴 수 있겠는가. 처음부터 뒤를 돌아다보는 모습으로 만들어졌다고 보아야 할 대목이다. 그렇다면 설총은 아비의 상을 뭣 때문에 앞을 바라보게 하지 않고, 뒤를 돌아다보게 했을까. 설총에게는 분명 그렇게 했을 때 아비의 생애가 갖는 의미가 훨씬 더 잘 드러난다고 생각했을 것이다.

알다시피 원효는 김춘추의 딸인 요석공주와 인연을 맺어 설총을 얻는다. 그는 김춘추의 사위이자 문무왕의 매형으로, 중대왕실의 부마이다. 맘만 먹는다면 그는 궁궐에서 진미를 맛보며 살 수 있었고, 금루가사를 걸친 황룡사의 주지도 할 수 있고, 왕사王師나 국사國師, 혹은 국통國統의 자리도 넘볼 수 있었을 것이다.

하지만 그는 거리로 나섰다. 차별받고 소외받는 이들 속으로 뛰어들어 그들과 하나가 되어 평생을 시종했다. 습하고 그늘지고 낮은 곳에 뒤쳐진 이들, 힘없고 작은 꿈마저 앗긴 이들을 두고는 차마 한 걸음도 앞으로 옮기지 못했다. 연민에 찬 눈길로 돌아보고, 또 돌아보고, 그들을 끝내 외면하지 못하고 자신의 품에 끌어안고 함께 가고자 했다.

그의 유명한 해골 사건도 실은 뒤를 돌아보는 이야기이다. 당나라 유학을 위해 의상과 함께 그가 서라벌을 떠나 당항만의 어느 동굴에서 하룻밤을 묵는다. 하지만 어둠 속에서 청수淸水라고 여겨 갈증을 삭인 물이 송장 썩은 추깃물이고, 그 물을 담았던 바가지는 해골임을 다음 날 아침 알게 된다. 그 순간 그는 '일체유심조一切唯心造', 곧 삼라만상이 오직 마음 한자리의 희롱에 불과함을 깨닫고 발길을 돌린다.

때는 바야흐로 백제 패망 이듬해인 661년, 당시 이 땅은 나당연합군과 백제 부흥군이 뒤엉킨 살육의 잔치가 한창이었고, 미구에 닥칠 파멸의 두려움에 고구려는 전전긍긍하고 있었다. 그중에서도 당항만은 수백 년째 대당 교통로를 확보하기 위한 고구려와 백제, 신라의 싸움터였고, 어딜 가든 고촉古髑들이 발길에 채였다. 해골의 주인 역

원효 회고상과 견반여래상

원효 회고상은 구체적으로 어떠한 모양이었을까. 마침 일본 교토에 가면 그
것과의 친연성이 강하게 느껴지는 작품을 만날 수 있다.

일본 정토종 서산선림사파西山禪林寺派의 총본산인 경도京都
선림사禪林寺(853년 개창) 영관당永觀堂의 본존불이다.
그 목조불상은 겸창鎌倉 시대 작품으로, 77센티미
터의 아담한 크기에 여성스러운 얼굴을 좌측 어깨
쪽으로 돌려 뒤를 지긋이 응시하고 있어 특별히
견반아미타여래상見返阿彌陀如來像이라 부른다. 과
연 연민의 정이 가득 넘치는 눈매는
지옥에서 고통받는 중생들을 두고 차마 발

분황사 화쟁국사비 대석

걸음을 떼지 못하는 아미타여래의 대자대비를 잘 보여준다.
연대로 보면 원효 회고상보다 수백 년 뒤의 작품인데, 그 연
관성을 밝혀 줄 만한 자료는 전하지 않는다. 하지만 현재
선림사에서 소장 중인, 그 절의 중흥조 격인 증공상인證空
上人(1177~1247)이 직접 필사한 원효의 《양권무량수경종
요兩卷無量壽經宗要》는 시사하는 바 크다. 원효를
향한 존숭의 도를 짐작케 하기에 충분한데, 그런 점들
로 미루어볼 때 견반여래상과 원효 회고상과의 관련을
전면 부인하기는 어려운 상황이다. 머리를 뒤로 돌린 이
견반여래상은 산형山形의 선광사善光寺 등 몇 곳에 더 있
다는 점을 부기해 둔다.[29]

일본 경도 선림사 영관당 견반아미타여래상

시 시퍼런 목숨을 날카로운 비명과 맞바꾼 이 땅의 젊은이일 터였다. 그는 전란의 불구덩이에 던져져 바동거리는 뭇 창생을 차마 버리지 못하고 그들 곁으로 돌아온 것이다. 그때의 귀환이야말로 '뒤를 돌아보는' 행위에 다름 아니다.

거리거리에서 바가지를 두드리면서 슬프고도 처절한 무애無碍춤을 추는 파계승⋯⋯. 그런 아비의 삶을 아들 설총은 실천적 보살행으로 응시하고 있었고, 소조의 도상을 정면상이 아닌 회고상으로 완성하게 되었을 것이다. 그런 형용이야말로 아비의 전 생애를 관통하는 화쟁정신을 압축적으로 잘 표현할 것으로 믿었던 것이다.

만약 지금까지 남아 있다면, 동양의 장구한 불교 조각사에서 수백 만, 아니 수천 만 점을 헤아릴 불교 조각 중에서 뒤를 돌아보는 이형異形의 효시로 평가됨 직한데, 안타깝게도 이 소조상은 고려 중기까지 잘 전해 오다가 몽고 침략 때 망실된다. 황룡사 9층탑이 야만의 불길에 소진될 때, 원효회고상도 화마를 피하지 못한 것이다.

그나마 다행이라고 할까. 고려 때 대각국사 의천이 분황사를 찾아 회고상을 친견하고 감개에 젖어 쓴 시 한 편이 사뭇 인상적이다. 〈제분황사효성문祭芬皇寺曉聖文〉이라는 작품인데, "오늘 계림의 옛 절에서 다행

《화엄연기》 중 사당 앞에서 사람들과 어울려 거문고를 타는 원효. 그의 거침없는 무애행을 잘 보여준다.

히 생존해 계신 듯한 모습을 뵙고……"라는 구절을 보면 매우 사실적인 작품이었음을 짐작케 된다.

원효는 진평왕 39년(617)에 나서 신문왕 6년(686) 70세에 입적했으므로, 만파식적 사건(682) 당시 66세의 고령으로 생존해 있었다. 비승비속非僧非俗의 몸으로 세간과 출세간을 넘나드는, 거칠 것 없는 무애행無碍行으로 일관하는 중에도 그는 왕실에서 벌어지는 일들을 직시하고 있었을 것이고, '만파식적 사건'이 의미하는 바도 꿰뚫어보고 있었을 것이다.

따지고 보면 원효와 중대왕실은 한 집안이나 마찬가지였다. 요석공주는 김춘추의 딸로서 문무왕의 누이가 된다. 결국 김춘추는 그의 장인이고, 문무왕은 10살 아래의 처남이다. 설총은 문무왕에게 조카가 되고, 문무왕은 설총의 외숙이며, 신문왕과 설총은 사촌간이다. 이러한 조건 속에서 원효의 화쟁사상은 문무왕, 신문왕으로 이어지는 중대왕실의 통치이념으로 수용되고 있었는지도 알 수 없다. 이렇듯이 만파식적 설화의 '소리'는 불교, 그중에서도 원효의 화쟁사상과 굳게 결착되어 있다. '소리'라는 게 그냥 나온 게 아니다.

둘째, 유교의 대표적인 담론인 예악禮樂사상과 그 '소리'와의 친연성이다. 공자는 예악을 치국의 도리요, 교화의 방편으로 강조해 마지않았다. 중용의 도를 논하는 자리에서도 그것을 악樂에 비유했고, 인仁도 음악의 가장 조화로운 경지로 설명했다. 그러므로 만파식적 설화의 키워드인 '소리' 역시 유교의 예악사상과 결부시켜 생각해볼 이유가 충분하다.

중대왕실, 유교와 사귀다

우리는 신라 사회를 불교가 압도적인 영향력을 행사한 것으로 간주하지만, 안을 들여다보면 유교의 자기장磁氣場도 만만치 않았다.

신라는 국가체제를 정비하는 단계에서부터 유교 문화를 적절하게 활용해 왔다. 《춘추전春秋傳》과 《삼례三禮》 등의 경전이 들어왔는데, 진흥왕 순수비에서는 재래신앙적 요소와 함께 수기치인修己治人이라는 유교의 정교이념이 엿보인다. 원광법사의 '세속오계' 중에서 사군이충事君以忠, 사친이효事親以孝, 교우유신交友有信은 명백한 오륜五倫의 신라식 버전이다. 군신유의君臣有義, 부자유친父子有親, 붕우유신朋友有信의 짝퉁인 셈이다.

여기에 중대왕실은 대당독립전쟁 후 일정한 소강기를 거쳐 당과의 교류를 지속적으로 확대한다. 신문왕 대에는 국학國學을 설치하고, 경전교육과 유교 학술문화의 진흥을 꾀해 설총 등 유능한 유학자를 배출한다. 뒤로 갈수록 경술과 문장을 익히려는 입당 유학생의 증

감은사 서탑 사리기에서 나온 주악비천상

가 속에, 성덕왕 16년(717)에는 당에 숙위하던 왕자 김수충이 당의 국학에 모셔져 있던 공자와 그 제자들인 10철哲 72제자의 진영을 모사해 가지고 돌아온다.

이처럼 중대왕실은 유교를 정치 전반에 투영시키는 데 매우 적극적이었다. 그들의 입장은 왕명에서부터 약여하게 묻어난다. 태종 무열왕, 문무왕, 신문왕, 효소왕, 효성왕, 성덕왕, 경덕왕, 혜공왕 등은 모두 유교식으로, 법흥, 진흥, 진지, 진평 등 이전 성골군주시대의 불교식 왕명과는 확연히 구별된다. 그들의 이름도 춘추(무열왕), 법민(문무왕), 인문(문무왕의 동생), 정명政明(신문왕), 이공理恭(효소왕) 등 역시 유교의 세례를 받은 것이 역력하다. 아울러 성덕왕은 원 이름이 융기隆基, 나중 이름이 흥광興光이고, 효성왕은 승경承慶, 경덕왕은 헌영憲英, 혜공왕은 건운乾運으로 급속히 한화漢化되어 가던 당시의 경향을 짐작게 한다. 그래서 김춘추의 집권과정을 유교적인 정치이념의 투사기로 파악하고, 선덕여왕대의 권력암투를 불교세력과 유교세력의 대립으로 이해하는 시각도 있다.[30]

위의 사례에서 보듯 만파식적 사건의 '소리'에는 유교의 예악사상도 깊이 깃들어 있는 바, 김상현은 "성왕이 소리로써 천하를 다스릴 서징瑞徵이라고 한 말은, 유교 경국이념의 안목인 예악으로써 치국의 방편을 사고자 했던 정치적인 이념을 강조한 것"이라고 피력하기도 했다.[31]

이 '소리의 정치학'이 하나의 시대정신으로 관류하고 있었음을 점치게 하는 물증이 있다. 1959년 12월, 감은사지 발굴 당시 동서의 두 석탑 가운데 서탑에서 나온 사리장치 안에서 환조丸彫의 주악비천상 4점이 발견된다. 사리기의 네 모퉁이에 각각 안치되어 있었는데, 그들은 저마다 악기를 연주 중에 있다. 이야말로 '소리의 정치학'을 상기시키는 대목이 아닐 수 없는데, 그것은 매우 이례적인 경우에 해당한다. 불교문화권 어디에도 사리기에 주악비천상이 봉납된 예가 없기 때문이다. 그러니까 지금부터 1,326년 전에 주악비천상을 품에 안은 사리함이 문무왕과 불가분의 관계에 있는 왕실원찰을 지키는 거대한 석탑 속으로 모습을 감추었던 것이다.

지금까지 만파식적 설화의 주제라 할 '소리의 정치학'에 대해 나름대로 읽어보았다. 그리하여 그것이 막 전란의 불길이 꺼진, 그렇지만 훨씬 더 복잡해진 자신들의 왕국을 이끌어 가고자 하는 무열왕계 중대왕실의 통치 이념이었음을 확인했다. 뒤집어 말하면 그것은 문무왕이 자신의 후계자들을 향해 던진, 서로 손을 맞잡지 않고서는, 화합하지 않고서는 나라를 이끌어갈 수 없다는 경계의 말이기도 했다. 만파식적 사건이라는 극적인 드라마를 통해, 중대왕실은 '소리'로 표현되는 화해와 평화의 이념을 천지신명과 자신들의 신민을 향해 광포했던 것이다.

헌데 이 '소리의 정치학'은 단순한 선언에 그치지 않는다. 만파식적 사건으로부터 얼마 되지 않은 시점에 신라종이 탄생하는데, 바로 그 신라종의 조형원리로 그것이 작동하기 때문이다. 중대왕실은, 만파식적이 상징하는 메시지를 범종의 울림으로 승화시키겠다는 가당찮은, 참으로 불온하고도 찬란한 욕망에 사로잡혔던 것이다.

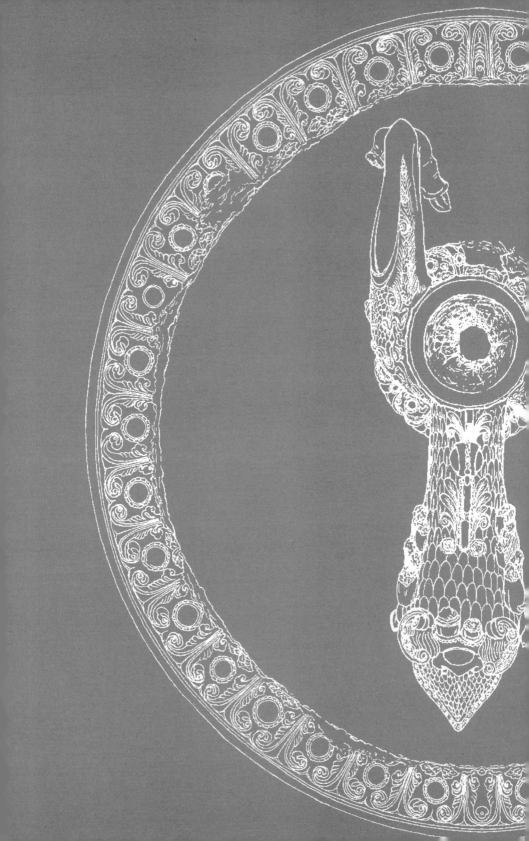

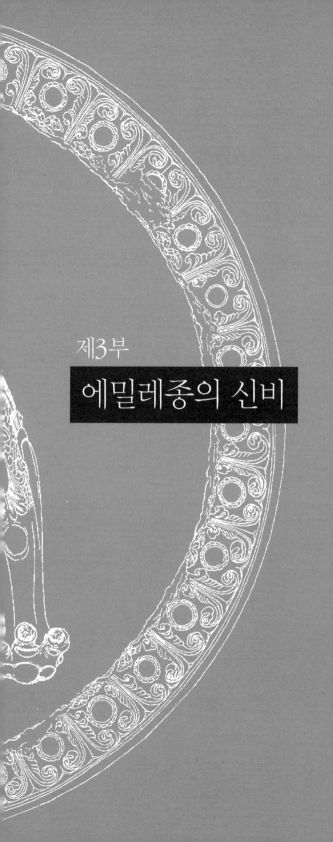

제3부
에밀레종의 신비

19. 에밀레종,

반역의 세기, 신품의 시대

동북아의 8세기는 고대적 풍옹고화豊雄高華의 황금시대였다. 일본에서
는 나라奈良 시대(710~781)의 문예부흥이 일어나고, 당에서는 현종
(712~755)에 의한 '개원開元의 치治'가 꽃피었으며, 신흥 발해는 무왕
과 문왕 연간(719~793)을 통해 해동성국으로 발돋움한다. 특히 전
방위적으로 진행된 불교의 압도적인 예술화는 국적과 지역을
달리하여 이전 시대의 규범이나 법식을 뛰어 넘는 새로운
전형을 창출한다. 8세기라는 이 고전적이고 낭만적인 시
간의 회랑을 거니노라면, 불세출의 천재들의 손끝에서
영근 초유의 신품들이 우리의 넋을 빼앗는다.
　정연한 질서의 얼개로 짜인 사원건축, 신
격과 인격을 두루 갖춘 불상조각, 하늘로
의 비상을 꿈꾸는 불탑이라는 동양
의 오벨리스크…… 때문에 예술사

그 독특함에 대하여

의 시각에 비춰볼 때 동북아의 8세기는 기성에 대한 반역의 세기요,
전복의 연대라는 표현도 가능하다.

같은 시기, 발길을 이 땅으로 돌리면 통한統韓전쟁과 대당독
립전쟁對唐獨立戰爭에서 최후의 승자가 된 신라가 이전과는 사
뭇 달라진 모습으로 우리 앞을 가로막는다.

당시 신라는 병란의 상흔이 채 가시지 않은 강토 위에
문화예술의 난만한 진경을 펼쳐 나가느라 여념이 없었
다. 754년에는 왕경 서라벌 황룡사에 50만 근짜리
대종이 헌납되고, 이듬해인 755년에는 그 옆 분
황사에서 청동약사여래불이 30만 6천 6백 근의
장대한 불신佛身을 드러낸다. 뿐 아니라 신라 장
인의 신예를 나툰 〈만불산萬佛山〉이 바다를
건너 당의 황제를 놀라게 한 것도, 고대 동아

시아의 사찰건축 및 불교조각사의 신기원을 이룩한 석불사(석굴암)와 불국사 공역이 마무리된 것도, 세계 최고의 목판인쇄물인 《무구정광 대다라니경》이 석가탑 안에 누워 깊은 꿈에 잠긴 것도 정확히 그 무렵이다.

인도에서 발원해 서역과 중국을 무대로 한바탕 크게 소용돌이친 불교의 문화예술이, 유라시아대륙 동단에 흡사 조롱박처럼 매달린 한반도에서도 가장 후미진 서라벌을 만나 장르마다 독창적인 법식의 완성으로 이어진 것이다. 이 모두는, 기백 년 동안 대륙과 한반도, 일본열도까지 포함한 여러 나라들이 난마처럼 뒤엉켜 전개된 각축전에 종지부를 찍으면서 전란에 탕진되던 물리적 에너지가 인문학적 에너지로 환원된 결과였다.

신라종, 반역을 꾀하다

그런데 위의 예들에 못지않은 또 한 편의 격렬한 반역의 드라마가 8세기의 이 땅에서 연출된다. 중국식 범종의 언저리에서 오랜 동안 서성이던 이 땅의 범종이 신라종이라는 미증유의 자기형식을 완결 지은 것이다.

《무구정광대다라니경》

불국사

이 신라종에서 제일 두드러진 부분은 종정부이다. 원래 허공에 매다는 기물에서 말굽 모양[∩]이나 꺾쇠 모양[∧]의 고리는 고민거리조차 못 되는 상식이다. 그리할 경우 좌우대칭이 이루어지고 똑바로 매달려 기물의 안정성이 저절로 확보되기 때문이다. 종의 경우에는 더 말할 나위가 없어 중·일 양국의 전통 범종은 두 마리의 용이 머리를 반대편으로 돌리고, 각각의 몸뚱어리를 틀어 올려 중간에서 만난 이른바 쌍룡뉴雙龍紐를 취하고 있다.

하지만 신라종은 용을 한 마리로 줄이고도 모자라 용의 등줄기에다가 정체불명의 원통을 턱 박아둔 '해괴망측한' 모습이다. 특히 고목 같이 우람한 원통은 어느 문명권의 악종에서도 볼 수 없는 기물로, 결과적으로 종체가 비대칭에다 비뚜름하게 매달리는 기현상이 초래되고 말았다. '정상적인' 사고의 소유자라면 상상조차 불가한 '어리석고 불필요한' 짓을 신라인이 저지른 것이다.

비단 종정부만이 아니다. 종체 표면의 처리 방법도 기존 관행에서 멀찌감치 이탈해 있다. 그 무렵 동북아의 범종이라면, 수직형의 종체를 일명 가시문袈裟紋이라는 직선의 굵은 선조를 종횡으로 얽어맨 작품 외에는 존재하지 않았다. 그리하여 쇠사슬로 꽁꽁 결박된 듯한 인상을 피하지 못했는데, 당시까지는 그게 '정상'이었다. 이 땅에도 그런 류의

에밀레종의 단룡

명초 정화종鄭和鐘의 전형적인 쌍룡뉴. 영락황제의 측근으로 남방대원정을 이끈 정화(1371~1435)를 기념해 만든 종이다.

범종이 전부였을 것이다.

　바로 이 부분에서 신라인은 또 다른 반역을 꾀한다. 종의 동체胴體를 돌연 배흘림기둥의 상단처럼 위는 좁고 아래는 적당히 불룩하게 바꾼 다음, 기왕의 선조를 말끔하게 제거해 표면적 전체를 백지 상태로 만들었다. 그렇게 해서 얻어진 넓은 종복에다 온갖 문양을 진진하게 베풀어 놓았다. 우선 동체의 상하 부분을 꽃문양으로 넘치는 두터운 벨트[상·하대]로 감싸 안도록 하고, 위쪽 벨트[상대]에 올려붙인 사방의 네모난 꽃집 안에는 9송이씩 도합 36송이의 연꽃을 피워놓았다. 그런 연후에는 종복의 아래쪽 빈자리에 흡사 농염한 연꽃을 꺾어 연못 위에 띄우듯 대형 당좌를 앞뒤로 진설하고, 그 사이에 펼쳐진 광활한 허공에는 아리따운 비천飛天 한 쌍씩을 그려 넣었다.

　신라종의 그러한 여러 문양은 상·하대나 꽃집의 직선 선조와 어우러져 이미지의 상승효과를 자아내고, 정중동의 비천이 단아한 미태를 한껏 뽐내는 텅 빈 종복은 산수화에 못지않은 여백의 미를 자랑한다. 신라종은 이질적이고 대립적인 요소들이 조화된, 태허太虛를 지향하면서도 더없이 충일한 공간으로 디자인된 것이다. 한마디로 화려하고 풍요로우며 덕성스러움까지 넘치는 것이 다름 아닌 신라종이다.

　반대로 중일 양국의 전통종은 한결같이 가사문을 고수한다. 결국 그것으로 인한 폐쇄적인 느낌을 이기지 못할 뿐 아니라, 나아가 정형화된 비천은 아예 없으며, 당좌조차 없는 것이 흔하다. 결론적으로 중일 양국의 종은 강직하고 위엄에 찬 것은 분명한 사실이나 단조롭고 경직된 느낌에다 여백의 아름다움은 꿈도 꾸지 못한다. 그중에서도 일본 화종의 매라는 것들은 갑주로 무장하고 연병장에 도열한 사무라이들처럼 팽팽한 긴장감마저 자아내는 것이 섬뜩하기조차 하다.

요컨대 신라종은 모태가 된 중국종의 전통과 규범, 그리고 보편의 상식에 전면적으로 저항해 양식적으로 완결된다. 티베트나 몽고 및 동남아시아의 범종과도 멀찌감치 떨어져 있으며, 서양의 종들과는 별개의 기물이라고 할 만큼 상이하다. 때문에 다음과 같은 '오만한' 정의도 가능하다.

지구상의 모든 종은 '신라종'과 '비 신라종'의 이원적 대립관계에 있다고. 에밀레종은 그 모든 '신라종'이 추구한 이념과 미학의 절정이라고.

에밀레종에 바친 사랑의 고백

범종이란 법고法鼓·운판雲版·목어木魚 등과 함께 사찰의 사보四寶, 또는 사물四物로 대접받는 의식용 법구法具이다. 지금도 웬만한 사찰에 가면 범종각 안에 오순도순 걸린 그것들을 한꺼번에 만날 수 있다. 그중에서 운판은 하늘의 조류중생을, 목어는 수중중생을, 법고는 지상축생을 각각 소리로 제도한다고 한다. 범종 역시 지옥중생을 극락으로 인도하는 성물聖物로 경배를 받아 왔다.

그러한 이유로 동북아에서는 범종 조성이 조탑造塔, 조불彫佛에 못지않은 거룩한 불사佛事로 간주되면서 왕실과 세족을 중심으로 최고의 종을 절에 시납하고자 재부를 쏟아 붓곤 했다. 그리하여 국가와 왕조는 부침을 거듭하고, 인심은 조변석개했어도 각 지역마다 자체의 토양 속에서 독특한 양식을 일구고, 지고의 명품들을 탄생시켰다.

성덕대왕신종, 곧 에밀레종은 천수백 년 넘게 만들어진 동북아의 그 무수한 명품 중에서도 수미산처럼 우뚝하다. 덩치도 만만치 않지만, 그 거구의 쇳덩이가 마치 시詩의 운율감이 느껴질 만큼 탐미적이며, 그 울림은 우주의 대음大音에 값한다.

그동안 에밀레종에 헌정된 찬사는 끝을 모를 정도인데, 다음은 일제강점기에 우리 미술사학의 기틀을 세우느라 스스로의 신명을 고달프게 한 우현 고유섭이 에밀레종에 바친 사랑의 고백이다.

이 성덕신종은 그 거량巨量인 점에서 그 묘공妙工인 점에서 그 호음好音인 점에서 실로 조선종으로서 대표적 지위에 있을 뿐 더러 세계에 내놓아도 이와 비견될 자를 얻지 못할지니 일찌기 독일 국립박물관 동아미술부 부장 퀴멜 박사가 래도來渡하고서 박물관 설명표에 '조선 제일'이라 쓴 것을 연필로 '세계 제일'이라 개서改書하면서 왈 "이는 실로 세계 제일로 말할 것이지 조선 제일이라 할 것이 아니다. 독일 같으면 이 하나만으로도 훌륭한 박물관 하나가 설 수 있을 것이다" 하였다 한다.[1]

양산 통도사 범종루. 큰 사찰의 종루에는 통상 범종과 법고, 운판, 목어가 함께 걸려 있다.

이 헌사는 결코 자화자찬이 아니다. 일제의 대표적인 관학자 관야정은 1902년에 그것을 처음 실견하고, "실로, 이 종은 그 웅려한 기상, 정련한 기공 등이 한국에서 가장 우수한 것일 뿐 아니라, 일본에 있어서도 거의 이에 비할 만한 범종은 없을 것이다"라는 인상적인 비평을 남기기도 했다.[2] 그렇지만 만약 전 세계의 종들을 둘러볼 기회가 주어졌다면, 아마도 그는 '세계에 있어서도 거의 이에 비할 만한 작품은 없을 것이다'라고 고쳐 썼을 것이다.

지금부터 고유섭이 강조한 '거량'과 '묘공'과 '호음'의 순으로 에밀레종의 진면목을 알아보기로 한다.

첫째, 거량의 측면에서 에밀레종은 3.66미터의 높이에 입지름은 2.23미터에 이르는 세계에서 열 손가락 안에 꼽히는 대작이다. 《삼국유사》에는 12만 근의 구리가 소요된 걸로 나와 있는데, 근년의 측량 결과 실제 무게는 18.9톤으로 확인된 바 있다.

물론 덩치로만 보면 동북아에서는 중국 북경 대종사의 영락대종永樂大鐘이 단연 수위에 꼽힌다. 명나라의 기틀을 세운 영락제永樂帝(1360~1424)를 기념해 주성된 높이 6.75미터, 입지름 3.3미터, 무게 46.5톤에 이르는 이 거종은 일체의 문양을 배제하고 종신 전체를 불경 100여 종의 23만 자를 깨알 같은 명문으로 덮어버린 것으로 유명하다. 그 단순한 구성에서 오는 미감은 흡사 인도신화 속의 신상神像이 눈앞에 현신한 듯한 환각마저 불러일으킨다.

다음은 일본 나라의 동대사대종東大寺大鐘이다. 높이 3.86미터에 입지름 2.71미터, 무게 약 27톤의 강직하고 위엄 서린 이 작품의 풍모는 같은 동대사 금당金堂의 저 장대한 노사나대불(752)의 짝으로 모

중국 북경의 영락대종

자람이 없다. 우리의 불국사와 석굴암이 창건
(751)된 이듬해에 만들어졌으니, 에밀레종보다
는 19년 앞선 작품이다.

　동남아의 경우는 버마의 초중량 작품이 명성
을 떨쳐 왔다. 1808년 작인 '민구엔(밍군)' 대종
은 높이 3.6미터에 입지름 4.9미터로 크기는 동
북아의 종들과 비슷하나 그 무게가 영락대종의
두 배인 90톤에 달한다. 버마의 마지막 왕국인
꽁바옹 왕조의 폭군 보도페이야 왕이 주성에 참
여한 장인 모두를 죽인 참극의 종이기도 하다.[3]
수도 양곤에 있는 세다곤 파고다의 '마하 텃사
다' 종은 높이 2.55미터에 무게 42톤, '마하 간
다' 종은 높이 2.2미터에 무게가 23톤이라고 한
다. 그것들이 크기에 비해 무게가 많이 나가는
이유는 종체를 동북아보다 몇 배 두텁게 처리하
기 때문이다.[4]

　한편 불교의 본향인 인도나 네팔 등에는 마땅
히 전하는 작품이 없으므로, 부득불 인도를 뒤
로 하고 서양의 종들을 알아보기로 하자.

　서양의 종이라고 하면, 우리는 먼저 하늘을 찌를 듯한 고딕성당의
종탑鐘塔을 연상한다. 빅토르 위고의 명작 《노트르담의 꼽추》에서 주
인공 카지모도가 종줄에 매달려 능숙하지만 아슬아슬하게 그네를 탈
때, 요란하게 뒤채이면서 울어대던 고만고만한 크기의 종들이 좋은

미국 자유의 종(1776)

러시아 짜르대종(1732)

일본 동대사대종(752)

버마 마하간다종(1825)

예이다.

하지만 서양에서는 인간의 무모함을 증명이라도 하듯 타의 추종을 불허하는 초대작들이 만들어지기도 했다. 대표적인 것이 현재 러시아 모스크바 광장에서 관광객을 맞고 있는 이른바 '짜르대종' (1732)이다. 높이는 5.77미터로 영락대종보다 약간 작지만 그 무게가 물경 220톤(혹은 180톤)이나 나가는 전대미문의 거종이다. 하지만 이 작품은 아쉽게도 제작된 직후 파손되는 바람에 한 번도 울어본 적이 없는 '불명不鳴의 종'으로 더 유명하다. 다음은 31톤에 이르는 역시 러시아의 노브고로드종이 차지하고, 독일의 퀼른종은 27톤, 영국 런던의 성 바울사원 종은 약 18톤을 헤아린다. 그것들에 비해 미국의 '자유의 종'은 약 0.9톤의 아담한 크기에 머물러 유명세에 비해서는 좀 왜소하다.

둘째, 묘공의 측면에서도 에밀레종은 견줄 만한 대상이 없다. 웅혼한 조각과 탐미적인 문양만으로도 전세계 금속공예사의 신품으로 평가해도 지나치지 않다. 치밀하고도 정교한 구성과 상상력 넘치는 디자인 덕분인데, 각 요소의 숫자만 보더라도 그것을 지배하는 논리체계가 확연히 드러난다.

우선 맨 꼭대기에 군림하듯 자리한 용과 원통이 각 하나씩이다. 뒤에서 밝혀지겠지만, 용과 원통이 하나씩인 이유는 각각 세상에서 유일무이하며, 절대적인 존재이기 때문이다. 다음으로 두 개가 되는 것은 종복 앞뒤에 보석처럼 박힌 당좌와, 종체를 아래위에서 묶고 있는 굵은 띠, 곧 상대와 하대이다. 비천상도 굳이 따지면 한 곳에 두 상씩 두 쌍이다. 그렇게 해서 비천은 네 명에 이르고, 꽃집 역시 사방에 배치해 네 곳이 되어, 모든 꽃송이의 꽃잎은 예외 없이 여덟이라는 숫자에 맞춰져 있다. 당좌의 꽃잎과 각 매련의 꽃잎 수가 정확히 여덟 개씩이며, 종구도 나팔꽃처럼 모두 여덟 군데가 살짝 갈라져 있다. 그 갈라진 곳마다 들여앉힌 연꽃은 자연 여덟 송이가 되고, 그 하나하나의 꽃잎 수도 여덟이다. 마지막으로 각 꽃집의 연꽃은 아홉 송이씩인데, 네 곳을 합치면 총 서른여섯 송이에 이른다. 곧 에밀레종에는 1, 2, 4, 8, 9, 36의 음수와 양수의 정연한 진陣이 베풀어져 있다. 온갖 숫자의 이러한 향연이야말로 신라인의 치밀한 사유가 아니라면 쉽게 나타날 수 없는, 그 자체로 뛰어난 디자인 능력의 산물이다.

신라인의 논리적 사유를 확인시켜 주는 또 하나의 중요한 물증은 종체 표면의 특이한 구성이다. 위에서부터 아래까지 상대와 꽃집, 비천, 당좌, 하대 등의 요소가 기승전결起承轉結의 4단으로 구성되어 있다. 잠시 김소월의 〈진달래꽃〉에 빗대어 그 점을 알아보기로 하자.

맨 먼저 종의 어깨 부분, 곧 보상당초문으로 충만한 상대는 〈진달래꽃〉에서 "나 보기가 역겨워……"로 시작되는 기련起聯에 해당한다. 종체의 첫머리를 화려한 꽃문양의 굵은 띠로써 열어젖힌 셈이다.

다음으로 그 상대에 바짝 붙인 꽃집 네 곳과 거기에 피어난 36송이의 연꽃은 〈진달래꽃〉의 승련承聯이 잘 대응한다. 곧, "영변 약산의 진달래꽃, 아름 따다 가실 길에 뿌리오리다"와 똑같이 화사한 꽃밭의 이미지가 물큰하다.

거기서 텅 빈 듯한 종복으로 내려가면 이번에는 홀연 비천이 그 휘황한 자태를 드러내고, 활짝 핀 연꽃 모양의 당좌가 눈길을 사로잡는다. 이야말로 시상의 일대 반전이 일어난 "가시는 걸음걸음 놓인 그 꽃을 사뿐히 즈려밟고 가시옵소서"라는 〈진달래꽃〉의 전연轉聯과 다르지 않다.

마지막으로 하대에선 상대가 고스란히 재현된다. 〈진달래꽃〉의 기련이 결련結聯에서 반복되는 것과 같은 이름 하여 수미상관법이다. 그러면서도 밋밋한 상대에 비해 종구를 여덟 갈래를 짓고 그 자리마다

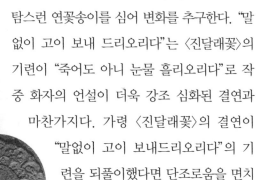

에밀레종의 꽃집

에밀레종의 당좌

에밀레종의 비천

탐스런 연꽃송이를 심어 변화를 추구한다. "말 없이 고이 보내 드리오리다"는 〈진달래꽃〉의 기련이 "죽어도 아니 눈물 흘리오리다"로 작 중 화자의 언설이 더욱 강조 심화된 결연과 마찬가지다. 가령 〈진달래꽃〉의 결연이 "말없이 고이 보내드리오리다"의 기 련을 되풀이했다면 단조로움을 면치 못했을 것처럼, 에밀레종에서 상·하 대를 똑같이 처리했다면 전체적으로 둔중한 느낌에 빠져들었을 것이다.

지금까지 보았듯이 에밀레종은 상이한 요 소들의 유기적 통합 속에 절대의 미감을 자랑 한다. 그중에서 어느 하나라도 지우거나 변형 되면, 전체적인 균형과 조화에 심각한 균열이 초래되고 통일적인 미감이 상실되고 만다. 에 밀레종은 스스로의 덩치에 짓눌리거나 스스 로의 화려함에 압도됨 없이 모든 요소가 엄정 하게 통제되어 있는 것이다.

셋째, 호음의 측면에서도 에밀레종은 군계 일학이다. 천지의 삿된 기운을 일시에 흩뜨리 는 타격 순간의 첫소리부터 장하지만, 맥놀이 현상에 따라 끊어질 듯 말 듯 이어지는 여운 의 파고는 다시없는 감동이다. 어떤 이는 그 소리에 대해 "태산이 무너지듯 장웅하며 호연히 천지에 울부짖듯[吼] 굵고 낮은 매듭 속에 또한 못내 자비로운 높은 음의 여운은 끝일 줄 모르고 길게 또 깊게 사바 속으로 스며들기만 한다"고 쓰고 있다.[5] 그 소리를 들을 때의 법열에 가까운 환희감은 음향학의 관점에서도 실증된다.

> 에밀레 쇠북의 기본음 64Hz와 맥놀이 주파수 0.34Hz가 나오는 것이 확인되었다. 64Hz는 음악의 옥타브에서 시작음 '도'에 해당하는 주파수이다. 다시 말하면 모든 악기나 성악의 기본음이 에밀레 쇠북의 주파수가 된다는 것이다. 이 주파수는 인간의 심장박동과도 유사하며 주역의 64괘와 일치한다.[6]

에밀레종이 지향하는 음의 세계는 〈신종명〉에 보이는 '일승지음一乘之音'이라는 단 넉 자에 응축되어 있다. 그 울림이 부처님의 음성[佛音]을 닮아 뭇 목숨을 저 피안의 낙토로 실어 나르는 커다란 수레[乘]가 되기를 신라인은 소망한 것이다.

중국 범종의 품에서 잉태되었음에도, 그것들과의 탯줄을 과감하게 끊어내고 탄생한 신라종, 그리고 그 절정으로서의 에밀레종. 이 땅의 8세기를 예술의 시대라고 칭한다면, 그 영예의 절반은 에밀레종에 돌려도 결코 지나치지 않다. 인간의 손에서 소리를 생명으로 하는 종이라는 기물이 빚어진 지 수천 년을 상회하지만, 감히 말하건대 에밀레종을 능가하는 작품은 지구상에 존재하지 않는다.

20.
에밀레종,
모욕당하다

단편적인 해석들

불법의 파도에 실려 이 땅에 흘러 들어온 중국 범종은 고구려·백제·신라의 왕도를 중심으로 사찰마다 봉안된다. 5, 6세기경에 이르면 이 새로운 '진물珍物'은 이 땅에서 살아가는 이들의 내면 깊숙이 잠자고 있던 평화와 헌신에의 갈망을, 진리를 향한 가없는 신심을 일깨우는 희유한 귀물貴物로 애중을 받는다. 곧이어 확인하겠지만 7세기로 접어들면서는 신라종의 싹이 돌아나고, 8세기까지 진화를 거듭하던 끝에 마침내 에밀레종에 도달한다. 말하자면 에밀레종은 중국종이 전래된 후 이 땅의 아픈 역사를 토양 삼아 기백 년 만에 도달한 종착점으로, 그것에는 이 땅의 너그러운 심성과 아름다움을 향한 열정이 고스란히 녹아 있다.

바야흐로 지금 이 순간 우리 앞에는 정치와 예술의 행복한 만남의 순간을 훔쳐보는, 혹은 변화의 매 순간마다 불꽃처럼 작열한 신라 장인의 눈부신 상상력을 감상하는 기꺼운 시간이 기다리고 있다. 중국종에서 에밀레종으로의 위대한 진화를 추동해낸 신라 사회의 내적 에너지, 또한 물과 불과 바람과 흙과 쇠붙이를 다스려 신라종 양식을 완결지은 신라 장인의 직관에 찬 예지를 추적하는 작업 이상의 매혹적인 일은 그리 흔치 않을 터이기 때문이다.

하지만 미술사의 울타리에 갇혀서는, 특히 양식 비교에 머무는 한 신라종, 혹은 에밀레종의 참된 가치를 드러내는 일은 거의 불가능에 가깝다. 기본적으로 주종 부문 자체가 안고 있는 복잡하고도 특수한 성격 때문이다.

주종일이란 쇳덩어리의 구조 설계 및 쇳물을 다룬다는 점에서는 기계공학 내지 금속공학의 범주에 속하고, 악기라는 점에서는 음향학 및 민족음악사의 테마가 되기에 족하며, 불교적 세계관의 산물임을 인식할 때는 불교학의 대상이 된다. 뿐 아니라 명문 자체의 수사修辭나 구성에 주목하면 문학으로 읽어야 하고, 그 서체에 초점을 맞추면 서예의 유산으로 평가되어야 하며, 중대신라에서 하대신라로의 권력 변동에 주목한다면 정치사의 영역으로 진입한다. 뒤집어 말하면 한 사회의 인문 및 자연과학의 모든 연기緣起가 총체적으로 반영된 분야가 바로 주종 부문으로, 학제간의 벽을 뛰어넘는 통합적 연구가 절실한 이유가 거기에 있다.

그러한 관점에 비추어보면 이 글의 한계는 너무도 뚜렷하다. 겨우 미술사와 정치사의 울타리 안에서 신라종의 탄생 과정과 에밀레종의 의미를 해명하는 데 논의가 모아질 터이기 때문이다. 따라서 다른 영역은 역부족임을 고백하면서 그동안 우리 학계가 신라종이라는 독특한 텍스트를 과연 어떠한 시선으로 바라보고 있는지, 먼저 기존 학설에 대한 검토의 시간을 갖도록 하자.

신라종의 양식상 기원에 대해서는 음관설音管說, 기삽설旗揷說, 용종甬鐘모방설, 만파식적萬波息笛 기원설(이하 만파식적설) 등 딴은 다채로운 주장이 제기되어 온 것이 사실이다. 하지만 대부분이 원통 하나에 매달려 있는데, 유감스럽게도 신라종 전반을 총체적으로 아우르려는 노력은 거의 수행되지 못했다. 그것들 외에 36송이의 연꽃을 대상으로 한 삼십육궁도설三十六宮都說 등이 있으나 제한적이기는 마찬가지다. 말하자면 종합적인 해석은 없이 단편적인 시각들만 진열되어 있는 형국이며, 그중에서도 기삽설 및 용종모방설 등은 너무나도 자명한 역사적 사실을 배반한 최악의 태견怠見이라는 비판을 면키 어렵다.

이 장에서는 위의 견해들을 일별해 본 다음, 그것들의 맹점을 극복하기 위한 방안으로 신라종이 한 덩어리의 기호체계라는 관점을 제시하려고 한다. 먼저 기존의 주장들을 확인하기로 하자.

첫 번째로 음관설은 원통이 종의 음질 향상을 꾀한 장치라는 주장으로, 최초의 주창자는 일본 덕천막부 말의 학자 유남계橘南谿로 알려져 있다. 이 땅에서 건너간, 혹은 약탈당해 끌려간 조선종들의 원통에 주목해 그 내부가 비어 있는 것을 악률의 기본음인 황종음黃鐘音을 조율하는 장치로 이해한 것이다. 《동서유기》(1805)라는 책에 피력된 내용이라는데, 오늘날 신라종의 원통이 음관, 음통 등으로 불리는 것이 그 영향이다.

그러나 음관설에 대한 학계의 반응은 크게 엇갈린다. 동의하는 쪽의 견해는 타격 시에 충격을 걸러내는 완충작용과 더불어 고주파는 뽑아내고 저주파만 보존하는 기능을 그것이 담당한다는 것이다. 부정적인 견해도 만만찮은데, 에밀레종의 정밀검사에서 원통의 위쪽 구멍을 막든 열든 소리에서 별다른 차이가 없다는 실험결과가 보고 되기도 했다. 그러나 당초 음질 향상을 기대했으나 효과를 거두지 못 할 수도 있으며, 혹은 무언가를 상징하려는 뜻이 숨어 있을 수도 있 다. 특히, 이 글의 핵심 주제인 만파식적 기원설을 따른다면 음질 향 상과 상징성을 동시에 노렸다는 쪽으로 무게가 기운다. 어느 쪽이든 원통이 어디서 어떻게 탄생했는지에 대한 기원 문제는 아예 논외가 되고 말았다.

두 번째인 '기삽설'은 원통이 기를 꽂던 장치라는 것으로, 일본 학 계에서는 '하다사시[旗揷]'라는 말이 일찍부터 쓰여 왔다. 1910년 일 본고고학회에서 인간한 《조선종사진집》의 서문에서 일본 학자 고교 건목高橋健目도 그것을 '기삽'으로 명기하고 있다. 하지만 깃발은 기 본적으로 멀리서도 눈에 잘 띄어야 하는데, 범종은 공터나 개활지가 아니라 종각 안의 어둑한 천정 높직이 매달기 때문에 정수리 부분은 가까이에서도 제대로 보이지 않는다. 또한 깃발이든 뭐든 세우자면 속이 막혀 있어야 하나, 모든 신라종의 원통은 예외 없이 종체 내부까 지 뚫려 있어 무엇을 꽂든 밑으로 쑥 빠지고 만다.

일본 학자들이 그런 터무니없는 주장에 집착하게 된 정확한 배경 은 알려져 있지 않다. 다만 일본에 있는 우리 종 대부분이 고려 말이 나 임진왜란 때 강탈해 간 것들이라는 사실을 근거로 해서 한 가지 추측이 제기되어 있다. 왜구 등이 자기네 해안에 당도할 때 전리품임 을 과시하기 위해 깃발을 꽂던 기억이 후대로 전해져 혹 그런 오해 가 생겨났으리라는 것이다.[7]

용종, 기원전에 소멸되다

세 번째, 용종모방설甬鐘模倣說은 요컨대 신라종이 이른바 상고시대 중국의 고악종인 용종甬鐘이란 것의 형태와 의장을 본 따서 만들었다는 견해이다. 이때의 용종은 각국의 제후들이 제사 때 사용하던 청동제 고악종古樂鐘 중의 하나로, 이름조차 낯선 '요鐃'와 '정鉦'이라는 선배 악종들에 뒤이어 나타나 주周나라 때 크게 성행한다. 그러나 전국시대(기원전 480~259)에 이르러 뉴종紐鐘과 박종鎛鐘이라는 후배 악종들에 떠밀려 역사 속으로 사라진다.[8]

용종이 신라종의 기원으로 각광을 받게 된 이유는 그 모양새에 있다. 오른쪽 사진(279쪽)에서 보듯 은행알처럼 납작한 종체에 36개의 뿔 같은 것[매:枚]이 어깨를 따라 장식되고, 천판天板 중앙에는 기다란 자루가 달려 있다. 그 자루를 '용甬'이라고 부르는데, '용종'이라는 이름 자체가 '용'에서 유래한 것이다. 36개의 매와 자루 등이 일견 신라종과 유사한 면이 없지 않은데, 고유섭은 그런 점에 착안해 가장 먼저 용종모방설을 제창한다.

> 성덕대왕신종은 …… 중국의 악종 형식에 속하는 것이다. 다만, 악종은 약간의 편원[필자 주: 납작한 원통] 형식이나 이것은 순전한 원통 형식임이 다를 뿐이요, 대체의 형식이 같으면서 부분 형식에 특수한 취태를 낸 곳에 그 특색이 있는 것이다.[9]

여기서 '중국의 악종'은 용종을 가리킴은 물론이며, 그의 주장은

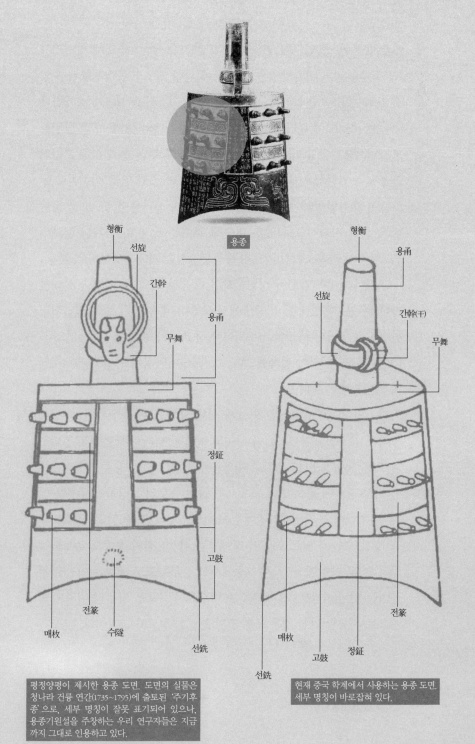

형衡

선旋

간幹

용甬

무舞

정鉦

고鼓

전篆

수隧

매枚

선銑

용종

형衡

용甬

선旋

간幹(干)

무舞

정鉦

고鼓

전篆

매枚

선銑

평정양평이 제시한 용종 도면. 도면의 실물은 청나라 건륭 연간(1735~1795)에 출토된 '주기후종'으로, 세부 명칭이 잘못 표기되어 있으나, 용종기원설을 주창하는 우리 연구자들은 지금까지 그대로 인용하고 있다.

현재 중국 학계에서 사용하는 용종 도면. 세부 명칭이 바로잡혀 있다.

이후 동북아 종 연구의 권위자인 평정양평平井良坪에 의해 발전적으로(!) 계승된다. 평정양평은 우리 종에 관한 최초의 종합연구서인 역저 《조선종》(1975)에서 낯선 용종의 '도면' 한 장을 새롭게 소개한다(279쪽). '도면'에 나타난 '자루[용甬]'는 신라종의 '원통'으로 발전하고, 자루 중간의 고리[간幹:干]에 새겨진 '짐승 얼굴'은 신라종 고리의 단룡으로 진화했으며, 36개의 매枚 역시 신라종의 연꽃 36송이로 고스란히 재현되었다는 것이다.[10] 그 '도면'과 신라종의 '도면'을 나란히 놓으면 시각적으로 얼추 비슷해 보이는데, 우리 학계는 문제의 '도면'을 금과옥조처럼 앞세워 용종모방설을 확대재생산하고 있다.

그러나 용종모방설이 성립하자면 다음의 몇 가지 사항이 풀려야 한다. 우선 수당隨唐 대의 중국에서 용종이 계속 생산 중에 있었거나 한반도로 유입된 사실이 입증되어야 하고, 다음으로는 7, 8세기의 신라인이 그것과 직접 접촉했으며, 그 구조며 양식에도 정통했다는 점이 확인되어야 한다.

하지만 용종은 주나라 때 크게 성행하다가 기원 전 수백 년 전에 종적을 감추었으며, 그 이전 시대의 작품은 제후의 무덤에 부장되거나 도로 녹여져 다른 용기로 재활용된다. 현전하는 용종 유물은 2천년 이상 땅속에 묻혀 있다가 20세기 들어 출토된 부장품이 주류를 이룬다. 말하자면 7, 8세기경에는 중국인조차 그것을 알지 못했으며, 그 결과 오늘에 이르도록 이 땅에서는 단 한 점의 용종도 출토되지 않고 있다. 예컨대 한사군, 그중에서도 풍부하고도 세련된 미감을 자랑하는 낙랑(기원전 108~기원후 313)의 유물 목록을 아무리 뒤져도 악종으로 분류할 만한 것은 소형 말방울[마탁馬鐸] 정도가 고작이다.

혹여 간접적이나마 신라인이 용종을 인지할 만한 통로는 없었을까. 그 점에서 주목되는 게 《주례》, 《자원字源》, 《예기》, 《한서》 같은 중국의 고문헌들이다. 그것들에는 옛 악종의 약식 도면들이 실려 있는데, 그러나 오늘에 보는 용종은 그림자도 비치지 않는다. 그도 그럴 것이 옛 악종을 포함해 청동예기 전반을 오늘날의 고고학적 관점에서 다룬 저작물의 효시는 수당을 훌쩍 건너뛴 북송 때의 학자 여대림의 《고고도考古圖》(1092)로 알려져 있다. 요컨대 북송 이전에는 고악종에 대한 초보적인 정리조차 행해지지 않은 것인데, 거기에 오른 악종의 도면들 역시 한계가 뚜렷하다.

결론을 맺자. 용종은 기원전 수백 년 전에 중국 대륙에서 종적을 감춘, 그러니까 7, 8세기경에 이르면 당나라 사람들도 구경조차 할 수 없던 기물이다. 때문에 신라인이 용종의 실물을 본다는 건 중국으로 달려가 고분 속을 파헤치지 않는 한 꿈도 꿀 수 없는 문제였다. 이른바 용종모방설은 허구

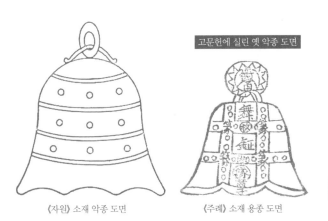

《자원》 소재 악종 도면　　　　고문헌에 실린 옛 악종 도면　　《주례》 소재 용종 도면　　　《고고도》 소재 용종 도면

적 상상의 산물인 것이다. 이미 천 년 전에 지구상에서 사라진 물건을 신라인이 귀신이 아닌 바에야 무슨 수로 모방을 한단 말인가.

물론 이러한 비판에서 고유섭을 위시한 선학들은 예외이다. 당시는 우리 미술사학의 토대조차 마련되어 있지 않았고, 고악종에 대한 정보나 자료는 턱없이 부족했다. 만약 고유섭에게 용종의 실물을 실견한 기회가 주어졌다면 용종모방설은 결코 태어나지 않았을 것이다. 그러나 관련 자료가 넘칠 정도로 쌓여 있는 21세기로 접어들어서까지 동어반복이 계속되는 데 대해서는 우려를 금할 수 없다.

사실, 고유섭이 신라종의 연원을 중국 고악종까지 끌어올린 이유를 짐작하기란 그리 어렵지 않다. 그는 신라종의 독창성에 대해 강한 자긍심을 갖고 있었고, 중일 양국의 종보다 우위에 있다는 점을 강조하고자 했던 것이다.

'도면'의 마술에 취한 난센스

그렇다면 대체 평정양평이 제시한 문제의 '도면'은 어떻게 된 걸까. 현재 우리 학계에는 그 도면이 어디서 왔는지, 실물은 있는지, 있다면 이름이 무엇이며 크기는 어떻게 되는지, 혹은 언젯적 유물인지 등에 대한 최소한의 정보조차 없다. 그 '도면'을 절대적인 증빙자료로 강조해 왔으면서도 용종기원설의 누구도 그런 기초적인 사실을 확인하려는 노력을 기울이지 않은 것이다. 이제부터 그 실물의 이름과 제작 시기, 크기, 출토 시점 등을 밝히고자 한다.

평정양평은 《조선종》에서 그 '도면'의 출처를 《진씨구장십종陳氏舊

藏十鐘〉이라고 간단하게 적고 있다. 달랑 그 도면 한 장만을 제시했을 뿐, 그 실물에 대한 일체의 구체적인 정보를 생략한 것이다. 위 책은 '진陣' 씨 성의 수장가가 자신이 소장했던 10점의 악종을 소개한 서책일 터인데, 아직은 그것을 확인하지 못하고 있다.

그런데 1958년 중국 학자 용경容庚과 장유지張維持의 논고인 〈청동기의 종류별 설명[靑銅器類別說明]〉에 거짓말처럼 똑같은 '도면'이 발견된다.[11] '주기후종명명도周紀侯鐘命名圖'라는 이름이 붙어 있어 그 이름이 '주기후종周紀侯鐘'임을 알 수 있는데, 논고 뒤에 실린 사진 자료 중에 그 실물의 뒷모습 사진이 첨부되어 있다. 여기서 '기紀'라는 글자는 주나라에 복속되어 있다가 기원전 700년에 멸망한 작은 나라를 가리키고, '후侯'는 그 나라의 제후를 뜻한다. 말하자면 문제의 악종은 기라는 소국의 제후가 제사에서 사용하던 것으로, 주나라 때의 유물인 셈이다. 한편, 같은 해에 일본 평범사에서 펴낸 《세계고고학대계》6권을 보면, 그것의 정면 사진 밑에다 역시 '주기후종周紀侯鐘'이란 이름을 달아놓고서 뜻밖에도 높이를 16.7센티미터로 명기해 두었다. 요컨대 주기후종은 자루를 제외한 종체만의 높이가 10센티미터 안팎의 소종인 것이다.

이렇게 해서 주기후종의 약식 도면과 정면, 후면 사진이 모두 확보된 셈인데, 이 주기후

주기후종의 뒷면(위)과 앞면(아래)

종은 청나라 건륭 연간(1735~1795)에 산동성 수광현 주周나라 때의 유적인 기후대紀侯臺 아래서 출토된다. 신라종이 탄생한 7,8세기로부터 1,400년 이전에 무덤에 묻혀 칠흑의 지하에서 장장 2,500여 년을 보내고서야 햇빛을 본 것으로, 결국 위 '도면'의 상한선은 18세기 중반 이전으로 소급이 불가능하다.

그러므로 문제의 '도면'을 앞세워 신라인이 흡사 실물 주기후종을 직접 본 것인 양 강조하는 것은 비약도 이만저만이 아니다. 게다가 아이들 장난감만한 소품을 수 미터에 육박하는 신라종과 맞비교하는 것부터 '도면의 마술'에 취한 난센스가 아닐 수 없다.

더 유감스러운 것은 위 '도면' 상의 잘못된 명칭까지 무비판적으로 답습해 온 점이다. 장황하지만 그 오류를 바로 잡고자 한다.

위 '도면'에는 반지처럼 동그란 '걸쇠'를 '선旋'으로, 자루에 둘린 '가락지'를 '간斡'으로 칭하고 있으나, '걸쇠'는 용종의 본체와는 무관한, 용종을 목가에 달 때 사용한 단순한 '갈고리[鉤]'일 뿐이다. 그래서 285쪽 사진이 말해주듯 용종의 주형을 뜰 때 그것은 당연히 포함되지 않았다. 또한 초기 용종에는 자루 위쪽 끝에 귀를 붙이거나, 자루의 가락지 양쪽에 고리 두 개를 달기도 했고, 혹은 고리 하나를 달아놓고서 '끈'을 연결하기도 했다. 그러다가 훗날 쇠붙이로 바뀌는데, 형태도 'O'자만이 아니라, 'S'자, 뱀 모양 등 제각각이었다. 용종을 매달 수만 있다면 끈이든 쇠줄이든 아무것이나 사용해도 상관없는 문제였던 것이다.

결론적으로 '선旋'은 '돌다', '돌리다', '회전하다'라는 자전적 의미 그대로 자루 중간에 두른 '가락지'를 가리킨다. 그것은 요와 정을

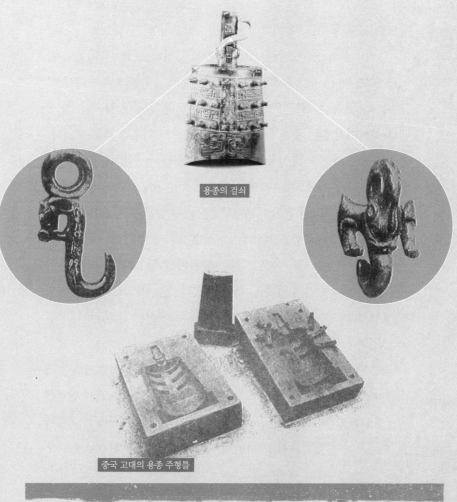

용종의 걸쇠

중국 고대의 용종 주형틀

한대 화상석에 새겨진 뉴종 타종 장면

손으로 들고 두드릴 때 미끄러짐을 방지하고자 붙인 것으로, 《주례》의 '부씨위종鳧氏爲鐘' 조에는 그 위치까지 규정하고 있다. "용甬의 길이를 셋으로 나누어 3분의 2는 위에 있게 하고, 3분의 1은 아래에 있게 하여 선旋을 설치한다"라는 구절이다. 물론 원칙에 불과할 뿐 제대로 지켜지지 않은 듯 선이 자루의 아래쪽으로 치우친 것도 보인다.

명칭상의 그러한 혼선은 어디서 비롯되었을까. 실인즉슨 중국 학계에서는 그 문제에 대한 지적이 이미 1930년대에 제기되어 있었다. 당란의 논고 〈고악기소기〉에는 "(선旋은) 용甬 중간에 띠 모양으로 고르게 돌출된, 용 주위를 둘러싼 가락지이다"라는 것이다.[12] 그러한 견해는 1980년대 들어 나온 저서들에서 거듭 확인된다. 예컨대, 마승원은 "(자루) 중간에 돌출된 부분을 일러 선旋이라고 하고, 선旋의 위[표면]에 매달아 거는 종 고리의 구멍을 일러 간(干:斡)이라고 한다"고 단언하고 있다.[13]

그에 따라 중국 학계를 넘어 서구권에서도 1980년대에 이르면 명칭이 바로잡힌 새로운 '도면'(279쪽)이 일반화된다. 1978년에 발굴된 증후을묘曾侯乙墓의 출토품을 집대성한 《증후을묘문물진상》[14] 및 미국 캘리포니아 대학에서 1993년에 펴낸 《Suspended Music—Chine-Bells in the Culture of Bronze Age China》[15] 같은 책들에 도면이 그 예이다.

그러니까 우리 학계만 주변 학계의 동향을 간과한 채 부실한 '도면' 한 장을 수십 년째 전가의 보도처럼 애중해 온 것이다. 심지어 문제의 '도면'을 그냥 '용종'이라고 제목을 달아놓고 전연 다른 용종의 사진을 나란히 싣는가 하면,[16] 혹은 엉뚱하게도 용종 다음에 발생한 박종鑄鐘이란 악종의 사진 밑에다 용종이라고 소개하는 경우[17]까지 있다. 이러한 오류는 특정 연구자한테만 국한된 일이 아닌데, 만시지탄이지만 최근에 곽동해가 용종의 도면을 새로 작도해 정확을 기한 것은 다행이라 하겠다.[18] 덧붙이면, 평정양평은 고유섭의 용종모방설을 지지하고 있던 차에 《진씨구장십종》에서 문제의 '도면'을 발견하자 반가운 맘으로 충분한 검증 없이 《조선종》에 인용하게 되었을 것이다.

다시 정리하면 요즘의 용종모방설은 고유섭과 평정양평의 권위에 대한 맹종에서 나온 태견怠見이며, 더 나아가 학문적 사대주의라는 비판도 제기될 수 있다. 진의와는 상관없이 신라종의 자생적인 측면을 원천적으로 부정하는 결과로 이어지기 때문이다.

따라서 더 이상의 논의가 무의미한데, 그렇지만 이 글에서는 이 땅에 무수한 용종이 수입되었으며, 신라 장인이 그것의 구조를 유리알처럼 환히 꿰뚫어보고 있었다는 '의도된 가정' 하에 더 구체적으로 그 세목을 검증할 것이다. 우리의 신라종 연구를 수렁에 빠뜨린 그 허망한 논리를 말끔하게 씻어내는 일이야말로, 신라종의 실체적 진실에 다가서는 첫걸음이 될 터이기 때문이다.

한편, 비교적 늦은 1980년대 초에 처음 제기된 이른바 만파식적설은, 신라종의 원통이 만파식적 설화의 핵심 제재인 만파식적을 형상화한 것이라는 실로 파격적인 관점으로 그 의의는 사뭇 값지다. 지금껏 나온 주장 가운데 유일하게 당대 정치사와 미술사를 밀착시킴으로써 신라종 연구의 일대 전환점을 마련했기 때문이다. 본격적인 검토는 곧 행해질 예정이거니와, 이 글 자체가 만파식적설을 단초로 해서 출발하고 있음을 미리 밝혀둔다.

마지막으로 삼십육궁도설 역시 중국 학계조차 공백으로 남겨놓은 36송이의 연꽃 문제를 집어낸 탁견으로, 역시 뒤에서 비중 있게 논의할 것이다.

지금까지 보았듯이 신라종의 기원에 관한 이전의 시각들은 거의 원통 하나를 겨냥하고 있으며, 그것조차도 사실史實에 기초하지 않음으로써 논의가 표류하고 있다. 그 결과 신라종을 구성하는 여러 요소의 개별적 의미나 그것들 상호 간의 관계는 여전히 두터운 장막에 덮여 있으며, 신라종에 담긴 신라인의 욕망이나 시대정신 등은 의제로 설정조차 되지 않고 있다.

그러므로 일단은 음관, 기삽, 용종 등 기존의 언어들과의 결별이 필요하다. 1차적 의미밖에는 갖지 못하는 단순 지시어로는 신라종의 본질을 응시할 수도 없으며, 표현할 수도 없다. 곧, 사유 대상으로서의 신라종의 내포와 외연을 심화시키고 확장시킬 수 있는, 때 묻지 않고 녹슬지 않은 정련精鍊된 언어가 절실하다. 신라종은 불가의 범종이면서 동시에 중대신라기의 산물로 당대인의 다층적 세계관을 표상하기 때문이다.

이제 그 모든 요구를 포괄해 낼 수 있는 새로운 전략의 개발이 시급한데, 그러한 전략 중의 하나로 기호이론의 도움을 빌리고자 한다. 예술작품을 하나의 기호체계로 바라보는 시각이 익숙해진 작금의 상황에서 신라종 역시 오늘의 우리 앞에 분명 하나의 수수께끼 같은 기호덩어리로 숨쉬고 있지 않은가.

기호학의 눈으로

기호학이라면, F.d. 소쉬르의 《일반언어학강의》(1916)에서 처음 개진된 이래 예술작품의 해석에서도 매우 유용한 방법론으로 활용되어 왔다. 예술작품을 동시대인이 공유한 일종의 규약으로 파악하고, 고유의 기의記意를 숨긴 기호 내지 상징으로 이해해 온 것이다. 그러한 관점에서 보면 신라종 역시 3차원의 공간 속에 조형구조물로 숨쉬는 한, 한 덩어리의 기호체계라는 정의가 성립된다. 따라서 신라종을 하나의 정지태로 간주하고, 여러 구성요소의 의미를 기호학의 눈으로 해독해 내고자 한다. 일종의 공시적 연구가 될 터인데, 그렇게 해서 도출된 각각의 결론을 종합하면, 신라종의 전체적인 의미망을 그려 낼 수 있을 것이다.

먼저 신라종이 하나의 기호체계라는 위의 전제가 성립 가능한지, 그 점을 확인하고 가도록 하자.

현전하는 신라종은 총 7점으로 집계되고 있다. 그중에 국내에는 평창 오대산 상원사종(725)(상원사), 경주 성덕대왕신종(경주박물관), 청주 출토종(공주박물관) 등의 3점이 전하고, 일본에는 복정현 연지사종(833), 구주 송산촌대사종(904), 도근현 운수사종(9세기?) 및 광명사종(9세기?) 등 4점이다.[19] 그러니까 신라 패망 시점(935)을 하한선으로 할 때 그것들은 적어도 1,100년 이상의 연륜을 자랑하는 소중한 유물들이다.

한편, 파손된 채 남아 있는 것으로는 국내에 남원 실상사파종(동국대박물관), 양양 선림원파종(정원20년명종, 국립중앙박물관) 등 2점이

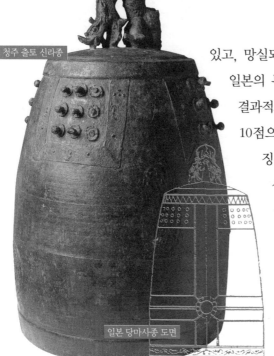

청주 출토 신라종

일본 당마사종 도면

있고, 망실되어 탁본이 전하는 것으로
일본의 무진사종(탁본) 1점이 있다.
결과적으로 공인된 신라종은 모두
10점으로, 그것들은 신라종의 특
징적 요소인 단룡, 원통, 비천,
상·하대, 36송이의 연꽃 등
을 온전히 구비하고 있다.

바로 이 점, 현전하는 신
라종 7점 모두에 동일한 요
소들이 절대의 법칙으로
관철되고 있다는 사실은
신라종이 처음부터 정교
한 '기호체계'로 기획되

었다는 증거에 다름 아니다. 신라종은 무작위의 소산이 아니라 확고한
목적과 조형원리에 따라 처음부터 주도면밀하게 디자인된 것이다.

이러한 신라종의 기호성에 대한 강력한 반증은 다름 아닌 중국 및
일본의 종들이다. 양국의 작품들에서는 기호로 인정할 만한 유의미한
요소가 발견되지 않기 때문이다. 일본 화종의 경우 예외적으로 매(枚)의
무리가 눈길을 끌지만, 그 개수가 60개(당마사종, 7후반)에서 144개(동
대사종, 752)까지 들쑥날쑥해 통일된 규범이나 법식이 부재함을 깨닫
게 한다. 그것들은 상징요소라기보다는 장식요소인 것이다. 결론적으
로 신라종만이 유일하게 그 기호적 성격이 뚜렷하며, 이러한 결론은
전 세계의 악종들과의 관계에서도 변하지 않는다.

그런데 신라종이 한 덩어리의 기호체계라는 말은 그것이 여러 하위 단위의 기호들로 구성되어 있음을 뜻한다. 따라서 신라종 자체는 큰 단위의 기호로, 그것의 구성요소들은 낮은 단위의 기호로 가정하려고 한다. 각 요소마다 일련의 고유번호를 붙여 그것들의 의미를 캐낸 다음, 그것들을 유기적으로 엮어 하나의 담론을 완성하려는 것이다.

한편, 예술작품에서의 기호는 그것의 외적구조만이 아니라 내적 가치와도 긴밀한 관계를 맺고 있다.[20] 따라서 기호학의 눈으로 작품을 해석하는 행위는 그 작품의 주제까지를 아우르는 작업으로 귀착되며, 그때의 주제란 예술가의 내밀한 욕망 내지 시대정신과 통한다. 특정 작품에 대한 기호학적 해석은 궁극적으로 그 시대의 이상이나 지향점에 대한 정시呈示의 성격마저 띠게 되는 셈이다.

신라종의 주제 역시 7, 8세기 신라인이 품었음 직한 어떤 은밀한 꿈이나 욕망 외에 다른 어떤 것도 아니다. 이 땅을 평화와 복락의 터전으로 가꾸려는, 동시에 왕실의 영속을 바라는 무열왕계 중대왕실의 가없는 소망과 비원이 신라종을 통해 분출되고 있기 때문이다. 그러므로 신라종을 해독해 가는 과정은 그들과의 유대를 형성함으로써 자연스럽게 그들의 꿈과 욕망과 세계관을 공유하는 일이 될 것이다.

신라종은 작은 기호들의 집합으로서의 커다란 '거룩한 기호'이다. 그렇게 볼 때 작은 기호들도 저마다 숨 막힐 듯한 어떤 비의秘意를 나타내는 '거룩한 기호들'이다.

신라종의 여러 거룩한 기호들 중에서 '기호 1번'으로는 무엇이 적격일까. 두말할 나위 없이 원통이 '기호 1번'에 제일 잘 어울린다. 신라종을 세상의 모든 종과 대척점에 서게 한 '원흉'이기 때문이다. 다음의 '기호 2번' 자리는 마땅히 종정부에서 고리의 역할을 훌륭하게 수행하는 저 영웅적인 기상의 단룡에게 주어져야 할 것이다. 이어서 '기호 3번'은 미의 요정 비천에게, '기호 4번'은 36송이의 탐스런 연꽃에게 돌아가는 게 순리이리라. 한편, 종체의 넓은 표면적은 '기호 5번', 종의 윗부분인 천판은 '기호 6번'으로 부르기로 약속한다. 나머지 당좌와 상·하대 등은 기호라기보다 장식성이 강한 것들로 고유번호에서는 제외키로 한다.

경건한 자세

러시아 기호학자 로트만은 "예술은 전달수단의 하나이다. 그것은 송신자와 수신자 사이의 유대를 창조한다"[21]고 말한 바 있다. 이 말을 그대로 빌려오면, 신라종의 송신자는 신라인이고, 수신자는 오늘의 우리가 된다. 신라종은 1,300년 전의 신라인이 우리에게 타전한 일종의 신호인 셈이다.

그런데 기호나 상징이라는 것은 원래 이성적 사고로는 접근이 쉽지 않은 초현실의 영역에 속한다. 인간 무의식의 심층에 흐르는 감성적 에너지가 상상력에 의해 이미지화한 것이기 때문에 상식의 눈으로는 그 의미를 명료하게 잡아채기가 어렵다.[22] 기호는 기본적으로 그것의 '사회적 담당체'라 칭해지는 특정 집단의 울타리 내에서만 소통이 가능하며, 그 외곽 집단은 당연히 '해석장애Untransiatability' 상태에 놓이게 된다.[23]

이러한 지적은 신라종의 경우에도 해당된다. 당시의 신라인은 '사회적 담당체'로서 분명 그것의 의미를 잘 이해하고 공유했을 것이다. 하지만 시간의 격절로 말미암아 저절로 그 외곽으로 밀려난 오늘의 우리에게 신라종은 흡사 상폴리앙 앞에 던져진 로제타석石처럼 생경하기 짝이 없는 암호덩어리로 존재할 뿐이다. 합리적 세계관만으로는 신라종으로의 접근이 용이하지 않은 것이다.

불후의 명작은 쉽게 이해될 바에는 차라리 영영 생경하고 무표정한 이방인으로 남아 있기를 택한다. 그래서 탐미의 길은 구도의 길이다. 화두話頭의 한 끝을 붙잡고 몸부림치는 면벽승의 고뇌는 탐미의 길에도 그대로 적용된다. 거기에는 고도의 심미안이 요구되며, 동시에 직관과 상상력이 수반되어야 한다. 따라서 더 깊은 성찰과 응시의 시간이 요구되는데, 그 점에서 장장식의 글은 좋은 지침이 되기에 충분하다.

해석 행위는 어떤 의미에서 신탁信託을 수용하는 종교의례에 접근한다.……기호의 해독자는 객관적 인식에서 출발하여 기호가 상징한 내재적 의미를 합리적으로 풀이해야 한다. 그럴 때, 기호가 수용되는 올바른 효력을 발생한다.[24]

지금 우리한테 요구되는 것은 신라인의 무의식의 심층까지 우리스스로를 침몰시키려는 적극적인 자세이다. 컴컴한 동굴에서 거행되는 비밀스러운 의례에 참여한, 그리하여 신神의 목소리에 모든 것을 맡기는 경건한 신자가 되지 않는 한 신라종으로의 입성은 불가능하다. 신라종은 통한전쟁 및 대당독립전쟁이라는 민족사상 가장 고통스러운 시대를 거쳐 태동했으며, 특히 중대왕실의 욕망과 이상이 갈무리되어 있기에 더욱 그러하다.

바야흐로 신라종에 서리서리 감도는, 저 음험할 정도로 신비롭고 창연한 고대적 어둠 속에서 중대왕실의 '거룩하고도 불온한 욕망'을 찾아 나설 시간, 신라종의 거룩한 기호 가운데 기호 1번인 원통이 첫 번째 과제이다.

좌우대칭을 깨뜨리다

여러 차례 강조했듯이 신라종의 종정부는 인류가 수천 년 동안 줄기차게 제작해온 모든 악종류의 기본 상식을 뿌리째 부정한다. 무엇보다 고대의 조형물에서 절대의 가치로 존중되어온 좌우대칭의 원리가 완벽하게 훼손되어 있다.

> 중국인들의 좌우대칭에 대한 사고는 중국 역사의 시원으로 거슬러 올라가는데, 이는 초기 원시사회에서 그들의 자연에 대한 해석으로 출발한다고 볼 수 있다.…… 대칭은 둘이 중심축을 중심으로 양쪽에서 동일한 형식과 모양을 갖게 된 것이다. 이 둘이 중심축을 중심한 좌우대칭을 통하여 완전한 조화를 이루어 새로운 발전을 하였고, 이가 또한 최고의 선善으로 생각하여 중국인들 사고의 뿌리를 형성하였다.[25]

이렇듯이 고대의 조형물에서 '최고의 선'으로 추구된 좌우대칭을 거부한 것이 신라종이다. 그런데 그렇게 된 주요인은 종의 정수리에 불청객처럼 우뚝 서 있는 길쭉한 원통에 있다. 그것만 아니었다면 용 두 마리를 한 마리로 줄일 까닭도 없고, 좌우대칭이 무너지는 일 따위도 일어나지 않았을 것이다.

원통은 종체의 불균형을 초래한 주범이기도 하다. 중국종의 경우 종체가 수직을 이루면서 균형을 지키는 것과 달리, 신라종은 앞의 용 두보다 뒤의 원통이 무거워 뒤쪽으로 약간 쏠려 있다. 에밀레종의 경우 1990년대에 행해진 종합검사에서 종체가 비딱하게 매달려 있는 것이 확인되기도 했다.

현존하는 신라종은 단 한 점의 예외도 없이 원통을 구비하고 있는 바, 원통은 신라종의 본질, 생명이다. 설령 다른 요소를 완비했다고 해도 원통이 없다면, 그 종은 신라종이 아니다.

실물 범종만이 아니다. 경기도 안양 석수동에 가면 신라종과 관련한 아주 진귀한 보물을 만날 수 있다. 신라 흥덕왕 원년(826)에 창건된 중초사지中初寺址의 한쪽 암벽에 매우 세련된 솜씨로 준수한 용모의 승려가 종각에

애밀레종 원통

매달린 종을 치는 장면이 묘사되어 있다. 이 땅에서 유일한 〈마애종각도磨崖鐘閣圖〉로, 종각 전체의 높이는 1.92미터에 이르고, 종 자체는 1.24미터, 승려의 키는 0.99미터이다. 아마도 모델이 된 실물 범종은 높이가 2미터에 육박하는 대형종으로 짐작되는데, 그 정도라면 1.36미터의 오대산 상원사종에 비해서도 월등히 큰 편에 속한다. 바로 이 마애종의 정상부에 단룡과 더불어 원통이 엄연해서 시선을 끈다. 9세기 초에는 왕경 서라벌에서 먼 외방까지 원통이 달린 범종이 전파되고 있었던 것이다.

거듭 말하지만 신라종에서 가장 먼저 해명되어야 할 부분이 원통이다. 원통의 정체가 드러나면 신라종의 비밀 가운데 절반이 풀렸다고 해도 무방한데, 신라 장인이 종의 꼭대기로 밀어올린 원통은 대체 어디서 온 것일까.

앞에서 용종모방설을 비판한 바 있지만, 용종모방설의 중심에 바로 원통이 있다. 용종의 천판에 수직으로 뻗어 있는 쇠막대기, 곧 '용甬'이라는 것이 신라종의 원통으로 발전했다는 식이다. 강우방의 논고에서 관련 대목을 인용한다.

중국 고동기(용종)의 용甬은 ······ 음흡과 관련이 있을 것으로 생각한다. 왜냐 하면 종鐘은 매다는 것이므로 용甬은 쥐는 자루가 아니다. 따라서 용甬을 그렇게 길게 만들 까닭이 없을 것이다. 그것은 들고 흔들기 위한 자루가 아니다. 그러한 용甬을 이용해 신라인은 음관音箸으로 만들어 소기의 목적을 달성하려 했을 것이다.[26]

그러나 이러한 주장은 상고시대 중국의 청동제 고악종古樂鐘에 대한 인식의 결여를 보여줄 뿐이다.

첫째, 문제의 '용甬'은 '소리'와 무관한, 용종의 선배 격인 요鐃와 정鉦이란 악종 때부터 달려 있던 순수한 '자루'였다. 악사樂士는 종구鐘口가 위로 가도록 그 자루를 한 손으로 붙잡고 다른 손으로 두드리는 식으로 연주했던 것이다.

정鉦

그러다가 직접 들고 연주하는 요와 정의 불편함에서 벗어나고자 새로 도입한 게 다름 아닌 용종으로 거대한 목가木架에 여러 점을 나란히 걸어놓고 타종하는 이른바 편종編鐘이 처음 출현하게 된다. 그때 종을 매달기 위해 자루 중간의 가락지[선:旋]에다 낚싯바늘 같은 작은 고리를 붙였고, 종구가 아래로 향하게 거꾸로 매달린다. 그렇지만 불필요해진 자루[용]는 오랜 관행에 따라 한동안 그대로 두었는데, 훗날 그것을 영영 제거한 뉴종紐鐘 및 박종이 탄생한다. 그 후로 문제의 용은 중국의 어떤 종에도 두 번 다시 나타나지 않는다. 따라서 용을 마치 용종만의 것인 양, 또 음질을 위한 장치인 양 주장하는 것은 역사적 사실을 무시한 낭설일 뿐이다.

중국 증후을묘 출토 편종

둘째, 고악종의 용은 종체를 관통하는 천판의 중심축선상에 위치해 정확히 수직垂直을 이룬다. 그러나 신라종의 원통은 종체의 중심축에서 뒤로 훌쩍 물러나 있다. 고려조나 조선조의 작품 중에는 중심축에서 2분의 1지점, 곧 전체로 보면 4분의 3지점까지 후퇴한 작품도 보인다. 수립 각도 역시 수직이 아니며, 45도에 가깝게 쓰러진 것도 쉽게 발견된다.

셋째, 용종에서 용은 대부분 본체 길이의 4분의 3 이상의 길이를 갖는다. 《주례》에는 아예 "정錠의 길이로 용甬의 길이를 삼는다"는 규정까지 보인다. 이때의 '정錠'은 고악종 '정錘'이 아닌, 종체에서 아래쪽의 타격 부위를 뺀 윗부분을 가리킨다. 그런데 증후을묘의 용종들은 '용'의 길이가 본체와 거의 맞먹을 정도로 길다. 하지만 신라종의 원통

조선 후기 쌍계사종. 원통이 종체의 중심축에서 뒤로 훨씬 후퇴해 있다. 현존하는 우리 옛 종 가운데 원통이 종체의 중심축에 수직으로 서 있는 작품은 단 한 점도 없다.

은 본체와 대비할 때 그 길이가 수분의 일에 불과하다. 구체적인 수치를 들자면 오대산 상원사종은 그 비율이 33.5센티미터/133.5센티미터이고, 에밀레종은 63.3/303.0센티미터이다. 양쪽이 전혀 별개의 기물이라는 사실이 거듭 확인되는 대목이다.

이러한 여러 차별상은 두 기물이 원천적으로 연관이 없음을 단적으로 일러준다. 신라종의 원통은 신라의 순수한 자생물로 인식해야 하며, 따라서 그것의 정체는 당대 신라 역사 속에서 찾는 게 순리이다.

만파식적 기원설의 등장

제2부에서 '소리의 정치학'을 강조한 바 있지만, 과연 문무왕의 신탁은 어떻게 불가의 성보인 범종과 만나고 또 조형적으로 구현되어 갔을까. 그중에서도 에밀레종을 통해 신라인이 궁극적으로 표상하고자 한 세계는 무엇일까. 이러한 의문점들에 대한 답이 바로 원통에 숨어 있다.

어느 문명권의 악종에서도 찾기 어려운 이 희유한 기물에 대한 오랜 궁금증을 단숨에 풀어낸 파격적인 해석이 1980년대 초에 황수영에 의해 발표된다. 1982년 3월 27일자 《한국일보》 1면을 보면, "에밀레종鐘의 신비神秘 풀었다. 원통圓筒은 신라 만파식적萬波息笛"이라는 제하의 기사가 톱뉴스로 장식된 것이다. 그가 주목한 것이 다름 아닌 만파식적 설화였다.

필자는 이 설화의 만파식적이 곧 신라 범종만이 지니고 있는 원통에 비견하고자 한다. 즉 신라종 양식 가운데 가장 두드러진 특징으로 문제의 원통을 든다면, 이야말로 만파식적 설화의 조형화한 것이라고 믿어지기 때문이다. 만파식적은 대나무[竹竹]로 만들었기 때문에 그 형태는 물론 둥글면서 또 마디가 있어야 한다. 이와 같은 대나무의 형태가 그대로 신라종 정상에 마련되어 있는 원공유절圓空有節의 원통과 같은 형상을 지니고 있는 것이다. 그것도 단두룡單頭龍이 두 발을 앞뒤로 힘차게 딛고 마치 대나무를 등에 짊어지고 동해에 솟아 육지로 힘차게 나오는 듯한 모습을 띠고 있는 것이다.[27]

요컨대 만파식적 설화에서 문무왕과 김유신의 이성二聖이 신문왕에게 내린 만파식적을 형상화한 것이 신라종의 원통이라는 것이다. 이른바 만파식적설은 타당성 여부와는 무관하게 오랫동안 정체 상태에 있던 신라종 연구의 돌파구를 마련한 점만으로도 실로 혁명적이었다. 기삽설이며 용종모방설 등의 온갖 황당한 가설로부터 비로소 신라종을 해방시킨, 더욱이 그 논거를 우리의 사적에서 찾고자 한 점에서 그것은 누가 뭐래도 찬사를 받을 만했다. 만파식적설의 그런 의의에 대해 지난 글이지만 여기에 일부 인용한다.

만파식적이라니! 신라인들이 빚어낸 꿈의 그 신적神笛은 이미 역사의 뒤안길로 사라져 버렸고, 범상치 않았을 그 형상조차 이 땅에서 영영 망실해 버린 안타까운 상태가 아니던가. 그런데 황수영은 그 황당무계한 설화에 눈길을 맞추었고, 마침내 신라종이 갖고 있는 신비의 그물망을 한 겹 열어젖힌 것이다……. 덕분에 낱낱의 구슬처럼 따로따로 빛나던 대왕암과 감은사感恩寺, 만파식적(피리)과 에밀레종이 하나의 실에 꿰여 영롱한 빛의 타래를 이룰 수 있었던 것이다.[28]

그러나 만파식적설에는 선뜻 수긍하기 곤란한 측면이 있는 것도 사실이다. 일차적으로 신라종의 원통은 과도할 정도의 현란한 문양을 입고 있어 시각적으로 좀처럼 피리라는 생각이 들지 않는다. 좀더 근본적인 문제로는 구조며 기능이 판이한 두 기물을 굳이 하나로 결합시킬 만한 동기가 영 떠오르지 않는다.

천흥사종의 원통, 고려 전기(1010)

진주시 삼선암종의 원통, 고려 전기

동국대 소장 범종의 원통, 고려 후기

고려 범종 원통, 12~13세기, 고려대 박물관

화엄사 유마사명종의 원통,
조선 후기(1772)

그래서 조심스럽기만 한데, 이 글에서는 두 가지 잣대를 가지고 만파식적설을 검증하고자 한다. 하나는 조형적인 측면에서 원통과 피리와의 유사성 문제이고, 다른 하나는 만파식적 설화에 내포된 '소리의 정치학'이라는 이데올로기와의 연관성 문제이다. 만약 원통의 의장이나 구조에서 피리의 일반적인 특징이 확인되고, 만파식적이 표상하는 '소리의 정치학'과 신라종 사이의 특별한 관계가 확인된다면, 그때는 사정이 달라질 것이다.

먼저, 일본에 전하는 작품들을 포함해 모든 신라종의 원통은 어김없이 몸체가 둥그렇고, 몇 단의 마디로 나뉘어 있으며, 속이 텅 비어 있다. 그 세 가지 특징은 곧 대나무의 특징이기도 하다. 이러한 죽절형竹節形의 특징은 고려시대로 접어들어서도 몇몇 이형異形을 빼고는 대부분의 범종 원통에 그대로 계승된다. 예컨대 천흥사종(1010)의 원통은 잘 빚어낸 측우기인 양 더없이 매끄럽고 건실한 가운데 마디가 분명해 신라종의 원통에서 두터운 문양을 제거한 뒤의 모습을 보는 듯하다. 진주시 상봉서동의 삼선암에 있는 고려 전기 범종의 원통은 마른 대나무의 형용 그대로이며, 동국대 소장의 고려 후기 범종의 원통 역시 대나무를 쏙 빼닮았다.

그런데 원통은 고려 말 원나라 장인이 주성한 개경 연복사종(1346)에서 중국풍의 쌍룡뉴가 부활하면서 일대 위기를 맞는다. 그것을 제거한 쌍룡뉴의 범종이 조선 전기의 왕실원찰을 중심으로 범람하기 때문이다. 하지만 천만다행으로 같은 시기 지방 사찰의 범종들은 죽절형의 늘씬한 원통을 고수한다. 김제 금산사종(조선 전기), 곡성 태안사종(1581), 안동 광흥사 만력원년명종(1573) 등은 조악해지긴 했

지만 대나무의 특징이 잘 묻어난다.[29]

조선 후기, 곧 임·병 양란으로 소실된 지방사찰에서 갓 제작된 종들도 다르지 않다. 대표적인 것이 해남 대흥사에 있는 유마사명종維摩寺銘鐘(1722)으로, 그 원통은 아예 야산의 대나무를 삭둑 잘라다가 꽂아놓은 듯한 모습이다. 이 대나무는 안동 봉정사종(1813)에서 똑같이 반복되는데, 모두가 전란으로 사라진, 이전부터 걸려 있던 신라종의 죽절형 원통을 모델로 삼은 결과일 것이다.

그밖에도 승주 선암사 원통전종(1730), 남해 용문사종(18세기 초중반), 순천 향림사종(1746), 장흥 신흥사종(1751), 곡성 태안사소종(1752년), 나주 다보사종(1767), 정주 내장사 건륭명종(1768), 구례 화엄사 옛 종루종(1771), 강릉 관음사종(1794) 등도 생죽 모양의 원통을 취하고 있다.

에밀레종의 원통 하단부 장식문양

이와 같이 죽절형의 원통은 신라 이래 조선 말까지 천년 이상 면면히 계승된, 우리 범종의 유구한 전통이다. 이 땅의 종들은 그 오랜 세월에 걸쳐 대나무의 기본적인 특징을 한 번도 배반한 적이 없다. 고려나 조선조의 장인들은 그것이 만파식적이라는 사실까지는 몰라도 최소한 대나무라는 정도는 인지하고 있었던 것이다.

지금까지의 이러한 추론을 뒷받침하는 것이 에밀레종의 원통 하단부를 에워싼 맷방석 같은 장식문양이다. 재일 연지사종蓮池寺鐘의 원통 밑에도 그것이 새겨져 있는데, 그 양상이 꼭 불상의 연화대좌와 방불하다. 알다시피 연화대좌는 불보살 및 불사리 등 불가의 신격에 한해 바쳐지는 장엄요소로, 그 대상에게는 아우라가 형성된다. 따라서 그것의 옹위를 받고 있는 신라종의 원통 역시 불보살에 준하는 신격을 부여받은 '신성한 기물'이라는 이야기가 성립된다.

여기서 우리는 《삼국유사》에서 만파식적을 무가지보, 수성지보, 신적 등의 경칭으로 부른 사실을 환기할 필요가 있다. 그런 경칭이야말로 만파식적이 중대왕실의 새로운 신기였음을 말해 준다고 이야기한 바 있지만, 그 정도의 숭앙심이라면 만파식적의 분신인 원통에 연꽃대좌를 헌정했다고 해도 그리 부자연스럽지 않다. 하지만 반대로 원통이 학계 일반의 인식대로 단순한 자루[甬]나 음관 정도에 불과하다면 그런 파격적인 예우는 가당치 않다.

그러고 보면 신라종의 원통에 과도할 정도의 장엄이 베풀어진 까닭이 비로소 납득이 간다. 만파식적으로 거듭날 '신목神木'을 맨둥맨둥하게 묘사하는 것은 그것의 신성성과 크게 어긋나기 때문이다. 신목으로서의 그것의 유일성과 절대성을 강조하기 위한 수법으로 보는 것이다.[30]

거룩하고도 불온한 욕망

그렇다면, 범종의 기본 구조를 개조하는 무리를 범하면서까지 대나무를 그 정수리로 밀어올린 '황당하기까지' 한 조형의지는 어떻게 나온 것일까. 이러한 질문과 관련해서는 만파식적 설화에서 문무왕과 김유신이 사자용을 통해 전한 신탁이 훌륭한 지침이 된다. 그때 사자용은 신문왕의 물음에 답하는 형식으로 '소리로써 천하를 다스려라' 라는 이성의 메시지를 전한다. 이성은 치국의 원리로 다름 아닌 '소리' 를 제시했던 것이다. 바로 이 '소리' 라는 단어가 문제를 푸는 결정적인 열쇠가 된다.

서라벌로 귀환한 신문왕은 문제의 대나무로 만파식적을 제작토록 해 천존고에 보관한다. 하지만 제아무리 신성하고 위대하다고 한들 천존고의 어둠 속에 묻어두는 한 그것의 권능은 한정적일 수밖에 없었다. 천하의 파란을 잠재우는 그것의 '소리' 가 창고를 벗어나지 못하는 상황인 것이다.

여기서 우리는 그들 중대왕실의 '거룩하고도 불온한 욕망' 을 목격하게 된다. 중대왕실은 만파식적의 '소리' 를 전국 방방곡곡에 울려 퍼지게 하고, 그것이 표방하는 이념을 지역과 신분과 계층을 뛰어넘어 신민 모두에게 선양하고자 하는 '가당찮은' 꿈을 품은 것이다. 그 구체적인 실현 방법을 모색하던 중, 하루 세 차례씩 예불에 맞춰 타종되는, 도심이든 산간이든 각처의 사찰마다 걸려 있는 범종에 착목한 것이다.

사실 범종과 만파식적은 원래부터 절대의 공통점을 갖고 있었다.

범종이 '장엄한 울림'으로 세상의 미망을 깨뜨려 구원의 시간을 열어젖히는 불가의 성물이라면, 만파식적은 '아름다운 선율'로 국태민안을 실현하기 위해 만들어진 중대왕실의 신기 아닌가. 곧 소리로 생명을 갖는다는 그 점에서 두 기물은 결코 서로를 부정하지 않으며, 오히려 상보관계 속에 먼 길을 동행하는 훌륭한 도반道伴일 수 있었다.

그러므로 어떤 방식으로든 만파식적을 범종에다 결합시킬 수만 있다면, 그로 인한 정치적 효과는 상상하고도 남음이 있었다. 화해와 평화의 염원을 담은 만파식적의 소리가 범종 소리로 전이되어 전국의 모든 사찰에서 연중 메아리칠 터이기 때문이다. 다시 말해 만파식적의 '선율'을 범종의 '울림'으로 치환하려는 '말도 안 되는' 욕망이 그들을 사로잡은 것이다.

마침 그 무렵은 통한전쟁과 대당독립전쟁이 마감되면서 신라의 불교사원이 왕경에서 변방으로, 여항에서 산중으로 한창 뻗어나가는 추세에 있었다. 의상계義湘系의 이른바 화엄십찰華嚴十刹—중악 공산 미리사, 남악 지리산 화엄사, 강주 석야산 해인사, 웅주 가야협 보원사, 계룡산 갑사, 삭주 화산사, 금정산 범어사, 비슬산 옥천사, 모악산 국신사, 영주 부석사—만 보더라도 신라의 강역으로 갓 편입된, 왕실의 위엄이 미치지 않던 곳이 대부분이었다.

그러므로 만파식적과 범종의 결합은 이성의 신탁의 평면적인 수용 이상의 의미를 갖는다. 두 기물의 합일이야말로 신탁의 조형적 완성이며, 이성의 추상적 메시지인 '소리의 정치학'을 범종의 장엄한 울림으로 승화시켜 현실 공간에 구현한 것이다.

이처럼 만파식적설은 원통의 생김새, 만파식적 설화의 이념, 중대왕실이 처한 정치환경 등 여러 면에서 결코 공소한 논리가 아니다. 도리어 당대 정치사와 미술사를 밀착시킴으로써 신라종 연구의 신기원을 이룩한, 통쾌하기까지 한 탁견이다. 원통의 정체가 밝혀짐으로 말미암아 비로소 우리는 신라종의 비밀스러운 세계로 입성하게 되었기 때문이다.

지금 이 순간 우리는 신라종의 '거룩한 기호' 1번인 원통을 '만파식적'의 분신으로 수긍해도 좋은 지점에 서 있다. 오랫동안 기삽, 음관, 원통, 음통, 용통甬筒 등의 석연찮은, 혹은 모욕적인 이름으로 불려온 신라종의 원통이 본디의 이름을 되찾은 것이다. 어떤 기물에 잃어버린 이름을 되찾아주는 행위는 생명을 되돌려주는 것과 동일한 무게를 지닌다. 신라종의 원통은 만파식적설로 말미암아 비로소 본연의 생명을 회복한 셈이다.

남은 과제는 그것이 종의 정수리로 훌쩍 뛰어올라간 시기를 추적하는 일이다. 과연 신라종을 세계 주종사의 이단으로 자리매김한 그 파천황 식의 구조 변경은 언제쯤 이루어졌을까. 황수영은 신라 사회의 내적 에너지에 초점을 맞추면서 만파식적 사건의 발생 시점을 상정하고 있다.

만파식적 설화가 성립되던 시기에 신라종의 특수양식 또한 창안된 것으로 추정할 수 있으니 이러한 동시대의 소산물이란 점은 새삼 주목을 끌기도 하는 것이다. 때문에 신라인의 직관 속에 내재해 있던 삼국통일의 호국의지와 자신감이 곧 통일의 영주인 문무대왕을 매체로 하여 동해에서의 만파식적 설화와 그것의 조형적 발견으로 마침내 신라인의 창안으로

서 종정에 특이한 양식으로 이 원통이 마련된 것이라고 추정할 수가 있을 것이다.[31]

곧, 설화가 발생한 신문왕대(재위 681~692)를 지목하고 있는데, 신문왕은 김흠돌 난을 통해 진골귀족을 무자비하게 숙청하면서 중대왕실을 반석 위에 올려놓은 과단성 있는 군주였다. 비록 실패로 돌아가고 말았지만, 달구벌(대구)로의 천도를 추진한 예에서 보듯 '서라벌'로 대표되는 구질서를 해체하려는 강력한 의지의 소유자이기도 했다. 그러한 분위기 속에서 그는 중대왕실이 신적인 존재들의 위요를 받는 신성한 혈통임을 만천하게 각인시키려는 '은밀하고도 불온한' 욕망에 따라 그 작업에 착수했을 것이다. 무엇보다 그는 설화의 한쪽 당사자로써 만파식적의 권능과 위엄을 깊이 인식하고 있었다. 따라서 그가 선대왕의 출현과 신기의 은사恩賜라는 그 드라마틱한 사건을 영원히 기념하려는 것은 당연한 수순이다.

그러므로 원통의 기본적인 도상은 신문왕대에 확립된 것으로 이해하는 게 가장 자연스럽다. 이른바 성전사원成典寺院으로 불리는 왕실원찰을 중심으로 갓 창안된 신양식의 범종을 대대적으로 조성하는 한편, 여타의 기존 사찰에도 강력히 권장했을 것으로 믿어진다. 일부 진골귀족의 참여도 상당했으리라고 짐작되는데, 자기 집안의 원찰에 신양식의 종을 주성해 걸었을 것이다. 오대산 상원사종(725)과 일본에 있던 무진사종(745) 같은 경우가 좋은 예이다.

다만, 피리와 범종을 결합시키는 도안 초본初本 및 설계, 주형 제작 등 공정의 까다로움을 감안한다면, 10년 남짓한 신문왕의 재위 기간

(681~692)만으로는 부족해 보인다. 그래서 초기의 단룡이나 만파식적은 조악한 수준을 면치 못했을 것이고, 효성왕대를 지나 성덕왕대에 이르러서야 오대산 상원사종(725)이 보여주는 완미한 경계에 닿았을 것이다.

현재 만파식적설은 염영하, 정명호, 이병호, 진용옥, 곽동해 등 일각의 지지를 모으고

상원사종 천판의 명문 탁본. 종의 공덕주가 '대사택부인'으로 나와 있다. 대사택은 서라벌의 대표적 명문가인 35금입택의 하나다.

있지만, 용종모방설을 주창하는 이호관, 강우방, 최완수, 남천우, 유홍준, 최응천 등 대다수 연구자는 철저하게 외면하고 있다. 유홍준을 예로 들면, 《나의 문화유산답사기》 1권의 '에밀레종의 신화神話와 신화新話'에서 만파식적설에 대해서는 일언의 언급도 없이 엉뚱한 이야기들로 변죽만 울리고 있다.

그러나 만파식적설을 부정하기 위해서는 다음의 의문점에 대한 납득할 만한 답이 있어야 한다. 왜 모든 신라종의 원통이 대나무의 기본적인 특징을 갖추고 있는지, 조선 후기까지 장장 천 년이 넘도록 생죽 모양의 원통이 줄기차게 등장하는지, 보다 근본적으로는 종의

정상에 불편하기 짝이 없는 흉물을, 그것도 종체의 비대칭과 불균형을 감수하면서까지 안치한 사정이 무엇인지…….

무릇 학문의 세계에서 아집과 독선은 논리의 과학적 실천을 어렵게 하여 학문 자체를 나락으로 떨어뜨린다. 어떤 가능성에도 열린 사고로 접근할 때, 텍스트 스스로 굳게 닫혔던 문을 열고 연구자를 입성시킨다. 그 예를 우리는 황수영의 고백에서 엿볼 수 있다.

> 필자는 한때 용통甬筒이라는 용어를 쓴 일이 있었다. ……그러나 그후 다시 생각해 보니 우리와 이 중국의 주대종周代鐘과는 약 1천 년의 긴 세월이 가로막혀 있어 유곽乳廓 등 신라종과의 유사점이 보이나 그대로 관련시키기에는 부적不適함을 깨닫게 되었다. 그리하여 중국 고대종에서의 용어 채택에서 떠나서 신라 그 자체의 역사와 문화에서 그 조형造型을 풀 수는 없을까 하는 생각이 들었다.[32]

황수영도 초년에는 스승 고유섭을 따라 용종설을 취했으나, 그것의 불가함을 깨닫고 우리의 역사 속에서 그 답을 찾고자 한 것이다.

거룩한 수호신, 용

동서양을 불문하고 고대인의 원시적 세계관 속에서 상상의 동물인 용龍은 물과 관련이 깊다. 특히 고대 인도에서의 용은 '나가Naga'라는 이름으로 불렸는데 갠지스 등 모든 강의 지배자, 혹은 물과 구름의 주재자로서 수신水神의 성격이 강했다. 나가는 때로 흉포한 에너지의 원천으로 묘사되기도 하지만, 그것은 저 인도신화의 불가해한 속성을 생각할 때 극히 자연스러운 현상이다. 나가는 이중성격의 소유자로 태어난 것이다.

바로 그 '나가'가 위대한 붓다와 만나는 극적인 사건이 벌어진다. 세간의 이름 그대로 부르면, 고타마 싯다르타 수행자가 저 부다가야의 보리수 아래서 깊고도 오랜 선정 끝에 맞이한 어느 고요한 새벽의 일이었다. 그가 우주삼라의 이법과 인간 존재의 비의를 깨우쳐 연약한 인간에서 만세의 법왕法王인 붓다로 승격되는 그 거룩한 순간, 나가는 그가 깨달은 진리(다르마)의 수호자로 새롭게 변신한다.

한 마리의 거대한 코프라 무찰린다가 그때 그 나무의 뿌리들 사이의 구멍 속에서 살았다. 그는 불타가 지복의 경지에 도달하는 순간 계절에 맞지 않게 거대한 먹구름이 모여들기 시작함을 지각하였다. 그러자 조용히 암흑의 거처를 빠져나와 자기의 몸을 꼬아 깨달은 자의 성체聖體를 일곱 번 감쌌으며, 자신의 거대한 코프라의 두건을 우산처럼 활짝 펴서 성자의 머리를 보호하였다. 이레 동안 비가 내리고 찬바람이 부는 가운데 불타는 명상에 잠기었다. 이레째 되는 날, 때 아닌 폭우가 몰아쳤다. 무찰린다는 꼬았던 몸을 풀고 자신을 유순한 젊은이로 변신하여 양손을 합장하면서 세상의 구세주에게 구부려 경배하였다.[33]

그때로부터 '나가'는 붓다와 그의 성중聖衆을 지키는 더없이 거친, 그렇지만 거룩한 악역을 마다하지 않는다. 그에 따라 《용왕경》까지 만들어지고, 위상과 역할이 강화되면서 정식으로 팔부신중八部神衆의 일원이 된다. 석굴암의 배실拜室(앞방) 좌우

고대 인도에 나가 조각상

샴Siam의 고대 불상. 용왕 무찰린다가 붓다를 보호하고 있다.

의 조각상에서 보듯 야차·가루다·아수라·건다르바·긴나라·마후라가·천天과 어깨를 나란히 하게 된 것이다. 그러다가 나가 혼자만으로는 부족했던지 급기야 스스로 분화하여 여덟 명으로 불어난다. 난다·발난타·사가라·화수길·덕차가·아나파달다·마나사·우발라라 불리는 천룡팔부天龍八部가 그들이다.

붓다의 발길이 중앙아시아를 거쳐 중국에 이르렀을 때도 나가는 붓다와 동행한다. 어느 겨를엔가 사찰의 법당이며 탑, 다리, 계단 등에 용의 여러 분신이 자랑스럽게 등장했는데, 그들을 빠뜨리고서는 전각 한 동 짓는 것도, 탑 한 기 쌓는 것도, 그림 한 점 그리는 것도 불가능할 정도였다.

헌데 중국에는 진작부터 또 다른 용이 둥지를 틀고 있었다. 하늘의 거룩한 아들[天子]로서 천하를 호령하는 절대권력자, 만기를 총람하는 황제가 곧 용이었다. 황제의 얼굴은 용안龍顔, 황제의 옷은 곤룡포袞龍袍, 황제의 의자는 용상龍床, 황제 자리에 오르는 것은 용비龍飛라 칭하는 데 이미 익숙해 있던 중국인이다. 그렇게 불교가 중국이라는 또 하나의 거대한 세계와 만나는 순간, 인도의 나가는 호법룡이라는 본연의 속성 위에 제왕의 권위가 덧입혀진다.

이윽고 붓다의 발길이 이 땅에 미쳤을 때 함께 들어온 용은 마른땅에 물이 스며들 듯 우리 고유의 '미르' 신앙과 다시 어우러진다. 신라 진흥왕이 궁궐을 지으려다가 홀연 용이 나타나는 바람에 사찰로 고쳐 지었다는 황룡사 연기설화도, 자장이 중국 대화지에서 용을 만난 기련으로 선덕여왕이 세웠다는 황룡사 9층탑 이야기도 실은 외래의 용이 이 땅의 역사와 삶에 고스란히 체현되어 가는 과정을 보여준다. 또한 진평왕 50년(628)에 용의 그림을 그려놓고 비를 비는 화룡제畵龍祭를 거행한 일, 혹은 용왕전龍王典이라는 관청을 두어 용왕에게 제사를 지낸 일, 사해제四海祭, 사독제四瀆祭라는 이름의 용신제龍神祭라는 것도 같은 맥락에서 이해된다. 그뿐만이 아니다. 또 하나, 호국護國이라는 새로운 개념이 용에게 보태진다. 고구려와 백제, 신라가 뒤엉킨 채 극한으로 치닫던 당시의 급박한 정세가 낳은 자연스러운 결과였다. 고래의 미르 신앙에다 군주의 상징적 권위가 결합하고, 호법과 호국의 역능이 가미된 복합적인 성격의 용이 탄생한 것이다.

신라종 위로 올라간 용

그런데 7세기에서 8세기로 넘어가면서 더욱 이상한 일이 발생한다. 8세기 초엽에 제작된 오대산 상원사종(725)을 위시해 모든 신라종의 정상부에 웅혼한 기상의 용 한 마리가 턱 올라가 있는 것이다. 쌍두일신의 쌍룡을 밀쳐내고 대신 그 자리를 독차지한 셈인데, 그 형용이 더없이 사실적이어서 당당함을 넘어 신령스럽기조차 하다.

에밀레종의 용을 예로 들면, 머리와 목덜미를 장대하게 키우고, 최대한 리얼리티를 살린 얼굴은 혹은 지혜롭고, 혹은 사납기 그지 없어 첫눈에 그로테스크한 미감까지 자아낸다. 또한 역사力士의 강건한 근골이 느껴지는 근육질의 두 앞다리는 앞뒤로 교차시킨 다음 억세게 틀어 올려 역동성을 획득하고 있다. 흡사 종의 정상부에 군림하면서 다른 모든 구성요소를 통어하는 듯한 영웅적인 기백이다. 반면 고대중국종의 쌍룡은 덩치가 왜소하고, 조형 솜씨도 상투적인 수준에 머

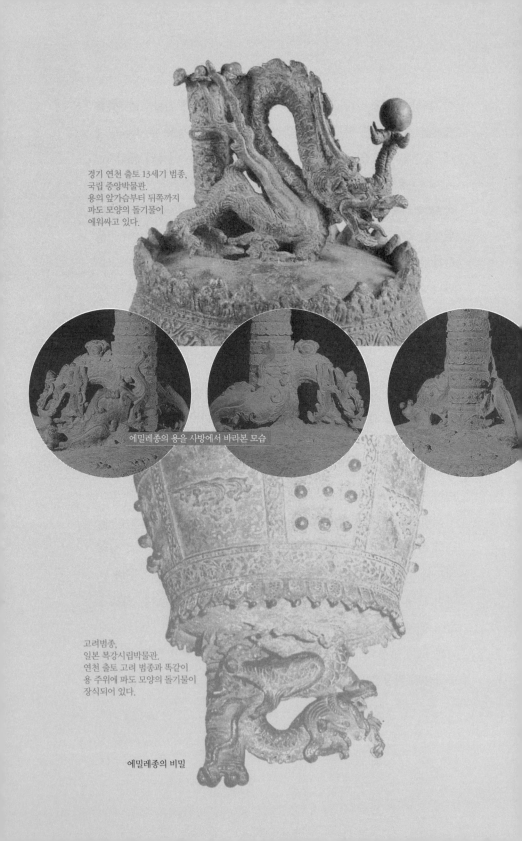

경기 연천 출토 13세기 범종,
국립 중앙박물관.
용의 앞가슴부터 뒤쪽까지
파도 모양의 돌기물이
에워싸고 있다.

에밀레종의 용을 사방에서 바라본 모습

고려범종,
일본 복강시립박물관.
연천 출토 고려 범종과 똑같이
용 주위에 파도 모양의 돌기물이
장식되어 있다.

에밀레종의 비밀

물러 특별한 개성이 느껴지지 않는다. 다리 역시 아예 생략하거나 있더라도 시늉에 그치고 있다.

이러한 차이는 신라종의 단룡이 중국종의 쌍룡과는 태생적으로 전연 상이한 세계를 지향한다는 단적인 증거이다. 중국종의 쌍룡에서 '우연히' 남은 한 마리가 아니라, 기존의 종정부 구성을 전면적으로 무화시킨 백지 상태에서 갓 창안한 새로운 용인 것이다.

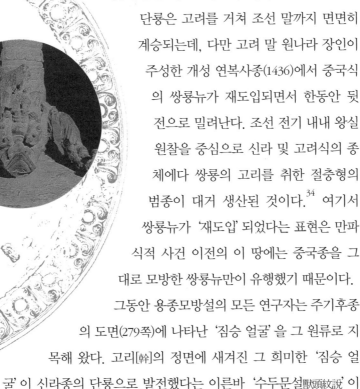

단룡은 고려를 거쳐 조선 말까지 면면히 계승되는데, 다만 고려 말 원나라 장인이 주성한 개성 연복사종(1436)에서 중국식의 쌍룡뉴가 재도입되면서 한동안 뒷전으로 밀려난다. 조선 전기 내내 왕실 원찰을 중심으로 신라 및 고려식의 종체에다 쌍룡의 고리를 취한 절충형의 범종이 대거 생산된 것이다.[34] 여기서 쌍룡뉴가 '재도입'되었다는 표현은 만파식적 사건 이전의 이 땅에는 중국종을 그대로 모방한 쌍룡뉴만이 유행했기 때문이다.

그동안 용종모방설의 모든 연구자는 주기후종의 도면(279쪽)에 나타난 '짐승 얼굴'을 그 원류로 지목해 왔다. 고리[斡]의 정면에 새겨진 그 희미한 '짐승 얼굴'이 신라종의 단룡으로 발전했다는 이른바 '수두문설獸頭紋說'이다. 그러나 용종 가운데 그 '짐승'의 이목구비가 제대로 나타난 작품은 손에 꼽을 정도로 희귀하며, 대다수는 밋밋한 고리에 머물러 있다. 이는 고리가 원체 작고 가늘어 무엇이든 새겨 넣기가 곤란한 탓이었다(아래 용종 사진). 북경의 고궁박물원에서 간행한 《고궁동기도록》에 실린 수십 점의 용종도, 최초로 고악종을 정리한 송나라 여대림의 《고고도》에 보이는 용종 그림 6점 및 역시 그의 《속고고도》에 나오는 다른 용종 그림 6점의 경우도 사정은 마찬가지다. 예외적으로 1978년에 발굴된 증후을묘曾侯乙墓라는 무덤에서 출토된 용종의 경우 고리를 잔뜩 옹크린 짐승의 몸으로 대신하고 있지만, 역시 신라종의 단룡과는 한참 거리가 멀다(319쪽 사진 참조).

그런데 중국 고전 《주례》를 들춰보면 엉뚱한 기사가 나온다. "선충旋蟲은 간幹이라고 부른다"라는 뜻밖의 구절이다. 한마디로 고리의 '짐승'이 '벌레'라는 것이다. 그리고 보면 증후을묘의 용종 고리의 '짐승'이 진짜 벌레와 그럴싸하게 닮아 있다. 따라서 '수두문설'을 인정하면, 우리는 신라종의 그 위풍당당한 용이 한낱 '벌레'에서 나왔다는 난감한 상황에 직면한다. 그러나 한편으로는 신성한 예기에 하찮은 미물을 장식할 리 없다는 점에서 의문이 가시지 않는다. 특히, 주기후종의 실물 사진 및 도면 상의 '짐승'은 증후을묘 용종의 '벌레' 같은 것과도 확연히 다르다.

용종들. 고리가 철사처럼 가늘어 대부분은 아무것도 새기지 않았다.

몸체가 생략된 채 두상頭像뿐인데, 불쑥 솟아난 두 개의 뿔도 영 예사롭지 않다.

그러므로 《주례》에서 말하는 '선충'의 정체를 좀더 분명히 해둘 필요가 있다. 실인즉슨 《주례》의 '선충'에 대해서는 고금의 중국 지식인들도 그 정체가 궁금했던 듯 나름의 추측을 내놓았다. 그중의 한 사람이 청靑나라 고증학의 대가인 완원阮元이다. 완원이라면 추사 김정희와의 귀한 인연으로 땅에서도 익히 알려져 있거니와 김정희의 '완당阮堂'이라는 호가 그의 성에서 따온 것이다. 바로 그 완원이 문선루에 소장 중이던 《13경주소본十三經注疏本》을 교감해 간행(1815)하는데 거기에 《주례》도 포함된다. 그러나 완원도 '선충'에 관해서는 뚜렷한 확신이 없었던 듯 옛 학자들의 추측을 소개하는 선에 그쳤다. 후한의 학자 정사농이 붙인 "'선충'이란 것은 선에다 벌레를 새긴 것이다"라는 주석을 인용한 다음, 다시 '웅크린 곰[蹲熊]'이나 '반용盤龍', '벽사辟邪'를 그렸으리라는 식으로 얼버무린 것이다. 그러한 풀이는 현대에까지 이어져 일본의 도변소주 역시 같은 문구를 반복하고 있다.[35]

이처럼 문제의 '벌레'에 대해 이견이 분분한 까닭은 자명하다. 그들이 실견한 용종은 고리가 무無 문양인데다 일부에 나타나는 무늬도 불분명한 탓이다. 실제로 주기후종과 똑같은 짐승이 또렷하게 새겨진 용종은, 견문이 짧은 탓인지 모르지만, 지금까지 보고되지 않고 있다.

증후을묘 출토 용종의 고리 부분 '벌레'(?). 용종 중에서 고리의 조각이 가장 뛰어난 작품인데, 그 '벌레'가 용하고는 거리가 멀다.

그런데 주기후종의 실물 사진을 찬찬히 뜯어보면, 문제의 '짐승'이란 것이 '소[牛]'가 아닌가 하는 인상을 받는다. 두 개의 뿔을 포함해 전체적으로 '소'의 머리 형상에 가까운 것이다. 다행히 1930년대에 주기후종의 실물을 직접 본 왕인지라는 학자의 목격담이 남아 있는데, 후배 학자 당란이 자신의 논문에 인용한 것이다. 거기에 보면 그것이 '소'라는 사실을 지적하고 있다.

내가 일찍이 유상서가에서 소장한 주기후종을 실견한 바, 자루[甬]의 중앙 가까운 아래쪽에 붙어 있는 반쪽 고리[半環, 필자 주:幹]는 '쇠머리[牛頭]' 형상을 하고 있으며, 동그란 고리[正環, 필자 주:旋]를 꿰고 있었다. 처음으로 그 동그란 고리를 이용해 종을 매단다는 사실을 이해하게 된 것이다.[36]

왕인지라는 이도 몹시 궁금해 하던 차에 주기후종의 실물을 육안으로 확인한 연후에야 그 '짐승'이 '소'라는 사실을 알았고, 《주례》에서 애매하게 설명된 용종의 구조나 명칭도 비로소 제대로 깨우치게 되었다는 것이다.

그러니까 일단은 주기후종의 그 '짐승'을 '소'로 이해하는 게 합리적인데, 그게 사실이라면 종의 고리에 하필 '소'를 표현한 까닭은 어디에 있을까. 이와 관련해서는 《맹자》〈양혜왕장구(상)〉 7장에 매우 흥미로운 내용이 보인다. 새로 종을 만든 후에는 반드시 소를 잡아 피를 내어서 제사를 지냈다는 것이다. 소위 흔종釁鐘의식이다.

두루 아는 사실이지만, 서양에서는 번제물로 주로 양羊을 바쳤고, 고대 중국에서는 '소'가 일반적이었다. '희생犧牲'이란 두 글자 모두

'소 우牛' 변을 사용하고 있음에서도 확인되는 사실인데, 우리가 제상祭床에 올리는 적炙으로 쇠고기를 쓰는 것도 그 유습으로 짐작된다. 따라서 주기후종 고리의 '짐승'도 제사 때 희생된 '소'를 나타낸 걸로 이해하는 게 온당하다.

정리하자면 주기후종의 도면에 보이는 '수두문'의 짐승을 용으로 볼 근거는 전무하며, '소'든 '벌레'든 그것을 신라종의 단룡에 직결시키는 것은 모기가 이목구비를 갖추었다고 해서 코끼리로 진화했다는 주장과 하등 다를 바 없다. 신라종의 단룡은 응당 이 땅의 역사가 빚어낸 독창적인 요소로 재인식되어야 하며, 그렇게 바라볼 때 그것의 상징적 의미를 규명하는 데 한 걸음 더 다가설 수 있을 것이다.

미술사학도는, 역사학도로서 논리의 과학적 실천을 담보해야 하는 일방, 또한 미학도로서 시간의 심연 저편에서 울려오는 그 옛날 예술가들의 영감에 가득 찬 노래에 진실한 목소리로 화답해야 한다. 미술사학이라는 것이 단지 닮은꼴들을 주어다가 이리저리 이어놓는 수준에 그친다면 "정신사로서의 미술사"(막스 드보르작), 혹은 "미술사로서의 정신사"(허버트 리드)는 영영 불가능하다.[37] 특정 양식 내지 작품에 감춰진 내재적 의미, 혹은 예술가의 깊은 사유에 연구자의 촉수가 맞닿을 때 비로소 미술사는 정신사로서의 모습을 갖추게 된다 하겠다.

에밀레종의 용은 다리가 둘이다

마지막으로, 이 위풍당당한 에밀레종의 용을 두고 납득하기 어려운 주장들이 있어 짚고 넘어가고자 한다. 다음은 오대산 상원사종에 대한 최완수의 글이다.

상원사 동종에서는 한 마리의 포뢰[龍]가 등에 용통甬筒(원통)을 짊어진 채
종머리 천판天板(종정부) 위에서 네 발로 힘주어 버티고 서 있는 모습이다.
포뢰는 입을 있는 대로 벌려서 힘겹게 소리치는 모습이다. 이런 모습으로
표현한 데는 이유가 있다. 삼국 오나라 때 사람인 설종薛綜이 《서경부西京
賦》에서 이렇게 말하였다.

"바닷속에 큰 물고기가 있으니 고래라 하고 또 큰 짐승이 있어 포뢰라 한
다. 포뢰는 본디 고래를 두려워하여 고래가 포뢰를 치면 문득 크게 운다.
무릇 종으로 하여금 소리를 크게 내도록 하려고 하는 사람은 그런 까닭으
로 포뢰를 위에 만들고 치는 것은 고래로 만든다."

그러니 고래 형태로 만든 경목鯨木으로 맞은 포뢰는 고통과 두려움에 못
이겨 크게 울부짖을 터이니 상원사 동종의 포뢰가 이와 같이 힘겹고 고통
스럽게 표현되는 것은 당연한 이치이다.[38]

상원사종 용뉴

최완수는 에밀레종의 단룡에 대해서도 똑같이 말하고 있는데, 이런 글은 당혹감부터 불러일으킨다.

첫째, 위의 진술은 사실관계에서 어긋난다. 모든 신라종의 용은 앞다리가 둘뿐이며, 그것도 두 다리를 전후방으로 엇갈리게 뻗고 있다. 신라종 양식의 고려 및 조선조 범종의 용도 마찬가지다. 곧, 용의 다리가 넷이라는 것은 중일 양국의 범종의 쌍룡에서나 가능한 표현이다. 또한 모든 신라종의 단룡은 세상을 용양호시龍樣虎視하는 영웅처럼 천판에 엎드려 있으며, 목덜미를 잔뜩 위로 솟구친 것이 흡사 먹잇감을 향해 달려들기 직전의 맹수인 양 긴박감마저 느껴진다. 미안한 지적이지만, 최완수는 한 번도 에밀레종이든 오대산 상원사종이든 신라종을 '제대로' 응시한 적이 없는 것이다.

둘째, 더욱 난감한 것은 오대산 상원사종이든 에밀레종이든 그 용이 고통과 두려움에 얼굴이 일그러진 채 신음을 내지른다는 주장이다. 아무리 뜯어보아도 모든 신라종의 용은 결코

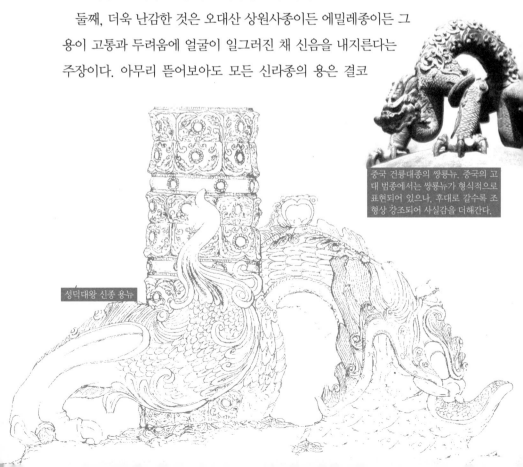

중국 건륭대종의 쌍룡뉴. 중국의 고대 범종에서는 쌍룡뉴가 형식적으로 표현되어 있으나, 후대로 갈수록 조형상 강조되어 사실감을 더해간다.

성덕대왕 신종 용뉴

고통에 일그러진 얼굴을 하고 있지 않으며, 오히려 신기를 뿜어내는 영걸스러운 모습을 자랑한다. 그중에서도 에밀레종의 용은 그 영웅적인 풍모와 기상이 세상에 비견할 대상이 없다. 그래서 "예술은 집단정신의 표현"이라는 프랑스의 미술사가 피에르 프랑케스텔의 관점을 빌려 '승천', '물', '신성', '권위' 등을 상징하는 것으로 에밀레종의 용을 이해한 연구자도 있다.[39]

만약 위의 지적대로라면, 신라종뿐 아니라 상고시대 중국의 고악종인 박종鎛鐘 이래 2천수백 년 동안 동북아에서 제작된 모든 종의 용이 고통에 찬 얼굴을 하고 있다는 이야기로 귀결된다. 특히 붓다의 깨달음과 자비정신으로 사바중생의 업장을 씻어주는 범종 소리가 거꾸로 아비규환의 절규가 되고 만다. 정말이지 고통에 찬 용의 비명을 듣기 위해 오대산 상원사종이며 에밀레종을 만드느라 신라인이 그토록 애를 썼을까. 위와 같은 언사는 주종불사의 대의를 몰각한 시각으로 신라 장인의 예술혼을 욕되게 할 뿐이다.

한편, 강우방은 지난 해 에밀레종을 다룬 글에서 용의 두 다리를 두고 색다른 주장을 피력한 바 있다.

용은 다리가 넷이므로 조각의 경우 네 다리를 충실하게 나타내려 한다. 그런데 여기서는 종의 윗부분이라는 한정된 공간에 기다란 용을 제대로 조각할 수 없으니, 음관과의 관계도 고려해서 짧게 줄일 수밖에 없으며, 그것도 앞뒤 하나씩만 다리를 둘 수밖에 없다. 신라인은 용의 두 다리를 넷으로 할 경우 생길 조형상의 어려움에 관해 꽤 고심한 것 같다. 결국 다리를 둘로 하되 다리의 크기를 비교적 크게 하여 한 쪽 다리는 앞으로 내

뻗어 내밀고, 오른쪽 뒷다리는 뒤로 뻗어 종신을 움켜쥐는 형상을 취했다. 이 신종의 용의 두 다리가 둘이라는 것은 이 글을 쓰면서 처음 확인했는데, 지금까지 용의 다리가 넷이려니 하고 늘 지나쳐 왔었다.[40]

요컨대, 에밀레종의 용의 다리가 둘이라는 사실을 처음 알았는데, 그 이유에 대해 종의 천판 부분이 옹색해서 용의 사족四足을 둘로 줄였으며, 그것도 앞다리에서 하나, 뒷다리에서 하나씩 각각 절단했다는 참으로 옹색한 논리이다. 신라 장인에 대한 폄하는 고사하고, 우리나라의 모든 종의 그 당찬 위용의 용은 졸지에 앞뒤로 다리가 하나씩 밖에 남지 않은 불구의 신세가 되고 말았는데, 이에 대한 평가는 독자에게 맡긴다.

동해용왕과 신라종의 용

신라종의 정수리에서 홉뜬 눈매로 매섭게 세상을 쏘아보는 용은 어떻게 탄생한 것일까. 앞서 용종의 '벌레'와 그것이 무관한 관계임을 밝혔지만, 신라인에게는 그 용으로 어떤 특정한 대상을 표상하려는 의도가 있었을지 모른다.

우리는 이미 신라종의 원통이 만파식적 설화의 그 만파식적이라는 추론을 이끌어낸 바 있다. 따라서 용의 정체에 관한 답 역시 만파식적 설화에서 찾는 게 자연스럽다. 만파식적 설화의 골자는 동해용왕으로 환생한 문무왕이 만파식적의 원자재인 대나무를 신문왕에게 전한 사건이다. 그때 문무왕은 행위의 주체이며, 만파식적은 그의 상징으로 해석된다. 다시 말해 문무왕과 만파식적은 불이不二의 관계에 있다.

과연 신라종의 원통과 단룡은 불가분의 관계로 하나로 굳게 결속되어 있다. 원통은 용의 등허리로부터 돋아나고, 용의 두 다리는 원통의 양 측면에서 뻗어 나온 상즉상입相卽相入의 형국이다. 그러므로 원통이 만파식적이라면, 단룡은 응당 문무왕으로 읽어야 전후 맥락이 맞는다.

이러한 시각은 용의 독특한 자세 및 표현상의 특징을 통해 한층 강화된다. 모든 신라종의 용은 하반신이 생략되고 상체만이 육중하게 묘사되고 있다. 이러한 대범한 생략과 강조야말로 상체만 물 밖으로 내놓고 하체는 수면 아래 잠긴 채 바다를 헤엄쳐 오는 용을 연상시키고도 남는다. 더욱 경이로운 것은 앞다리 둘을 전방과 후방으로 엇갈리게 교차시킨 점이다. 그로 말미암아 좌우대칭이 깨지는 것은 물론, 밀납 모형 및 주형 제작, 용탕 주입, 주형 해체에 이르는 공정의 전 과정에 까다로움이 배가되리라는 것은 자명한데, 그러한 비상식적인 도상의 탄생 이면에는 필시 확고한 목적이 숨어 있다고 보아야 한다.

도대체 신라종의 용이 앞다리 둘을 전후방의 반대편으로 휘젓고 있는 건 무엇 때문일까. 두말할 나위 없이 사지四肢가 달린 포유류나 파충류 가운데, 앞다리를 수면 밖으로 내뻗으면서 헤엄치는 짐승은 지구상에 존재하지 않는다. 오직 사람만이 '의식적으로' 두 팔을 물 위로 드러내 번갈아 휘저으면서 물살을 헤쳐 나아간다. 그렇다면 용의 엇갈린 두 다리는 인간의 독특한 수영 자세와 관련이 있다고 봐야 한다. 요컨대 단룡의 그런 자세는 인간이 헤엄치는 모습을 대입한 것으로, 이는 단룡이 단순한 축생이 아님을 강조하기 위한 수법이다. 그리고 보면 용이 아래턱을 천판에 바짝 붙이고 있는 점 역시 예사롭지 않다. 사람이 물질을 할 때의 광경과 매우 흡사한데, 용왕이 사람처럼 바닷물 위로 살짝 입을 내놓고 호흡을 고르는 모습일 수 있다. 이 모두는 용에다 인격을 부여하려는, 득의의 착상에서 나온 특별한 장치로 판단된다.

용에게 인격을 부여한다? 그렇다면 그 대상은 오직 한 사람, 문무왕일 수밖에 없다. 이러한 풀이와 관련해 눈길을 끄는 것들이 있다.

첫째는, 에밀레종의 천판에 표현된 울퉁불퉁한 돌기물들이다. 그 양상이 일렁이는 격랑과 방불한데, 후에는 훨씬 뚜렷한 파도 모양으로 발전하기도 한다. 직접적인 예가 현재 국립중앙박물관에 있는 경기 연천 출토의 13세기 작품과 일본 복강시립박물관에 소장된 고려 범종이다. 용뉴와 만파식적 주위에 '노골적으로' 높은 파고波高의 대열이 치달리고 있기 때문이다.

둘째는, 두 작품을 보면 천판의 테두리를 따라 크라운 같은 장식이 조식彫飾되어 있는데, 그것은 고려 후기의 종들에 '상투적으로' 나타난다. 주형을 뜰 때 기술적으로도 간단치 않은 그런 장식들을 일부러 배치할 까닭이 없으며, 다른 나라의 범종에는 일절 보이지 않는다. 그것들도 결국 용왕이 달려올 때 일으킨 수면의 파상波狀을 추상화한 것으로 보는 게 온당하다. 용의 전족 둘을 엇갈리게 처리한 점이나 이중의 파상을 용과 원통 주위에 배치한 점 모두 현장감을 높이려는 전략적 장치이다.

간추리면 신라종의 종정부는 동해 용왕으로 화한 문무왕이 만파식적의 원자재인 생죽을 짊어진 채 심해로부터 이승으로의 먼 여정에 나서 막 수

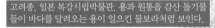

고려종, 일본 복강시립박물관. 용과 원통을 감산 돌기물들이 바다를 달려오는 용이 일으킨 물보라처럼 보인다.

면 위로 떠올라 달려오는 장면의 형상화인 것이다.

문무왕, 그는 살아서는 천하의 판도를 재편한 영웅이고, 사후에는 동해용왕으로 환생한다. 그런데 인간인 문무왕이 축생畜生일 수밖에 없는 용왕으로의 환생은 말하자면 '하강변신下降變身'으로 일단은 그 격이 낮아진다. 하지만 그 용왕은 예사용이 아니다. 불법을 수호하고 강토를 지키는 호국호법용이기 때문이다. 따라서 문무왕의 용왕으로의 환생은 '비속卑俗한 하강변신'이 아니라 '신성神聖한 하강변신'에 해당한다. 축생이긴 하지만 거룩한 존재인 셈이다.[41]

그런데 동해용왕은 만파식적 사건에서 뜻하지 않은 액션까지 취한다. 사자용으로 하여금 소리로 나라를 다스리라는 치국의 원리까지 신문왕에게 계시한 것이다. 통상적으로 계시 행위란 '하늘'로 표현되는 신성한 존재의 전유물 아닌가. 결국 동해용왕은 단순한 축생이 아니라 계시까지 주관하는, 신격을 부여받은 숭고한 존재이다. 인간으로서의 인격과 하늘로서의 신격이 함께 부여되어 있는 셈이다. 특히, 신문왕 등 후계자의 입장에서 볼 때 문무왕은 조상신으로서의 성격도 강하다.

그러한 까닭에 신라인은 지성을 다해 가장 역동적이며 신령스러운 모습의 용을 탄생시킨 것이다. 앞에서 에밀레종 원통의 하단부를 에워싼 1차 연꽃대좌를 이야기한 바 있는데, 천판의 테두리에도 훨씬 직경이 큰 원형의 연꽃대좌가 둘러쳐져 있다. 원통과 용이 예사 존재였다면 그런 극진한 호사는 어울리지 않는다. 결론적으로 신라 종의 단룡은 그 모든 의미가 중첩된, 더없는 존숭의 대상으로서의 문무왕의 성체聖體로 풀이하는 게 가장 타당하다.

문무왕, 민족의 그릇을 만들다

단룡이 문무왕이라고 할 때, 그것은 곧 그를 향한 후계자들의 추앙심이 그만큼 무량했음을 의미한다. 그러나 아무리 존숭의 대상이라지만, 우비고뇌에 시달리는 한낱 '중생'일 뿐인 인간이 언감 불가의 성보인 범종의 정수리를 차지한다는 것은 얼른 수긍이 안 간다.

그러나 안팎의 도전에 직면한 신라의 당시 사정을 돌아보면 아주 이해 못할 바도 아니다. 문무왕의 재위 기간에 이 땅을 무대로 펼쳐진 사건들은 하나같이 우리 민족의 명운과 직결되는 위기의 연속이었다.

그동안 신라의 삼한통합과 대당독립전쟁의 의의는 굴절되거나, 심지어는 비난의 대상이 되곤 했다. 김춘추와 김유신의 경우 외세를 끌어들여 동족을 해친 5천 년 민족사의 역적으로 매도되고, 그러한 시각은 오늘에까지도 온전하다. 그러나 그것은 민족 개념이 정착된 오늘의 시각일 뿐 그때로 돌아가면, 그리하여 그 시대의 현실에 동참하게 되면 그러한 시각에 의문을 품지 않을 수 없다. 다시 말해서 지금의 우리는 처음부터 '단일 민족'이었던 듯이 강조하지만, 그것은 한낱 주술呪術에 불과하다. 허다한 종족이 만주와 한반도라는 용광로 속에 뒤엉켜 소용돌이치다가 어느 시점에선가부터 서서히 동화同化의 길을 걸어왔을 뿐이다.

아주 오래 전부터 한반도와 그 주변은 무수한 종족과 국가가 난립한 상태로 뒤엉켜 서바이벌 게임을 벌이고 있었고, 명멸을 거듭했으며, 7세기로 접어들어서는 그 게임이 막바지로 치닫고 있었다. 바다 건너의 수·당 제국이라고 하는 초거인과 북쪽의 고구려, 남쪽의 백제와 신라와 가야, 그리고 이 땅의 뒷꼭지에 해당하는 또 다른 바다 건너의 왜국이 서로 물고 물리는 상황에서 영원한 적도, 영원한 동지도 없었다. 정복과 흡수와 통합과 소멸을 반복하는 혼돈 속에 합종연횡은 당연한 일이었고, 오직 '국체國體의 보존'만이 절대선絶對善이었다. 고구려와 백제의 패망, 그중에서도 만주와 대동강 이북의 고구려 강역 상실을 어떻게 바라봐야 하는가 하는 문제와는 별개로, 신라의 삼한통일은 일종의 에포케였다. 오랜 분립과 갈등과 대결의 형세가 어떻게 귀결될지 예측이 불가능한 채로 최후의 대변란을 향해 치닫다가 마침내 격렬한 폭발음과 함께 빅뱅을 일으켰고, 그 뒷자리에 최후로 살아남은 나라가 신라일 뿐이다.

신라가 사대주의라고 비판을 받아야 한다면, 백제 개로왕(455~475)이 고구려를 침공해 달라고 위魏나라에 원군을 요청한 것이나, 진흥왕의 팽창정책으로 곤경에 처한 백제가 중국 남조의 양나라에 정벌군을 요청한 행위 역시 비난을 면키 어렵다. 각도는 다르지만 백제 의자왕의 공격에 시달리던 신라에서 도움을 청하러 평양을 찾은 김춘추를 연개소문이 죽이려 한 일 역시 자아도취적인 오만에 빠져 냉엄한 국제 현실을 외면하여 외교적 고립을 자초한 어리석은 짓으로 비판되어야 한다. 김춘추는 처음부터 당을 끌어들이려고 한 것이 아니라 한반도 내에서의 노력이 무위로 돌아가자 최후의 선택으로 서해를 건넌 것이다. 또한 국가 존망의 위기가 다가오는데도 혼란과 무능과 착종과 자기 분열을 거듭한 백제와 고구려 지배층의 과오에 대한 면죄부를 발부할 수는 없는 노릇이다. 동맹국 백제의 몰락이 진행되는 동안 바다 건너 왜는 구원군을 파견했지만, 정작 먼저 움직였어야 할 고구려는 끝까지 침묵으로 일관했다. 턱밑에서 타오르는 불길이 미구에 자신을 향하리라는 것을 번연히 알면서도 변변한 대응조차 하지 못할 만큼 고구려 조정은 이미 위기관리 능력을 상실하고 있었던 것이다. 연개소문을 놓고 일각에서는 흡사 구국의 영웅이라도 되는 양 추켜세우지만, 그는 군주(영류왕)를 척살한 살육자라는 평가에서 자유로울 수 없으며, 권력을 사유화한 채 방종을 일삼다가 끝내는 7백 년 고구려 사직을 당에 갖다 바친 시대착오자일 뿐이다. 남생, 남건 등 그 자식들의 적전분열은 고구려 패망의 직접적인 요인으로 일말의 동정도 기대할 수 없으며, 어떠한 변명도 허용되지 않는다.

이 문제와 관련해 한 가지 간과해선 안 될 사항이 고대에는 오늘날과 같은 국경 개념이 부재했다는 사실이다. 전선은 끊임없이 이동했으며, 각국의 강역은 축소와 확대를 거듭해 쟁투가 심한 지역의 백성은 자신들의 정체성을 키울 여지가 없었다. 수백 년간 백제, 고구려, 신라로 지배자가 바뀐 한반도 중부의 사람들이 좋은 예인데, 그들에게 어느 국가에 대한 확고한 귀속감 내지 국민의식이 있었다고는 믿어지지 않는다.

그러한 배경에는 민족대이동이 자리잡고 있다. 〈단군신화〉, 〈주몽신화〉, 〈온조신화〉 등을 통해 알 수 있듯이 중앙아시아나 만주, 중국 등지로부터의 민족대이동의 파고가 간단없이 이 땅을 삼켜버리곤 했다. 특히 중원이나 북방 지역의 정세가 어지러우면 수많은 사람이 한반도로 들어왔고, 다시 일본열도로 건너갔다. 신라의 〈박혁거세신화〉, 〈김알지신화〉, 〈석탈해신화〉 역시 새로운 문명 집단의 유입과 정착의 생생한 이주사移住史 아닌가. 그래서 원래부터 삼한 지역에 살던 이들의 입장에서 보면 백제라는 낯선 집단이 갑자기 북방에서 밀고 내려와 한강 유역에 깃발을 꽂은 일이나 고구려의 평양천도는 그 자체로 날벼락 같은 돌발적인 사태였고, 재앙이자 고통일 수도 있었다.

　그런 까닭에 과연 그 나라들 간에 형제국, 혹은 동족 개념이 있었는지 의심스럽다. 실제로 국어학계에는 고구려인과 신라인 사이에 언어소통이 원활했는지에 대한 회의론이 존재한다. 비근한 예로, 같은 '산'과 '바다'도 고구려에서는 '달'과 '나미'라고 했고, 신라에서는 '모리'와 '바둘'이라고 했다는 것이다. 이렇듯이 초보적인 보통명사조차 공유하지 못했다는 것은 시사하는 바 크다. 당시 한반도라는 언어시장이, 비록 알타이어계통이라는 친족관계에 있던 것은 분명하지만, 부여계의 북방언어와 삼한계의 남방언어로 양분되어 있었던 것이다. 만약 이게 사실이라면 그들 사이에 공동체의식이 흐르고 있었다고 보기는 어려운 것이다. 당연한 현상인 것이 그때껏 이 땅의 사람들에게는 단일한 역사와 단일한 문화를 가꾸고 일굴 만한 기회가 단 한 차례도 주어진 적이 없었다. 한 울타리의 국체 안에서 잠시도 살아본 경험이 없는 그들에게 동족과 외세를 구별하라는 것은 무리한 요구가 될 수밖에 없다.

　따라서 그때 사람들에게 혈족의식을 갖지 않았다고 비난할 수 없는 일이듯이 김춘추와 김유신도 무조건 공박의 대상이 될 수 없다. 그들이 그려놓은 밑그림을 현실에 대입하고 실천한 문무왕에게도 지나친 폄하는 어울리지 않는다. 그는 자신의 위치에서 최선을 다해 국체를 지켜냈고, 자신의 강토와 신민을 지켜냈다. 당시의 실정을 냉정히 돌아볼 때 과연 그가 아니었다면, 사직과 강토와 신민이 온전했을

지 그것조차 의심스러울 지경이다.

가령 당과의 독립전쟁에서 신라가 패해 의자왕과 보장왕, 혹은 연남생의 예와 같이 문무왕이 장안으로 끌려가 측천 앞에 무릎을 꿇었다면, 그 이후의 상황 전개는 불을 보듯 뻔하다. 중국 역사상 가장 강성했던 당나라의 검은 그림자는 한사군의 경우처럼 그 뒤로 오랫동안 이 땅의 하늘을 뒤덮었을 것이다. 그것을 걷어내기 위해 후대에 또 얼마나 많은 피를 흘렸을까를 생각하면, 그의 대당 항쟁은 우리 민족의 존망을 판가름지은 성전으로 평가해도 지나치지 않다.

당시 신라가 제대로 대응을 하지 못해 이 땅이 통째로 당나라의 속국으로 전락했다면, 그리하여 수백 년 혹은 그 이상 예속상태가 지속되었다면 그때는 김춘추와 김유신, 문무왕은 '민족의 역적' 이상의 더심한 비난을 받아도 변명의 여지가 없다. 하지만 신라는 부단한 투쟁과 희생으로, 이 땅에 대군을 진주시켜 실질적인 정복자로 행세하고 있던 초강대국 당나라의 야욕을 꺾어 영구적인 식민지화를 막아냈다.

그런 점에서 신라의 삼한통합과 당군 축출은 우리 '민족의 그릇'을 지켜낸, 혹은 최초로 '민족의 그릇'을 만든 역사적 사건으로, 또 그 그릇을 주조해 낸 장인匠人으로서의 문무왕은 시대를 앞서간 영웅으로 인식할 수도 있는 문제이다. 그러한 인식은 당대인에게도 이미 공유된 것으로 보이는데, 1세기도 더 지난 애장왕哀莊王(재위 800~808) 때 원효를 기념하기 위해 건립된 고선사 서당화상탑비高仙寺誓幢和尚塔碑를 통해서도 그 점이 가늠된다. 거기에는 뜻밖에도 "문무대왕이 나라를 다스림에 일찍이 하늘의 부름에 응해 천하를 편안히 하고, 은혜를 열어 크게 지었으니 그 공을 능히 선양키 어렵다[文武大王之理國也 早應天成家邦

□롯 恩開大造功莫能宣]"는 대목이 나온다. 그중에 "대조大造"라는 말이야말로 그가 '민족의 그릇'을 주조했다는 적극적 긍정의 의미일 것이다.

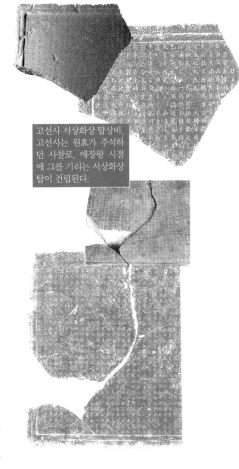

고선사 서상화상 탑상비. 고선사는 원효가 주석하던 사찰로, 애장왕 시절에 그를 기리는 서상화상탑이 건립된다.

이러한 인식은 지난 우리 민족의 발자취가 입증한다. 문무왕대에 굳어진 강역을 기반으로 고려 말 공민왕 때에는 철령 회복이라 하여 압록강까지 강역을 넓히고, 다시 조선 초의 세종은 육진개척과 사군설치를 통해 함경도 북방까지 석권해 국토를 확장하고 있지 않은가. 또 구한말과 일제 강점기라는 극한의 시기에는 비록 생존을 위한 몸부림이었지만 북간도 등으로 이주의 대열이 이어졌다. 그렇게 보면 신라의 당군 축출 이래의 우리 역사는 위축과 패배와 굴욕의 역사가 아니라, 그것과는 정반대로 비록 힘겹고 한없이 더디지만 끊임없는 영토 팽창의 진취적인 역사로 새롭게 기술되어야 할지 모른다.

문무왕, 그는 당시까지 이 땅을 지배해온 전쟁의 신을, 스스로 전쟁의 신이 되어 거세했다. 그때로부터 이 땅은 수백 년 이상 지속된 살육의 주술에서 풀려나 처음으로 평화의 노래를 맘껏 부를 수 있게 되었다. 더욱 강조되어야 할 것은 그때를 전환점으로 이 땅의 구성원

사이에 동족의식이 싹트고 깊어지기 시작했으며, 강화된 동족의식을 바탕으로 민족의 문화예술이 도약의 계기를 맞이한 사실이다. 지금에 와서 우리가 쉽게 사용하는 '민족民族'이란 단어 자체가 그가 있었기에 사용 가능하게 된 것이다.

개인사에도 질곡이 있지만, 국가나 민족의 역사에도 시대의 질곡이란 게 있다. 과거의 역사를 살아간 이들이 부득이하게 짊어진 그 질곡의 덫을 공유하지 않고서는 오늘의 어떠한 논리도 비이성의 폭력적 담론으로 떨어질 우려가 높다. 그들의 어깨를 짓누르던 시대의 질곡을 단 한 줌도 나누어지지 않는 채, 시간의 거리를 방패삼아 현재라는 안전지대에서 행하는 일방적인 역사 서술은 공정하지 못할 뿐 아니라 비겁한 행위, 혹은 공허한 언어유희에 지나지 않는다.

신라종의 주인공

지금까지 신라종의 단룡이 문무왕의 형상화라는 추론에 도달했지만, 설화를 꼼꼼히 읽어보면 몇 가지 의문이 남는다. 우선 동해용왕으로서의 문무왕은 직접 출연하지 않고 심부름꾼인 사자용使者龍이 그 역할을 대신한다. 또한 신문왕에게 전달된 것은 흑옥대이며, 만파식적은 그 원자재인 대나무가 전해질 뿐이다. 아울러 천신으로서의 김유신도 이성二聖이라는 명칭에 묶여 문무왕과 동격으로 진술된다. 그렇다고 한다면 신라종에는 흑옥대도 묘사되어야 하고, 원통은 화려한 문양에 덮인 상태가 아닌 생죽의 형상이라야 맞다. 뿐 아니라 정수리의 용龍은 문무왕이 아니라 사자용으로 읽어야 옳고, 게다가 김유신도 등장해야 한다.

이러한 여러 공백과 의문은 어떻게 이해해야 할까. 여기서 생각해야 할 것이 설화 문학과 조형 예술의 상이한 성격이다. 설화라는 장르는 기본적으로 스토리 전체를 서술하는 반면, 조형 예술은 스토리의 찰나화를 지향한다. 예컨대 회화의 경우 아무리 긴 서사적 사건이라도 그 사건의 핵심을 포착해 한 폭의 캔버스에 담아내야 하고, 사진은 '찰칵' 하는 순간에 피사체의 본질을 단 한 컷에 가두어야 한다.

진평왕의 옥대 이야기에도 '제석천'은 직접 등장하지 않고 심부름꾼인 '천인'이 대신 옥대를 전한다. 그렇지만 그 이야기의 뼈대는, 제석천이 진평왕에게 옥대를 하사했다는 것에 그친다. 대리자인 천인은 지워내도 무방한 것이다. 만파식적 설화에서도 사자용은 곁가지일 뿐이며, 동해용왕(문무왕)과 천신(김유신)이 만파식적과 흑옥대를 전달한 사건이 골격을 이룬다.

그렇다면 첫째로, 이미 망자의 세계에 있는 이성이 현실계에 직접 현신하는 것이 불가능한 상황에서 그 대역을 뛰어난 연기력으로 완벽하게 소화해낸 사자용은 누구일까. 앞에서 동해구가 무열왕계의 봉지였을 개연성을 짚어보았지만, 그곳에 대해 이전부터 동해의 용신을 모시는 용당이 있었으리라는 견해가 있다.[42] 그러한 풀이에 따른다면, 사자용으로 분장한 존재는 그 용당을 주재하는 신무神巫일 가능성이 높다. 그 지역의 신무가 중대왕실과의 관계 속에 이성의 환생을 인증해 주고, 다시 또 두 기물의 신성성을 보장하는 사자용으로서의 역할을 톡톡히 해낸 것이다.

다음으로 흑옥대가 묘사되지 않은 것은, 한참 앞에서 그 대목이 후대의 부회라는 점을 강조했듯이 만파식적 사건 당시 흑옥대는 물론 태자 이공(효소왕)은 세상에 존재하지 않았다. 그러므로 신라종에 흑옥대가 등장하지 않은 것은 오히려 자연스러운 일이다.

마지막으로 김유신이 신라종에 묘사되지 않은 까닭도 충분히 납득할 수 있는 문제이다. 그에게는 만파식적 설화와 연결시킬 만한 어떠한 선행설화도 없다. 굳이 찾는다면, 죽음의 전조로서, 그가 79세 되던 673년 6월의 일화가 있을 뿐이다. 융복 차림에 무기를 든 수십 인이 그의 집에서 나와 울면서 떠나가는 것을 남들이 목격하고, 그 이야기를 전하자 그는 "이것은 반드시 나를 보호하던 음병陰兵(神兵)이 나의 복이 다한 것을 보았기 때문에 간 것이니, 나는 죽게 될 것이다"라고 탄식했다는 것이다. 과연 10여일 후인 7월 1일, 종신을 위해 방문한 문무왕을 향해 그는 자신의 소회를 유언 삼아 이야기한 다음 유명을 달리한다. 그를 만파식적 설화와 연결 지을 만한 이야기가 형성되지 않은 것이다. 때문에 만파식적 설화에서 그의 출현은 오히려 느닷없게 다가온다. 아마도 후대의 정치 지형 속에서 그의 위명과 그 가문의 협조가 요구된 결과일 것이다. 결국 효소왕의 흑옥대와 마찬가지로 김유신 관련 대목 역시 원래의 1차 설화에는 없다가 나중에 삽입된 것으로 보는 게 온당하다.

이상의 정황이 말해 주듯 만파식적 설화의 유일한 히로인은 문무왕이며, 그 연장선에서 신라종의 단룡을 문무왕으로 파악하는 것은 극히 상식적이다. 신라 예술가는 설화의 지엽말단을 쳐내고 줄기만 남기는 방식으로, 그를 주인공으로 한 새로운 종정부를 구성한 것이다. 그것은 호법용과 호국용이라는 두 가지 성격을 갖춘 새로운 개념의 용이며, 종의 최정상에서 다른 구성요소들을 주재하고 통어하는 문무왕의 환신이다.

반복하면, 문무왕이 만파식적을 짊어지고 동해 창파를 가르며 치달아오는 경이롭고도 드라마틱한 장면이 신라종의 핵심 제재이다. 이야말로 역사상의 실존 인물이 종의 고리로 안착한, 동서고금의 주종사에서 상상하기 어려운 희유한 사건이 신라의 왕도 서라벌 한복판에서 7세기 후반 연출된 것이다.

역사화된 상징

오늘의 우리에게는 만파식적 설화가 더없이 허황되게 느껴진다. 하지만 조선왕실에서의 《용비어천가》처럼 중대왕실의 후계자들에게 만파식적 설화는 성스러운 '건국신화'와 다를 바 없었을 것이다. 중대왕실의 정체성은 문무왕으로 말미암아 확립되었으며, 그는 생전에 이미 최고의 추앙을 받았다. 인상적인 각종 설화를 남긴 걸 보면, 사망 후 그 존숭의 염이 더욱 증폭되어 갔음을 알 수 있다. 그렇게 볼 때 문무왕이 동해용왕이 되겠다는 서원부터 만파식적 사건까지의 일련의 스토리는 그를 주인공으로 한 영웅서사시로 보아도 결코 무리가 아니다.

바로 그러한 분위기가 그를 용의 모습으로 범종의 정수리로 밀어 올리게 되었던 것이다. 요컨대 신라종이라는 신양식의 범종은 문무왕이 아니라면 탄생하지 않았다. 문무왕이야말로 신라종의 유일한 주인공인 셈이다.

상원사종 용두부분

문무왕 자신이 기획하고 연출한 만파식적 사건은 신 양식의 범종을 통해 신라 당대에 이미 '역사적 상징Historiches Symbol'이 아니라 '역사화된 상징Historisiertes Symbol'으로 응시되고 있었던 것이다.[43]

한편, 신라종은 방향성에 있어서도 또 하나의 전범을 이룩했다. 중·일 양국의 종은 전후의 구분이 무의미해 어느 방향으로 걸어도 무방하다. 하지만 신라종은 용두쪽이 정면이 되고, 만파식적 쪽이 뒤가 된다. 그래서 용두가 서쪽을 향하도록 매다는 것이 자연스럽다. 문무왕이 용왕의 몸으로 동해로부터 서쪽의 뭍을 향해 달려오기 때문이다. 그러므로 현재 경주박물관 내정, 양풍의 현대식 종각에 걸린 에밀레종은 용두가 동향인데, 언젠가는 그것도 바로잡아야 할지 모른다.

오늘의 우리가 신라 범종 앞에 선다는 것은 설화 속 이야기가 시공을 뛰어넘어 현재라는 시점에 재연된다는 것을 의미한다. 그리하여 우리는 1300년 전, 만파식적을 짊어진 채 격랑을 일으키면서 뭍을 향해 달려오는 문무왕을 친견하는 폭이 된다. 문무왕은 오늘도 신라종의 정수리에서 '소리로써 세상을 다스려라'는 신탁을 계시하고 있는 것이다.

미의 정령들

지난 2003년, 김천 직지사의 성보박물관에서는 동양에서 아리땁기로 소문난 최고의 스타들이 빛나는 자태를 뽐내는 화려한 무도회가 열렸다. 우리 범종에 새겨진 비천들의 탁본 전시회가 마련된 것이다. 전국에 산재한 작품들과 재일 우리종의 탁본을 직접 뜨기 위한 노력과 정성은 전시도록 《하늘꽃으로 내리는 깨달음의 소리》에 알알이 배어 있거니와, 지난 천여 년 간 이 땅의 흙과 물과 불과 바람과 쇳물과의 힘겨운 씨름 속에 최고의 명품을 남기고 간 저 무명의 장인들에게 바치는 최상의 헌물일 것이다.

　종복의 한가운데를 차지한, 구름에 몸을 싣고 다소곳이 합장을 하는가 하면, 꽃송이와 향로를 받쳐 들고, 그런가 하면 횡적을 불고, 비파를 불면서 허공을 너울너울 흐르는 미의 정령들……:

　불교의 둥지에서 태어나고 자라난 그들 비천은 붓다에 대한 공경심을 대변하고, 불국정토를 꿈꾸는 불자들의 환희심을 진작시키는 일을 소임으로 한다. 그래서 붓다의 생애, 그리고 불교의 발자취를 따라가노라면 곳곳에서 그들의 미태와 맞닥뜨리게 된다.

붓다의 일대기에서 매 중요한 순간들은 끝없는 찬탄과 감로와 음악과 향기와 춤으로 장엄을 받는다. 천녀가 날고, 천상의 선율이 울려 퍼지고, 희유한 꽃들이 뒤덮고, 만 가지 향이 타오르고, 대범大梵과 제석의 천신이 경배를 바친다. 그중에서도 탄생, 성도, 초전법륜, 열반 등 기념적인 날이면 투명한 옷자락을 드리우면서 어김없이 허공을 날아오는 존재가 비천이다. "삶에의 맹목적 의지에 대한 정복자이며, 출생의 굴레를 끊는 절단자로서, 또한 영원한 초월주의적 세계로 가는 길을 밝혀주는 지침자인 이 구세주"[44]의 출현을 비천 스스로 꽃송이가 되어 찬미하는 것이다.

그러나 그들 비천은 원래 그리 매혹적이거나 신심 깊은 존재가 아니었다. 고대 인도의 바라문교에서 음악과 관련이 깊은 간다르바, 긴나라 등이 기원으로 알려져 있으나, 사람인지 짐승인지조차 불분명하다. 때로 조두인신鳥頭人身이나 마두인신馬頭人身의 기이한 모습일 경우도 있는데, 그들은 팔부신중이나 사천왕처럼 불교의 강한 흡입력에 포섭된다. 다만 팔부신중과 사천왕 등은 수호신장의 역할을 맡게 되는 반면, 그들에게는 불보살을 찬탄하는 소임이 떨어진다.

불교의 동전東傳은 그들에게 파격적인 변신의 기회를 제공한다. 인도에서의 괴이쩍은 모습이 아니라 서역 귀족의 우아한 풍모에다 중국의 도가풍이 결합된, 전형적인 선녀의 모습을 얻게 된 것이다. 그리하여 상체는 나신으로, 하체는 비단으로 감싼 궁중 여인의 농염한 맵시를 자랑하는 가운데, 특히 손동작은 비할 데 없이 유연한 수준에

고려 전기 범종(1011년경)의 비천 탁본, 일본 천륜사. 고려 전기 범종에 이르면 비천이 조연급으로 물러나고, 불보살이 종의 중심 자리를 차지한다. 후기에 이르면 비천이 완전히 사라지는데, 오직 불보살만이 경배를 받게 된다.

이르러 무희의 원무라도 보는 듯하다. 이를테면 돈황이나 운강 등 중국의 석굴사원은 그들 비천에게는 더할 나위 없이 훌륭한 연회장으로, 수세기 이상 조성된 그 많은 석굴의 벽면마다에서는 그들의 환상적인 율동과 감미로운 연주와 화려한 패션쇼가 펼쳐진다.

사찰을 장엄하는 데도 비천을 능가하는 것이 없어 법당 내외 벽면과 천장은 물론이고, 수미단, 단청 및 석등과 부도 등 그들이 살지 않는 곳이 드물었다.

그러나 날개가 달린 서양 천사와는 다르게 이 비천들은 날개가 없다. 대신 천의天衣라는, 그중에서도 표대飄

일본 경도 평등원종 비천

帶, 또는 박대博帶라고 불리는 기다란 띠가 날개 구실을 톡톡히 해서 스스로 바람을 일으키거나 바람결에 실려 시공에 구애됨 없이 자재하게 날아다닌다. 예외적으로 중앙아시아 키질벽화의 비천, 혹은 보살상에는 날개가 달려 있어 동서 문화 교류의 살아 있는 증좌로 읽히기도 한다.

그들의 요염한 자태는 감수성 예민한 시인의 눈길을 자극하기도 했는데, 불교에 푹 침잠해 있던 당나라 왕유王維는 산중 법당의 비천을 다음과 같이 묘사하였다.

바위 골은 좁은 길로 바뀌고,　　　　巖壑轉微逕

구름 숲으로 법당 숨었네.　　　　　雲林隱法堂

신선은 날며 음악을 연주하고, ˈ　　　羽人飛奏樂

천녀는 꿇어 앉아 향을 사르네. .　　天女跪焚香

(이하 4행 생략)

바로 그들 아리따운 비천은 불법의 파도에 실려 우리나라까지 찾아왔고, 앞서 보았듯이 경주 감은사에서는 석탑의 사리함 안에까지 주악상의 토우 비천들이 봉안된다. 그들은 일본열도로 훠이훠이 날아가는데, 감은사 주악비천상들과 흡사한 주악상들이 경도 평등원平等院에도 전해 온다. 뿐 아니라 천신 강림이나 천신 공양의 예화가 《삼국유사》에 빈번하게 등장하는 걸 보면, 그들은 불교의 울타리를 벗어나 국가적인 경사, 혹은 영웅적 인물을 찬양하는 역할도 훌륭하게 수행해 온 것으로 짐작된다.

신라종의 여신들

헌데 그들 비천이 기이하게도 신라종에만 필수적이고 절대적인 요소로 등장한다. 중·일 양국은 물론 네팔, 티베트, 몽고, 그밖에 동남

아 어느 나라의 범종에도 신라식의 정형화된 비천은 일절 보이지 않는다. 그리하여 비천은 신라종과 다른 나라의 종을 구별 짓는 또 하나의 강력한 척도가 된다. 그 점 역시 신라종이 처음부터 확고한 주제의식에 따라 창안되었음을 말해 주는 뚜렷한 징표인 셈이다.

신라종의 비천은 인물 수를 기준으로 단비천單飛天과 쌍비천雙飛天으로 나뉜다. 한 덩이의 연꽃대좌에 홀로 앉아 있는 것이 단비천, 둘이 나란히 함께 앉아 있으면 쌍비천이다. 에밀레종을 필두로 청주박물관의 신라종, 재일 연지사종, 송산촌대사종, 광명사종에 단비천이 새겨져 있고, 쌍비천은 오대산 상원사종과 파손된 선림원종 및 실상사종, 그리고 재일 운수사종 및 망실된 무진사종 등에 주인공처럼 등장한다.

그들은 자세나 지물 및 형식 등이 제각각이어서 여러 이름으로 불린다. 악기를 연주하는 '주악비천', 공양을 올리는 '공양비천', 두 손을 모은 '합장비천', 날개 달린 '유익有翼비천', 날개 없는 '천의비천', 혹은 스스로 날아다니는 '자행(自行)비천', 구름을 타고 다니는 '등운登雲비천' 등이다.[45]

그들 신라종의 비천은 릴리프(부조)와 회화라는 이중의 성격을 동시에 보여주는, 이른바 압출壓出 방식을 이용한 걸출한 미감으로

금속공예의 한 장을 열었다. 1967년 남원 실상사에서 출토된 윗부분이 깨져나간 신라종의 경우, 꽃방석 같은 구름 위에 가부좌를 튼 채 마주 앉아 피리를 부는 쌍비천의 모습은 흡사 극락의 묘음을 듣는 듯하다. 이 실상사 비천에 대한, 우리 문화를 우리보다 더 사랑한 존 카터 코벨의 "어느 누구도 한국의 종장들만큼 아름다운 불교 비천상들은 만들어내지 못했다"는 평가는 결코 공연한 언사가 아니다.[46]

오대산 상원사종의 비천 또한 걸작 중의 걸작이다. 과연 두 명씩의 비천이 각기 조를 이루어 종복의 앞뒤에서 구름 위에 무릎을 조아린 채 공후와 우竽(笙簧)를 연주하는 중인데, 이 땅의 미술사를 최초로 서술한 독일인 안드레 에카르트가 그들한테 바친 헌사 또한 잊을 수 없다.

그녀의 가벼운 천의가 하늘거리며 몸에 두세 번 말려 움직이고 있는 구름과 함께 긴 타원형을 만들어 공중을 날고 있는 모습은 완전히 조선 독자의 것이다. 이 비천상은 …… 음악의 배음(倍音)과 같이 구름, 고리(연화문), 테두리(대)가 공중에 떠 있어, 마음과 눈과 귀의 기쁨과 부드럽게 조화되는 음색이 있다. 이 신라의 범종만큼 음악적인 종의 음音이 구상적인 그림으로 표현된 것은 어디에도 없을 것이다.[47]

에밀레종 비천 탁본

그러나 오대산 상원사종의 비천은 그들만이 아니다. 숨바꼭질이라도 하듯 상·하대와 꽃집 등 곳곳에 새겨진 '꼬맹이' 비천들로 말미암아 종신 자체가 터질 듯하다. 그들은 상대의 여러 반원문 안에서는 피리와 쟁을, 하대에서는 피리와 장구와 비파, 네 꽃집의 마름모꼴 띠 안에서는 생과 요고를 각각 탄주하고 있어 흡사 오케스트라의 신곡 발표회 시간 같기도 하다.

그렇지만 비천이라고 하면 역시 에밀레종의 비천을 단연 수위에 꼽아야 한다. 좌우 종복으로 한 쌍씩 모두 네 상인데, 다른 종과 달리 한 쌍을 두 상으로 분리한 것은 종체의 덩치가 커지면서 덩달아 확장된 공간을 효율적으로 관리하려는 고심의 결과일 것이다.

넉넉한 종복 한복판에서 단정한 자세로 활짝 핀 연꽃모양의 향로를 두 손에 받쳐 들고 마주앉은 여인들이라니……. 반라의 몸에서 돋아난 몇 갈래의 표대가 허공으로 뻗어나가는가 하면, 박대와 허리춤에서 출발한 요패腰佩의 기다란 띠들은 바람 한 점 없는데도 너울너울 춤을 춘다. 그것들의 유려한 곡선은 어지러운 듯하면서도 정연하기 짝이 없다.

언제 보아도 그들은 정밀한 고요의 시간을 누리는 듯한 이 비천의 또 다른 특징은 구름무늬 같은 연꽃덩굴에 있다. 보기에 따라서 다섯에서 일곱에 이르는 구름꽃가지들이 마치 꼬리를 이어 물고 원무를 추는 꽃뱀들처럼 서로 맞물리면서 비천을 외호장엄外護莊嚴하는 중인데, 이러한 디자인은 오직 에밀레종에서만 볼 수 있다. 덕분에 비천들은 흡사 꽃넝쿨의 중심 줄기에서 돋아난 대형 꽃떨기처럼 한층 더 두드러져 보인다. 특히 서로서로 급반전을 이루면서 끝없이 굴곡을 짓는 연꽃덩굴은 곳곳에 맺힌 크고 작은 꽃떨기들과 더불어, 단순하고 얌전한 맵시의 표대 및 요패들과 조화로운 대비를 이룬다.

에밀레종의 비천과 거의 똑같은 비천이 일본에도 전해오는데, 신라에서 건너간 승려 의연이 제작한 강사岡寺의 전돌에 부조된 비천이다. 포즈며 분위기가 에밀레종의 비천을 옮겨놓은 듯이 똑 닮았다. 그만큼 비천은 고대에 있어 국경에 관계없이 동양권 전체에서 미의 여신으로 흠모를 받고 있었던 것이다.

그런데 그토록 아름다운 신라종의 비천은 고려시대로 넘어가면서 은연 중 종적을 감추고 만다. 섬세한 부조가 아닌, 딱딱한 느낌을 주는 선각의 불보살상으로 대체되어 가는데, 전기에는 여래와 보살이 엇비슷한 비율로 나타나지만, 후기로 가면 주로 보살만이 남는다. 참고로 덧붙이면, 범종에 불상이 최초로 새겨진 작품은 고려 광종 7년(956) 작인 재일 퇴화군 대사종退火郡大寺鐘이며, 보살상의 경우는 11세기 작으로 추정되는 영일迎日 출토종(국립경주박물관 소장)으로 보고되어 있다.[48] 결국 신라종에서 사랑을 독차지하다시피 한 비천은 세월과 인심의 변화 속에 버림을 받고 만다.

고려전기 범종의 비천 탁본, 일본 미상신사

일본 강사岡寺 전돌의 비천

신라인이 비천을 사랑한 이유

신라종에는 비천이 필수성분처럼 빠지지 않는다. 비천이 유독 신라
종에만 출현한 데에는 그럴 만한 배경이나 이유가 있을 것이다. 그
동안은 신라종의 여러 특징 중 하나라는 평면적인 지적이 태반인 가
운데, 일부에서 사견을 제시하기도 했다. 예컨대 에밀레종을 특정해
그것이 성덕왕의 추복을 위해 만들어진 만큼, 성덕왕의 극락왕생을
기원하는 중이라는 풀이가 있다.[49] 비천들이 향로를 받쳐 들고 있다
는 점에서 일견 수긍되는 면이 없지 않다. 그러나 여타 신라종의 비
천에 대해서는 마땅한 답을 제공하지 못한다는 점에서 한계가 뚜렷
하다. 무엇보다 비천이란 것이 기본적으로 사자死者의 명복을 비는
존재가 아님은 특별한 설명을 요하지 않는다.

한편, 고려조로 넘어가면서 불보살상으로 대체되는 경향을 두고,
신라에서는 화엄사상이 주악천인상으로 표현되었지만, 고려로 가면
천태종에 의한 밀교적 영향 및 의식儀式 불교로 인해 천인과 보살 및
여래상을 동일시한 결과로 보기도 한다.[50] 하지만 중·일 양국에도
시대에 따라 여러 종파가 부침을 거듭하고 소의경전도 달리하지만
비천이 나타난 일도, 다른 것으로 바뀐 일도 없다. 우리가 알고 싶은
것은 신라인만 유독 비천에 집착한 이유이다.

두말할 나위 없이 비천은 무언가를 찬탄하는 게 기본적인 소임이
다. 오직 찬탄을 위해 태어난 존재가 비천이다. 그렇다면 신라종의
비천이 찬탄한 대상이 있어야 한다. 그리고 그 대상은 당대 신라인의
흠모 대상과 일치할 것이다.

거듭 말하지만, 신라종의 주제는 만파식적 설화이고, 그 설화의 주인공은 문무왕이다. 그는 오로지 중대왕실의 영속과 국태민안을 위해 축생의 길을 걸어간, 말하자면 중대왕실의 수호신이다. 그에 대한 후계자들의 존숭의 염이 우리의 상식으로는 가늠하기 어려울 정도였으리라는 것은 충분히 짐작된다.

추측을 하자면, 중대왕실은 그를 향한 자신들의 숭앙심을 드러내기 위한 방법을 모색하던 차에 비천이라는 존재에 착안, 그것들이 자신들의 의도에 얼마나 잘 어울리는지를 직관적으로 깨우쳤을 것이다. 말하자면 비천들에게 자신들을 대리해서 만파식적을 짊어진 채 죽음의 공간에서 이승의 공간으로, 심해에서 수면으로 떠오르는 선대왕에게 최고의 경의를 표하는 임무를 부여했으리라는 해석이다.

상원사종 하대 반원문 안의 비천상

신라종의 비천은 신라인의 독자적인 미의식의 산물로, 오직 한 사람 문무왕을 환희심에 겨워 찬탄 중에 있는 것이다.

이와 관련해 오대산 상원사종(725)의 상대와 하대, 꽃집 할 것 없이 모든 꽃문양 사이사이에 앙증맞은 비천이 숨바꼭질 중이라고 말한 바 있다. 그들은 저마다 악기를 탄주 중인데, 역시 문무왕과 그의 은사물을 찬양하는 것처럼 보인다. 아마도 중대신라의 성세를 열어젖힌 성덕왕대의 한껏 고양된 분위기가 그처럼 무수한 비천을 탄생시켰을 것이다.

이렇게 볼 때, 고려조로 넘어가면서 비천이 실종되거나 불보살상으로 바뀌어 간 현상도 설명이 가능하다. 중대왕실의 몰락 이후, 만파식적의 원통이 도식화의 길을 걸었듯이, 비천의 의미가 퇴조함과 동시에 국교로 확립된 불교의 압도적 분위기 속에서 불교 본연의 신격들로 대체되어 간 것으로 가닥이 잡힌다. 아울러 중·일 양국의 종들에 비천이 등장하지 않는 것은, 그들에게는 비천으로 장엄할 만한 특별한 대상이 없었던 때문으로 보인다.

문무왕의 후계자들은 자신들의 대리자인 비천을 종체에 얹기를 적극 장려했을 것이다. 그러나 전국으로 퍼져나가는 데는 적지 않은 시간이 소요된 듯, 안양 중초사지의 마애종 같이 지방에서는 한동안 무비천의 종이 제작되었을 것으로 보인다.

그런데 신라종의 비천이 처음부터 오늘에 보는 바와 같이 흠결 없이 아리따웠을까, 하는 의문이 든다. 무엇이든 완숙한 경지에 도달하기 전에 소박하고 조악한 시절을 거친다고 할 때 신라종의 비천에게도 틀림없이 유치한(!) 때가 있었을 것이다. 그러므로 신문왕 및 효소왕 대를 거쳐 성덕왕 시절에 이르러 비로소 오늘에 보는 세련되고 정치한 비천 도상이 완성되었다고 보아도 무리는 아닐 것이다.

그러나 비천이 불보살 등의 신

조선후기 범종에 새긴 비천목과 탁본,
원주 명주사 고판화 박물관

격이 아닌 특정인을 찬양한다는 결론을 두고 일정한 거부감이 따를 수 있다. 하지만 앞서 본 에밀레종의 원통 하단부를 에워싼 연화대좌도 원래는 불보살이나 불사리에 한해 장식되는 장엄요소이나, 신라인은 원통(만파식적)의 권능을 높이기 위해 그것을 과감하게 차용했다. 비천의 경우도 다르지 않다. '왕즉불王則佛'의 이데올로기가 보편화된 시대적 특수성도 감안하면, 선대왕의 극적인 출현 순간을 비천이 대신 찬탄케 하는 것도 얼마든지 가능하다. 비천의 그러한 역할 전환이 넓게 보면 범종이라는 불구佛具의 틀 안에서 행해진 것으로, 범종의 본질을 훼손한다고는 생각되지 않는다.

신라종의 비천은 문무왕과 신적이 출현하는 이적을 찬탄하는 아주 특별한 존재이다. 신라 중대왕실이 거행하는 비밀스러운 의식에 가장 중요한 배역을 맡아 참례한 귀빈 중의 귀빈이 비천인 셈이다.

그러나 그들 비천의 역할은 단순히 문무왕과 신적을 찬양하는 정도에 머물지 않았다. 거기에 더하여 그들은 신라종의 미학을 완성시키는 제2의 소임까지 더없이 훌륭하게 수행한다. 정중동의 그들로 말미암아 무위無爲의 공산에 불과하던 종복에 천상의 시간이 실연實演되고, 아름다움이 충만한 신비스러운 공간으로 탈바꿈하는 진경이 연출되기 때문이다. 이 문제는 뒤에서 새롭게 이야기될 것이다.

25.
거룩한 기호 4번
연꽃─천하

매枚에서 연꽃으로

신라종에서 또한 눈길을 끄는 것이, 종의 어깨를 따라 돌아가면서 네 곳에 마련된 꽃집과 그 속에 피어난 36송이의 연꽃이다.

중국 고악종의 그것들은 《주례》〈고공기〉 등에서 '매枚'라고 지칭되고 있다. 그러나 학계에서는 '유두乳頭'나 '종유鐘乳', 그것들을 감싸 안고 있는 마름모꼴의 꽃집은 '유곽乳廓'이라는 말을 타성적으로 사용해 왔다. 하지만 에밀레종의 그것들은 활짝 피어난 연꽃 모양이고, 오대산 상원사종의 그것들은 꽃받침 한가운데서 꽈리처럼 부풀어 올라 꽃망울에 방불하다. 더욱이 유두나 종유, 유곽 모두가 불가의 성보에 적절치 못한, 불쾌하기까지 한 용어이다. 그래서 최응천은 유곽은 '연실蓮室'이나 '연곽蓮廓'으로, 유두는 '연뢰蓮蕾'로 고쳐 부르자는 의견을 내놓았는데, 일리 있는 제안이다.[51]

이 글에서는 중국의 고악종 및 일본의 화종, 그리고 법당이나 불탑의 처마에 장식한 풍탁(보령) 등의 돌출물은 계속 매라고 칭하는 한

편, 신라종의 그것들은 연꽃 모양에다 고
악종의 매에서 온 것이니만큼 연속성을
고려해 '매련枚蓮'으로 총칭하면서, 쉽게
는 '연꽃'으로 부르고자 한다. 아울러 오
대산 상원사종 계열의 매는 '연꽃망울'
로, 에밀레종 계열의 매는 '연꽃송이'로
병칭하고, 아울러 유곽은 '꽃집' 등으로
칭하기로 약속한다.

앞서 말한 바대로 36개의 매는 중국 고
악종의 절대요소로, 앞 시대의 일부 토기
악종에 비치기도 하나 정鉦에 이르러 하
나의 법식으로 정착된다. 분명 무엇인가
를 나타내는 것이 분명한데, 제사 예기에
조식되었다는 점에서 어떤 주술적인 의
미가 점쳐진다. 그러나 중국의 고문헌이
나 중국 학자의 논저에는 명쾌한 답이 보
이지 않는다. 일본 학계도 언급을 피하고
있는 상황인데, 다행히 우리 학계에 몇 가
지 가설이 제기되어 있다.

우선 더러운 연못에서 피어나는 연꽃
의 속성을 통해 사바세계의 불법을 상징
하며, 극락정토에 표현되는 연화생蓮花生
을 의미한다는 지적이 있다.[52] 중국 고악

에밀레종 매련. 활짝 핀 연꽃이 종체 표면에 납작하게 부조되어 있다.

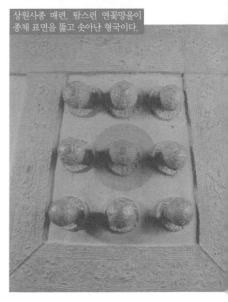

상원사종 매련. 탐스런 연꽃망울이 종체 표면을 뚫고 솟아난 형국이다.

종의 돌기물 형태가 연꽃 모양으로 바뀐 점에 주목한 것이다. 그러나 꽃집은 왜 꼭 4곳인지, 또 각 9개씩 해서 왜 도합 36개인지 등 본질적인 궁금증은 해소되지 않는다. 다시 말해 그것들은 모양이 아니라 그 개수에 의미가 숨어 있는 숫자 상징으로 접근해야 한다.

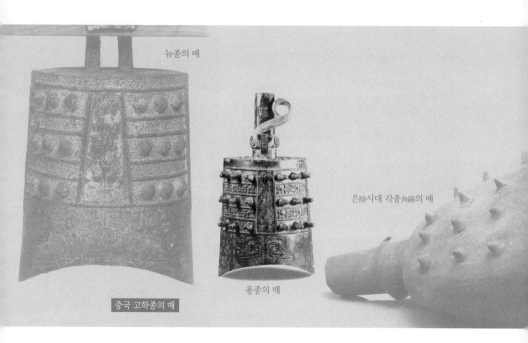

뉴종의 매

은殷시대 각종角鐘의 매

용종의 매

중국 고학종의 매

일찌감치 그 점을 간파한 이는 고유섭이다. 일찍이 1935년에 그것들이 불교의 '36선신善神'을 나타낸 것이라는 견해를 선보인 까닭이다.[53] 불가의 범종이라는 점에 착안한 것인데, 하지만 매는 불교가 중국에 전래하기 훨씬 이전인 상고시대에 확립되므로 연대 자체가 맞지 않는다. 고유섭 당시까지만 해도 고악종 관련 자료가 충분치 못했음을 시사하는 대목이다.

한편, 최완수는 9라는 숫자가 10진법에서 홀수의 마지막에 해당하는 숫자로 하늘과 남성의 상징이라는 의견을 제시하였다.[54] 그러나 범종을 논하는 자리에서 '남성' 운운하는 것부터 본질을 벗어날 뿐

박종의 매

한국고대의 풍탁들

아니라, 그것들을 모두 합한 짝수 36은 오히려 '여성'의 상징으로 읽어야 하는 자가당착에 봉착한다.

그밖에 다른 연구자들은 무심히 넘기고 있는 형편인데, 실인즉슨 1978년에 홍사준이 아주 이채로운 해석을 제출한 바 있다. 이른바 '삼십육궁도설三十六宮都說'이다. 다음은 원문 그대로를 살려 인용한 것이다.

유좌 내 유두를 종횡 3열, 즉 9개 유좌는 중국에 가장 오래된 낙서洛書의 9
궁宮을 표시한 징좌가 아닐까 생각된다. 수의 5가 중심이 되어 …… 15가
되어 이것이 소위 9궁이라는 것이다. 이 9궁은 춘春에서 동冬까지 각 계季
에도 있음을 표表함에서, 범종 4면에도 유곽을 배치한 것이 아닐까 인식되
는 바이며,' 삼십육궁도시춘三十六宮都是春' 이 춘계에서 동계까지 36궁으로
1년을 표시한 4구區의 유곽으로 보아진다.[55]

1년을 36절기로 나누는 '36궁三十六宮' 이라는 개념이 신라종의 연
꽃들, 더 나아가 중국 고악종의 매에 담겼다는 것이다. '삼십육궁도
설三十六宮都說' 이라고 이름 붙일 수 있겠는데, 매의 의미를 중국 학계
에서조차 외면하고 있는 상황에서 그들의 고전적 세계관을 통해 답
을 찾으려고 한 그 점만으로도 의의가 깊다. 우리에게는 그의 착안을
검증 내지 심화시킬 의무가 있다.

〈36궁도〉

그러면 36궁이란 무엇일까. 춘하
추동 '사계四季' 의 각 1계季는 보통
6절기로 이루어져 1년은 24절기라
는 게 우리의 상식이다. 그러나 예
전에는 각 1계마다 맹孟 · 중仲 · 계季
를 넣어 9절기가 되어 1년을 36절
기로 표현하기도 했다. 이 1년 36
절기가 바로 삼십육궁으로, 왼쪽의
사진이 옛 목판 인쇄본에 나오는
삼십육궁 그림이다.

여기서 지적되어야 할 것이 시간 및 공간 개념을 뒤얽기를 좋아하는 중국인의 독특한 사유방식이다. 극히 단순한 시간 및 공간 개념을 나타내던 숫자나 단어가 서로 전이되거나 침윤되면서 개념의 확장 내지 심화 현상이 일어나곤 한다. 고악종의 매에 얽힌 4, 9, 36이란 숫자도 마찬가지다. 먼저 사계는 동서남북의 '사방四方'으로 전이되고, 더 넓게 '사토四土', '사해四海'로 진전된다. 사해동포주의라는 말에서 보듯 '천하天下'를 가리키는 용어로 탈바꿈하는 것이다. 9라는 숫자는 더욱 흥미롭다. 고대 중국인은 하늘과 땅을 동시에 아홉 구역으로 나누었는데, 소위 구야설九野說과 구주설九州說이 그것이다. 예컨대 《여씨춘추》를 보면, 하늘에는 구야가 있고 땅에는 구주가 있다면서 일일이 그 세목을 열거하고 있다. 하늘과 땅을 조응관계로 파악하는 이러한 독특한 시각은 《회남자》에 그대로 계승된다.[56]

환언하면, 홍사준이 거론한 '낙서洛書'는 정사각형의 큰 공간을 9개의 작은 공간으로 분할한 '하도낙서河圖洛書'의 준말로 단순한 관념의 표백이 아니었다. 그것은 토지 관할과 도성 경영의 절대 준칙으로 신봉되었으며, 특히 '정전제丁田制'에서 절정을 이룬다. 정전제라면 방대한 노예제 왕국인 주周 왕조보다 훨씬 앞서 확립된 것으로, 토지를 정확히 9등분하여 사방 백 보步의 면적을 각 농민에게 분배했다.

그런데 그것은 다시 '영국제도營國制度'라 하여, 도성을 건설할 때도 고스란히 적용된다. 이때의 '국國'은 원래 '성城'의 뜻으로, 《주례》〈고공기〉'장인'조에는 하나의 도성을 가로세로 똑같이 3등분해 9구역으로 분할했다고 한다. 중앙에는 궁성을, 나머지 구역에는 각각 직능이나 신분에 따라 나누어 배치해 '구분기국九分其國'이라고

부르고, 각 지역을 주관하는 일은 '경경卿'이 맡아 '구경치지九卿治之'라고 칭했다고 한다.[57]

이 사해와 구주에 담긴 관념은 그들의 정신세계 및 일상에까지 파고든다. 가까운 예가 정초에 대문에 단골로 써 부치는 "춘영사해 복만구주春盈四海 福滿九州"라는 춘첩春帖이다. "봄기운은 사해에 철철 넘치고, 복은 구주에 가득 차거라"는 이 문장에서 사해와 구주가 공히 천하를 뜻함은 물론이다.

문학작품에도 두 단어가 쉽게 보인다. 《삼국지연의》를 예로 들면, 오吳나라의 손권은 노숙을 처음 만날 때 말에서 내려 맞이하는 등 최상의 예를 갖춘다. 나중에 손권이 자신의 그런 영접 태도가 영광스럽지 않았느냐고 묻자 뜻밖에 노숙은 "아니오"라고 잘라 말한다. 손권이 짐짓 당황해서 "어찌 그런가?" 하고 반문하자 노숙은 "주군의 덕망이 '사해'를 덮고 위엄이 '구주'에 진동하여 마침내 패업을 이루어 제 이름이 주군 밑에 새겨지게 된다면, 그때 비로소 영광이 될 것입니다"고 답한다. 이 우문현답에서도 사해와 구주가 역시 천하를 가리킴은 말할 필요가 없다.

한편, 36이란 숫자가 현실에 응용된 가장 극적인 예는 기원전 221년 진시황이 실시한 군현제에서이다. 《사기》〈진 본기〉'진시황제 26년(221)' 조를 보면 그가 6국을 멸한 후 천하를 36군郡으로 나누었다고 나와 있다. 이때의 군이란 현재 우리의 지방행정단위로서의 '군'이 아닌, 제후국을 뜻한다. 뒷날 증감을 반복하지만, 만약 진시황이 고래의 어떤 이념을 잣대로 자신의 제국을 분할했다면, 삼십육궁의 의미를 가져왔는지 모른다.

그 숫자는 우리에게도 영향을 미쳐, 조선 건국 과정에서 정도전이 한양 도성을 설계할 때 36이란 숫자가 중요한 준거로 활용된다. 근정전의 경우 월대月臺를 따라 두른 난간에 서수瑞獸가 조영되는데, 각각 종을 달리하는 짐승이 정확히 36마리이다. 현재는 초창 때의 것과 고종 때 대원군이 중수한 것이 혼재되어 있지만, 선초의 영건 원리가 조선 말까지 계승된 것이다. 뿐 아니라 경회루에도 36이란 숫자가 반영되어 있다. 내부 공간이 정면 7칸, 측면 5칸으로 7×5 해서 35칸이 되고, 거기에 전체를 한 칸으로 간주해 총 36칸으로 맞아 떨어진다.

세계의 중심

지금까지 보았듯이 고악종의 매와 관련된 4, 9, 36이라는 숫자들은 천하를 뜻하는 상징기호일 개연성이 충분하다. 그것들이야말로 악종과 여느 예기와의 차별성을 입증하는 것으로, 악종만이 유일하게 하늘과 직접 대화하는 통로로 인식했다고 보는 것이다.

타이완의 고궁박물관에는 '종주종宗周鐘'(기원전 8~9세기)이라는 이름의 유명한 용종이 전한다. 높이 65.6센티미터에 무게 35.2킬로그램에 이르는 대작으로, 앞쪽 표면에 120자의 명문이 음각되어 있다. 주나라의 문왕과 무왕의 덕을 찬양한 다음, 동·서·남방의 27개국이 찾아와 신복했다는 내용에 이어 아래의 기원문이 나온다.

종주종. 그동안 출토된 용종 유물 가운데 최고의 명품으로 평가되는 작품이다.

왕이 하늘에게 모든 신들의 도움을 구하고자 이 보배스러운 종을 만들었도다. 간절히 빌어 구하노니, 밝고 또 밝으신 신이시여. 마침내 강림하시어 우리의 자손에게 축복과 천수를 내려주시고, 언제나 천하를 지켜주시어 태평케 하소서.[58]

그 '보배스러운 종'을 만든 목적이 명료하게 드러나 있거니와, 이렇게 보면 훗날에 나타난 관종官鐘및 범종 등의 대형종에서 매가 외면당한 까닭도 어느 정도 풀린다. 여기서 관종은 성문 개폐나 행인 통제 등의 시보를 위한 행정용 실용기구로, 어떠한 관종에서도 매가 발견되지 않는다. 고악종은 제사에서 '하늘'로 표상되는 신적 존재와의 소통을 위해 타종되었던 데 비해 관종은 그런 의식과 무관했던 것이다.

정鉦에 매가 새겨지는 시점도 시사하는 바 크다. 정은 상商(기원전 1751~1111) 말기에 나타나 서주西周(기원전 1111~770) 초에 이르면 문양이 한층 세련되어지면서 매가 조형되기 시작하는데, 우연의 일치인지 모르지만 바로 그 무렵 중국에는 세계관의 일대 전환이 일어난다. '제帝'를 존숭하던 상 왕실이 '천天'을 숭상하는 주 왕실에 의해 무너지는 천하 재편의 격변을 거치면서 숭배 대상이 '제'에서 '천'으로 바뀐 것이다. 매라는 것이 주 왕실과 불가분의 관계 속에 등장했거나 정착되었을 가능성을 암시하는 대목이다.

그러한 세계관은 훨씬 훗날 진·한이 무너지고 북방 민족의 내습과 반란으로 점철된 위진남북조 시대를 거치면서 주변국에까지 파급된 것으로 보인다. 나라마다 내놓고 황제국을 칭하는 상황에서 중국 내지든 변방이든 자국을 천하의 중심에 놓고 사고하는 경향이 일반화된 것이다.

그러한 풍조는 국력이 팽창하는 시기에 한껏 두드러지는데 고구려에서도 그것이 목격된다. 고구려는 광개토왕과 장수왕 대를 거치면서 요동과 한반도를 아우르는 강국으로 떠오르거니와 집안의 광개토대왕비에는 "황천(광개토대왕)의 위엄과 무공이 사해에 떨쳤다[皇天威武振被四海]"는 구절이 보인다. 그중에서 '황천'과 '사해'라는 단어는 고구려 지배층이 자국이 중국과 대등하다는 의식으로 무장하고 있었음을 잘 보여준다.

마찬가지로 백제는 근초고왕대, 신라는 진흥왕대를 거치면서 국가의식이 고양되고, 그것이 사서편찬, 연호제정, 신기제작 등의 다양한 형태로 발현된다. 구체적으로 황룡사 9층탑과 관련해서 《삼국유사》는 안홍의 《동도성립기》를 인용해 다음과 같이 전한다.

> 대궐 남쪽 황룡사에 9층탑을 세운다면 이웃 나라가 침략하는 재앙을 억누를 수 있을 것이다. 1층은 일본, 2층은 중화, 3층은 오월, 4층은 탁라, 5층은 응유, 6층은 말갈, 7층은 거란, 8층은 여적, 9층은 예맥을 억누른다.
>
> — 《삼국유사》 〈탑상〉편 '황룡사구층탑' 조

대탑 건립이 정치적 위기에 처한 선덕여왕의 고육지책이었더라도, 그 배경에는 신라를 천하의 중심으로 바라보려는 당대인의 여망이 깔려 있었다. 그러한 인식이 전방위적으로 팽배한 데에는 불교와 함께 들어온 유연불국토有緣佛國土사상의 영향도 컸을 것이다. 유연불국토사상이란 이 땅이 까마득히 오랜 전세에서부터 붓다와 인연이 깊다는 인식으로, 고대 인도의 전륜성왕인 아소카왕조차 실패한 장육존상을 진흥왕이 완성했다는 것이나, 더 훗날 자장(590~658)에게 현신한 문수보살이 황룡사 터를 전세의 석가불과 가섭불이 강설하던 곳으로 지목한 것 모두 유연불국토사상의 투영이다. 요컨대 통한전쟁 이전부터 이 땅의 지배층은 자기 나라가 세계의 중심이라는 인식의 확장 위에 서 있었다.

사찰의 풍탁들

위에서 악종의 매 36개를 천하관의 표현으로 읽었지만, 문제는 그것들이 신라 범종에 절대요소로 등장하게 되는 배경이다. 고대의 중국종은 흔히 양자강을 경계로 해서 남방식 및 북방식으로 양분되지만, 어느 쪽이든 그것들이 일체 장식되지 않은 까닭이다. 다시 말해 신라종의 매련은 중국 범종을 훌쩍 건너 뛰어 중국의 고악종에서 가져왔다는 논리가 성립되므로, 이 땅의 고대인이 그것들을 받아들인 구체적인 경로가 해명되어야 한다. 결국 범종이 아닌 다른 기물을 통해서 매를 받아들였다는 논리가 성립되는데, 과연 그 기물은 무엇일까.

그 점에서 주목되는 것이, 중국에서 편종의 형태로 지금까지 연주되고 있던 박종鎛鐘이다. 7, 8세기라면 용종, 뉴종 등의 다른 고악종은 천 년 전에 소멸되고, 박종만 남아 연주되고 있었기 때문이다. 그러므로 일단은 박종의 매에서 힌트를 얻었다고 보는 게 가장 자연스럽다. 그러나 유감스럽게도 중국의 박종이 이 땅에 유입된 고고학적 증거는 전무하다. 간접적으로라도 그것들이 이 땅에 들어왔다는 자료를 찾아내야 하는 것이다.

바로 여기서 경주 황룡사지 및 감은사지에서 나온 풍탁(보령)을 언급할 필요가 생긴다. 그것들의 종체 상단에 중국 고악종과 똑같이 36개의 매가 뚜렷이 조식되어 있기 때문이다. 뿐 아니라 일본에서 출토된 보령들에도 매가 표현되어 있다. 오사카의 사천왕사에서 1957년에 발굴한 7세기 후반의 금동제 보령이나,[59] 국분사國分寺에서 나온 보령을 보면 36개의 매가 너무나 뚜렷하다.[60] 7세기 중후반에 이르면 일본열도의 불탑들에는 매를 새긴 보령들이 관행처럼 장엄되었던 것이다. 이렇듯이 일본의 보령들까지 매가 장식될 정도라면 매라는 것이 7세기 중반 이전에 이 땅에 수용되고 있었다는 사실은 의심할 여지가 없다.

감은사지 출토 풍탁, 높이 17cm.매의 배열 방식이 중국 고악종과 똑같이 3단 3열로, 모두 36개가 장식되어 있다.

바로 이 점, 한일 양국에서 똑같이 불탑의 삭은 보령들에 36개의 매가 표현되고 있었다는 사실은, 그 경로는 불투명하지만 만파식적 사건 전, 곧 7세기 중반 이전에라도 같은 사찰 내의 우리 범종에 그것들이 장식되었을 가능성을 배제하기 어렵다. 그 점에 대해서 우리 쪽은 제4부에서 자세히 살펴보도록 하고, 여기서는 일본의 옛 범종부터 알아보기로 하자. 만약 일본의 옛 범종에서 36개의 매가 확인된다면 그것을 근거로 신라종 이전의 우리 범종에 매가 장식되었다는 추론이 더 설득력을 얻게 될 것이다.

　그런데 실제로 일본 옛 범종 중에 3
단 3열의 매가 네 곳에 장식되어 36개를
이루는 유물이 여러 점 전한다. 곧 나라奈
良의 옥치신사종, 웅본의 대자사종, 고지의
연광사종, 정념사종 등이 영락없이 그러하
다.[61] 주목할 점은 그렇게 모두 36개의 매를 장식
하는 수법은 일본의 전통 화종과는 거리가 멀다는 사
실이다. 일본 화종의 주류에서 벗어난 곁가지의 이단적인 작품들로,
이를테면 화종 방식이 아니라 명백한 신라종 방식이다. 난점이 있다
면 그 종들이 평안 시대(794~1185) 및 겸창 시대(1185~1333)의 화종
들로 시대가 뒤진다는 것인데, 그러나 그 점도 충분히 해명이 가능하
다. 그것들은 앞 시대의 범종들을 모방했을 터인데, 그 앞 시대의 범
종들은 이 땅에서 건너간 한반도 범종들이거나 혹은 한반도 범종을
모방한 것들일 수밖에 없다.

　결론적으로 통한전쟁 이전 이 땅의 범종들에도 36개의 매가 문식되고
있었으며, 특히 7세기 후반 한반도의 유일한 패자로 부상한 신라 중대왕
실은 한껏 고양된 자긍심을 표현하고자 그것들을 수용했는지 모른다.

　지금까지 신라종의 핵심 요소인 연꽃 36송이의 비의를, 홍사준의
'36궁도설'을 잣대삼아 헤아려보았다. 평하자면, 그의 '36궁도설'
은 신라종의 연꽃 36송이만이 아니라 중국 고악종의 매 36개에 관한
한 한·중·일 학계에서 유일하게 정곡을 꿰뚫은 혜안으로, 특히 기
호학의 눈을 빌린 가장 실천적인 논리다.

오랜 모색의 마지막 순간

신라종은 1,300년 전 이 땅에 살던 신라인이 우리한테 송출한 거룩한 기호의 덩어리이다. 신라종의 송신자는 신라인이고, 수신자는 오늘의 우리이다. 그러한 인식의 공유 아래 지금까지 신라종의 '거룩한 기호' 1번인 원통부터 4번인 연꽃송이의 의미를 추적했고, 새삼 경이에 찬 눈으로 신라종을 바라볼 수 있게 되었다.

하지만 그렇다고 해서 신라종의 비밀이 모두 해명된 게 아니다. 아직까지 누구도 주목한 적이 없는, 비할 데 없이 거룩한 기호들이 더 남아 있기 때문이다. 우리가 상상치 못한, 또 다른 경이에 찬 세계를 보여주는 그것들은, 다름 아닌 기호 5번인 종체의 표면적과 6번인 천판이다. 바야흐로 신라종을 향한 오랜 모색의 길목에서 마지막 순간에 신라종을 가장 신라종답게 탈바꿈시킨 두 거룩한 기호에 관해 이야기를 나눌 차례이다.

아는 바와 같이 중일 양국의 종은 수직형 종체가 온통 가사문에 덮여 있다. 그런데 신라종에 와서는 종체가 엎어놓은 항아리형으로 바뀌고, 가사문은 벗어던짐으로써 상·하대 및 꽃집·당좌 등을 뺀 나머지 표면적 전체가 넉넉한 공간으로 바뀌었다. 시각적으로 전혀 다른 미감을 과시하는데, 이 또한 신라종의 중요한 특징으로, 천지개벽에 가까운 또한 차례의 요동이 휩쓸고 갔음이 분명하다. 마침내 우리의 이야기가 신라종으로 위대한 모험과 변신의 최종 단계에 돌입한 것이다.

앞에서 비천이 만파식적을 짊어진 동해용왕(문무왕)을 찬탄하는 소임을 띠고 있다고 말했지만, 비천이란 문자 그대로 하늘의 존재이다. 오직 하늘에서만 자유롭게 비상하고 하강하며, 하늘에서만 춤추고 노래한다. 이때의 하늘이란 아무런 걸림 없는 무애無碍의 공간이며, 시간의 제약도 없는 영원성의 공간이다. 자유로운 공간 이동은 비천의 본질인 셈이다. 그러나 중국종의 가사문을 그대로 존치한, 곧 종체 표면이 사각의 작은 공간들로 분할된 상태에서는 비천의 그런 속성이 발현되기 어렵다. 그때의 조각난 공간들이란 하늘이 아니라 단순한 수리적 공간에 지나지 않는다. 그러므로 344쪽의 일본 경도 평등원종에서 보듯 비천은 사각의 옹색한 지간池間 안에 수감된 형국이 되어 비천의 자유로운 비상과 하강이 불가능하다. 결론적으로 공간 이동이 불가능한 비천은 비천이 아니며, 찬탄이라는 본연의 소임과도 거리가 먼 단순한 장식문양에 머물게 된다. 중대왕실의 입장에서 보면, 선대왕에 대한 자신들의 숭앙심이 제대로 표현되지 않는 상황인 셈이다. 결국 중대왕실은 그들에게 하늘을 되찾아주는 방안을 고심했을 것으로 믿어진다.

명초 태화종(영락연간 1403~1423). 중국 전통종은 영락대종 같은 몇몇 이형을 제외하면 남방식과 북방식의 구분 없이 가사문이 종체를 덮고 있다.

비천, 하늘을 되찾다

바로 이 대목에서 신라 예술가의 탁월한 미의식과 직관에 찬 사유가 유감없이 발휘된다. 그들은 그때껏 모든 종을 결박하고 있던 가사문의 굵은 쇠사슬을 마치 알렉산더 대왕이 뫼비우스의 띠를 단칼로 내려쳐 끊어버렸듯이 일거에 제거한다. 그로 인해 종신의 표면적 전체가 무한무제의 공간으로 바뀌고, 세련된 자태의 비천을 그 텅 빈 종복의 한복판에 릴리프로 표현한다. 그러는 한편으로는 딱딱한 수직형의 종체를 하늘의 성격에 맞도록 부풀어 오를 듯한 곡선미 넘치는 항아리 모양으로 변모시키는 작업을 병행했을 것이다.

그렇게 해서 무미하던 종체의 표면은 무한시공의 창천蒼天으로 거듭나고, 비천은 그 하늘을 무대로 아리따운 자태를 한껏 뽐내면서 춤과 노래와 악기와 향으로 문무왕과 신적을 찬미할 수 있게 된다. 저 앞에서 비천을 두고, 문무왕을 찬탄하는 본연의 역할 외에 신라종의 공간미학을 완성시키는 제2의 소임까지 훌륭하게 수행한다고 말한 까닭이 바로 여기에 있다. 그때서야 신라종은 무거운 절릭의 갑주를 벗어던지고 하늘거리는 비단 옷으로 성장盛裝한 셈이다. 비대칭과 불균형의 구조에 자못 괴기스러울 수 있는 신라종이 심미적인 감상과 비평의 대상이 된 데에는 비천의 기여가 실로 지대했던 것이다.

가령 종체가 중국종의 수직형을 계속 고집했다면 그 결과는 뻔하다. 신라종은 자기완결 의지가 실종된, 발육정지 상태에 머무르고 말아 신라종 고유의 풍요로움, 화려함, 조화로움, 더 나아가 만상을 품어 안는 모성母性은 기대하기 어려웠을 것이다.

신라인이 종체의 표면을 하늘로 탈바꿈시킨 것은 고정관념에 저항한, 종정부의 개조에 못지않은 '창조적 파괴'이며 동북아 주종사의 '경이적 모멘트'이다. 지금은 당연시되지만, 그때까지는 남방식이든 북방식이든 종이라면 선조로 꽁꽁 묶여 있는 것들 외에는 존재하지 않았기 때문이다. 다시 말하지만 비천은 신라종 최후의 격변을 추동해낸, 그리하여 신라종의 '전형典刑'을 완결시킨 공헌자이다.

이렇게 보면 신라종의 종체가 배흘림기둥처럼 부풀어 오른 것도 공감이 간다. 중대왕실은 팽창할 듯한 우주의 정수리에다 선대왕과 신적을 장식하려는 '가당치도 않은' 욕망을 실행에 옮겼던 것이다.

이러한 착상의 연원을 찾는다면, 불탑의 보령들을 떠올려 봄직하다. 익산 미륵사지, 경주 황룡사 및 감은사지 출토의 보령 모두 신라종처럼 곡선미를 과시할 뿐만 아니라 종복이 비어 있다. 그러나 보다 근본적으로는 단단함보다는 부드러움을, 꽉 찬 것보다는 어딘가 빈 듯한 것을 선호한 이 땅에 태어난 모든 이의 심성에서 그 답을 찾아야 할지 모른다. 따지고 보면 불탑의 보령도, 배흘림기둥 같은 범종도, 조선의 백자 달항아리도 우리 모두의 심미적 감수성 안에서 태어난 것 아닌가.

그런데 비천으로 인한 종체의 파격적인 변화는 또 다른 담론의 창출로 나아간다. 지금까지의 풀이대로 만파식적 설화가 종정부 구성의 조형원리로 작동했다면, 그때의 천판은 당연히 '바다[海]'라는 풀이에 도달한다. 문무왕의 환생인 용왕이 달려오는 장면을 표현한 것이므로 그곳은 동해일 수밖에 없는 것이다. 실제로 천판이 바다임을 명증하게 보여주는 생생한 증거들이 있다. 현재 국립중앙박물관에 있는 경기 연천 출토의 13세기 고려종과, 일본 복강시립박물관에 소장된 고려종(328쪽)

이 그것이다. 두 작품을 보면 똑같이 용과 원통 주위에 높은 파고가 열을 짓고 있으며, 천판의 테두리를 따라 뾰족뾰족하게 돌출된 크라운과 흡사한 장식도 보인다. 결국 용왕의 몸을 빌린 문무왕이 달려올 때 일으킨 해면의 파상波狀일 것이다. 만파식적과 단룡이 거기에 자리 잡은 바로 그 순간, 천판은 벌써 '바다[海]'라는 의미를 부여받은 것이다.

한편, 사방 네 곳의 꽃집과 그 안의 연꽃 36송이가 고대 천하관을 상징한다면, 그것들은 다시 '땅[地]' 내지 '지상地上'의 의미로 치환이 가능하다. 말하자면 신라종은 종신의 마지막 변화 이전에 이미 '땅'과 '바다'를 거느리고 있었던 것이다.

그런데 그것들에다 종체 표면이 태허太虛로서의 '하늘[天]'이라는 해석이 더해지면, 신라종은 돌연 바다와 땅, 하늘을 두루 갖춘, 전혀 새로운 의미체로 부상한다. 신라인은 평소 자신들의 경험의 한도 내에서 체득해온, 하늘과 땅과 바다로 구성된 총체적인 '우주상宇宙像'을 범종이라는 기물에 집약해 놓은 것이다. 결론적으로 신라종은 천지해天地海의 삼위일체, 곧 하나의 우주인 것이다.

신라종과 비非 신라종

'종'이 곧 '우주'라는 관념은 온전히 신라인이 창안한 것으로, 어느 문명권의 종에도 그 비슷한 관념의 편린조차 투사된 예가 없다. '우주'를 표상하는 바로 그 점에서 신라종의 실존적 무게가 세상의 다른 모든 종과 달라지게 된 것이다. 그리하여 신라종을 동서양의 모든 종의 대척점에 자리매김한다면, 가장 결정적인 잣대는, 단룡과 만파식적 외에 하늘과 바다 및 땅의 총화로서의 '우주'로 그것이 기획되고 디자인된 점도 꼽아야 할 것이다.

되풀이하면 신라 장인은 종이란 기물을 이용해 정중동의 우주를 훌륭하게 창조한다. 그 점이야말로 작품과 예술가와의 근원적인 관계에서 해석되어야 할 대목이다. 자기완결을 향한 범종 자체의 내적 자아와 선험적으로 절대미를 추구해온 신라 장인의 예술의지가 오랜 모색의 끝자락에서 마침내 합일을 이룬 것이기 때문이다.

그러나 종이 하나의 우주라는 지금까지의 가설은 하늘과 땅을 상·하 관계로 파악해온 우리의 상식과 정면으로 배치된다. 하늘(종복)이 아래쪽에 있고, 땅과 바다는 위쪽에 있는, 곧 하늘과 땅이 뒤집어진 역천逆天의 형국이기 때문이다. 그래서 억지로 꿰어 맞춘 궤변이라는 의구심과 비판이 얼마든지 가능하다.

하지만, 따지고 들자면 신라종의 조형 원리가 된 만파식적 설화부터 비상식적이며 비현실적이다. 그 이야기는 보편적 상식을 뛰어넘는 온통 신화적 사건으로 충만해 있다. 이승과 저승, 육지와 바다, 과거와 현재, 무덤(대왕암)과 용궁 등 현실과 초현실의 시·공간을 무대

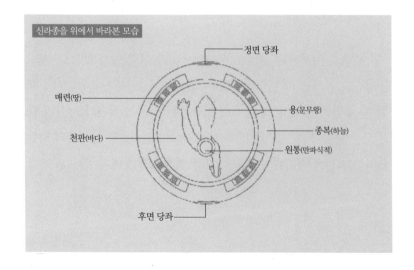

신라종을 위에서 바라본 모습

정면 당좌

매련(땅)

용(문무왕)

천판(바다)

종복(하늘)

원통(만파식적)

후면 당좌

로 인간과 축생, 생자와 망자, 용왕과 천신 등의 신적 존재가 뒤섞여 등장한다. 만약 합리적 이성과 상식에 충실했다면, 만파식적 사건 자체가 생성되지 않았을 것이다. 이렇듯이 신라종은 그 출발점이 된 연기설화부터 불가해한 세계를 지향하고 있다.

또 하나, 구조와 양식상에서도 신라종은 중국종의 전통이나 보편적 상식에 저항해 탄생한다. 만약 신라인이 전통과 상식을 성실히 묵수 내지 추종했다면, 오늘에 보는 신라종은 결코 태어나지 않았을 것이다.

따라서 하늘과 땅의 전복 양상에 대해서도 다른 관점을 대입할 필요가 있다. 우리는 이따금 같은 사물도 보는 각도를 달리하면 새롭게 보이는 경험을 할 때가 있다. 신라종의 경우도 마찬가지다. 항상 측면에서 바라보지만, 가령 위쪽에서 일정한 거리를 두고 조망하면, 생각지도 않은, 곧 종신 전체가 넓은 원으로 바뀌는 진경을 목격하게 된다. 종체에서 가장 불룩한 부분인 종복(하늘)이 커다란 원을 짓고, 그 안으로 상대를 따라 붙어 있는 꽃집(땅)들이 안기고, 다시 그 안으로 천판(바다)이 고스란히 수렴된다. 말하자면 하늘의 품 안에 땅과 바다가 차례로 안기는 형국이 되고, 용왕과 만파식적은 바로 그 중심에 위치하게 된다. 이 점이야말로 팽창할 듯한 우주의 정점에 선대왕과 신적을 장식하려는 중대왕실의 욕망을 반영한 득의의 연출일 수 있다.

단언하건대 신라종 이후 지구상에는 '신라종'과 '비非 신라종'이라는 두 갈래의 종만이 존재할 뿐이다. 신라종은 일찍이 세상 어디에도 존재한 적이 없는, 앞으로도 나올 수 없는 새로운 개념의 종이며, 새로운 세계의 표상이다.

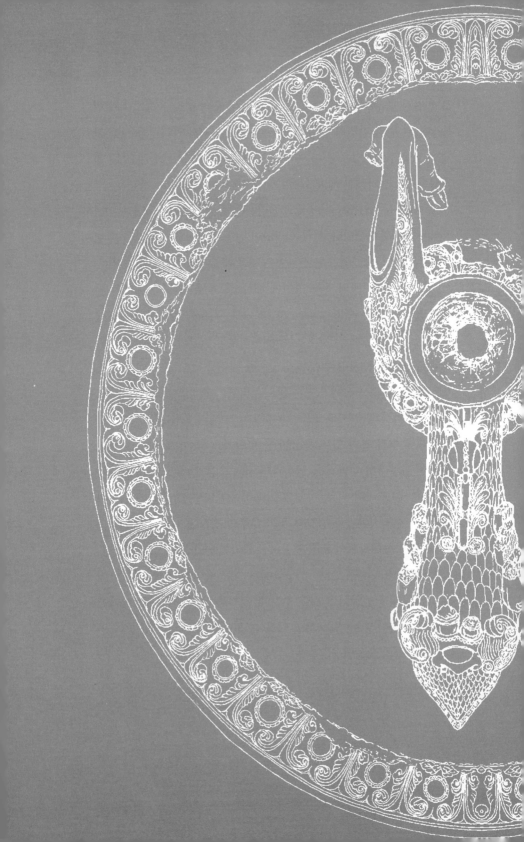

제4부

거장들의 세계

27. 신라 장인의

종소리의 작곡자, 종장

음악에서 악기장과 작곡가는 통상 엄격하게 분리된다. 작곡자가 뇌리에 떠오르는 악상을 어딘가에 기록하고, 그 악보에 따라 연주자가 악기를 연주해야 비로소 음악이 완성된다. 악기장樂器匠은 악기를 제작할 뿐 음악 자체와는 먼 거리에 있는 형국이다.

그러나 그 악기가 종이라면 사정이 달라진다. 종장鐘匠은 처음부터 종이 실현해야 할 음악을 그것에 미리 담아 놓는다. 악기 내부에 이미 음악이 저장되어 있는 셈이다. 이때 종소리의 호오好惡도, 외형상의 미추美醜도 오직 종장의 기량에 따라 좌우된다. 바로 이 점에서 종장은 여느 악기장과 근본적인 차이를 갖는다. 보통의 악기에서는 연주자의 기량이 음악의 완성에 결정적인 변수가 되지만, 종에 있어서는 누구라도 두드리

창조적 연대기

기만 하면 종장이 종에 내장해 둔 음악(종소리)이 저절로 울린다.

이렇게 볼 때 종장은 작곡자이고, 주종 행위란 작곡 행위이다. 종은 종장에 의해 모든 게 결정되는 별종의 악기인 셈이다. 그중에서도 범종의 종장은 그 비중이 가히 절대적이다. 외양에서도 소리에서도 불교가 지향하는 진리와 자비정신을 동시에 담아내야 하기 때문이다.

우리는 만파식적 사건이 신라종의 조형원리로 작동하고 있음을 확인하면서 벅찬 감격에 사로잡힌 바 있다. 하지만 중대왕실의 욕망이 아무리 강렬하고 그 이데올로기가 아무리 거룩해도 종장의 능력이 따라주지 않으면 한낱 허망한 그림자에 지나지 않는다. 그런데 신라 종장은 왕실의 기대치를 훨씬 뛰어넘는, 그리하여 지구상의 모든 종과 대척점에 서는 신 양식의 신라종을 완벽하게 창조해냈다.

　그러므로 이 땅의 고대 범종사는 신라 장인의 창조적 연대기와 동의어라고 해도 과언이 아니다. 그들이야말로 만파식적과 동해용왕을 더없이 신령스럽게 살려낸 걸출한 조각가이며, 종복에는 연꽃과 비천을 능라비단에 수를 놓듯 그려 넣은 무비의 화가이고, 구리와 주석의 합금에서 최적의 비율을 찾아낸 최고의 금속학자 아닌가. 때문에 혹여 그들을 누락시킨다면 그때의 범종사는 단지 기계적인 양식사로 전락하고 말 것이다. 또한 신라종을 주제로 한 우리의 담론에서 가장 풍성하고 신비로운 부분 중의 하나를 놓치는 우를 범하게 될 것이다.

　이제 이 땅의 종들이 겪어온 변화의 고비길마다 흩뿌려져 있을 우리 옛 종장들의 땀방울, 그들의 예술적 상상력과 과학적 사유를 함께 생각하면서 중국종에서 미답의 '신라종'을 향한 지난한 창조의 도정을 산책할 시간이다.

신라종, 진화가 시작되다

역사는 단순한 물리적 시간의 퇴적물이 아니며 막연한 꿈의 집합체도 아니다. 때로 인간의 이성을 조롱하고 열정을 경멸하기도 하지만, 나중에 보면 모든 변화의 흐름이 나름의 인과因果를 맺으면서 역사의 벽에 아로새겨져 있곤 한다. 그렇듯이 우비고뇌의 감정까지도 창조적 에너지로 환원시켜 변혁의 폭풍을 불러일으키기도 하는, 우연까지도 필연으로 수렴해 내는 불가해한 생명체가 곧 인간의 역사이다.

인간의 미적 상상력이 3차원의 공간에 구현되는 미술이라는 장르도 예외가 아니다. 독창적인 미감으로 미술사의 하늘을 수놓은 명작들은 실은 하나같이 온갖 곡절을 연기緣起 삼아 어렵게 탄생한 것들이다. 특히 낯선 지역에 이식된 특정의 미술 양식은 그곳의 풍토와 그곳 사람들의 생사관, 혹은 심미적 감수성 등과 부단히 충돌하고 융화하면서 새로운 법식의 창출로 나아가 명작의 반열에 오른 것이다.

이 문제, 곧 하나의 미술 양식이 타 지역에 어떻게 수용되고, 또 어떻게 새로운 전형을 획득해 가는지에 대해서는 권영필이 간명하게 정리한 바 있다.

● 외래 양식의 흡수→모방(답습)→변형(부분적인)→자기화(새로운 창안)

그러면서 그는 "여기에서 '자기화'는 물론이고 '변형' 자체도 새로운 창안일 수 있고, 후자의 경우 그 요소가 적다고 하더라도 매우 중요한 부분이 된다. 이 창조적 부분도 역시 미적 상상력과 조응한 결과물"[1]이라고 부연하고 있다.

종래의 상투화된 규범을 답습 내지 모방하다가 간신히 돋아난 가녀린 새싹이 다른 요인과 얽히고 부대끼면서 자기화의 길을 걷다가 마침내 그 끝자락에서 마주친 미의 규범들……. 그것들이 시간의 벽에 새겨놓은 변화의 궤적은 경이롭기조차 하다.

그러한 예로 손색이 없는 것이 바로 신라종이다. 신라종의 탄생 과정을 추적해 보면 위의 원리가 철저하게 관철되고 있음을 눈치 채

게 된다. 한동안은 직수입한 중국 범종을 모방 내지 답습하는 선에 머물다가 서서히 부분적인 변형의 단계를 거쳐 최종적으로 자기화의 극적인 순간을 맞이한 것이다.

그런데 우리는 지금까지 마치 중국종에서 신라종으로의 혁명적인 변화가 오직 만파식적 사건(682)으로 말미암아 촉발된 것처럼 강조해 왔다. 하지만 그런 천지개벽과도 같은 변화가 하늘에서 뚝 떨어지듯 일순간에 진행되었다고는 믿기 어렵다. 이전부터 미미한 대로 진화의 길을 걷고 있었으며, 만파식적 사건을 계기로 현재의 모습으로 환골탈태하는 최후의 대격변이 일어났다고 보는 게 훨씬 합리적이다. 초기에는 당연히 중국종을 그대로 타종했고, 자체 제작이 개시된 이후에도 한동안은 그것의 복제품이나 모작이 범람하던 중 어느 시점부턴가 중국종의 기존 요소를 고수하는 그대로 새로운 제1요소, 제2, 제3, 제4……요소 간의 충돌과 길항 속에 점진적으로 변모하고 있었을 것이다. 그리하여 만파식적 사건 직전에는 종정부를 제외한 종체 등의 부분에서는 오늘에 보는 '신라종'에 상당히 근접한 상태였을 것으로 추정해도 무방하다.

따라서 이 땅의 초기 범종사는 만파식적 사건(682)을 경계선으로 삼아 그 이전과 이후로 구분할 때 이해가 한층 쉬울 것이다. 만파식적 사건 당시 종정부는 여전히 쌍룡뉴를 지켰겠지만 종신은 중국종의 전형으로부터 일정 부분 이탈해 있다가 만파식적 사건을 거쳐 마침내 쌍룡을 쫓아내고 대신 단룡과 만파식적이 종정부로 올라갔다고 보자는 것이다.

일종의 진화론進化論인 셈인데, 이러한 관점은 1974년에 남천우가 그 일단을 피력한 바 있다. 현재 조계사에 있는 이른바 '구 조계사 종'이 오대산 상원사종을 앞지르는 우리 고대의 '진품'임을 강조하는 과정에서 이 땅의 초기 범종이 밀랍법蜜蠟法 등 주종 기술의 개선과 함께 중국종에서 신라종으로 나아갔다는 논리를 조직해낸 것이다.[2] 이 글은 그에게 크게 빚을 지고 있는 셈인데, '구 조계사종' 문제는 곧 상세하게 재론할 것이다.

태동기, 확립기, 절정기

진화론은 중국종의 오랜 누습과 관행을 말끔히 털어낸 공전절후의 신라 범종이 수립되어 가는 연대기를 딴은 세밀하게 작성하기 위한 하나의 방편이다. 당연한 지적이지만 진화라는 것은 A의 상태에서 B, 혹은 C의 상태로 향상되는 것으로, 그 순차적인 변화의 궤적을 서술하자면 일정한 기준들이 필요하다. 곧, 출발점으로서의 A와 중간 기착점으로서의 B, 종착점으로서의 C의 위치에 놓일 구체적인 유물들을 찾아내야 한다.

바로 그러한 목적에 더없이 잘 부합하는 유물들이 있다. 일본 나라박물관에 소장되어 있는 '진태건7년명종陳太健七年銘鐘(575)과, 오대산 상원사종五臺山上院寺鐘(725), 에밀레종(771) 등이 그것이다.

먼저 진태건7년명종에 대하여 알아보자면, 그것은 종체의 위쪽 지간 중간의 공간에 세로로 거칠게 음각된 '진태건7년'이라는 명문으로 인해 현재 동북아에서는 가장 고령高齡의 작품으로 간주되고 있다. 덕분에 높이가 40센티미터에 못 미치는 소품임에도 불구하고 동북아 범종 연구에서 꽤나 높은 예우를 받고 있는 셈이다.

이 작품의 특징은 별다른 문양이 없는 수직형의 종체를 가사문을 종횡으로 휘감은 극히 단순한 구성에다 쌍룡뉴를 취한 점이다. 양자강 이남에서 크게 유행한 이른바 남방식 중국종의 전형적인 모습인데, 진태건7년명종은 그 남방식 종을 대표한다. 덧붙이면 그러한 남방식 종은 무뚝뚝한 남성을 연상시키는 데 반해, 북방식 종은 유선형의 종체에 온갖 화사한 문양이 베풀어져 있어 여성적인 분위기가 우러난다는 상이점이 있다.

헌데 진태건7년명종의 국적이 중국이 아니라 백제라는 이견이 진작 홍사준에 의해 제기된 바 있다. 진陳이라면 중국의 남북조 시대 남방 왕조의 하나로, 백제가 진나라와 활발하게 교통한 역사적 사실에 기초해 진의 연호를 사용했으며, 일본으로 불교를 전해 주는 과정에 묻어서 건너갔으리라는 주장이다. 하지만 뚜렷한 확증이 없고 중국에서 직접 건너갔을 개연성이 더 높아 현재는 진나라의 작품으로 가닥이 잡혀 있다. 아무튼 한·중·일 삼국의 종 가운데 세월의 녹이 가장 두텁게 덮인 그 점에서 우리 신라종으로의 단계적인 진화 양상을 재구성하는 데 그 출발점으로 손색이 없는 소중한 텍스트이다.

한편 오대산 상원사종은 비록 에밀레

진태건7년명종(575), 높이39cm, 일본 나라박물관

종의 장대함에는 못 미치나, 단정한 맵시와 정치한 문양으로 여성적인 자태를 뽐내는 명품으로 유명하다. 문자 그대로 신라종 양식의 확립을 최초로 선언한, 그래서 동북아 주종사에서 그 위상을 새롭게 평가해야 마땅한 진물 중의 진물이다.

이 두 작품에 우리가 특별히 주목해야 하는 이유는 중간에 가로놓인 150년의 공백 때문이다. 진태건7년명종 같은 중국종이 이 땅에 들어온 지 150년 만에 오대산 상원사종(725)과 같은 모습으로 '표변' 했다는 점에서 그 150년간은 신라종을 향한 새로운 모색과 좌절, 혹은 성취의 연대기로 생각할 수 있겠기 때문이다.

마침 우리 국어사에는 그것들에 준하는 좋은 예가 있다. 잘 알려진 《분류두공부시언해分類杜工部詩諺解》의 초간본(1481)과 중간본(1632)이 그것들로, 두 판본 사이에는 정확히 151년의 공백이 가로놓여  있다. 국어학계에서는 그동안 두 판본을 대비하는 방식으로 그 151년 동안에 발생한 우리 국어의 변화 양상을 연구해 왔다. 특히 그 중간에 발발한 임진왜란(1592)은 우리말에 심대한 타격을 안겼고, 그 영향이 중간본에 고스란히 투영되어 있어 양쪽의 차이를 추적해 가노라면 근세 국어의 추이가 일목요연하게 드러난다.

그런데 위의 두 범종 사이에도 임진왜란에 버금하는 사건이 있었다. 여태껏

오대산 상원사종(725)

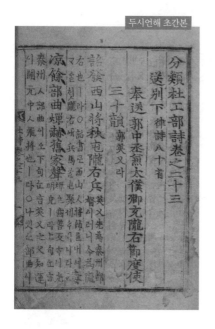
두시언해 초간본

강조해 온 만파식적 사건이 그것으로, 그 사건의 발생 시점인 신문왕 2년(682)을 분수령으로 해서 중국종에서 신라종으로의 일대 변화가 일어나기 때문이다.

그러한 인식의 공유 위에 지금부터는 진태건7년명종(575)으로부터 만파식적 사건(682)까지의 117년간은 신라종의 태동기로, 만파식적 사건(682)부터 오대산 상원사종(725)까지의 43년간은 신라종의 확립기로 일단 규정하기로 하자.

그런데 신라종 양식이 오대산 상원사종에서 확립된 건 부인키 어려운 사실이나, 신라종 양식의 미학적 진화는 이후 에밀레종에까지 계속된다. 달리 말하면 오대산 상원사종(725)부터 에밀레종(771)까지의 46년간에도 신라 장인은 쇳물과의 고단한 싸움을 멈추지 않았고, 무엇보다 중대왕실의 정치이념인 '소리의 정치학'이 에밀레종에 이르러 더 한층 극적으로 발현된다. 그리고 에밀레종을 마지막으로 이 땅의 종은 유감스럽게도 더 이상의 창조적 진화가 이루지지 않는다. 에밀레종에서 절정에 이르렀다가 매너리즘에 빠져 서서히 정체 내지 퇴화의 길로 들어선 것이다. 말하자면 에밀레종은 미학적으로나 사상적으로 '신라종'의 대미를 장식한 것이다. 따라서 오대산 상원사종(725)으로부터 에밀레종까지의 46년간은 별도로 신라종의 '절정기'로 이름 짓기로 한다.

종합하면 진태건7년명종부터 에밀레종까지의 약 200년 동안의 기간은 신라종의 태동기, 확립기, 절정기의 3단계로 크게 나누어진다. 그렇게 구분해 바라볼 때 이 땅의 종들이 어떻게 변모해 왔는지 그 장엄한 반역의 실상이 한결 쉽게 우리 손에 붙잡힐 것으로 판단된다.

다음은 지금까지의 이야기를 간단히 도표화한 것이다.

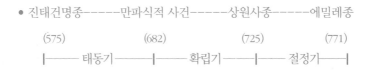

본 4부는 바로 이 도표를 기준삼아 신라종의 탄생과 확립의 전 과정을 정리하는 데 중점이 있다. 그러므로 다음 장에서는 이 땅에 처음 범종이 수입되고, 타종되고 있었다는 사실이 이야기될 것이다.

고구려 범종

한반도 사람들이 처음 범종의 소리를 듣게 된 것은 언제쯤일까. 현재 우리 종으로 가장 이른 것은 8세기로 넘어간 725년 소작의 오대산 상원사종이다. 그렇지만 그 이전에 범종이라는 것이 불교 사원에 매달려 조석으로 우렁찬 소리를 내뿜었으리라는 데에는 이견이 있을 수 없다. 다만 한 점도 남아 있지 않을 따름인데, 일단은 범종보다 관종官鐘이라는 것이 먼저 타종되었을 것으로 짐작하는 것이 순리일 것이다.

관종은 우리의 종로 보신각종과 같이 성문개폐나 행인통제, 시보 등을 담당하는 순수 행정관서용의 대형종을 가리킨다. 진시황秦始皇의 진秦나라가 붕괴되고 한漢나라로 넘어오자 각 도성마다 요로에 거대한 종루를 건립하고 거기에 대형종을 걸어놓고 타종하는 게 관행으로 자리 잡는데, 바로 그것이 범종의 선배가 된다. 서역으로부터 불교가 들어오고 가람이 건립되면서 일상적인 예불의식이나 대

중공사를 장엄하기 위해 관종을 경내로 끌어들여 범종이란 이름으로 따로 부르게 된 것이다.

우리의 경우도 여러 나라가 고대 국가의 면모를 갖추기 시작하면서 중국으로부터 관종을 먼저 받아들였을 터이나 애석하게도 유물이나 자료가 전무하다. 이 글에서는 부득불 불교 전래의 순서에 따라 고구려, 백제, 신라 등의 초기 범종에 대한 이야기를 나누는 것으로 만족하기로 하자.

불교가 고구려에 처음 들어온 것은 광개토왕의 할아버지가 되는 소수림왕 2년(372) 6월. 북방 왕조인 전진前秦의 왕 부견이 승려 순도를 파견해 불상과 경문 등을 보내온다. 그런데 당시 고구려의 수도는 집안의 국내성으로, 평양천도는 그로부터 55년 후인 장수왕 15년(427)에야 단행된다. 설령 순도와 함께 범종이 들어왔다고 해도 4세기 말까지 한반도에서는 범종 소리가 들리지 않았다고 보는 게 순리일 것이다.

여기서 한 가지 유의할 사항은 천도 35년 전인 392년에 광개토왕이 이미 평양에 아홉 사찰을 건립한 사실이다. 평양 천도야말로 광개토왕의 대형 프로젝트였음을 알 수 있는데, 물증은 없지만 그때 이미 그 아홉 사찰에 범종이 걸렸을 개연성을 아주 배제하긴 어렵다. 어쨌든 늦어도 5세기 초엽이면 한반도와 만주에 걸친 고구려의 드넓은 강역에서 범종 소리가 울려 퍼졌다고 봐야 할 것이다.

하지만 실물 고구려 범종은 전하는 게 없으며, 문헌상에도 별다른 기록이 나오지 않는다. 다만, 악종 혹은 범종이 실재했음을 뒷받침하는 간접 자료들이 있어 간단히 언급하고 넘어가기로 하자.

안악 3호 고분 행렬도, 4세기 중엽

〈천수국만다라수장〉. 종각 안에서 승려가 종을 타종 중이다.

첫 번째는 4세기 중엽에 축조된 안악 3호분의 벽화이다. 동쪽 회랑의 행렬도를 보면, 화면 중앙으로 종과 북을 짊어지고 나란히 나아가는 취악대가 눈길을 끈다. 붉은 선조로 그려진 종의 윤곽이 더없이 선명한데, 범종은 아니지만 4세기 중엽 고구려에 악종이 존재했다는 사실만으로도 반갑다.[3]

두 번째는 현재 일본 나라 중궁사에 전해오는 〈천수국만다라수장天壽國曼多羅繡帳〉(이하 〈만다라수장〉)이라는 낡은 자수 작품이다. 이 〈만다라수장〉은 일본 고대사의 찬란한 광휘인 성덕태자聖德太子와 관련이 깊다. 622년에 그가 사망하자 슬픔을 못 이긴 그의 비 귤부인橘夫人이 채녀들을 시켜 제작하여, 금당벽화로 유명한 나라의 대찰 법륭사法隆寺에 봉납된다. 성덕태자의 극락왕생을 빌기 위한 것인데, 현존 작품은 화재로 훼손된 원작의 조각들을 모아 다시 깁은 것으로 알려져 있다.

바로 이 〈만다라수장〉의 우측 하단 모서리 쪽에는 청기와로 덮인 종각 및 범종(이하 '자수범종'), 그리고 타종 중인 승려의 모습이 역력하다. 첫눈에 진태건7년명종으로 착각할 정도로 중국의 남방식 종과 똑같은데, 우리가 이 '자수범종'에 주목해야 하는 이유는 그것의 타종 방식 및 그것의 밑그림을 그린 화사畵師들 때문이다.

알다시피 우리는 범종을 지면으로부터 수십 센티미터 가량 떼어 매다는 게 관행으로, 당목撞木의 높이가 자연 타종자의 허리나 허벅지쯤에 위치한다. 그래서 당목의 밧줄을 잡고 뒤로 당겼다가 그 반동으로 앞으로 밀쳐 종의 당좌를 가격해 소리를 얻는다. 이에 반해 일본에서는 범종을 사람 키나 그 이상으로 높직이 달아 놓고, 당목의 줄을 밑으로 길게 늘어뜨려 타종자가 두 팔을 위로 뻗어 매달리듯 체중을 실어 전후로 흔들어 타격하는 게 전통이다. 그런데 〈만다라수장〉의 범종은 정확히 우리 식으로 타종되고 있는 것이다.

타종 방식보다 더 중요한 사실은 그것의 밑그림을 그린 화사 세 사람의 출신지가 공히 한반도란 점이다. 세 사람 모두 고구려계 및 가야계로 밝혀졌는데, 그중에서 고려가서일高麗加西溢이란 인물은 이름자에서부터 고구려 냄새가 물씬 풍긴다. 이름뿐 아니다. 그림 속을 거니는 듯한 여러 여인의 주름치마와 연꽃 등은 고구려 고분벽화에 흔히 보이는 것들로, 일본 고송총高松塚 벽화의 여인들 모습과도 통한다. 고송총의 여인들 역시 고구려 여인의 복색을 하고 있기 때문이다.[4]

따라서 '자수범종'의 모델이 된 범종의 실물이 당시 일본에서 유행한 것이든, 그들이 도일하기 전에 한반도에서 본 것이든 진태건7년명 종과 닮은꼴의 작품들이 7세기 초 이 땅에서 타종되고 있었으리라는 데에는 이견이 있을 수 없다.

세 번째로, 고구려 범종의 실재를 추정케 하는 한 장의 사진이 있다. 장도빈의 《대한문화고적도大韓文化古蹟圖》에 실린 범종 사진으로, 원체 희미한데다 인쇄도 불량하고 윗 부분만 겨우 남은 파종破鐘이지만, '5세기 고구려종'(이하 '사진 고구려종')이란 이름이 붙은 유일한 사료이다. 저자의 설명을 원문대로 옮긴다.

'사진 고구려종'

서기 1933년경에 필자가 평양에 있어, 고적을 조사하던 중에 평양의 북쪽인 대성산을 중심으로 조사하다가 북사리의 안학궁지安鶴宮址를 구경하고 그곳에 있는 민가에서 '고종古鐘'이 있다는 말을 듣고 찾아가서 물어본즉 그 주인 되는 젊은 여자가 종을 끄네 보여주는데, 그 종은 소종小鐘으로 전체가 아니오, 다만 유두乳頭를 비롯하여 상부上部만 남아 있는 것인데, 극히 화려한 금동종金銅鐘이오, 그 양식은 신라식이 아니오, 도리어 중국식과 근사近似한 것이다.[5]

요컨대 그 형태가 신라종보다 중국종에 더 가깝다는 지적인데, 정확한 평가이다.

고구려 초기 범종. '사진 고구려종'을 근거로 복원한 상상도이다.

비록 파종破鐘이지만, 위쪽의 고리는 중국식 쌍룡뉴가 분명하고, 상
대나 꽃집 등은 아직 미성숙 단계에 있으나 돌기형의 매들이 또렷
하기 때문이다. 그러므로 '사진 고구려종'은 상상도에서 보듯 중국
종의 복제기를 넘어 변화의 싹이 막 돋아나던 신라종 태동기의 초
기작으로 추정해도 무방하다.

그러나 이 사진의 실물은 현재 행방이 묘연하며 정식 보고서가 작
성되지 않아 그 크기와 전체적인 모양조차 불분명하다. 근거로서의
한계를 인정치 않을 수 없는데, 다만 오대산 상원사종(725) 이전의
우리 범종이 어느 단계를 밟고 있었는지 추정해 볼 수 있는 참고자
료로서는 충분하다.

폐도廢都, 부여의 종소리

백제의 경우는 관련 사료가 더욱 영성하다. 《삼국사기》에 따르면, 고
구려에 비해 12년 뒤쳐진 침류왕 원년(384)에 불교가 들어온다. 북방
민족에 떠밀려 장강 이남으로 옮긴 동진東晉으로부터 인도승 마라난
타가 찾아온 것이다. 같은 해 7월에 백제가 동진에 조공했다는 기록을
볼 때, 백제 사신이 귀국할 때 마라난타가 동행했을지 모른다. 그리고
이듬해인 385년 2월, 지금의 경기도 광주인 한산漢山에 절을 세우고
10명이 출가했다는 기록도 있다. 그러므로 늦어도 5세기 초가 되면 백
제 땅에서도 범종이나 그 비슷한 타명구가 사용되었을 것이다. 여기
에 백제가 신라에 쫓겨 부여로 남천한 뒤의 일이지만, 1930년대 조사
당시 6세기 후반의 사찰로 추정되는 군수리 및 동남리 사지에서 강당

정림사지 5층석탑 비문 탁본

터 좌우편으로 경루經樓와 함께 종루의 터가 발굴되기도 했다.

이런 가운데 백제 범종의 존재를 실증하는 금석문이 있다. 제2부에서 감은사 석탑과 함께 이야기한 바 있는, 다름 아닌 부여 정림사지 5층석탑의 1층 탑신 우주隅柱에 음각된 명문이 그것이다. 우리 입장에서는 치욕스럽기 짝이 없지만, 당시 유행하던 사륙병려체의 화려한 문장으로 당의 소정방이 자신의 훈공을 초당初唐 때의 명필 저수량(596~658)의 해서체로 새겨둔 것이다. 이름 하여 〈대당평제국비명大唐平濟國碑銘〉이라고 하는데, 그 문장 중에 특별히 눈에 띄는 문구가 있다.

화대에서 달을 바라보니,	花臺望月
화려한 전각은 허공에 떠 있네.	貝殿浮空
탁 트인 종소리 울려 맑고,	疏鐘夜鏗
깨끗한 새벽까지 두루 미치네.	淸梵晨通

사직은 무너졌으되 정림사의 범종 소리는 변함없이 폐도廢都의 새벽 하늘을 뒤흔들고 있었던 것이다.

부여가 한강유역을 둘러싼 신라와의 쟁투에서 밀려나 성왕 16년(538)에 공주로부터 천도한 백제의 마지막 수도임을 감안하면, 정림사는 그 즈음에 시창된 백제 왕실의 원찰로 생각해 볼 수 있다. 따라서 위의 범종은 6세기 중반 전후해서 제작된 것으로 보는 게 온당하다. 이러한 자료들을 놓고 볼 때 늦어도 6세기 경에는 백제 땅 곳곳에서 범종 소리를 들을 수 있었을 것이다. 무엇보다 무왕武王(재위 600~641)이 창건한 익산 미륵사 같은 대찰에 범종이 없었다고는 상상이 가지 않는다.

서라벌, 종소리 듣고 귀신들이 흩어지다

마지막으로 신라는 비록 공인(527)은 늦지만 비처왕(소지왕) 때의 '사금갑 설화'가 말해 주듯 불교는 그 이전에 들어와 일부 왕족이나 귀족을 중심으로 신봉되고 있었다. 따라서 정식 사찰은 아닐지라도 일정 규모의 수행처가 있었으리라는 점에서 소형이라도 범종이 존재했을 가능성을 부인하진 못한다. 법흥왕 14년(527) 이차돈의 죽음 이후 신라 조정의 변화하는 분위기를 다룬 진흥왕 때의 기록은 범종의 실재를 분명하게 일러준다.

대청 초년(547)에 양梁나라의 사신 심호가 사리를 가져오고, 천가 6년 (565)에 진陳나라의 사신 유사가 승려 명관과 함께 불경을 받들고 오니, 사찰들이 별처럼 벌여 있고 탑들이 기러기처럼 줄을 지었다. 법당法幢을 세우고 범종도 달아 용상龍象의 중들은 천하의 복전福田이 되고, 대승·소승의 불법은 서울(경주)의 자운紫雲이 되었다.

—《삼국유사》〈흥법〉편 '원종 흥법 염촉멸신' 조

수나라의 통일(588) 이전 중국은 양자강을 기준으로 많은 나라가 명멸해 위진남북조 시대로 불리는 혼란기였다. 당시 남조에 해당하는 양나라 및 진나라 사절단의 내방을 전하는 이 기사는 특히 황룡사와 관계가 깊을 것으로 믿어진다. 황룡사는 진흥왕 때인 553년에 착수해 569년에 준공되는데, 진의 사신이 방문한 565년이라면 대강 그 공역이 마무리 단계에 들어선 시점이다. 그러므로 그들이 혹 범종을 들여왔다면 그 생김새는 10년 뒤인 575년에 제작된 남방식의 진태건7년명종과 별반 다르지 않았을 것이다.

한편, 《삼국유사》의 '도화녀와 비형랑' 설화에서는 아예 범종 소리가 들려온다. 진지왕(재위 576~578)의 사생아 비형랑鼻荊郎은 사촌형인 진평왕에 의해 거두어지고 벼슬까지 하는데, 밤마다 월성의 담을 넘어 황천에서 귀신들과 놀기를 좋아했다. 그 이야기와 관련해 《삼국유사》에는 "귀신의 무리가 여러 절에서 들려오는 새벽 종소리를 듣고 각각 흩어져 가버리면 비형랑도 집으로 돌아갔다"는 대목이 나온다. 아마도 귀신의 무리가 들었다는 새벽 종소리 중에는 진나라의 유사 일행이 황룡사에 기증한 범종 소리도 섞여 있었을 것이다. 이로써 늦어도 6세기 후반에는 서라벌 곳곳에서 범종 소리가 울려 퍼졌으리라는 데는 의심의 여지가 없다. 이 비형랑이 김춘추의 아버지인 김용춘이었음은 앞에서 확인한 그대로이다.

가야 시대의 보령

한편, 가야제국의 경우도 불교를 받아들인 것이 분명한 이상 범종이 타종되었으리라는 데에는 이견이 있을 수 없다. 특히 가야의 불교를 남방불교와 연결 짓는 시각을 고려하면, 가야의 범종은 중국계가 아닌 동남아시아계의 범종과 혈연적으로 가까웠을 가능성도 배제하기 어렵다. 하지만 아무런 자료도 보고되지 않은 상황이라 가야 범종 문제는 공란으로 남겨두고자 한다. 가야 지역에서 출토된 풍탁(394쪽)을 감상하는 것으로 아쉬움을 달래면서 장차 신보의 출현을 고대한다.

지금까지 이 땅에 울려 퍼졌을 태동기의 전기 범종들의 자취를 고구려, 백제, 신라의 순으로 더듬어보았다. 만파식적 사건 이전에도 범종은 그 모성의 울림으로 이 땅의 산하대지를 향기롭게 적시면서 사람들의 희비애환을 씻어주는 귀물로 자리를 잡고 있었던 것이다.

바로 그러한 인식을 바탕에 깔고 다음 장에서는, 굳이 이름 붙이자면 '태동기의 후기'에 해당하는 작품들을 만나게 될 것이다. 현재 일본 도근현의 고야사高野寺에 있는 고종과 서울 조계사에 있는 이른바 '구舊 조계사종曹溪寺鐘'이 그 주인공들이다. 그런데 그것들은 유감스럽게도 우리 스스로에게서 버림받거나 잊혀진, 비유하자면 고아 신세와 다를 바 없는 불우한 작품들이다. 그 상세한 사정과 함께 그것들의 의의를 알아보기로 하자.

29.
잊혀진 종,
버림받은 종

남의 호적에 올려버린 내 자식

상고시대부터 대륙의 사람이며 물산, 문물제도는 대부분의 경우 한반도를 징검다리로 하여 일본열도로 흘러들어간다. 그 과정에서 '한반도적 요소'가 가미되는 것은 지극히 자연스러운 현상으로, 일본열도의 옛 문물제도에는 대륙적 요소와 한반도적 요소, 일본적 요소가 혼재되어 있을 수밖에 없었다. 고대 일본의 특정 문물에서 만약 '비非 중국적 요소'가 발견된다면, 거기에는 두 가지 가능성이 함께 존재한다. '일본의 자생적 요소'일 가능성과, '한반도적 요소'일 가능성이다.

　이러한 논리를 범종의 경우에 대입하면, 고대 일본에는 여러 양태의 범종이 '무질서하고 혼란스럽게' 뒤섞여 있었을 것이다. 일단은 원래의 중국종, 그것들에 '한반도적 요소'가 혼합된 것, '일본적 요소'가 싹트기 시작한 것, 혹은 '한반도적 요소'가 추가되고 다시 그 위에 '일본적 요소'가 덧붙은 것, 그것들끼리도 조금 변화한 것과 많이 변화한 것 등 천차만별이었을 것이다. 그러므로 현재 일본에 전하는 고대 범종에서 혹 '비非 중국적 요소'가 엿보인다면, '한반도적 요소'거나 그것의 잔흔으로 의심해 보는 자세가 필요하다.

현전하는 재일 신라종은 연지사종(833), 송산촌대사종(904), 광명사종(9세기?), 운수사종(9세기?) 등 모두 4점이다. 그 숫자는 신라종의 요소를 온전히 갖춘 작품만 집계한 것으로, 만파식적 사건 전에 한반도에서 건너갔을지도 모를 작품들은 제외되어 있다. 그러니까 '신라종'보다 앞서 이 땅에서 만들어진 작품들이 예컨대 만파식적 등이 없다는 이유로 누락될 수 있는 것이다.

그러한 사정은 우리 쪽에서도 얼마든지 발생할 수 있다. 다시 말해서 중국종의 특징을 고수한 채 신라종의 초기 요소가 가미된 이전 시대의 작품을, 신라종이 아니라고 밀쳐버렸을 수도 있는 노릇이다. 그러므로 '중국종 요소'와 '한반도적 요소'가 뒤섞인 유물이 있다면, 그 작품 역시 만파식적 사건 이전의 작품일 가능성에 대해 엄밀하게 검토할 필요가 있다.

바로 그러한 관점에서 우리가 새롭게 눈길을 건네야 하는 작품이 앞서 말한 일본 고야사의 옛 종과 '구 조계사종'이다. 두 작품은 제작국이나 연대 등에서 똑같이 논란에 휘말려 연구의 현장에서 외면당하고 있지만, 우리 초기 범종사의 비밀을 밝혀줄 소중한 정보를 싸안고 있는 일종의 블랙박스에 해당한다.

앞장에서 태동기의 초기 범종에 대해 간략하게 알아보았지만, 7세기 초중반쯤에 이르면 다수는 여전히 중국종의 언저리에서 맴도는 가운데 개중에는 상당히 진화한 작품들도 태어나고 있었을 것이다. 신라의 경우만 놓고 보더라도 황룡사 준공(569) 직전에 이루어진 진나라의 사신 일행의 방문(565)으로부터 반세기 이상이 경과한 시점이므로, 시간상으로는 충분하기 때문이다.

그러나 공인된 유물이 없는 관계로 우리 범종 연구에서 그 기간은 아예 관심권 밖에 머물러 있다. 그런데 바로 고야사종과 두 작품이 공히 중국종의 수직형 종체를 고수한 채로 상·하대와 매련, 비천 등 신라종의 일부 요소가 첨가된 매우 독특한 형태를 보여주고 있는 바, 이 글에서는 그것들이 그 기간에 제작되었을지도 모른다는, 기존의 통설과는 정반대의 이야기를 나누고자 한다.

먼저 고야사종은 남방식 중국종의 수직형 종체와 쌍룡뉴를 취한 상태에서 '사진 고구려종' 처럼 36개의 매가 뚜렷하고, 상·하대 내부를 성글긴 하지만 꽃문양으로 온통 채우고 있다. 천연 진태건7년 명종의 텅 빈 상·하대에 꽃문양을 살짝 앉힌 모습인데, 36개의 매와 상·하대의 문양이 '한반도적 요소' 임은 더 말할 이유가 없다. 다시 말해 그런 '한반도적 요소' 들은 고야사종이 우리의 초기 작품, 곧 신 양식의 신라종이 정착되기 이전 작품으로 추정할 수 있는 실마리가 된다.

하지만 현재 고야사종은, 고대 일본 화종이라는 게 정설이며, 특히 평정양평은 겸창鎌倉 시대의 작품으로 분류하고 있다. 그래서 신중을 기해야겠지만 화종설에는 의심스러운 대목이 하나둘이 아니다.

첫 번째는 꽃문양이 장식된 고야사종의 넓은 상·하대이다. 그런 식의 상·하대는 전통 일본 화종에서는 등장한 바가 없으며, 혹 있더라도 폭이 훨씬 좁고 문양도 미숙한 수준에 머물러 있다. 그러므로 일단 신라종의 상·하대에 더 가깝다는 평가가 가능한데, 신라종의 상·하대도 처음부터 지금에 보는 화려한 수준은 아니었을 것이다. 곧, 고야사종의 상·하대와 별반 다르지 않은 '유치한' 수준에서 출발했을 것이다.

두 번째로는 36개의 '매'와 꽃집을 꼽아야 한다. 그 숫자부터 신라종과 일치할 뿐 아니라, 모양은 에밀레종의 연꽃송이와 거의 흡사하다. 여기에 네모난 꽃집의 테두리는 엉성하기 짝이 없던 '사진 고구려종'의 꽃집에서 진일보한 형국으로, 신라종의 꽃집 테두리로 나아가는 과도기적 양상으로 판단된다. 역시 전통 일본 화종에는 그런 모양의 매가 일절 나타나지 않는다.

세 번째로 또 하나 놓칠 수 없는 특징은 당좌의 위치가 전통 화종과 다르다는 점이다. 기본적으로 화종의 당좌는 쌍룡뉴의 몸뚱어리 좌우에 하나씩 배치되는 데 비해, 신라종에서는 용두 쪽과 만파식적 쪽, 곧 종신의 앞뒤로 당좌를 안치하는 게 통례이다. 헌데 '고야사종'은 쌍룡뉴는 중국식(및 일본식)이면서, 당좌는 신라종과 똑같이 양쪽 용머리 쪽에 자리 잡고 있다.

이처럼 고야사종은 남방식 중국종의 골격에다 연꽃과 꽃집, 상·하대 등의 '한반도적 요소'가 가미된 복합적인 양상을 띠고 있다. 이 '한반도적 요소들'이 신라종의 고유한 특징임은 더 이상 강조할 이유가 없다. 반면, 고대 일본 화종의 전통 요소는 전무하다. 다시 말해 고야사종의 본질적 특징은 한·중 절충식이라는 데 있다. 따라서 그것을 단지 일본에 있다는 이유로 일본종이라는 주장은 기계적 접근의 결과일 뿐이다. 일본 화종설이 새롭게 검토되어야 하는 이유

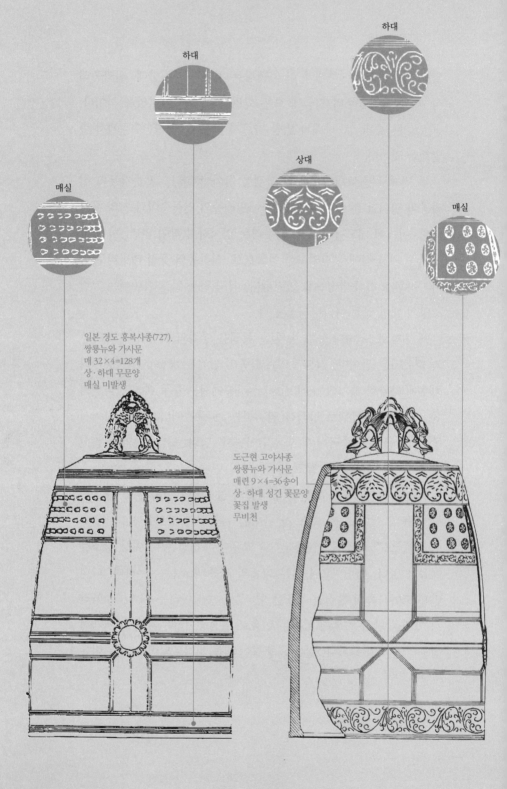

하대

하대

상대

매실

매실

일본 경도 홍복사종(727).
쌍룡뉴와 가사문
매 32×4=128개
상·하대 무문양
매실 미발생

도근현 고야사종
쌍룡뉴와 가사문
매련 9×4=36송이
상·하대 성긴 꽃문양
꽃집 발생
무비천

하대의 반원문

비천

실상사종 비천 탁본.
구 조계사종의 비천에 운좌가
추가된 양상이다.

구 조계사종
쌍룡뉴와 가사문
매련 9×4=36송이
상·하대 꽃문양·반원문 발달
꽃집 꽃모양 발달
비천 발생, 운좌 없음   **거장들의 세계**

가 거기에 있다.

이렇듯이 일본종과는 하등 관계가 없으며, 순수한 중국종도 아니고, 순수한 신라종도 아닌, 국적 불명의 '고야사종'의 원적지는 어디일까. 바로 이러한 의문을 풀 수 있는 열쇠가 그 작품에 따라다니는 연기설화이다. 1,400년경 칠일연七日淵이라고 하는 연못에서 하룻밤 사이에 하후河猴—원숭이가 건져 냈다는 이른바 수중출현水中出現—설화가 그것이다. 그런데 그러한 스토리는 주로 일본의 서부 해안가에 집중적으로 분포되어 있는, 이 땅에서 끌려간 조선종의 상투적인 모티프이다. 수중출현 설화가 딸린 종들은 고려 말이나 임진왜란 때 왜구가 노략질해 간 우리 작품이 대부분으로, 그러한 사실은 일찍이 1904년도에 관야정도 인정한 적이 있다.

이들 범종은 많이 왜구들이 가져온 것 또는 임진란 때의 전리품일 것이고, 그 존재한 지방은 주로 중국(일본의 중부) 지방에 가장 많고, 다음 구주의 북부지방, 근기近畿 지방 및 북륙의 일부가 이에 버금하고, 그 외에는 거의 이를 볼 수가 없다.[6]

그러고 보면 1400년경이란 연대도 예사롭지 않다. 조선 개국(1392)의 전야인 고려 말에 왜구가 유난히 극성을 부렸음은 두말할 나위가 없거니와, 특히 도근현은 한반도의 대안對岸에 해당하는 곳으로, 재일 신라종을 대표하는 운수사종 및 광명사종 등도 같은 관내에 있다.

이러한 여러 정황을 고려할 때, 고야사종은 우리도 모르는 사이에 유괴되어 남의 호적에 올라 있는 '내 자식'일 소지가 다분하다. 백보 양보하여 설령 이 땅에서 제작된 게 아닐지라도 만파식적 사건 (682) 이전, 한반도에서 유행한 종들과 크게 다르지 않았으리라는 점에서 고야사종의 의의는 실로 막중하다.

그런데 지금까지의 이야기, 곧 고야사종이 한반도 작품일 가능성은 이미 지난 1972년도에 남천우가 제기하였다. 그것이야말로 오대산 상원사종(725)을 훌쩍 앞지르는, 한반도에서 제작된 작품이라는 것이다.[7] 그가 밝힌 근거는 물론 위에서 검토한 꽃문양을 거느린 상하대와 36개의 매, 당좌의 위치 등 양식상의 여러 특징이다.

요약하면, 고야사종은 그 양식이나 연기설화에 비춰볼 때 고대 화종보다는 우리의 옛 작품일 확률이 한층 더 높다. '사진 고구려종'보다는 뒤이고, 오대산 상원사종(725)에 앞서는, 현전하는 실물로서는 최고最古의 작품으로 이해하는 것이다.

그렇다면 고야사종, 혹은 그것과 비슷한 작품들로부터 만파식적 사건 직전까지의 종들은 어떤 모양이었을까. 추측에 불과하지만, 남방식 중국종의 수직형 종체를 기본으로 하고 쌍룡뉴와 가사문 등을 고수한 상태에서 신라종을 향해 한 걸음 더 다가선 종들이 유행하고 있었을 터인데, 이러한 가정에 딱 들어맞는 작품이 있다. '구 조계사종'이 그것이다.

내 집의 남의 자식?

'구 조계사종'의 제원을 간단히 소개하면, 157.7센티미터의 높이에 구경은 89센티미터에 이르는 만만치 않은 대종이다. 높이 167센티미터의 오대산 상원사종보다는 조금 작지만 몸통만의 높이는 140센티미터로, 133.5센티미터의 오대산 상원사종을 살짝 상회한다. 상원사종의 경우 만파식적이 종체에 비해 높기 때문이다.

이 작품을 주목하는 이유는, 수직형 종체와 가사문, 쌍룡뉴, 상·하대 등이 고야사종과 쌍둥이라 할 만큼 똑같다는 점 때문이다. 그러면서도 크게 두 가지 점이 다른데, 이른바 반원문半圓紋과 비천이다.

먼저 반원문이란 상·하대의 테두리 내부 곳곳을 채우고 있는, 흡사 고목의 나이테처럼 중첩된 동그라미들의 한 가운데를 일직선으로 삭둑 잘라낸, 곧 반원半圓의 화려한 문양을 말한다. 그러니까 고야사종에서는 보이지 않던 반원문이 구 조계사종에 새롭게 나타난 것이다. 그 결과 고야사종의 상·하대가 다소 성긴 듯한 느낌에 머물러 있다면, '구 조계사종'의 상·하대는 한결 알차고 화려한 맛을 안겨준다. 이 반원문은 유독 신라와 고려 시대의 우리 범종에만 나타나고, 중일 양국의 종에는 장식된 예가 없다. 우리 고대의 다른 어떤 기물에도 보이지 않아 더욱 돋보이는데, 결론적으로 반원문으로서는 가장 오랜 것이다.

이 반원문에 관해서 꼭 나누어야 할 색다른 이야기가 있다. 상상하기 어려운 일이지만, 고대 인도의 대표적인 석굴사원인 아잔타 석굴의 기둥에 비슷한 반원문이 둘려져 있다. 인도 문화의 홍수 속에서 그것도 들어온 듯한데, 이 문제는 뒤에 나오는 오대산 상원사종의 만파식적을 다룰 때 함께 묶어서 거론될 것이다.

다음으로 생각할 것이 네 곳의 꽃집 아래의 지간池間을 차지한 모두 네 쌍의 비천이다. 그것들 역시 고야사종에 없던 것으로 천연 고야사종의 지간에다 살짝 얹어놓은 형국이다. 특히 파종 상태로 전하는 선림원종 및 실상사종의 쌍비천을 쏙 빼어 닮은데다, 연화대좌에 차분히 앉아 서로를 마주보는 모습은 흡사 실상사종의 비천을 들어다가 고스란히 옮겨놓은 듯하다. 단, 모든 신라종의 비천이 연화대좌 아래에 겹치듯 거느리고 있는 구름방석, 곧 운좌雲座가 '구 조계사종'의 비천에는 보이지 않는다. 말하자면 '구 조계사종'의 비천은 신라종의 비천 도상이 확립되기 전의 도상일 수 있는 것이다.

다른 한편, 이 '구 조계사종'의 비천은 가사문 안에 꼼짝없이 속박되어 있는데, 누차 말했듯이 그런 상태에서는 자재한 공간이동이 불가능하다. 이는 결국 특정의 찬탄 대상이 없이 순전히 조형적 목적에서 디자인된 것임을 말해 준다. 훗날 신라종의 비천이 문무왕의 출현을 찬탄하기 위해 가사문을 제거한 광대한 종복에 두둥실 떠 있는 것과는 무관한 것이다.

따라서 반원문과 비천의 운좌 문제만으로도 '구 조계사종'이 고야사종의 뒤를 잇는 작품이라는 가설은 무리 없이 뒷받침된다. '구 조계사종'은 만파식적 사건 직전 이 땅에 유행하던 작품으로 볼 여지가 충분한 것이다.

이와 같이 신라종의 태동기를 설명하는 데 있어 두 작품보다 효과적인 유물도 찾아보기 어렵다. 진태건7년명종을 맨 앞에 세운 다음, 뒤이어 '사진 고구려종'을 배치하고, 다시 고야사종과 '구 조계사종'을 차례로 나열하면 태동기의 전반적인 흐름이 한눈에 잡힌다.

이러한 상황을 감안할 때 만파식적 사건 직전, 곧 통한전쟁과 대당독립전쟁이 마무리되는 7세기 중후반까지 이 땅의 사찰들에서는 각양각색의 종이 다투어 울리는 일대 혼돈 상태에 있었을 것이다. 직수입한 중국종 및 그 모방작들 틈바구니에서 한반도적 요소가 돋아나기 시작한 '사진 고구려종', 더 진전된 고야사종, 그리고 그 나름의 정형에 도달한 '구 조계사종' 같은 작품이 미구에 불어 닥칠 혁신적인 변화를 예고하고 있었던 것이다.

그러나 '구 조계사종'을 근거로 한 지금까지의 논리는 그 한계가 너무나 뚜렷하다. 엄밀히 말해서 '구 조계사종'은 진물은커녕 '고철 덩어리' 조차 못 되는 게 현재의 상황이다. 일찍이 1939년에 보물(국보)로 지정되고 해방 후에 국보로 거듭 지정을 받았으나, 1962년 문화재위원회에서 20세기 초 일본에서 만든 '가짜종'이라는 판정에 따라 돌연 국보의 자리에서 축출되었기 때문이다. 따라서 '위종설僞鐘說'이 극복되지 않는 한 그것을 근거로 한 어떠한 가설도 사상누각일 뿐이다.

현재 '구 조계사종'의 '위종설'은 충분한 검증이 이루어지지 않은 상태에 있다. 예컨대 그것이 20세기 일본의 '위종僞鐘'이라는 앞의 입장 외에도 일본의 고대종이라거나 신라종 이전의 우리 작품이라는 둥 한일 학계가 뒤엉킨 채 지금껏 합의에 이르지 못하고 있다. 하나의 작품을 두고 이처럼 상반된 견해들이 대립한다는 것은 그만큼 생김새가 독특하고 미묘하다는 뜻으로, 다음 장에서 그 문제를 집중적으로 생각해 보기로 하자.

엇갈리는 주장들

'구 조계사종' 문제에서 가장 먼저 정리해야 할 것이 그 '이름' 이다. 이 작품의 원 소재지는 그동안 용문산 중턱에 있는 상원사로 알려져 왔다. 그래서 용문산 상원사종으로 칭해왔지만, 사실은 거기서 가까운 산 밑에 자리한 보리사菩提寺에 있던 것으로, 보리사가 폐사되자 상원사로 옮겨간 것이다. 그러므로 지금부터는 오대산 상원사종과의 혼란을 피할 겸 '보리사종菩提寺鐘' 으로 부르기로 한다. 거듭 말하면 원래 보리사에 있던 종은 '보리사종' 으로, 현재 조계사에 소장 중인 종은 '구 조계사종' 으로 구분해 칭하기로 약속한다. 위종설에 따르면, '보리사종' 과 '구 조계사종' 이 별개의 작품이라는 이야기인데, 여기서는 두 작품이 동일작임을 밝힐 것이다.

앞에서 '구 조계사종' 의 국적, 제작 시점 등에 대한 이견이 구구하다고 말했는데, 다음은 그것에 관한 여러 입장을 정리한 도표이다.

	제작국	시 기	진위 여부	출 전
금서룡	고 려	10세기	진 품	《고적조사보고》(1916)
이능화	고대 조선	오래된 종	진 품	《조선불교통사》(1918)
관야정	고 려	10세기	진 품	《조선미술사》(1932)
제등충	고 려	고 려	진 품	《조선불교미술고》(1947)
문화재위원회	일 본	20세기	위 종	1962.12.12.
석도륜	신 라	신라시대	진 품	《한국고금순례》(1964)
황수영	일 본	20세기	위 종	《조명기박사화갑기념사학논총》(1965)
평정양평	일 본	10세기	진 품	《진단학보》31호(1967)
남천우	고대 조선	7세기	진 품	《역사학보》53(1972) 《유물의 재발견》(1987)
이구열	일 본	20세기	위 종	《한국문화재비화》(1973) 《한국문화재수난사》(1996)
염영하	일 본	20세기	위 종	《범종》10호(1987)

　유물 하나를 놓고 이렇듯이 고증이 엇갈리는 경우도 보기 힘든데, 각각의 견해에 대해 알아보기로 하자.

　먼저 10세기 고려종이라는 관야정과 금서룡의 관점은 우리의 범종 연구가 체계를 잡기 전에 발표된 것으로 그 가능성은 전무하다. 이전 시대에 이미 신라종이 확립되어 있었고, 고려시대에 들어서서는 신라종을 뼈대로 해서 변화가 일어난 것은 누누이 이야기한 바 있다. 실제로 현존하는 고려시대 종으로 양식상 보리사종과 통하는 작품은 단 한 점도 없다. 그러므로 고려종설에 익하면 중국종에서 힘겹게 신라종 양식에 도달했던 이 땅의 범종이 도로 중국식 종으로 역진逆進했다는 결론밖에 나오지 않는다.

여기에 10세기 겸창시대의 일본 화종이라는 평정양평의 주장도 위종설만큼이나 허황되다. 고대 화종으로서 상·하대와 매련, 혹은 연실, 비천을 격식에 맞게 구비한 작품은 찾아지지 않기 때문이다. 특히, 일본 범종이 한반도의 해안가도 아닌, 내륙 깊숙한 곳에 걸린 이유나 근거가 제시되어야 하지만, 거기에 대해 아무런 이야기도 제시하지 못한 것은 최대 약점이 아닐 수 없다.

한편, 7세기의 우리종이라는 남천우의 관점은 이 땅의 범종사를 새로 써야 할 정도의 충격적인 가설로, 보다 엄밀한 검증의 시간을 요한다. 오대산 상원사종(725)이 가장 오래다는 학계의 정설을 정면에서 뒤집은 점에서도 그렇지만, 설령 '구 조계사종'이 '가짜종'이라고 할지라도 그러한 견해를 논증하는 과정에서 수립된, 우리 범종의 탄생과 정착의 시간표를 추론할 수 있는 토대를 제공한 것만은 높게 평가되어야 한다.

일단 '보리사종'이 세상에 알려지는 시점부터 '위종'으로 판정(?)되기까지의 경위를 간단하게 정리해 보자.

남의 손에 팔려가다

구한 말 양평 용문산 인근의 사찰들은 우리 의병의 근거지가 되어 일본군의 무차별적인 토벌의 대상이 된다. 그때 용문사, 사나사 등 다른 사찰과 함께 상원사도 전소되는데, 거기에 걸려 있던 '보리사종'만은 천행으로 화를 면한다.

당시 일본 불교는 조선으로의 진출을 기도했고, 그중 가장 선두에서 있던 데가 경도의 동본원사東本源寺이다. 동본원사라면 명치천황의 원찰이라고 할 정도로 제국주의 색채가 강한 이른바 대곡파大谷派의 총본산으로, 일제의 대륙침략 과정에서 첨병 역할을 한다. 일본은 불란서나 독일에 이어 실크로드 경략에 뛰어들었는데, 그 일에서도 동본원사는 가장 적극적이었다. 현재 우리 국립중앙박물관에 소장 중인 서역 미술품은 동본원사에서 파견한 이른바 대곡탐험대大谷探驗隊가 중앙아시아 일대에서 반출해다가 조선총독부에 기증한 것이다. 뿐 아니라 개화당과 연결되어 있던 승려 이동인李東仁을 일본으로 유학시키는 등 조선 불교의 친일화를 획책한 것도 동본원사이다.

바로 그 동본원사가 을사늑약(1905)을 기점으로 활동을 강화해 마침내 1906년 11월, 통감부의 전폭적인 후원 아래 서울의 진산인 남산에다 '경성별원京城別院'을 연다. 법당 낙성식에는 친일 인사가 대거 참석해 동본원사의 한양 진출을 축하했으며, 고종과 순종은 거액의 금일봉과 함께 '대한아미타본원사大韓阿彌陀本願寺'라는 친필 편액을 내리기도 한다.

이후 별원 측은 사찰의 면모를 갖추기 위해 범종을 구하던 중 '보리사종'의 존재를 인지하게 된다. 관련 자료를 종합하면 1907년 4월에 흥정이 시작되고, 같은 해 7월에 거래가 성사된 것으로 판단되는

동본원사 경성별원. 사진 중앙에 웅장한 일본식 기와건축물이 본당이다.

데, 그 경위에 대해 이능화李能和는 "양평군 용문산 보리사에는 예전에 오래된 종 하나가 있었는데, 세상에 드문 물건이었다. 전한 융희 3년(1909)에, 속퇴한 승려인 정화삼이라는 자가 서울 왜장대 아래에 있는 동본원사 별원에 팔아넘겼다"고 《조선불교통사》(1918)에 고발하고 있다. 연도의 차이는 있지만, 전후 사정은 비교적 정확하게 기술되어 있는 셈이다.

보리사종은 상원사에서 지금의 용문역으로 이운될 당시 연수리 주민이 대거 동원되는 등 우여곡절 끝에 1908년 4월 23일에야 경성(한성)에 도착했고, 같은 달 25일에는 경성별원 설교장에 걸리면서 기념 법회까지 개최된다. 그러나 위종설에 따르면, 바로 이때 경성 별원 설교장에 걸린 종은 '원 보리사종'이 아니라, 일본에서 급조해서 가져온 가짜종, 곧 현재의 '구 조계사종'이라는 이야기가 된다.

아무튼 그로부터 '경성별원종'은 광복 때까지 40년 가까이 별원의 명물로 예우를 받으면서 타종되었으며, 연말에 '제야의 종'을 칠 때는 그 종소리를 가까운 경성방송국(현재의 KBS라디오 방송국)에서 전국에 생중계했다고 한다. 1939년에는 '보물·고적·명승·천연기념물보존회' 5차 총회에서 보물(지금의 국보)로 지정되는데, 관야정의 다음과 같은 평가가 그 근거였다.

제작 연대는 불분명하지만 고려 초기에 속하는 것 같으며, 신라계의 양식에 지나(중국) 식을 절충한 진귀한 실례이다. …… 이 같이 조선과 지나 양쪽 양식을 절충한 것은 타에 전혀 유례를 볼 수 없을 뿐만 아니라 수법도 상당히 우아의 풍을 보여주고 있다.[8]

광복과 더불어 남산에 있던 조선 신궁 및 조선 신사 등이 철거되면서 별원이 폐쇄되자 보리사종은 현 조계사인 종로 태고사로 옮겨졌고, '태고사종'이라는 새 이름을 얻는다. 그러나 1955년에 정화불사의 여파로 태고종의 종무원이던 태고사가 조계종의 조계사로 바뀌면서 '조계사종'으로 고쳐 부르게 된다. 우리 정부에 의해 국보 367호로 거듭 지정되었는데, 그 무렵 모든 문화재 도록마다 그것을 우리의 고대 범종으로 소개하고 있다.

쫓겨난 국보

그러던 1962년 12월 12일, '문화재위원회 제1분위'는 제18차 회의에서 그것을 국보에서 돌연 해제한다. 일본의 무뢰배들이 원래의 종이 탐이 날 정도로 우수해서 일본으로 빼돌리고 엉터리 종을 급조해 바꿔치기한 것이라는, 문화재위원 황수영의 견해를 액면 그대로 수용한 결과였다. 위종설의 핵심 논거는 그것의 양태가 우리 전통종과 확연히 다르다는 데 있다. 그중에서도 쌍룡뉴와 가사문 등은 일본 화종의 전형적인 요소라는 점이 강조되고, 또 다른 근거로는 젊은 시절 그것을 상원사에서 용문역까지 운반할 때 참여했다는 양평 연수리 출신의 노인 3인의 증언도 첨부되었다. 그들의 증언에 따르면 현재의 '구 조계사종'이 자신들이 운반한 원 '보리사종'이 아니라는 이야기였다.

그러나 지금껏 위종설을 뒷받침할 만한 과학적인 물증은 단 한 점도 없다. 또한 '구 조계사종'의 양식상 특징을 자의적으로 해석한 느낌이 없지 않으며, 무엇보다 원 '보리사종'의 행방을 밝히지 못한 점은 치명적인 한계이다. 지금부터 보다 구체적으로 위종설의 허구성을 정리하기로 한다.

첫째, '범행의 동기'가 불확실하다. 형법상 범죄가 성립하려면 법으로 금지된 행위, 예컨대 소유권 침해 같은 위법한 상황이 발생해야 한다. 하지만 경성별원 측에서 보면 '보리사종'은 약탈한 물건도 아니고, 절취한 물건을 사들인 장물도 아니다. 형식적일지라도 나름의 정상적인 상거래를 통해 매입한 것으로 보리사종의 소유권은 이미 경성별원 측에 넘어간 상태였다. 따라서 하등 밀반출할 이유가 없으며, 가져간다고 해서 그 사실을 감출 이유는 더더욱 없다. 만약 가져갔다면 도리어 그것을 널리 선양하는 게 상식에 맞지만 지금껏 동본원사에서는 그 종의 존재를 공개한 적이 없다.

둘째, 위종설에 의하면, 그들은 '보리사종'을 일본으로 가져가는 한편, 일본 본토에서는 '구 조계사종'을 만드는, 두 가지 사업을 동시에 병행했다는 결론이 나오고 만다. 그러나 그처럼 번거롭고 구차스러운 '짓'을 벌일 까닭이 없을 뿐 아니라, 단 9개월 만에 그 모든 과정이 완료되었다는 것도 상식적으로 납득이 안 간다.

주종일은 다른 어떤 불사보다도 절차와 공정이 복잡하고 까다롭기로 유명하다. 발원이 있은 연후에 모금 단계를 거쳐 장인 및 공방 선정, 기획과 도안 확정, 설계, 합금비율 결정, 원석 재료 입납과 연료 마련, 용광로 설치, 모형 및 주형 제작과 건조, 각부 문양판 제작 및 석고(밀납) 용두 조각, 원석의 용광로 투입과 발화發火, 금속 용융, 용탕鎔湯 운반 및 주입, 주형 식히기, 주형 해체, 종루 현가, 시험 타종 등의 수

쌍룡뉴

많은 단계를 요한다. 그러고도 수차
례씩 실패하는 경우가 적지 않은, 그
만큼 많은 시일을 요하고 성패 여부
가 불확실한 분야가 주종이다.

헌데 전통적인 방식에서 벗어나지
못한 20세기 초의 주조 기술이나 장
비, 시설 등을 감안할 때 단 몇
달 만에 대형종을 제작
했다는 것은 납득하
기 어렵다. 가까운
예로 지난 1985년
해방 40주년을 맞아
새로 건조한 서울
의 보신각종은 범
정부적인 지원 하
에 현대식 장비와
첨단기술이 총동원
되었지만, 1년 7개
월이나 소요되었

꽃집 테두리 내의 나뭇잎 모양의 상처

종정부의 크랙

용문산 보리사종

다. 이런 순수한 제작 기
간 외에도 일본에서 조선으로의 운
반 기간도 계산에 넣어야 한다. 일본
경도에서 현해탄을 건너 한양까지

비천 부분

운반하는 데는, 그 무렵의 육로 교통이나 배편 사정, 을사늑약 이후 격렬하게 전개되고 있던 의병들로 인한 치안상황 등을 고려하면 아무리 짧아도 두세 달 이상이 필요하다. 그러므로 위종설을 인정하면 전체 공정을 서너 달 내지 대여섯 달 안에 뚝딱 해치웠다는 이야기가 되고 만다.

셋째, '구 조계사종'의 꽃집 아래쪽 테두리 중심부에는 나뭇잎 모양의 흉터 자국이 역력하다. 가로 5.5센티미터, 세로 3센티미터, 깊이 1센티미터 가량의 이 상처는 포탄 등의 강력한 충격이 아니면 쉽게 생길 수 없는 것이다. 그것이야말로 일본군의 공격 당시 상원사 현장에 그 종이 있었음을 웅변하는 직접적인 증좌이다. 혹 주조 기술의 미숙으로 볼지도 모르나, 그 경우에는 기포氣泡 식의 파임이 나타남은 다 아는 사실이다. 실제로 보리사종의 천판 윗면에는 직경 1센티미터 전후한 물방울 같은 홈 자국이 모두 7개가 흩어져 있으며, 위의 흉터 반대편 외곽선을 따라 길이 10센티미터 가량의 크랙이 있어 그 틈새로 내부까지 들여다보인다. 말할 것도 없이 쇳물을 붓는 과정에서 발생한 것들이다.

넷째, 위종설의 치명적인 결함은 '보리사종'의 행방이 묘연하다는 점이다. 그 소재지만 밝혀진다면 모든 논란이 종지부를 찍겠지만, 현재까지 위종설의 누구도 답을 제시하지 않고 있다. 다음은 그 문제에 관한 황수영의 글이다.

이 종[구 조계사 종]이 용문산 중의 고찰에서 한말에 반출된 것[보리사종]과 다른 일제日製의 위종이라고 한다면, 다음에는 상원사종[보리사종]

의 행방이 문제가 된다. …… 그러나 이 같은 문제점에 대해서는 무어라 말할 수가 없다. 반출자에 의하여 일본으로 반출되어 이중의 이득을 보았는지, 또는 그들의 사전 선전과는 판이한 작품이어서 증거물로 남아서는 아니 되기에 반출 도중에서 파괴하여 버렸는지…….[9]

'증거 인멸'을 위해 없애버렸을지도 모른다는 식의 이 무책임한 진술이야말로 위종설이 얼마나 허망한 억측인지를 자인한 것이나 진배없다. 자신들이 거금을 동원해 구입해, 그것도 내륙의 산중에서부터 운반해 오느라고 경비를 들이고 애를 쓴 것을 돌연 물속에 던지거나, 혹은 파괴해 버린다? 이런 논리에 어떻게 납득하고 수긍할수 있는가. 위종설이 최소한의 정당성을 갖기 위해서는 그것의 행방을 추적해야 했고, 그 운반경로를 입증하는 하다못해 선박의 화물운임표 내지 탑승자 명단에서 그 범죄자들(!)의 이름자라도 확인하는게 이치에 닿는다.

지금까지 주로 현실적인 측면에서 위종설의 허점을 훑어보았지만, 양식의 측면에서 보더라도 위종설은 수긍하기 어렵다.

위종설의 결정적인 논거가 다름 아닌 쌍룡뉴와 가사문이다. 그것들이 일본 화종의 절대요소임을 강조하면서, 반면 우리 종은 단룡과 원통이 필수적임을 지적하는 식이다. 다시 말해 단룡과 원통이 아닌, 쌍룡뉴와 가사문을 취한 그 점에서 일본 화종이라는 논리이다. 그러나 그런 논리에는 함정이 도사리고 있다.

첫째, 쌍룡뉴와 가사문은 원래 중국종의 기본 요소이다. 7세기 후반까지 동북아 삼국에는 그런 형태의 종들밖에 존재하지 않았다. 두 요소는 화종의 독점 요소가 아니라 한·중·일 삼국의 범종 모두의 공통 요소인 셈이다. 그러므로 두 요소를 갖추었다면 그 작품은 세 나라 모두 그 제작국일 가능성에서 동일하다. 따라서 두 요소를 빌미로 나온 일본 화종설은 객관적 사실을 무시한 아전인수식의 억측일 뿐이다.

둘째, 도리어 단룡과 원통의 부재는 그 종이 만파식적 사건(682) 이전에 제작되었다는 반증일 수 있다. 단룡과 원통은 만파식적 사건 이후에야 신라종의 정수리로 올라가기 때문이다. 만약 일인 무뢰배들이 모조품을 만들기로 했다면, 조악할망정 원래의 작품과 비슷하게 단룡과 원통을 수립하는 게 옳다. 다른 물건임을 단번에 눈치 챌 수 있도록 만들어놓고 진짜인 양 내세울 수는 없는 노릇 아닌가. '보리사종'이 정상적인 '신라종'이었다면, '구 조계사종' 역시 그 두 요소를 흉내라도 내서 붙여놓았어야 한다.

셋째, 앞서 본 대로 '구 조계사종'의 비천에는 모든 신라종의 비천이 어김없이 거느리고 있는 운좌가 없다. 그 이유에 대해 일인이 '가짜종'을 만드는 과정에서 실수로 빠뜨린 것이라면서 역시 위종설의 근거로 삼는 견해가 있다.[10] 그러나 훨씬 더 어려운 섬세한 자태의 비천은 새기면서 특별히 어렵지도 않은 운좌만 생략할 까닭이 있겠는가. 앞의 쌍룡뉴의 경우처럼, '완전범죄'를 위해 응당 운좌를 함께 묘사하는 게 상식에 맞는다.

그런데 그 사실, 곧 '구 조계사종'에 운좌가 없다는 점은 초기 비천에 관한 뜻밖의 정보를 제공한다. '구 조계사종'의 제작 시점에는 비천에 미처 운좌를 생각하지 못하다가 만파식적 사건 이후 가사문

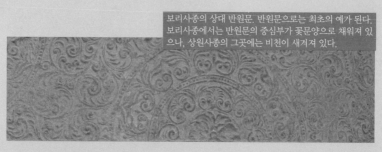

보리사종의 상대 반원문. 반원문으로는 최초의 예가 된다. 보리사종에서는 반원문의 중심부가 꽃문양으로 채워져 있으나, 상원사종의 그곳에는 비천이 새겨져 있다.

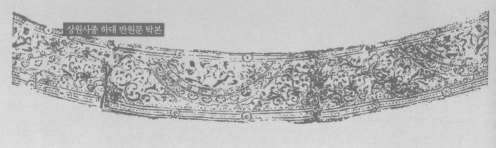

상원사종 하대 반원문 탁본

을 제거하고 비천 도상을 완성하는 과정에서 새로 첨가했으리라는 것이다. 따라서 운좌가 없는 '구 조계사종'의 비천도 정식 신라종의 비천에 앞서는, 초기 비천의 시원적 도상으로 읽는 게 합리적이다.

넷째, 상·하대의 띠 안에 새겨진 이른바 반원문도 간단치 않다. 앞에서 잠깐 언급했지만, '구 조계사종'의 반원문은 두 줄의 구슬 띠를 돌리고 오늘날의 하트 같은 고사리무늬를 채워 넣은 게 특징이다.[11] 그런데 오대산 상원사종의 반원문을 보면, 이중의 구슬 띠 중에서 안쪽 구슬 띠가 그려내는 반원문 안에 꼬맹이 비천들로 터질 듯하다. 말하자면 '구 조계사종'의 반원문에다 비천이 새로 추가된 것으로, '구 조계사종'을 오대산 상원사종(725)보다 앞세울 수 있는 방증일 수 있다. 반원문만 기준으로 삼더라도 '구 조계사종'이 고야 사종과 오대산 상원사종을 잇는 징검다리 작품이라는 사실이 더욱 뚜렷해지는 셈이다.

　마지막으로, 연수리 노인들의 증언도 냉정히 다루어져야 한다. 그들은 10대 후반에서 20대 초반에 단지 노임을 받기 위해 마을 사람들과 함께 운반 작업에 참여했을 뿐이다. 농촌의 순박한 청년인 그들이 우리종과 일본종의 차이점을 얼마나 자세히 알고 있었는지 의문이며, 7, 80대에 이른 노인들에게 무려 56년이나 지난 옛날의 희미한 기억이 남아 있으리라는 기대부터 무리이다. 또 종을 이운할 때는 안전이 최우선으로, 산중턱의 상원사에서 구절양장의 비탈길을 수 킬로미터 이상 내려오자면 당연히 가마니와 밧줄 등으로 몇 겹씩 두르고 덮고 묶었을 것이다. 그들의 증언은 참고는 될지언정 학술논의의 증거로 채택하는 데는 한계가 있다.

　한편, 경성별원은 나름의 사격을 갖춘 정식 사찰로, 그곳의 승려들도 최상의 우미한 종을 봉안하려고 애썼으리라는 것은 인지상정이다. 그러나 위종설에 동의하면, 그들 스스로가 '가짜종'을 걸어놓고 버젓이 법회까지 열었다는 희극적인 결론에 동의해야 하고, 수십 년 동안 예불 때마다 '가짜종'을 타종하는 자기 기만극을 연출했다는 결론도 받아들여야 한다.

　수십 년 동안 일체의 문제 제기가 없던 점도 납득하기 어렵다. 일제의 기세가 등등하던 시절이라면 몰라도 해방되고선 당장 논란이 불거졌어야 한다. 그러나 조계사로 옮겨지고 나서도 17년 동안 별다른 이견이 나온 바 없었다.

　좀더 원론적으로 말하면, 종의 세계에는 '진짜종'이니 '가짜종'이니 하는 말 자체가 성립하지 않는다. 두드려서 좋은 소리가 나면 훌륭한 종이고, 소리가 나쁘면 졸작이다. 보리사종이 제야의 밤에 타종되어 전국에 생중계되었다는 것은 그만큼 소리가 우수했기 때문일 것이며, 일제 때 그것이 보물로 지정된 데에는 소리 문제도 당연히 고려되었을 것이다.

결론으로 들어가자. 지금의 '구 조계사종'은 원 '보리사종'이며, 오대산 상원사종에 선행하는, 그리하여 신라종의 태동기를 증언하는 너무나 귀중한 유산이다. 반대로 위종설은 그리스신화에 나오는 '프로크러스테스의 침대' 이야기를 연상시키는 억측일 뿐이다. 만파식적 사건 전의 우리 종이 중국종과 비슷하리라는 점에 대한 충분한 고려 없이, 오직 단룡과 원통 등을 완비한 작품만이 우리종이라는 집착에 사로잡혀 그 울타리 밖으로 보리사종을 밀쳐낸 것이다. 그러므로 엄연한 내 자식을 내 호적에서 파내어 남의 호적에다 밀어 넣은 1962년도의 문화재위원회 국보 퇴출 결정은 응당 재고되어야 한다.

다행히도 1962년에 위종설을 주도한 황수영은 스무 해 뒤인 1981년에 이르러 만파식적설을 발표해 스스로 위종설을 무너뜨린다. 만파식적설은, 만파식적 사건(682) 이전 이 땅의 종들이 중국식의 쌍룡뉴와 가사문을 지키고 있었다는 전제 하에서만 성립하기 때문이다. 뒤집어 말하면 만파식적설은 위종설의 폐기 선언에 다름 아니다. 따라서 남은 과제는, 정밀한 과학적 검증을 거쳐야겠지만, 보리사종의 명예와 법적 위상을 회복시켜 주는 절차를 밟는 일일 것이다.

이제 불우한 두 작품을 뒤로 하고, 신라종을 향한 지난한 변화와 모색의 마지막 시간대로 발길을 옮길 차례이다.

조붓한 어깨의 어린 처자

우리는 만파식적 사건(682) 이후 오대산 상원사종(725)까지의 고작 44년 만에 그토록 기품 있고 준수한 신라종을 빚어낸 종장들에 대해 자세히 알지 못한다. 세계 주종사에서 천지개벽에 준하는 파격을 보여준 날카로운 상상력의 귀재들이 시간의 수레바퀴에 떠밀려 그 이름자조차 잃어버리고 만 것이다.

조형물에서의 구조는 '체體'에 해당하고, 양식은 '용用'에 속한다. 물리적 에너지의 변화가 현저한 부분이 '체(구조)'라면, 에너지의 변화가 미미한 부분은 '용(양식)'이다. 가령 피리에다 지공指孔을 하나 더 뚫는다면 '체'가 바뀐 것이고, 피리 표면에 금박을 입히면 '용'의 변화쯤으로 간주할 수 있다. 범종의 경우를 예로 든다면 종체의 형태와 길이, 혹은 종구의 직경 등은 '체'에 속하고, 여러 문양은 '용'으로 생각할 수 있다. 그런데 범종에 있어서 쌍룡뉴가 단룡뉴와 원통으로, 수직형의 종체가 '역逆' 항아리 형으로 개조된 것은 명백한 구조변경으로 '체'의 변화에 해당한다. 종체 표면에 연꽃과 비천, 상하대의 문양 꾸러미를 새겨 얹은 것은 양식변화, 곧 '용'이 바뀐 것이다. 신라 종장은 체와 용 모두를 변모시켜 새로운 규범의 범종을 완성한 것이다.

동서고금을 통틀어 가장 개성적이고 아름다운 종을 창조했고, 거기에 가장 감동적이고 거룩한 울림을 담아낸 신라 장인들……. 여기서는 오대산 상원사종의 성취를 음미하는 것으로, 그들 무명의 거장들에 대한 헌사에 가름하고자 한다. 상원사종이야말로 그들이나 그들의 직계 후계자들의 남루하고 거칠고, 그래서 더욱 위대한 손끝에서 영근 게 아닌가.

신라종 양식의 확립을 선언한 오대산 상원사종의 원적지는 지금껏 알려져 있지 않다. 조선 예종 원년(1469)에 안동 관풍루에서 옮겨 온 것은 분명한데, 그 이전 어디서 주조되고 어디에 있었는지 미상이다. 다음은 안동읍지인 《영가지》〈고적누문고종古跡樓門古鐘〉 조에서 가져온 글이다.

무게가 3,379근으로 두드리면 소리가 웅장하고 맑아서 멀게는 백리 밖에서도 능히 들린다. 강원도 상원사는 왕실 원당으로, 멀리 들리는 종을 봉납코자 팔도에 구하였는데 본부의 종이 가장 수승했다. 성화成化 기축(1469)에 나라의 명으로 이운을 위해 죽령을 넘는데 종이 들릴 듯 말 듯 울면서 몹시 무거워져 넘기기가 어려웠다. 종유鐘乳 하나를 떼어 본부(안동부)로 보내고 난 연후에야 움직였다. 지금 상원사에 있다.

조선 초 왕실과 조정을 피로 물들여 권력을 잡은 세조世祖가 신병에 시달리던 중 상원사를 찾아 문수보살을 친견한 후 영험을 얻었다는 이야기는 널리 알려진 사실인데, 그 일을 계기로 예종睿宗이 상원사를 왕실원찰로 중창했고, 그때 안동부의 관종으로 사용하던 그것을 이운해 온 것이다. 종유(매련)를 하나 떼어냈다는 위의 글귀대로 상원사종의 용머리쪽 꽃집의 맨 윗줄에는 연꽃봉오리 하나가 비어 있다.

오대산 상원사종은 에밀레종과는 또 다른 개성과 아름다움으로 유명하다. 만파식적만 해도 3단의 몸체를 고사리 문양이 박힌 앙련과 복련으로 질끈 동이는 등 섬려

용뉴

꽃집. 연꽃망울
하나가 비어 있다.

비천

오대산 상원사종

한 솜씨는 에밀레종보다 앞선다는 평이 따른다. 분노상을 짓고 있는 용머리의 사실적인 수법도 명품의 반열에 올라 있는데, 에밀레종의 경우와는 반대로 오른발이 앞쪽을, 왼발은 뒤쪽을 향하고 있다. 다

상원사종의 악기를 든 비천

음으로 주악비천 역시 쌍비천의 전범을 보여주는 걸작으로, 이후 거의 모든 신라종의 비천은 그 여인네들을 모방한다.

그러나 오대산 상원사종의 특장은 역시 매련에 있다. 에밀레종의 매련이 납작한 부조浮彫 수준에 머무는 데 비해, 상원사종의 그것은 과하다고 느껴질 만큼 높다랗게 돌출되어 있다. 더욱이 꽃문양[花座]의 중심에 환조丸彫의 꽃봉오리를 돋우는 일만도 수고로운데, 그 봉오리 하나하나에 다시 또 8엽의 연꽃들과 연주문을 새겨 넣는 등 그 정치함이 극에 달한다. 이런 독특한 꽃봉오리는 청주박물관 신라종, 선림원종, 재일 연지사종 및 송산촌대사종 등에서 저마다 특징적인 모습으로 계승된다.

오대산 상원사종은 또한 네 꽃집의 테두리 및 상·하대의 당초문 곳곳에 문식된 반원문과 그 안에 빼곡히 배치된 꼬맹이 비천들로 보는 이의 눈길을 사로잡는다.

원래 신라종의 비천과 악기는 서로 인연이 깊은데, 에밀레종을 제외한 모든 신라종의 비천은 다투듯 여러 악기를 탄주 중에 있다. 요고腰鼓·횡적橫笛·생笙·비파琵琶·금琴·공후箜篌·피리 등 모두 7종에 이르는데, 이 7종의 악기 전부가 오대산 상원사종의 그 꼬맹이 비천들의 손에 들려 있다. 비천의 소임이 찬탄에 있고, 주악으로 그것을 실현하는 게 예사로운 일이긴 하지만, 상원사종의 그들은 그 여러 악기를 동원해 '소리의 정치학'을 실현하고 있는지 모른다. 그들만 보더라도 중대신라는 소리의 나라, 음악의 나라였다는 생각을 품게 한다.[12]

이처럼 오대산 상원사종은, 에밀레종과는 또 다른 개성으로 '미美의 신전神殿'에 입성해 있다. 훤칠한 키의 헌헌장부가 에밀레종이라면, 오대산 상원사종은 조붓한 어깨의 어린 처자라면 정확한 비유가 될까. 중국 범종의 매너리즘을 100퍼센트 극복한, 그리하여 신라종 양식의 확립을 천하에 선포한 실물이 바로 오대산 상원사종이다. 기존의 전형에서 이탈한 이형異形으로서 또 하나의 전형을 확정지은 상원사종의 성취는 아무리 강조해도 지나치지 않다.

오대산 상원사종의 그 모든 성취는 새로운 주조공법의 개가였다.

고대의 주조공법에는 흔히 두 가지가 이야기된다. 회전축을 이용한 지문판 기법과 전체에 밀납만을 사용하는 정밀주조기법이다. 상원사종의 섬세한 주조상태는 밀납만을 이용하는 후자의 공법으로 주성된 듯하다. 최근에는 이른바 코팅주물공법이라는 섬세한 주조기술이 국내에서도 개발되어 이용되고 있는 바 그러한 기법만이 가능한 것이다. 그런데 분석된 상원사종의 합금은 구리가 약 84퍼센트, 주석이 약 14퍼센트가 함유된 것으로 밝혀지고 있다. 그러나 코팅주물공법은 주석이 합금된 주물을 사용하면 주성이 대단히 어렵다. 따라서 상원사종과 같이 다량의 주석이 포함된 합금재료를 사용하면 코팅주물공법이 불가능하다는 결론이다.[13]

신라종의 미학적 성취는 과학기술의 진보와 동행한 것이다.

돌이켜 보면, 이 땅의 장인들은 오래 전부터 중국과 구별되는 나름의 제련 및 합금기술을 발달시켜왔다. 다뉴세문경 등을 낳은 한반도 고래의 초정밀 합금기술에다 새로운 분야인 중국의 주종기술을 보태고, 자체적으로 개발한 밀납법 등의 신기술을 더해 신라종을 탄생시킨 것이다.

과연 백 리 밖까지 소리가 들린다는 이 걸작의 장인은 누구일까. 오대산 상원사종의 천판에 음각되어 있는 짤막한 명문에는 그를 조남택照南宅의 장사匠仕라고만 명기하고 있다. 아마도 당대 최고의 명공으로, 상원사종 외에도 여러 작품을 회향했을 터인데 아쉽게도 그 실명實名은 잃어버린 것이다.

여기서 '장사'라는 말은 국가 소속의 관장官匠이 아니라 귀족 집안의 사장私匠을 가리킨다. 그때의 사장은 에밀레종전설을 이야기할 때 나온 이상택里上宅의 '하전下典'과 통하며, 그들의 기량은 관장에 조금도 뒤지지 않았다. 그들은 소속 집안의 적극적인 후원 아래 비범한 재주를 맘껏 발휘한 것으로 판단되는데, 이 문제는 곧 이어지는 황룡사대종 대목에서 다시 살필 것이다.

아잔타 석굴의 기둥

오대산 상원사종과 아주 이별하기 전에 마저 나누어야 할 이야기가 보리사종 부분에서 밀어둔 반원문半圓紋과 더불어 그 원통의 양각 문양 문제이다.

반원문의 경우 처음 보리사종에서 나타나 모든 신라종의 특징적 문양으로 정착되었다고 했지만, 현재 반원문이 어디서 왔는지 그 연원에 대해서는 아무도 모른다. 신라종의 또 하나의 수수께끼인 셈인데, 이 출처불명의 반원문은 고려 범종에까지 새겨지면서도 다른 기물에는 보이지 않는다. 물론 중일 양국의 종에 그런 문양이 등장한 예가 없다. 중일 양국의 종은 상·하대가 발달하지 않았고, 네모난 꽃집은 아예 없어 그것을 조식할 공간 자체가 부재했다. 결국 신라종의 반원문은 신라의 자생적인 문양이거나 외래의 문양이라는 두 가지 가능성이 동시에 존재한다.

그렇다면 반원문은 신라 장인의 독자적인 상상력의 산물일까. 그럴 개연성을 완전히 배제할 수는 없겠지만, 뜻밖에도 그것과 닮은꼴의 반원문이 인도 아잔타 석굴사원의 여러 기둥에 지속적으로 나타난다. 정원형의 문양의 절반을 오려낸 기본 원리가 신라종의 반원문과 거의 동일한데, 한번쯤 같은 계보의 도상으로 추적해볼 만한 가치가 충분하다.

비단 반원문만이 아니다. 신라종의 만파식적에 장식된 문양들이 매우 특별하다는 것은 잘 알려져 있지만, 오대산 상원사종의 경우 만파식적의 몸체가 몇 단으로 나뉘고 중간 중간에 연주문 띠를 두른 다음, 양각의 두터운 꽃문양을 아래위로 향하게 층층이 돌려 화려하기가 비할 데 없다. 신양식의 범종에 중대왕실이 쏟은 열정과 비원에 비춰볼 때, 그것의 중핵이라 할 만파식적의 분신을 최대한 신성하고 화려하게 꾸미고자 했으리라는 것은 인지상정이다. 그런데 그것과 동일한 구성 방식의 장식 문양이 역시 아잔타 석굴사원의 여러 기둥에서 목격된다. 기둥의 몸체를 몇 단으로 나누어 반원문과 연주문 등을 뒤섞어 치장한 방식이 신라종의 특징적 문양들과 맥을 같이한다.

마침, 일본 학자 택촌전태랑澤村專太郎의 《동양미술사의 연구》(1932)를 보면 아잔타 석굴사원의 제16번굴 앞의 열주 및 내부 기둥, 제19번굴 밖의 기둥, 제23번굴 앞의 회랑 열주 등의 탁본 사진이 실려 있다. 참으로 놀라운 것은 1930년대 초에 아잔타 석굴 내의 불상이나 스투파도 아니고 열주들의 문양에 주목한 점부터, 사진을 촬영한 수준도 아니고 기둥마다 탁본을 떠서 그것들의 계보를 작성하고 연구한 결과를 그 탁본을 사진으로 인화해 논저에 실었다는 사실이다.

아무튼 그 책의 도판 사진들을 상원사종의 원통 탁본 사진들과 비교해 보면, 그 유사한 정도를 금방 실감할 수 있다. 물론 우연의 일치일 수도 있지만, 당시 한반도로 유입된 인도의 많은 문물을 감안할 때, 일단 인도로부터 그 도

상원사종 상·하대 및 꽃집의 반원문, 꼬맹이 주악비천들로 빼곡하다.

상원사종의 만파식적 도면

아잔타 기둥 문양 탁본

반원문이 새겨진 아잔타 석굴

상들이 흘러들어 떠돌아다녔을 가능성을 열린 자세로 바라볼 필요가 있다. 곧, 신라 왕실로서는 신 양식의 범종의 도상을 결정할 할 때 고심이 적지 않았을 터인데, 그때 이국의 정취가 물씬 풍기는 서역풍의 도상에 눈길이 닿았는지 모른다. 그러나 확언할 수 없는 것이 아직은 입증자료가 불충분하고, 연구의 손길이 전혀 미치지 못한 상태에 있다. 앞으로 보다 정밀한 연구와 논의를 기대하면서 공백으로 남겨두고자 한다.

바야흐로 신라종의 확립기에 대한 이야기를 거두고, 앞에서 신라종의 '절정기'라고 이름 붙인 오대산 상원사종(725)으로부터 에밀레종(771)까지의 만 46년 동안의 흐름을 재구성할 시간이다. 마침 그 시기에 만들어진 작품에 관한 사료가 전한다. 에밀레종전설 부분에서 등장하기도 한 무진사종(745)과 황룡사대종(754)이 그것들이다.

사라진 '양귀비종'

먼저 무진사종의 경우 19세기 말까지 대마도 국부팔번궁國府八幡宮에 소장되어 있었다고 알려져 있다. 무진사의 위치나 창건 연대 등은 미상이지만, 명문에는 그 발원자가 대각간 김사인金思仁으로 나와 있다. 그는 그해부터 경덕왕 16년(757)년까지 상대등을 지낸 거물로, 경덕왕을 신랄하게 비판한 것으로 유명하다.

무진사종은 오대산 상원사종(725)보다는 20년 늦지만 에밀레종보다는 26년 앞서는, 남아 있다면 두 번째의 신라종으로 그 성가가 대단했을 것이다. 높이 72.7센티미터에 종구 56.3센티미터의 중형작품으로 '양귀비종'으로 불렸다는 이야기가 일본에 전하는 걸 보면 무척이나 예쁘장한 작품이었음이 분명하다. 그러나 우리는 애석하게도 무진사종의 아리따운 자태를 볼 수가 없다.

명치 초년(1868), 일본의 소위 국학파는 신도神道를 국교로 내세워 불상과 불구, 경전 등 불교와 관련된 것이면 막무가내로 파괴한다. 이른바 '신불분리神佛分離' 운동으로 불리는 척불의 거센 불길이 수년 간 일본 전역을 휩쓸었고, 그 와중에 무진사종도 희생된다.

불행 중 다행인 것은 비천, 상대, 매련, 명문, 당좌 등의 일부 탁본이 현재 동경국립박물관에 소장되어 있어 그것의 수려한 자태를 편

무진사종 탁본

린이나마 엿볼 수 있다는 점이다.

이 탁본에 얽힌 전말을 추적한 이홍직의 글을 소개한다.

순조11년(1811) 우리나라에서 통신사 김이교·이면구 등이 대마도에 갔을 때에, 덕천 막부 측에서 영접사로 파견된 임대학두林大學頭 술재述齋의 수 (행)원 송기겸당松崎慊堂이 이 종을 보고 진중히 여겨 탁본 2부를 찍어서 강호江戶에 귀환 후 1부를 당시의 일본의 금석학 대가인 수곡액재狩谷掖齋 에 증정하고, 또 모각을 만들어서 동호同好 간에 반포하여 일반으로 알려 지게 되었고, 현재 동경국립박물관에 구 탁본이 소장되어 있는데, 이것이 이 당시의 것이 아닐까.[14]

이 글을 통해 알 수 있듯이 전통 화종과는 확연히 다른 양태가 막부 치하의 일본 지식인들의 눈길을 사로잡았고, 사계에 그 탁본이 두루 퍼져나간 것이다. 이 탁본의 사진은 일본 고고학회가 인간한 《조선종 사진집》의 '초판본(1910)' 및 '증정재판본(1923)', 조선총독부에서 펴 낸 《조선고적도보》4권(1916) 등에 실려 있어 조금은 위안이 된다.

탁본 사진에 의하면 무진사종의 첫 인상은 재일 운수사종과 거의 같다. 세부로 들어가면 천판 테두리를 따라 조식된 연판蓮瓣은 에밀 레종의 그것과 통하고, 상대와 꽃집 테두리 내부의 반원문은 '보리 사종'과 오대산 상원사종 및 운수사종 계열로 판단된다. 비천도 오 대산 상원사종 및 운수사종의 비천을 빼닮은 쌍비천으로, 각각 피리 를 불고 있는 주악상이다. 아울러 꽃집의 테두리 중간에 음각된 각 11자씩 세로 6줄의 총 66자의 명문은 그 정연한 필체가 돋보인다.

이밖에 용뉴와 원통은 탁본이 남아 있지 않아 함부로 추단할 수 없지만, 위의 부분들만 보더라도 신 양식의 면모가 여실하다. 특히 앞서 거론된 천판 주위를 따라 양각된 연판蓮瓣의 띠는 그 26년 뒤의 에밀레종에서 보다 정교하고 화려한 모습으로 발전한다. 무진사종에는 그것을 전후한 신라종의 여러 요소가 혼재되어 있었던 것이다.

지금까지 탁본 사진을 근거로 무진사종의 특징을 정리해 보았다. 충분치는 않지만, 일본의 식자층이 매료될 만큼 아름다운 자태를 뽐내던 작품이었던 것이다.

50만 근짜리 대종

황룡사대종은 삼모부인 등이 50만 근의 황동을 들여 주성했다는 《삼국유사》의 기록만 놓고 볼 때는 동북아에서 덩치가 가장 큰 작품에 해당한다. 그러나 과연 에밀레종보다 중량에서 네 배가 넘는 대작을 일개 가문에서 감당할 수 있었을까, 하는 의구심 속에 과장이라는 주장도 없지 않다.

그런데 당시 신라 지배층의 물적 기반은 우리의 상상을 초월할 정도였다. 35금입택, 혹은 사절유택이이라는 초호화 저택이 서라벌 곳곳에 있었다는 기록도 있지만, 그들은 왕도뿐 아니라 전국 각처에 방대한 사유지를 소유하고 있었으며, 바다 한가운데 섬에 목장까지 경영하고 있었다. 《신당서》는 그들의 경제력뿐 아니라 군사적 기반까지 잘 보여준다.

재상가에는 녹이 끊이지 않고 노동奴童이 3천 명이나 되고, 갑병甲兵(군사)과 소·말·돼지의 숫자도 이와 맞먹는다. 가축은 해중海中의 산에 방목放牧하였다가 필요시 활로 쏘아 잡는다.[15]

이글에서 방목 운운은 산천을 경계로 조성된 거대한 목장, 곧 마거馬阹를 가리키는데, 신라는 통한전쟁 후 전공에 따라 훈공이 높은 신료들한테 마거를 하사한다. 김유신에게는 6곳, 김인문에게는 5곳, 각간 7명에게는 각 3곳, 이찬 5명에게는 각 2곳, 소판 4명에게는 각 1곳씩이었다. 특히 3천 명의 노예와 그에 맞먹은 사병私兵을 거느렸다는 사실은 일종의 군벌軍閥처럼 신라 사회에 군림하고 있었음을 일러준다. 중대신라 내내 진골귀족이 왕실을 대상으로 집요하고도 강고한 대결을 벌인 데에는 막강한 경제력과 군사력이 작용했던 것이다.

이러한 인식을 바탕으로 새롭게 접근해야 할 부분이 있다. 지나온 오대산 상원사종 대목에서 '사장私匠'에 관해 언급한 바 있지만, 유력한 가문은 각 분야의 유능한 장인을 거느리고 있었다. 심지어 그들이 국가기구의 축소형 같은 조직을 운용하였다는 주장이 재일사학자 이성시에 의해 제기된 바 있다.

금입택은 풍부한 경제적 기반 위에서 각각 가정기관家政機關을 갖추고 많은 사람을 거기에 예속시켰다. 그 가운데는 왕실의 내정에 견줄 만한 기구를 보유하기도 했다. 그 가정기관은 국가적 사업에 참여할 정도로 유능한 공장이 소속되어 있었고, 관영 혹은 궁정공방에 결코 뒤지지 않는 역량을 갖추고 있었던 것이다.[16]

진골귀족은 출중한 기량의 장인들을 확보해 우수한 제품을 생산했으며, 그렇게 생산된 상품을 가지고 일본과의 교역에도 나섰다는 것이다. 예컨대 752년에 있은 나라 동대사 대불大佛 점안식에 참여한 신라사절단은 모두 700명에 이르는 대규모였으며, 그들의 실질적인 도일 목적은 불사 참례보다 무역에 있었다는 시각도 있다. 현재 동대사 정창원에 소장되어 있는 보물 중의 다수가 신라산으로 밝혀지고 있는 점도 그런 논리를 강화해 준다.[17]

이러한 정황을 놓고 볼 때 삼모부인 집안에서 설령 50만 근까지는 못 미치더라도 엄청난 대작을 만든 것만은 거의 확실하다. 도리어 그 주성 동기가 더 관심을 끄는데, 자신을 출궁시킨 경덕왕에 대한 세력 과시일 개연성도 없지 않기 때문이다. 출궁 이후 경덕왕과 사뭇 불편한 상황에서 그녀와 친정 집안은 반 중대왕실의 기류를 대변했을 가능성도 생각할 수 있다. 그렇게 보면 그녀가 황룡사에 전대미문의 거종을 봉납한 사실이 경덕왕으로 하여금 에밀레종 주조에 나서도록 자극했다는 추리도 가능하다. 대단위 물량을 동원한 대형 불사 자체가 일종의 도전으로 다가왔을 수도 있는 것이다.

지금까지 신라종의 절정기의 작품들—무진사종과 황룡사대종—에 관해 이야기를 나누었다. 그것들은 오대산 상원사종(725)과 에밀레종(771)을 이어주는, 기술적으로나 미학적으로 상당한 수준에 도달해 있었을 것이다. 그렇게 8세기 중반을 넘기고 후반으로 접어든, 중대신라가 황혼으로 치닫던 무렵에 그것들의 모든 성취를 아우른 공전절후의 명품이 신묘한 웅자를 드러낸다. 성덕대왕신종, 곧 에밀레종이다.

찬란을 극한 성세의 끝에서

삼라만상은 예외 없이 대공大空으로 회귀한다. 자연도, 나라도, 인물도, 인연도 저 잔인한 성주괴공成住壞空의 덫에서 끝내 벗어나지 못한다. 그래서 한 번 크게 성했던 왕조가 쇠락의 날을 맞이하는 광경도 자연스럽게 받아들여야 한다.

하지만 각 왕조가 스러질 때의 풍경은 저마다 다르다. 연민의 정조차 느낄 수 없을 정도로 지리멸렬하게 무너지는 경우가 있는가 하면, 역사의 하늘을 비장미 넘치는 장엄한 벽화로 채우면서 가라앉는 예도 없지 않다. 고구려의 경우를 예로 들면, 그 역동적이고 강건한 초상과는 달리 누란의 위기에 처했을 때 골육상쟁으로 스스로를 물어뜯었으므로 부득불 전자로 분류할 수밖에 없다. 백제 역시 의자왕 말기의 알 수 없는 착란과 히스테릭을 보면 당연히 전자에 속하나, 다행스럽게도 계백과 5천 결사대, 그리고 낙화암이 있어 다소 위안이 된다. 한편, 천 년 왕조라는 신라의 종말에는 마의태자가 있고,

고려의 끝자락에도 최영과 정몽주와 두문동이 있지만, 비극적 정조情調가 느껴지기보다는 시대착오적이란 느낌을 지울 수 없다.

여기서, 가령 무열왕계 중대신라(645~771)를 하나의 왕조라고 할 때 그 파멸은 어떨까. 당연히 후자이다. 중대신라 126년은 불안할 정도로 찬란을 극한 성세였고, 그 성세의 절정에서 돌연 절대음으로 치닫던 현絃이 뚝 끊어지듯 일순간에 꺼지지 않았던가.

이 중대왕실의 파멸을 더욱 극적으로 장식한 것이 바로 에밀레종이다. 흡사 중대신라라는 서사시의 대단원을 농염한 낙조로 물들이기라도 하겠다는 듯 비극적 정조가 느껴질 만큼 에밀레종은 모든 게 탐미적이다.

태산 같이 묵중한 종체와 종정부에서 굽어보는 무시무시한 얼굴의 신룡, 거목처럼 우뚝 솟은 만파식적, 종의 어깨를 따라 만개한 36송이의 연꽃, 넓은 종복을 구름꽃에 몸을 싣고 너울너울 흐르는 비천과 그들이 받쳐 든 향로, 천공天空을 차지한 태양 같은 당좌, 상하대……. 그 거대한 쇳덩이가 왕비의 대례복처럼 화려하며, 백상白象처럼 신령스럽다.

《삼국유사》와 〈신종명〉에 의하면, 에밀레종은 당초 경덕왕(재위 742~765)이 발원하였으나 그의 후계자인 혜공왕 7년(771)에 태후 만월부인의 주도 아래 이룩한다. 말하자면 그가 하세한 후 6년이 지나서야 그의 소망이 성취된 셈이다.

경덕왕이 에밀레종 주성에 그토록 집착한 까닭은 어디에 있을까.

에밀레종이 불가의 성물인 이상 일차적으로는 중생제도 및 불교의 홍포 등에서 이유를 찾는 게 순리일 듯하다. 〈신종명〉 중의 "신종을 매달아 일승一乘의 원음圓音을 깨닫게 하였다"라는 일구에서도 그점이 확인된다. 이 땅에 깃들어 사는 신민 모두 신종 소리에 실려 저불국낙토에 들기를 바란 것이다. 뒤이은 "종을 보는 사람은 그 신기함에 감탄하고, 종소리를 듣는 사람은 복을 누리도다"라는 문장도마찬가지다. 경덕왕은 에밀레종을 바라보는 것만으로도 공덕功德이되고, 멀리서 소리를 듣기만 해도 선업善業이 된다고 믿어 의심치 않은 것이다.

다음으로는 '성덕대왕' 신종이라는 명칭에서 보듯 성덕왕에 대한추복追福을 가장 직접적인 동기로 꼽아야 할 것이다. 범종의 이름은사명寺名을 따르는 게 상식이다. 에밀레종도 '봉덕사종'奉德寺鐘이라는 이칭을 갖고 있다. 때로는 보신각종처럼 그 소재 시설의 이름을따서 부르는 경우도 있지만, 종에다 노골적으로 왕명이나 인명을 갖다 붙이는 경우는 매우 이례적인 일이다. 훨씬 뒷날인 중국 명초의'영락대종' 정도가 있을 뿐인데, 〈신종명〉에는 부왕에 대한 경덕왕의 사모의 정이 잘 서술되어 있다.

성덕대왕은 40여 년간을 왕의 자리에 임하여 정치에 부지런하여 백성을놀라게 하는 전쟁 같은 것은 한번도 없었다. 그 까닭에 먼 이웃 사람들이사방에서 귀의하여 오직 좋은 풍속을 흠모하여 바라봄이 있을 뿐이요,일찍이 화살을 날려 엿보는 일(침략)은 한번도 없었다.

성덕대왕의 이와 같은 위업은 연과 진이 사람을 등용한 것과, 제와 진이번갈아 가며 패권을 잡았던 일과 어찌 고삐를 나란히 하고 같은 수레에실어 말할 수 있겠는가.

그러나 죽음의 시기는 예측하기 어렵고 죽음의 세계는 영원하도다. 임금님께서 돌아가신 지 벌써 34년이 지나갔음이여.

지난 번 성덕대왕의 대를 이은 경덕대왕이 세상에 살아 계실 때 부왕의 큰 업적을 이어받아 여러 가지 정사를 잘 돌보더니 갑자기 자친을 일찍 여읜 슬픔은 해가 바뀌어도 그리움의 정이 더 일어나고, 이어서 부왕마저 여의심에 대궐을 바라볼 때마다 슬픔이 더했다. 돌아가신 부모님을 사모하는 정이 골수에 사무치고 명복을 비는 마음이 갈수록 간절했다. 그리하여 구리 12만 근을 들여 큰 종을 주조하려다가 뜻을 이루지 못하고 갑자기 세상을 떠났다.

경덕왕은 부왕의 업적을 널리 선양하고 극락왕생을 빌고자 한 것이다. 이미 그는 재위 13년(754) 경에 성덕왕릉에 새로이 난간과 12지신상을 두르고, 비석을 세운 일이 있었다.

또 하나의 동기로 당연히 생각해야 하는 것이 왕실의 영속이다. 그런 의중은 〈신종명〉에 노골적으로 드러나 있다. "왕가의 자손들은 금가지와 같이 길이 무성하고, 국가의 왕업은 철갑을 두른 듯 튼튼하고 더욱 창성하여 ……"라는 글귀는 그래서 꼭 경덕왕의 육성처럼 들린다. 에밀레종은 중대왕실의 무궁을 희구하는 소망의 담지체로 조영된 것이다.

그러나 이러한 표면적인 이유들 이면에는 보다 내밀한 목적이 숨겨져 있다. 가장 먼저 꼽을 수 있는 것이 왕계王系에 관한 경덕왕의 오도된(!) 인식이다. 무열왕 김춘추로부터 일어난 중대왕실은 문무왕, 신문왕, 효소왕, 성덕왕, 효성왕, 경덕왕, 혜공왕 등 모두 여덟 명의 왕을 배출한다. 그중에서 효소왕과 효성왕은 매우 단명했으며, 아들을 두지 못한 탓에 각각 동생인 성덕왕과 경덕왕이 왕위를 잇는다. 불가피했다곤 해도 그것은 분명 변칙적인 승계였고, 정통성과 관련해서는 하자가 될 수도 있다.

바로 그 부분을 〈신종명〉은 수상쩍게 처리하고 있다. 우선 702년에 사망한 효소왕(재위 692.7.~702.7.)에 이어 35년간 재위한 성덕왕(재위 702.7.~737.2.)의 치세를 '40여 년'으로 명기하고 있다. 따라서 '40여 년'은 신문왕(재위 681.7.~692.7.)의 몰년부터 계산한 수치로, 왕실 세계世系에서 효소왕을 지운 것과 마찬가지가 된다. 뒤이은 효성왕(재위 737.2.~742.5.)과 경덕왕(재위 742.5~765.6)의 경우도 마찬가지다. 〈신종명〉의 '서序'를 보면 성덕왕을 찬탄한 다음 곧바로 "효사孝嗣 경덕대왕……" 운운하면서 효성왕을 훌쩍 건너뛰고 있기 때문이다. 경덕왕은 자신이야말로 부왕의 진정한 후계자임을, 그리하

성덕대왕릉

여 무열왕에서 문무왕으로, 다시 신문왕에서 성덕왕, 그리고 자신으로 이어지는 왕통을 천명하고 있는 것이다.

중대왕실의 마지막 신기

마지막으로 남은 문제가 에밀레종이 왕실의 신기로 조성되었을 가능성이다. 이러한 추론은 '성덕대왕신종' 중의 '신종'이라는 비상한 단어에서 출발한다. 동북아를 통틀어 그러한 최고의 경칭이 헌정된 작품은 찾기가 쉽지 않은데, 예컨대 황룡사대종도 단순히 물리적 크기를 강조하는 '대종'이라는 단어에 만족하고 있다.

단지 부왕을 기리고자 했다면 '성덕대왕종', 혹은 '성덕대왕대종'이라 해도 충분한 것을 구태여 '신종'이란 단어를 붙인 까닭은 무엇일까. 바로 여기서 만파식적이 '신적神笛'으로 불린 점과 더불어 흑옥대는 '신대神帶'로 칭했으리라는 제2부에서의 추정을 상기해 보자. 그때의 '신적'과 '신대'라는 단어가 두 기물을 중대왕실의 신기로 확고하게 규정하듯이 '신종'이란 명칭에도 같은 의도가 숨어 있는지 모른다.

이러한 판단은 상대3보와 대조해 보면 더 설득력을 얻는다.

상대3보는 아소카왕, 상제, 문수보살, 신인 등 공히 추상적 존재로부터 시여되거나 수기를 받는 형식을 취한다. 또한 시차를 두고 개별적으로 탄생함으로써 특정 국왕의 개인적인 기념물의 성격이 강하게 드러난다. 시간적 배경이 성골시대라는 점 외에는 그것들을 하나로 묶을 만한 공통의 고리가 없는 셈이다.

하지만 만파식적과 흑옥대는 문무왕과 김유신이라는 선대의 실존 인물, 그러나 죽음을 통해 신격을 얻은 영웅들로부터 동시에 전해지는 제2의 경로를 밟는다. 이야말로 두 신기가 특정 국왕의 개인적인 기념물이 아니라 중대왕실 전체의 성물로 공유되었음을 의미한다. 한편, 에밀레종의 경우는 거기서 한 발 더 나아간다. 생존해 있는 후계자가 직접 발원하고 주성하는 제3의 방식을 취함으로써 왕실 전체의 신기라는 성격이 한층 더 강화된다. 이미 〈신종명〉에서 그 점을 명백히 하고 있는데, "이때에 일월이 빛나고 음양이 잘 조화되어 바람은 자고 하늘은 고요한데, '신기'가 이루어졌다[神器化成]"라는 문장이 나온다. 그들은 주성 단계에서부터 에밀레종을 왕실의 신기로 확고하게 인식하고 있었던 것이다.

따라서 '신종'이란 명칭은 그것이 만파식적과 흑옥대와 똑같이 중대왕실의 '신기'임을 만천하에 드러내기 위한 장치로 이해하는 게 온당하다. 그렇게 볼 경우에만 실패를 거듭하면서도, 대를 이어 가면서까지 그들이 주성에 집착한 까닭과, '신종'이라는 과도한 경칭을 헌정한 배경이 조금은 납득이 간다.

요컨대 에밀레종은 만파식적과 흑옥대와 더불어 무열왕계 왕실의 집단무의식이 투영된 '신新 3보三寶' 중 마지막 세 번째 신기로 제작되었는지 모른다. 중대왕실은, 원효의 화쟁이라는 단어에 응축된 통합과 평화의 새로운 시대정신, 곧 '소리의 정치학'을, 그리고 왕실의 영속에 대한 희원을 에밀레종에 쏟아 부었던 것이다.

하지만 그토록 간절한 염원과 정성에도 불구하고 무열왕계 중대왕실은 에밀레종을 주성한 지 10년을 못 채우고 역사의 수면 아래로 영영 침몰하고 만다. 에밀레종은 중대왕실의 욕망과 포부, 그 끝에 찾아온 허무한 파멸까지를 주제로 한, 그들의 마지막 춤사위가 되고 만 것이다.

고락과 유전의 세월

에밀레종이 탄생한 지 어언 1,200여 년. 에밀레종에게 있어 그 세월은 고락과 유전의 연속이었다. 봉덕사에 시납되고 단 9년 만에 에밀레종은 중대왕실의 몰락을 지켜보아야 했고, 종국에는 신라의 천년 사직이 역사 속으로 허무하게 스러지는 장면까지 감내해야 했다. 그리고 신라를 흡수한 고려 왕조마저 4백여 년 만에 종언을 고했다거나 신생 조선 왕조의 출현 소식은 먼 바람결에 듣게 된다.

조선 왕조의 성립은 에밀레종에게 절체절명의 위기로 다가온다. 강력한 억불정책 속에 불교의 여러 종파가 선·교 양종으로 재편되고, 전국의 유수한 사찰이 폐사의 운명에 마주쳤을 때 많은 범종이 불길에 녹아 사라진다. 에밀레종 역시 비극적인 최후가 예정되어 있었지만, 선대왕을 향한 경덕왕과 혜공왕으로 이어지는 효심의 이야기에 감복된 듯 세종이 막판에 제외시킨다.

그러나 얼마 가지 않아 봉덕사가 홍수에 유실되는 바람에 북천 바닥에 나뒹굴게 된 에밀레종은 무지한 손길에 끊임없이 상처를 입는다. 다행히 경주부윤으로 부임한 김담金談이 안타깝게 여겨 세조 4년(1460)에 그 옆 영묘사로 옮겨 다시 올리게 된다. 세조 10년(1465)부터 6년 동안 경주 금오산金鰲山(현재의 경주 남산)에 머문 김시습의 옛날 봉황대 모습. 에밀레종은 1506년부터 1915년까지 410년간 사진에 보이는 종각에서 경주부성의 관종으로 그 소임을 다했다.

봉황대에서 동부동 구 경주박물관으로 이운 중인 에밀레종(1915)

동부동 박물관에서 현 박물관으로 이동 중인 에밀레종(1975)

《매월당사유록》에 실린 〈봉덕사종〉을 보면 그때의 사정이 훤히 드러난다.

절 무너져 돌 자갈에 묻히니, 종 홀로 황량하게 버려졌네,
주나라 돌북과 흡사한데, 아이들은 두들기고 소는 뿔을 비볐다네.
이곳 부윤 김담이 정사는 공평하고 소송은 없어,
여유로운 마음으로 영묘사 곁에다 걸어놓아 두었네.

그렇지만 영묘사마저 화재로 또 폐사되는 바람에 중종 초년 (1506), 이번에는 경주 읍성의 남문인 징례문徵禮門 밖에 자리한 지금의 봉황대鳳凰臺로 옮겨진다. 《동경잡기》(1669)에 따르면 부윤 예춘년芮椿年이 그곳에 종각을 짓고, 봉덕사종을 매달아 성문을 여닫을 때와 정오를 알리는 데 타종했다고 한다. 그로부터 400년이 넘도록 에밀레종은 불가의 범종이 아니라, 경주부성의 관문 개폐를 알리고 군사를 징발하는 군호를 담당하는 등 관종으로서의 소임을 다하면서 나름의 편안한 세월을 누린다.

구 경주박물관 에밀레종 종각, 일제강점기. 에밀레종은 1915년부터 1975년까지 동부동 구 경주박물관의 종각에 걸려 있었다.

이후 조선이 무너지고 일제가 이 땅의 주인 행세를 하면서 에밀레종은 또 한 번 정체성의 변동을 맞는다. 경주 동부동의 옛 객사 내에 경주박물관(현 경주문화원)이 들어선 1915년, 경주고적보존회에 의해 그곳의 종각으로 거처가 바뀐 것이다. 771년에 첫울음을 터트린 지 1,144년 만에, 심미적 감상과 비평의 대상으로서의 예술작품으로 그 성격이 일변한 것이다. 그리고 비록 외세에 의해서지만 1934년 보물(국보)로 지정된 에밀레종은 동부동 종각에 매달린 그대로 해방을 맞이하고, 대한민국 정부는 1963년에 국보 29호로 거듭 지정한다.

그러던 중 경주 인왕동의 현 경주박물관 앞뜰에 신축한 양관洋館의 종각으로 노구를 이끌어 유배 아닌 유배생활을 시작한 건 1975년 5월 27일. 그러나 1,200여 년의 세월의 무게를 견디지 못해 파손 등의 염려가 잇따르자 경주박물관측(당시 관장 이난영)의 용단으로 정밀진단이 행해진다. 그 결과 더 이상의 충격은 무리라는 판정에 따라 1992년부터 타종이 전면 중단된다. 당시의 조치에 대해 아무런 이상도 없는데 타종을 금했다는 비판도 있지만,[18] 완파될 때까지 두드려야 하는지 반문하지 않을 수 없다. 만시지탄을 금할 수 없거니와, 도리어 이 땅의 허다한 문화유산이 응분의 예우를 받지 못하고 방치되는 현실에 대한 자성이 따라야 할 것이다.

33.
평화의 선물,
우주의 대음大音

종소리에 번뇌를 여의고

우리네 사찰에서는 보통 새벽에는 33번, 저녁에는 28번 종루에 매달린 범종을 타종한다. 33번이라는 회수는 불교의 우주관에서 말하는 33천에서 비롯한 것이고, 28번은 하늘의 성좌 이십팔수二十八宿와 관련이 깊다. 종소리가 삼계의 모든 유정무정을 구원의 낙토로 실어 나르는 배가 되기를 바라는 뜻이 타종 회수에서부터 읽혀진다.

타종 시에는 종성계라는 게송을 읊조리는데, 새벽예불 때는 조종송朝鐘頌, 저녁예불 때는 석예종송夕禮鐘頌이라 부른다. 다음은 조종송이다.

원컨대 이 종소리 세상에 두루 미쳐,   願此鐘聲遍法界

철로 두른 깊은 어둠에서 나와 모두 밝아지소서.   鐵圍幽暗悉皆明

삼악도의 고통 여의고 도산지옥 깨뜨려,   三途離苦破刀山

모든 중생이 정각을 이루게 하소서.   一切衆生成正覺

불가에서는 수행자로서의 원을 범종에 담아 그 소리가 삼계의 뭇 목숨을 구원하기를 희구하는 것이다. 저녁 타종 시의 게송도 크게 다르지 않다.

종소리 들으면 번뇌가 끊기고,　　　　聞鐘聲煩惱斷

지혜가 자라고 깨달음이 일어나네.　　智慧長菩提生

지옥을 떠나고 삼계를 벗어나네,　　　離地獄出三界

원컨대 성불하여 중생을 건지리니.　　願成佛度衆生

이렇듯이 범종은 불가의 거룩한 서원을 실천하는 숭고한 성물이다. 단순한 불구가 아니라 상구보리上求菩提 하화중생下化衆生이라는 보살정신의 정화로서 그 공덕이 찬미되고, 경배와 신앙의 대상이 된다.

그렇게 해서 범종은 평등무애를 지향한다. 성자가 치든 도둑이 치든 그 울림은 똑같은 높이, 똑같은 깊이, 똑같은 길이로 울려 퍼진다. 남녀노소의 차이나 신분과 빈부의 구별 없이 오로지 두드리는 이의 소망과 원력에 응답한다. 종의 울림 앞에서는 미추와 선악의 경계가 무너지고, 시비와 곡직이 다툼을 멈추고, 마침내는 생과 멸이 하나가 되고, 색즉시공色卽是空 공즉시색空卽是色의 세계가 열린다. 그리하여 종소리는 삼라의 만상을 끌어안는 구원의 소리, 그리운 마음도, 아픈 마음도 어루만지는 무량한 사랑이 된다. 부처님의 음성, 거룩한 불음佛音이다.

고결한 예술혼의 소유자들

에밀레종에 관한 우리의 기나긴 이야기가 모두 마무리되어 가는 시각, 이쯤에서 이 절후의 신품을 빚어낸 신라 장인들의 이름자를 기억하는 게 도리일 것이다. 그들이야말로 동서고금을 뛰어넘는, 그 어떤 찬사도 모자라는 불세출의 거장들 아닌가. 제1부에서 보았다시피 고맙게도 그들의 책무와 관등 및 실명이 〈신종명〉의 별기 끝에 명기되어 있다.

주종대박사 대나마 박종일 朴從鎰
차박사 나마 박빈나 朴賓奈
나마 박한미 朴韓味
대사 박부악 朴負岳

모두가 박씨인 점이 주목을 끄는데, 현장소장격인 대박사 박종일의 통솔 아래 박빈나, 박한미, 박부악 세 사람이 에밀레종의 구조와 양식을 설계하고, 다시 수백수천 명의 인력을 움직여 수백 개의 도가니를 제작하고, 거푸집의 암틀과 수틀을 만들고, 조각을 새기고, 쇳물을 끓이고 붓는 일을 진행한 것이다. 그들 개개인에 대한 정보는 세월 속에 묻혀 버리고 말았지만, 그들 모두 우리의 경배를 받아 마땅하다.

찰나의 방심도 허용 않는 쇳물과의 고단한 싸움을 수행자의 엄격한 자세로 임한 그들에 대한 경의를, 조선 말기 이씨李氏 성을 가진

한 종장의 회한 가득한 술회를 전재하는 것으로 대신한다. 18세기 후반에 귀하게 채록된 그 제목은 〈대장장이 이씨의 이야기를 적다冶人李子說記〉이다. 원문은 추파秋波 홍유泓宥라는 스님이 남겼는데, 번역은 김호연이 맡았다.

갑신년(영조40년, 1764) 6월, 성주 이씨星州李氏(장인)가 법화암法華庵에 와서 범종을 만들었다. 일이 끝나 돌아갈 즈음에 아래와 같이 나에게 말하였다.

"나는 대장장이올시다. 무릇 풀무질로 쇠붙이를 다루어서 만드는 그릇은 수백 가지입니다만은 그 중에서 수레바퀴의 궁글대, 말의 갈기 사슬쯤을 어찌 어렵다 하겠으며, 궁중 바느질에 쓰이는 바늘, 의원이 쓰는 침을 어찌 천한 연장이라 할 수 있겠습니까. 그러나 크기로 말하면 전쟁에 쓰이는 큰칼이 제일이나 그것은 마침내 상서로운 그릇이 못 되고 무겁기로 말하면 가마솥을 당할 것이 없으나 결국 물과 불에 시달리다가 닳아지고 맙니다. 그것은 모두 쇠붙이입니다. 비록 쇠붙이가 말이 없다고 해서 어찌 대장장이로서 다루는 방법을 가리지 않을 수 있겠습니까.

하물며 종鍾은 소리를 내는 악기입니다. 악기의 소리는 즐거워야 합니다. 즐거운 소리는 나에게 있어서나 남에게 있어서나 꺼림이 없을 뿐 아니라 조정, 또한 종묘와 같은 존귀한 자리에서도 쓰이고 가야금 거문고 옥형玉衡, 피리소리와 어울러서 조화를 이루어야 합니다.

세상의 모든 그릇은 생김새에 따라 쓰이기 때문에 쉬이 닳아집니다마는 오직 종은 소리에 의해서 쓰이고 소리는 형태가 없습니다. 그러므로 종은 닳아 없어지지도 괴로움을 주지도 않고 그 수명이 오래 가는 것입니다. 비록 종은 지어 붓는 수효는 적다 하나 종장이로 놀고먹는 사람은 없으며, 그릇이 무겁고 이루기 어렵기 때문에 그 값이 비싸지 않을 수 없습니다. 나는 매일 같이 풀무 불 앞에서 일하지 않더라도 능히 나의 삶을 살아왔으며 그것이 나로 하여금 이 업業에 종사하게 한 이유가 됩니다.

그러나 이제 나의 평생은 늙음에 이르렀습니다. 나는 성조聖祖께서 나라를 세우실 때에 쓰신 것 같은 기구를 만들어 본 일도 없고, 임금님이 계시는 거리의 종을 만든 적도 없습니다. 또 영묘英廟(세종대왕)께서 제반 악기를 갖추실 때에 편성하셨다는 편종編鐘 같은 것을 만들어 보지도 못하였습니다. 다만 절에 거는 종을 만듦에 초빙되었을 따름이니 약간의 서러움이 없지도 않습니다. 그러나 나는 제사에 쓰이는 고기를 담는 그릇을 만들지 않았으므로 소나 양의 원한을 살 일이 없고, 종을 잘 만든다 하여 나를 맞이하는 사람이 많아서 나는 이름난 산과 절을 여러 곳 다녔습니다.

이제 여기에 이르러 보니 이곳 또한 좋은 자리에 틀림없습니다. 산은 깊고 높아서 문수암 엄천사 왕산사 등 여러 절이 모두 무릎 아래에 있고 난간을 따라 돌다가 멀리 바라보면 세 봉우리가 구름 속에 아물거리니 이곳이야말로 방장산입니다. 진시황이 동해 바다를 헤매면서 한 번 보려다가 보지 못한 곳이 바로 여기가 아닌가 하는 생각이 듭니다.

밝은 창문 아래 깨끗한 자리를 마련하고 뭇 사미들은 경책을 들고 둘러앉았는데 스승은 엄연한 자세로 불자를 휘두르면서 강설하기를, 보리수는 이를테면 나무인가 아닌가, 강아지에 부처될 소질이 있는가 없는가 하는 것을 보매 나는 아예 뜻은 모르지만 상쾌한 기운이 저절로 내 몸 속에 스미는 것을 느낍니다. 나의 즐거움을 어찌 산수에만 있다 하겠습니까. 생각할수록 나는 종 배우기를 잘 했다는 생각이 듭니다.[19]

아마도 그들, 에밀레종을 만든 장인들도 근 1000년 뒤의 이 땅에 태어나 쇳물과의 씨름을 마다하지 않은 후배 종장 이씨처럼 고결한 예술혼의 소유자들이었으리라.

이제야말로 지금껏 어깨에 짊어지고 있던 두 가지 이야기를 내려 놓아야 할 시간이다. 하나는 에밀레종이 우리 고단한 역사에서 처음 찾아온 평화의 선물이라는 점이고, 다른 하나는 에밀레종의 소리가 우주의 묘음이라는 사실이다.

평화가 찾아오다

누천 년 동안 이 땅의 지배자는 전쟁의 신이었다. 그에게는 일정한 패턴도 양식도 없었다. 이 잔혹하고 변덕스러우며 고집스러운 존재는 아무 때나 아무 곳이나 나타나 목숨을 거두고 집을 불사르고, 여인을 능욕하고, 아이를 노예로 끌고 갔다. 그의 압제 아래 이 땅의 모두는 무력했고, 전전긍긍했다. 마음 놓고 집 한 칸 짓지 못했으며, 낟알 하나도 안심하고 뿌리지 못했고, 외양간 하나도 제 때에 고치지 못했다. 밥을 짓다가도 솥단지를 들쳐 메고 산속으로 피신하는 게 일상이었다.

그렇게 아주아주 오랫동안 살육의 먹구름은 이 땅의 생령들을 짓눌러 왔다. 고구려, 백제, 신라, 가야의 건립기부터 따지더라도 줄잡아 700년 가까이 징그러운 전란이 계속되었다. 북쪽에서 말발굽 소리가 들린다 싶으면 어느새 남쪽에서 병사들의 함성이 덮쳐왔다. 그 사이 크고 작은 나라가 무수히 일어섰다가는 사라졌고, 그때마다 통곡소리는 하늘을 찔렀다. 사방 어디를 둘러보아도 의지할 데가 없었다.

그런데 홀연 평화가 찾아온다. 660년 백제 패망, 667년 고구려 패망, 676년 당군 축출……. 이 땅을 무대로 줄기차게 공연되던 죽음의 드라마가 종언을 고하고, 한번도 상상해 보지 못한 평화의 시간이 열린다.

처음으로 찾아온 평화의 시간. 그때껏 이 땅의 사람들은 단 한번도 평화를 경험한 적이 없었다. 그래서 평화라는 것을 도무지 실감할 수 없었다. 평화가 왔으되, 그것이 평화인 줄 모르는 채 10년, 20년이 흘렀다. 주변을 다시 둘러보기 시작했다.

어디에서도 도망치는 일이 없었다. 말발굽에 보리싹이 짓밟히는 일도, 불화살이 지붕에 꽂혀 발을 동동 구르면서 불길에 휩싸인 집을 바라보는 일도 없었다. 전쟁터로 끌려가는 일도, 살아남은 자가 끌려간 이의 고루古髏를 찾아 산야를 헤매는 일도 없었다.

놀라운 사건이었다. 감당하기 힘든 일이었다. 마음 놓고 기둥을 세우고 지붕을 덮을 수 있었으며, 그 아래서 사랑을 속삭일 수 있었고, 잠든 아이의 이마에 입을 맞출 수도 있었다. 그토록 갈망한 평화라는 게 어떤 모습인지, 구체적으로 어떤 세상, 어떠한 삶을 의미하는지 그제야 실감할 수 있었다.

신라종은 바로 그 평화의 선물이었다. 죽임과 죽음의 굿판을 걷어낸 자리에 힘차게 솟은 깃발이었다. 평화는 찬란했고, 그 찬란함은 에밀레종으로 더욱 광휘를 뿜어냈다. 에밀레종은 그 자체로 배반과 피의 냄새를 풍기지만 긴 역사의 맥락에서 보면 이 땅의 노래가 죽음의 노래에서 평화의 노래로 바뀌었음을, 그 노래의 주제가 오직 평화임을 선언한 대장전大章典이었다.

에밀레종은 혜공왕 7년(771) 음력 12월 14일에, 지금은 그 위치조차 불분명한 서라벌 북천가의 왕실원찰인 봉덕사에 시납된다.

아마도 갓 모습을 드러낸 에밀레종을 보고 그 자리에 참례한 모두는 경탄을 금치 못했을 것이다. 만파식적에서 울려 퍼지는 평화의 악률과 신룡의 노호怒呼에 소스라치면서, 비천이 두 손에 받쳐 든 향로에서 피어오른 향연이 신룡과 신적을 서운瑞雲처럼 휘감아드는 환영에 사로잡혔을 것이다.

그리고 마침내 천지간을 뒤흔드는, 무시무종의 시공으로 뻗어가는 장엄한 울림…… . 그 소리는 단숨에 서라벌을 집어삼키고, 곳곳에 붕긋붕긋 솟은 고릉古陵들 속에 깊이 잠든 옛 넋들을 흔들어 깨웠을 것이다. 동으로는 중대왕실의 성지 격인 낭산을 넘어 동해구까지, 서로는 단석산, 남으로는 금오산(남산), 북으로는 금강산(백률사가 있는 산)까지 골골이 줄달음쳤을 것이다. 방방곡곡으로 장강처럼 유유하게 굽이쳐 가가호호 억만창생의 우비고뇌를 다스려 끌어안았을 것이다.

〈신종명〉에는 그 소리를 일러, "용이 우는 듯하여 위로는 저 산 마루턱까지 뚫었고, 아래로는 바닥 모를 세계까지 통하였도다"라고 자부하고 있다.

'용이 우는 듯하다'는 에밀레종의 울림은 어디에서 온 것일까. 순전히 신라 장인이 뛰어난 기량으로 창조해낸 소리일까.

에밀레종의 소리는 신라 종장이 만들어낸 소리가 아니다. 그것은 절대적멸의 우주공간을 억겁에 걸쳐 떠돌아다니던 소리, 저 가없는

대공大空에 카오스의 상태로 미만한 일--십--백--천--만--억--조--경--해--자--양--구--간--정--재--극--항아사--아승기--나유타--불가사의--무량대수의 소리 중에서 가장 거룩한 소리다. 그 소리는 사람의 귀에도, 귀신의 귀에도 들리지 않는다. 지상의 소리가 아닌 천상의 묘음이기 때문이다. 그러나 그들 신라 장인의 신이한 귀는 그 무수한 소리들의 틈바구니에서 바로 그 한 소리를 구별해 낸다. 그러고는 그것을 붙잡아 에밀레종이라는 그릇에 담아 놓는다.

그것은 흡사 출중한 조각가가 작위적으로 끌질을 하지 않는 것과 같

은 이치이다. 조각가의 직관에 찬 천안天眼은 나무등걸이든 돌덩이든 그것이 생성된 때부터 깜깜한 어둠 속에 영겁의 시간을 갇혀 있던 미지의 형상을 발견한다. 그것을 드러내기 위해 나머지 부분을 끌과 망치로 다듬고 쪼아 제거한다. 그리하여 그 형상을 햇빛 아래로 이끌어내고, 궁극적으로는 해방시킨다.

신라 장인은 우주공간을 떠도는 유일의 묘음을 발견했다. 그것을 채울 그릇을 신명을 다해 주조했다. 그리하여 공空의 세계에 머물던 그 소리를 색色의 세계로 불러낸 것이다. 그런데 이러한 인식은 특별하거나 새로운 게 아니다. 당대 신라인은 진작 그러한 인식의 지평에 도달해 있었다. 〈신종명〉 '서'의 맨 첫머리에 그 이야기가 나온다.

무릇 지극한 진리는 형상의 바깥 세계까지 포괄하고 있어 보려 하여도 그 근원을 능히 볼 수 없으며, 대음大音은 천지간에 진동하지만 들으려 하여도 그 소리를 능히 들을 수 없다. 이러한 까닭에 방편을 세워 삼진三眞의 심오함을 보게 하고, 신종을 매달아 일승一乘의 원음圓音을 깨닫도록 한 것이다.

신라인은 처음부터 우주의 대음을 담아낼 수 있는 신기를 만들겠다는 부동의 목표의식을 가지고 주종불사에 나선 것이다. 에밀레종은 자신의 몸 깊숙이 우주의 신묘한 소리를 비장하고 있는 그 점만으로도 불후의 신기이다.

우리의 산하대지에 청향淸響으로서의 우주음을 입힌 신라거장들……. 그들의 거칠고 투박한 손에서 태어난 에밀레종. 그들이 아니었다면 그 소리는 지금 이 순간도 카오스 상태의 무량한 소리들 속에 뒤섞인 채 우주 공간을 헛되이 유영하고 있을 것이다. 그리하여 그 소리가 우리 곁에 다가오는 일도, 영육을 뒤흔드는 그 소리에 우리가 전율에 가까운 감동에 젖는 일도 없었으리라.

에밀레종을 시공을 뛰어넘어 오늘의 우리에게 회향한 신라 거장들의 무량공덕에 다시 한 번 향화를 올린다.

성덕대왕신종 명문 신역

* 소재 : 국립경주박물관
* 연대 : 신라 혜공왕 7년(771)
* 번역 : 동국대학교 국어국문과 김상일 교수

성덕대왕신종지명聖德大王神鍾之銘

조산대부 전 태자 통의랑 한림랑 김필해(또는 중)가 왕명을 받들어 짓다

지극한 도리는 형상의 바깥까지를 포함하므로 보아도 그 근원을 볼 수 없고, 커다란 소리는 하늘과 땅 사이에서 울리므로 들어도 그 소리를 들을 수 없다. 이러한 까닭에 (부처님께서는) 가설을 세워서 세 가지 진여眞如(상이 없고 남이 없으며 본성이 없다고 하는 우주의 본체)의 깊은 뜻을 보이고 신성한 종을 달아서 일승一乘(부처님 말씀)의 원만한 소리를 깨닫게 하였다. 살펴보건대, 종은 인도에서는 카니시카왕(1세기 경에 불교를 부흥시킨 왕) 때부터 있었고 중국에서는 고연鼓·延(고대 농사의 신인 염제炎帝, 곧 신농씨

神農氏의 두 아들)에 의해 처음 제작되었다. 비어 있기에 잘 울려 그 소리가 끝나지 않고 무거워서 옮기기가 어려우며 그 몸체가 쭈그러지지 않는다. 그런 까닭에 임금 된 이의 큰 공훈을 그 위에 새기는 것이며 중생들이 고통에서 벗어나는 것도 그 가운데에 있는 것이다.

삼가 생각하건대, 성덕대왕聖德大王께서는, 덕은 산과 강처럼 높고 넓으며 이름은 해와 달처럼 높이 빛났다. 대왕께서 어질고 충직한 사람들을 등용하여 백성들을 어루만지고 예악을 숭상하여 풍속을 살피시니 들에서는 생업의 근본인 농사에 힘썼고 시장에는 넘치는 물건이 없었다. 당시 세상에서는 금과 옥 같은 보물을 싫어하였고 문화를 숭상하였다. 뜻하지 않게 아들을 잃게 되어 노년까지 경계하는 마음으로 40여 년 동안 나라를 다스리며 부지런히 정사를 살피시니 백성들이 놀라거나 소요할 만한 전란이 한 번도 없었다. 그런 까닭에 사방의 이웃 나라들이 만 리에서 복종해 와 오직 대왕의 덕스런 풍모를 흠모할 뿐, 일찍이 화살을 날려 엿보는 일이 없었다. (이러한 대왕의 덕을) 연燕 나라와 진秦 나라에서 어진 사람을 등용한 일이나 제齊 나라와 진晉 나라가 교대로 패권을 잡은 일과 어찌 나란히 놓고서 말할 수 있겠는가? 그러나 세상을 버리실 때를 예측하기 어려웠으니 세월은 쉬이 흘러 승하하신 지도 지금 34년이 되었다.

근래 왕위를 이은 경덕대왕景德大王께서 왕업을 계승해 나라의 온갖 일을 잘 다스리셨다. (대왕께서는) 어려서 어머니를 여의고 세월이 갈수록 그리워하시더니 거듭 부왕까지 돌아가시게 되어 궁궐에 다다를 때마다 더욱 슬퍼하셨다. 부모를 추모하는 정은 갈수록 슬프고 영혼에 명복을 빌고 싶은 마음은 더욱 간절해 삼가 구리 12만 근을 희사하여 큰 종 하나를 주조하려는 뜻을 세웠으나 이루지 못하고 문득 세상을 떠나셨다.

지금 우리 성군(혜공왕惠恭王)께서는 행실이 선왕들과 합치되고 뜻이 지극한 이치에 부합되어 특수한 복된 기운이 천고에 없이 기이하며 그 아름다운 덕은 이 시대의 으뜸이다. 서울에서는 용 구름이 대궐 옥계단에 비를 흠뻑 뿌리고 구천에서는 우레 북이 대궐을 우당탕 울렸다. 과일과 곡식은 교외의 숲과 들에 무성하고 아름다운 놀빛은 서울에 빛난다. 이것은 곧 대왕께서 이 땅에 탄생하신 날에 보답한 것이고 정사를 시작하신 때에 부응한 것이다.

우러러 생각건대, 태후(혜공왕의 모후 만월부인滿月夫人)께서는 그 은덕이 땅처럼 공평하고 백성들을 어진 가르침으로 감화시키며, 그 마음은 하늘 거울(밝은 달)같아서 부자간의 효도와 정성을 권장하셨다. 이에 알겠으니, 아침에는 어진 원구(임금의 외숙)에게, 저녁에는 보필하는 충신에게서 채택하지 않은 말이 없으니 무엇을 행하신들 허물이 있겠는가? 이에 선왕의 유언을 돌아보아 드디어 오래된 뜻을 이루시었다. 실무 부서에서 일을 계획하고 기술자들이 모양을 설계하니 이 해는 신해년이고 달은 12월이었다.

이때 해와 달은 빛을 더하고 음양의 기운은 조화로워 바람은 부드럽고 하늘은 고요하였는데 신령한 그릇이 이루어지니 모양은 산악이 솟은 것 같고 소리는 용이 우는 것 같았다. (그 소리) 위로는 저 하늘 끝까지 이르고 아래로 끝없는 지옥까지 통할 것이다. 보는 자는 기이하다 칭찬할 것이고 듣는 자는 복을 받을 것이다.

바라건대, 이 기묘한 인연으로 모셔질 신령들이시여, 널리 들리는 맑은 메아리를 듣고 말 없는 법석에 오르시고, 삼명三明(宿命明, 天眼明, 漏盡明)의 수승한 마음에 계합하여 일승의 참 경지에 자리하소서. 또 왕가의 자손들에 이르기까지 황금가지처럼 길이 무성하며 나라의 왕업이 철위산鐵圍山처럼 더욱 번창하도록 하고 유정有情과 무정無情이 지혜의 바다에서 그 물결과 함께하여 모두 티끌 세계에서 벗어나 모두 깨달음의 길에 오르게 하소서.

신 필해弼奚(또는 弼衆)는 글이 졸렬하고 재주가 없으면서, 감히 조서를 받들어 반초班超(중국 후한 때의 명필)의 붓을 빌리고 육좌陸佐(중국 남조의 양나라 때의 문인)의 말에 따라 그 원하는 뜻을 기술하여 종에 새긴다.

한림대서생 대내마 금백환 쓰다.

그 명은 아래와 같다.

하늘은 상을 드리우고, 땅은 방위를 여니,

산과 물은 진열되고, 나라들이 벌여 섰다.

동녘 바닷가는, 여러 신선이 숨은 곳으로

복숭아나무가 있는 땅이고, 그 경계 부상扶桑에 이어있네.

여기에 우리나라가 있어, 합하여 한 고장이 되어

임금들의 성덕은, 대대로 밝아 더욱 새로워지고,

오묘스런 맑은 덕화, 멀리까지 미치니

은혜는 먼 곳까지 덮여, 만물과 함께 고르게 젖었다.

무성하도다, 온갖 잎사귀. 편안할지어니 만백성들이여.

수심 어린 구름 홀연히 걷히고, 지혜로운 해가 봄날을 춤추네.

공손히 왕위를 이은 대왕께서, 왕업을 계승해 나랏일에 힘쓰고

세상을 다스림에 옛 법대로 하시니, 풍속을 변화시킴에 어긋남이 있으랴?

날마다 부왕의 유훈을 생각하고, 항상 모후의 은혜를 사모하네.

다시 명복을 빌기 위하여, 종을 만들어 하늘에 기원하신다.

거룩하시도다, 우리 임금님. 그 덕에 감응함이 가볍지 않아

진귀하고 복된 일이 자주 서리고, 신령스런 징조가 매양 생기네.

임금님 어질어 하늘이 보우하사, 시절이 태평하고 나라가 평안하다.

조상님을 추모함에 부지런할 따름이니, 뜻대로 소원이 이루어지리라.

마침내 선왕의 유명을 생각하여, 이에 따라 종을 주조하니,

신과 사람이 힘을 모아, 진기한 그릇이 만들어졌다.

위엄은 해가 뜨는 곳까지 떨치고, 소리는 변방의 봉우리까지 들리리라.

듣고 보는 이가 모두 다 신뢰하여, 꽃다운 인연이 실로 여기 모이리라.

능히 마귀도 복종시키고, 물고기와 용도 구제할 것이니,

둥그렇고 텅 빈 신령스런 몸체가, 바야흐로 성스런 자취를 드러내어

길이길이 커다란 복, 항상 거듭할지어다.

*원문에 부기된 주종 참여자 명단은 생략함.

聖德大王神鐘之銘(원문)

新羅 聖德大王神鍾之銘

朝散大夫 前太子通議郎 翰林郎 金弼奧 奉敎 撰

夫至道包含於形象之外 視之不能見其原 大音震動於天地之間 聽之不能聞其響 是故
憑開假設觀三眞之奧義 懸擧神鍾 悟一乘之圓音 夫其鍾也 稽之佛土 則驗在於罽膩 尋
之帝(唐)鄉 則始制於鼓·延 空而能鳴 其響不竭 重爲難轉 其體不褰 所以王者元功 克
銘其上 群生離苦 亦在其中也

伏惟 聖德大王 德共山河而並峻 名齊日月而高懸 擧忠良而撫俗 崇禮樂以觀風 野務本
農 市無濫物 時嫌金玉 世尙文才 不意子靈 有心老誠 四十餘年 臨邦勤政 一無干戈 驚
擾百姓 所以 四方隣國 萬里歸賓 唯欽風之望 未曾飛矢之窺. 燕秦用人 齊晉替覇 豈可
並輪雙轡而言矣 然雙樹之期難測 千秋之夜易長 晏駕已來 于今三十四也 頃者 孝嗣景
德大王 在世之日 繼于不業 監撫庶機 早隔慈規 對星霜而起戀 重違嚴訓 臨闕殿以增悲
追遠之情轉悽 益魂之心更切 敬捨銅一十二萬斤 欲鑄大鍾一口 立志未成 奄爲就世

今我聖君 行合祖宗 意符至理 殊祥異於千古 令德冠於當時 六街龍雲 蔭灑於玉階 九天
雷鼓 震響於金闕 菓米之林 離離乎外境 非煙之色 煥煥乎京師. 此則投玆誕生之日 應
其臨政之時也

仰惟, 太君(后) 恩若地平 化黔黎於仁敎 心如天鏡 奬父子之孝誠 是知朝於元舅之賢 夕
於忠臣之輔 無言不擇 何行有僭(?) 乃顧遺言 遂成宿意爾 其有司辦事 工匠畵模 歲次
大淵月 惟大呂 是時日月借暉 陰陽調氣 風和天靜 神器化成 狀如岳立 聲若龍吟 上徹
於有頂之巓 潛通於無底之下(方) 見之者稱奇 聞之者受賜(福) 願玆妙因 奉翊尊靈 聽音

(普)聞之淸響 登無說之法筵 契三明之勝心 居一乘之眞境 乃至瓊萼之叢 共金柯以永茂

邦家之業 將鐵圍而彌昌 有情無識 慧海同波 咸出塵區 並昇覺路 臣弼奚(衆) 文(?)拙無

才 敢奉聖詔 貸班趄(超)之筆 隨陸佐之言 述其願旨 銘記于鍾也

翰林臺書生 大奈麻 金苕晥 書

其讚曰

紫極懸象 黃輿啓方 山河鎭列 區宇分張

東海之上 衆仙所藏 地居桃壑 界(堺)接扶桑

爰有我國 合爲一鄕 元元聖德 曠代彌新

妙妙淸化 遐邇(而)克臻 將恩被遠 與物霑均

茂矣千葉 安乎萬倫 愁雲忽脫 慧日無(舞)春

恭恭孝嗣 繼業千(務)機 治俗仍古 移風豈違

日思嚴訓 常慕慈輝 更以修(脩)福 夫(天)鍾爲祈

偉哉我后 感德不輕 寶瑞頻出 靈符每生

主賢天佐(祐) 時泰國平 追遠惟動(勤) 隨所(心)願成

乃顧遺命 于斯寫鍾 人神獎力 珍器成容

震威暘谷 淸韻朔峯 聞見俱信 芳緣允鍾(種)

能保(伏)魔鬼 救之魚龍 圓空神體 方顯聖蹤

永是鴻福 恆恆轉重

① 翰林郎 級飡 金弼奧奉 詔 撰

② 待詔 大麻奈 漢湍 書

③ 檢校使 兵部令 兼殿中令 司馭府令 修城府令 監四天王寺府令 并檢校

　 眞智大王寺使 上相 大角于 臣 金邕

④ 檢校使 肅政臺令 兼修城府令 檢校感思寺使 角于 臣 金良相

⑤ 副使執事部侍郎 阿湌 金體信

⑥ 判官 右司綠館使 級湌 金林得

⑦ 判官 級湌 金忠封

⑧ 判官 大奈麻 金如甫

⑨ 錄事 奈麻 金一珍

⑩ 錄事 奈麻 金張幹

⑪ 錄事 大舍 金□□

⑫ 大曆 六年 歲次辛亥 十二月 十六日 鑄鍾大博士 大奈麻 朴從鎰

⑬ 次博士 奈麻 朴賓奈

⑭ 奈麻 朴韓味

⑮ 大舍 朴負缶

고대 인도와 범종

범종梵鐘에서의 '범梵' 자는 한자문화권에서 통상 인도나 불교를 가리킨다. '범종'이란 말은 '인도의 종', 혹은 '불교의 종'이란 의미가 되는데, 범어梵語나 범패梵唄 등이 산스크리트어나 불교의 게송偈頌을 이르는 것과 같은 맥락이다. 또한 '범梵' 자는 고대 인도신화의 브라흐마Brahma신을 뜻하는 대범천大梵天의 그 '범'으로, '하늘'이라는 의미도 갖는다. 결국 범종이란 '하늘의 종'으로써 그 울림은 '천상의 음향'이라는 의미로 치환된다. 하늘을 울리고, 땅을 울리고, 지하세계까지 울려 삼계의 모든 유정무정을 깨달음의 세계로 실어 나르는 것이 바로 범종의 소리인 셈이다.

그러나 정작 불교의 발상지인 인도에 범종이 실재했는지에 대해서는 잘라 말하기 어렵다. 건치乾雉(Ghanta)라는 타명구打鳴具에 대한 기록은 전하지만, 실물로써 입증된 예가 없는 탓이다. 한편, 붓다 입멸을 계기로 인도대륙에서 불사리를 봉안한 불탑(스투파)이 대대적으

바르후트탑. 기원전 2세기. 인도 국립 캘커타박물관.
상단의 난순 아래쪽으로 작은 종들이 열을 짓고 있다.

로 건조되었음은 두루 알려진 사실인데, 《묘법연화경》권4 〈견보탑품〉에는 '칠보탑七寶塔'을 묘사하는 중에 '보령寶鈴'이라는 단어가 등장한다. 그 이름에서부터 온갖 보물로 장엄된 화려를 극한 탑파의 모습을 상상할 수 있거니와 거기에 작은 종이 무수히 걸려 찰그랑거렸다는 것이다. 이 기록을 추인하는 것이 현재 인도 국립캘커타박물관에 있는 바르후트탑(기원전 2세기경)이다. 바르후트탑의 석난순石欄楯을 보면, 하단을 따라 꽃타래처럼 빈틈없이 줄지어 새겨져 있는 작은 방울들이 눈길을 끈다. 아마도 칠보탑의 보령이 실재했다면 그 방울들과 근사했을 것으로 짐작되거니와, 역시 동북아의 범종 하고는 거리가 멀다.

여기서 인도의 옛 이야기 중에 뜻밖에 종과 관련된 흥미로운 꽃 전설이 있어 옮겨본다.

옛날 인도에 할 일을 다 끝마치지 못하고 죽은 진실한 중 한 분이 있었습니다. 이 분의 일생 동안 일은 전국의 지성의 성금을 모아 황금의 범종을 만드는 일이었습니다. 황금의 종은 몇 천만 년 지나도 그 종소리가 부처님의 사랑처럼 변하지 않고 처음의 그 소리대로 영원히 울린다는 것을 중은 알고 있었기 때문입니다.

그런데 아직 황금의 범종이 절반도 되지 않았는데, 그만 늙어 죽게 되었습니다. 그러나 이 중은 부처님 앞에 가서 다시 한 번 세상에 태어나 이루지 못한 일을 끝마치게 해달라고 애원하였습니다. 중의 뜻을 기특히 여긴 부처님은 다시 세상으로 내려 보내주기로 하였습니다. 이때 부처님은 중의 귓가에 가만히 말해 주는 것이었습니다. 그것은 전세에 중이 채 만들지 못한 황금 범종이 없어지지 않고 아직도 그대로 땅에 묻혀 있으니 그것을 찾아서 쓰도록 하라는 분부였습니다.

그러나 중이 세상에 내려와 보니 어찌도 많이 변했던지 도대체 어디가 어딘지 알 수 없었습니다. 중은 기억을 더듬어 옛날 살던 절로 찾아갔습니다. 갔으나 그곳엔 아무 것도 없고, 오랜 고목들이 쭉쭉 들어서 있는 숲으로 변해 있을 따름입니다. 이미 중의 전세는 몇 백 년 전의 일이었던 것입니다. 중은 그 자리에 그대로 주저앉아 생각에 잠겼습니다. 옛 범종을 대체 어디로 가서 찾을 것인가 하는 생각이었습니다. 그런데 바로 앞을 보니, 자기가 옛날 만들려던 범종과 똑같이 생긴 황금빛 꽃이 그곳에 피어 있었습니다.

중은 그 꽃줄기를 따라 뿌리를 파 보았더니 그 땅 속에 옛날 자기가 만들다 만 황금의 종이 묻혀 있었습니다. 그 후 중은 남은 부분을 완성하여 아침, 저녁 황금의 종을 쳤습니다. 그랬더니 종의 꽃에는 황금의 열매(호박)가 아침, 저녁 하나씩 맺혔습니다. 바로 이 풀이 호박꽃이었습니다.[1]

그러고 보면 호박꽃의 모양이 서양종들과 어슷비슷한데, 불교든 힌두교든, 혹은 자이나교든 고대 인도의 종교사원에 어떤 형태로든 종의 기능을 담당한 기물이 존재했을 가능성을 완전히 배제하기는 어렵다. 실제로 옛 간다라 지역에서 출토된 동종銅鐘 하나가 벨기에의 국립 카릴론 박물관에 소장되어 있는 사실이 최근 우리 학계에 보고되기도 했다. 그렇지만 그것 역시

간다라 지역에서 출토된 동종,
벨기에 국립 카릴론박물관

전형적인 서양종을 닮아 동북아 범종에 직결시키는 데에는 무리가 따른다. 다만, 미얀마의 민구엔 대종 등과 흡사해 동남아 지역의 범종과는 일정 부분 연관성이 느껴지는 것 또한 사실이다.

이렇듯이 고고학적인 자료를 기준으로 할 때 고대 인도에서는 동북아의 범종에 직결시킬 만한 대형 타명구가 유행하지 않은 것만은 분명해 보인다. 결국 동북아의 범종은 중국에서 독자적으로 태동한, 곧 중국역사의 산물로 판단하는 게 현 시점에서는 가장 온당해 보인다.

청동예기의 시대

범종이 중국의 독자적인 산물이라는 데에는 이견의 여지가 없으나, 그것이 출현하기까지는 오랜 기다림과 모색의 세월을 요했다. 상고시대 중국의 제례의식에서 악률을 담당한 소형의 청동제 고악종古樂鐘이 크게 성행하고, 다시 그 뒤를 이어서 도성의 요처마다에서 우렁찬 울음을 터트린 대형 관종官鐘을 나중에 사찰에서 빌려다 쓰면서 범종이라 칭하게 되었기 때문이다. 번다하지만 고악종 및 관종의 변천사를 일별해 보기로 하자.

먼저 소형 청동제 고악종은, 악종樂鐘으로서는 지구상에서 가장 앞서는 옛 중국의 예악문화의 생생한 증거물이다.

잘 아는 바와 같이 상고시대 중국은 철저한 노예제 사회로, 각 지역의 제후가 중심이 된 열국의 지배층은 평민과 노예를 가혹하게 통치했다. 그들은 아래로부터의 반발과 저항을 분쇄하기 위해 온갖 방법을 강구하는 가운데, 하층계급의 의식을 밑바닥부터 마비시키고 자신들을 천명을 받드는 거룩한 신분으로 치장한 신화神話를 창작하는 한편, 난삽하기 이를 데 없는 각종 제례의식을 발전시킨다. 말하자면 연중 끊이지 않았던 제의는 고도의 정치적 행위로, 이 제의에서 핵심적인 배역을 맡은 것이 다양한 종류의 용기容器였다. 불가해한 신들을 불러내고 그 신들과의 원활한 소통을 위해서는 거기에 사용되는 그릇들부터 신성함을 드러내야 했던 것이다.

각국의 제후는 경쟁자한테 지지 않기 위해 더욱 화려하고 더욱 신비로운 예기禮器를 만들고자 심혈을 기울였으며, 그때 그들의 마음을 매료시킨 것이 '구리'라는 하늘이 내린 금속이었다. 구리는 저온에도 잘 녹을 뿐 아니라 비교적 부드러워 다른 금속과의 합금이 용이했으며, 무엇보다 쉽게 녹이 슬지 않았다. 요컨대 무엇이든 머리 속에 떠오르는 영상을 그대로 빚어낼 수 있는 요물妖物과도 같은 매질이 구리였다.

청동예기

과연 그것들의 기발한 형태와 그로테스크한 장식, 기하학적인 문양은 오늘에 와서도 누구나 심미적 쾌감을 금치 못할 만큼 독창적인 아름다움을 과시한다. 또한 인간의 상상력을 입증이라도 하듯 갖가지 예기들이 줄줄이 쏟아졌다. 음식을 담는 궤簋부터 솥에 해당하는 정鼎과 격鬲, 술을 담는 존尊과 더 묵직한 술독인 종鍾, 술통인 유卣, 부레그릇인 노鐪, 제기인 두豆, 술병인 이彝, 단지인 호壺, 술잔인 작爵과 각角, 물을 담는 반盤, 거울인 감鑑, 악률을 맡은 악종 등 그 종류를 구분하는 것조차 어려울 정도이다. 중국인의 예술혼은 청동예기에서 가장 극적으로 발현되었다는 표현이 그래서 가능하다. 아마도 노魯나라의 제관으로 제사를 여법하게 주관해 명성이 높아진 공자의 일화가 있거니와, 당시 그의 손끝도 그러한 신비한 동기들을 스쳐갔을 것이다.

그 모두는 상상력의 승리요, 금속기술의 개가凱歌였는데, 청동 예기의 공방工房은 왕도뿐 아니라 지방 도시와 소제후국까지 번져나간다. 그러나 엄밀히 말해서 그것들은 농기구 등 실용적인 목적과는 거의 무관했다. 돌려 말하자면 그것들 거개가 하층민의 삶을 더욱 고달프게 하는 상류층의 전유물에 지나지 않았다. 바로 그것들 중에서 여기서 자세히 다루고자 하는 것이 제례의식 자체에 신성을 부여하기 위해 타종되던 악종이다.

고동기 중에서도 악종의 지위는 매우 독특하다. 영신迎神, 곧, 신들을 불러오는 초혼招魂을 목적으로 할 때 그것을 능가하는 것은 없었다. 신을 기쁘게 하는 데 있어 악종의 타격음이 뿜어내는 원초적인 에너지는 다른 어떤 것보다도 우월했던 것이다. 그래서 중국의 옛 고전들에서는 악종이 신화적으로 적당히 윤색되어 별도로 소개되기도 한다. 예컨대 《산해경》에는 염제炎帝의 증손뻘이 되는 고鼓와 연延이 처음으로 종을 만든 것으로 나오는가 하면, 《여씨춘추》에는 황제黃帝가 악공으로 하여금 12종을 주조토록 했다고 되어 있다. 한편, 《주례》에는 '종사鐘師', 혹은 '박사鎛師' 등 전문적인 주종기술자가 춘관春官에 소속되어 있었음을 적고 있으며, 같은 책 〈고공기考工記〉에는 그 주조법이 구체적으로 기술되어 있다.

그렇지만 악종이란 것이 꼭 제사에서만 소용된 건 아니다. 전염병을 구축驅逐할 때나 야외에서 사냥할 때, 혹은 국가적인 경사 및 전쟁에서 이겨 개선할 때, 혹은 외빈 접대 시에도 악종은 기꺼운 총애를 받았다. 일종의 속화俗化 현상인데, 심지어는 클래식 선율 속에 만찬을 갖는 요즘의 고급레스토랑처럼 낭랑한 종소리가 울려 퍼지는 속에서 산해진미를 즐기는 '종명정식鐘鳴正食'이라는 사치스러운 행사까지 유행했다. 476쪽의 사진은 한나라 때의 화상석畫像石으로, 아래층에서는 악사들이 종을 연주하고 위층에서는 귀족들이 한창 식도락에 빠져 있는 장면을 담고 있다.

이처럼 고악종은 아득한 옛날 중국의 지배층과 불가분의 관계를 맺고 있으며, 중국의 문화와 예술을 대표하는 그들 고유의 장르이다. 본문에서 비판한 바 있는 신라종의 용종甬鐘 기원설의 그 용종의 위상을 정확히 하기 위해 지금부터 고악종의 발달 및 변천 과정을 간략하게나마 정리하기로 한다.

익히 짐작되는 사실이지만, 고악종들 역시 장구한 세월에 걸쳐 지역과 제후국, 혹은 종족에 따라 복잡다단하게 생성과 소멸을 거듭해 온 탓에 가닥을 잡는 일부터 녹녹치 않다. 그런 중에도 령鈴이라는 원시적인 방울에서 출발해, 최초의 정식 악종인 요鐃를 거쳐 정鉦, 용종甬鐘, 뉴종紐鐘, 박종鎛鐘 등의 순으로 변화해 갔다는 중국학계의 대체적인 인식인 바, 이 글의 전개 역시 그에 따르기로 한다.

우선 령鈴이라는 것은 쉽게 말하면 자루를 잡고 격렬하게 흔드는 작은 요령을 가리킨다. 그러나 그것은 제사 때 분위기를 고조시키는 주술도구에 불과했다. 악률을 위한 악기가 아니었던 것이다.

정식 악종은 그로부터 한참 후에야 나타나는데, 그 첫 번째 주자가 요鐃였다. 요의 가장 큰 특징은 몸체 밑으로 길쭉하게 뻗은 '용甬'이라는 자루에 있었다. 그것을 연주자가 손으로 붙잡고 종구를 위쪽을 향하게 들고서 종의 표면을 두드려 소리를 얻는, 이른바 '집종執鐘' 방식을 취하게 된다. 용종기원설에서 '용甬'을 음과 관련짓는 것은 애초부터 언어도단이었던 것이다

그러나 그 요도 얼마 안 가서 정鉦이라는 것에 자리를 내주게 된다. 정은 요보다 문양이 한층 화려하고 덩치가 훨씬 큰, 이를테면 요에서 발달한 것이었다. 그래서 대요大鐃라는 별명이 붙었는데, 그만큼 둘의 모양이 비슷해 구별하기가 쉽지 않다. 덩치가 커진 것은 제사의식이 거창해진 데 따른 결과로 짐작되거니와, 중량이 많이 나가는 만큼 받침대에 종구가 위를 향하도록 자루를 고정시켜 놓고 타종하는 식으로 연주방법이 바뀐다.

그런데 정에서 단연 눈길을 끄는 것이 종체의 윗부분에 구획된 네 개의 방에 각 3단 3열로 모두 36개가 배치된 매枚라는 이름의 돌기물

한대 화상석 〈종명정식도〉. 1층에서는 악사들이 연주 중에 있고, 2층에서는 집주인과 손님들이 축연을 즐기고 있다.

이다. 그것들은 본문 제3부 25장에서 본 바 있는 상商나라 때의 각종 角鐘에 이미 나타나는데, 주周나라 시대에 적극적으로 수용해 정에 장식했고, 이후 용종, 뉴종, 박종 등 뒤에 오는 모든 악종의 고유한 요소로 철칙처럼 계승된다.

그것들의 기호학적 의미에 대해서는 홍사준洪思俊의 삼십육궁도설 三十六宮都說에 따라 당시의 천하관을 반영한 것으로 본문에서 추론한 바 있거니와, 그러나 그것들은 정작 관종 및 범종 등 뒷날 중국의 대형종에는 일체 나타나지 않는다. 반면 엉뚱하게도 신라종에 와서 홀연 탐스런 연꽃으로 화려하게 부활하는데, 곧 중국의 대형종이 철저하게 버린 것을 도리어 이 땅에서 우리종의 절대요소로 삼은 것이다.

용종甬鐘의 탄생

이처럼 요와 정은 최초의 정식 악종으로서 중국의 주종사에서는 하나의 분수령이 된다. 방울을 정신없이 '마구' 흔들던 시대에서, 악률의 조화를 추구하는 '정상적인' 연주의 시대로 훌쩍 넘어갔기 때문이다. 그렇지만 그것들에도 한계가 있었다. 악사 1인당 한두 점씩 밖에 연주하지 못했고, 직접 손으로 자루를 붙잡고 타격해야 하는 불편함이 따랐던 것이다. 바로 그러한 난점을 극복한 것이 '용종甬鐘'이다.

기실 용종의 기본 형태는 요 및 정과 크게 다르지 않았다. 자루 중간의 가락지[旋]에다 낚시 바늘 모양의 작은 고리[斡]를 추가한 정도에 그쳤기 때문이다. 용종의 진정한 의의는 오히려 오늘날의 종묘제례악 등에서 보는 편종編鐘 제도가 도입된 데에서 찾아야 한다. 곧,

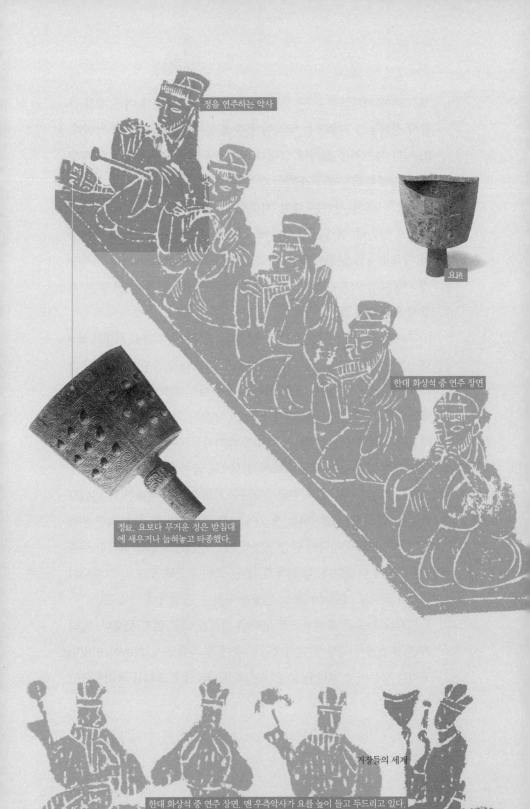

정을 연주하는 악사

요鐃

한대 화상석 중 연주 장면

정鉦. 요보다 무거운 정은 받침대
에 세우거나 눕혀놓고 타종했다.

거장들의 세계

한대 화상석 중 연주 장면. 맨 우측악사가 요를 높이 들고 두드리고 있다.

그 고리에 쇠갈고리나 끈 등을 꿰어 거대한 목가木架에 여러 개를 나란히 걸어놓고 타종하는 방식이 용종을 통해서 처음 실현된 것이다. 또 하나 특이점을 꼽자면 그때까지의 악종들은 종구를 하늘로 향했는데, 용종부터는 종구가 바닥 쪽을 향하도록 뒤집어진다.

용종의 출현 시기는 대략 서주西周(기원전 1111~770) 시대쯤으로 알려져 있는데, 용종은 순식간에 요와 정을 밀쳐내고 오래도록 악종의 대표주자로 군림한다. 악사 한 명이 여러 점을 동시에 타종하는 게 가능해져 악률을 한층 더 효율적으로 관리할 수 있게 된 점이 가장 중요한 이유였다.

그러나 그토록 기세등등하던 용종도 결국은 전국戰國 시대(기원전 480~259)에 이르러 소멸되고 만다. 용종은, 고리가 자루[甬] 하단의 가락지 앞쪽에 '구차하게' 붙어 있어 종체가 항상 45도에 가깝게 비뚜로 매달렸고, 타종 시의 충격에도 요동이 심했다. 그 문제를 근본적으로 해결하기 위해서는 종정부에 고리를 부착하는 수밖에 없었다. 하지만 그 자리에는 유구한 세월 하나의 법식으로 굳어진, 그러나 이미 자루로서의 기능을 상실하고 한낱 천덕꾸러기로 전락한 용甬이 턱 버티고 있었다. 결국 용을 제거하는 것 외에는 달리 방도가 없었다. 과연 용을 밀쳐낸 종체의 중심축에 말굽 모양의 아주 튼튼한 고리를 장착한 뉴종紐鍾이란 게 탄생한다. 뉴종의 '뉴紐'는 고리나 끈의 뜻으로, 그때부터 종체가 똑바로 서면서 비로소 안정을 되찾게 된 셈이다.

그러나 뉴종은 조형적으로 별다른 개성을 갖고 있지 못했다. 말하자면 용종에서 자루를 떼어버린 수준에 불과했으며, 더욱이 밋밋한 고리는 풍부하고 화려한 문양의 종체와 심각한 부조화를 불러일으켰다. 중국인들의 심미안은 그러한 부조화를 용납할 수가 없었다. 결국 종체와 고리에 복잡할 정도의 온갖 문양과 장식을 가미한 박종鑄鐘이라는 게 주조되기에 이른다. 그중에서도 고리 부분을 짐승의 몸뚱어리로 대체해 단조로움을 극복하는데, 처음에는 봉황이나 사자 등이 폭넓게 환영을 받다가 점차 용龍으로 굳어진다. 그리하여 고리를 용뉴로 칭하게 되는데, 오늘날 상용하는 '용뉴龍鈕'란 단어가 박종에서 유래한 것이다. 이후 박종은 편종 제도를 타고 2천 년 이상 동북아의 고전악기를 대표해 왔으며, 우리 아악기 중의 편종이 바로 박종의 후예들인 셈이다.

하필 상상의 동물에 불과한 용龍이 봉황이나 사자 등 현실의 쟁쟁한 경쟁자를 물리치고 종의 정상부를 차지한 데에는 중국인의 뛰어난 상상력을 꼽지 않을 수 없다. 그들은 용에게 아홉 명의 아들이 딸려 있고, 그들 하나하나가 특이한 습벽을 갖고 있다고 믿었다. 예컨대 패하覇下, 혹은 비희贔屭라는 놈은 무거운 짐을 짊어지고 땀을 뻘뻘 흘리면서 먼 길을 가기를 즐겨한다는 식이다. 그래서 패하는 빗돌을 받치는 귀부龜趺로 환영을 받게 되는 바, 묵직한 비신碑身을 짊어진 이 땅의 많은 귀부들이 거북의 몸통에다 용두를 취한 까닭이 거기에 있다.

바로 그들 중 맏이인 포뢰蒲牢란 놈은 고래가 천적인데, 고래의 공격을 받으면 큰소리로 우는 버릇이 있다고 한다. 바로 이 포뢰의 괴벽에 착안해 범종이나 징 등 소리를 생명으로 하는 기물에 용을 장식하게 된 것이다. 그래서 당목을 고래 모양으로 깎아 사용하기도 했는데, 현재 전남 선암사에 전하는 예전 당목이 영락없는 고래 형상을 하고 있다.

한편, 그것들이 한 마리가 아닌 두 마리인 까닭에 대해서는 《산해경》이 단골로 인용된다. 《산해경》이라면 워낙 환상적인 내용들로 가득 찬 기서奇書이지만, 쌍룡에 관한 내용도 흥미롭기 그지없다. 하늘의 상제上帝는 인간세에 왕래하는 사자使者를 방위에 따라 넷을 두어 동방은 구망句芒, 서방은 욕수蓐收, 남방은 축융祝融, 북방은 우강禺疆이다. 그들은 저마다 두 마리 용을 타고 하늘과 지상을 오가는데, 특히 북방의 우강은 두 마리 푸른 뱀을 발에 감고 다닌다는 것이다.[2] 쌍두일신의 용뉴는 고대중국인의 원시적 세계관에 따른 자연스러운 귀결이었던 것이다.

지금까지 허술한 대로 중국의 청동제 고악종의 변천사를 짚어보았다. 그 과정에서 용종은 신라종의 모델이 될 수 없음을 재차 확인했는데, 마지막으로 고악종 전반의 구조나 특징을 정리하기로 하자.

우선 고악종의 몸체는 모두 기와 두 장을 합친 듯이 타원형으로 납작한 편이다. 그래서 흔히 합와형合瓦形이라고 부르며, 그럴 경우에만 타격 순간의 울림이 금방 끊어져 함께 매달린 옆의 다른 종들이나 다른 악기의 음을 방해하지 않게 된다. 반대로 종체가 원통형일 경우, 여운이 길게 이어져 다른 악기의 소리와 뒤엉켜 악곡의 연주가 불가능해진다. 다음으로 종구가 반달처럼 파인 호형弧形인 점도 고악종의 특징으로 꼽을 만하다. 반달처럼 파인 중앙부와 길쭉하게 뻗친 측면부의 음계가 달라 하나의 종으로 두 개의 음을 얻는, 말하자면 일석이조를 노린 결과이다. 물론 종구가 수평일 경우에는 어디를 두드려도 같은 소리가 나므로 하나의 음밖에 내지 못한다.

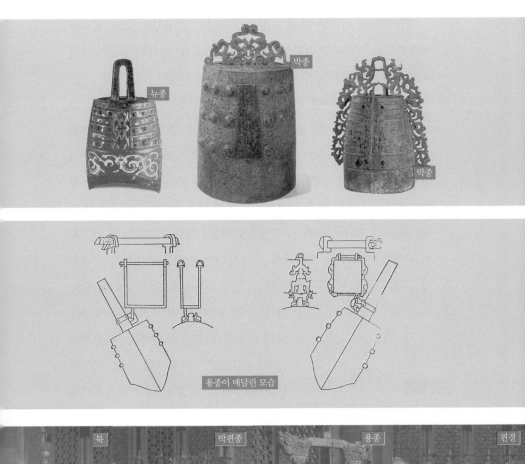

누종

박종

박종

용종이 매달린 모습

북 박편종 용종 편경

지금까지의 이러한 여러 특징은 고악종이 처음부터 오직 연주에 적합하도록 설계되고 디자인되었음을 말해준다. 중국의 장려한 예악문화 뒤에는 나름의 발달된 음향공학이 숨어 있었던 것이다.

참고로 지난 1978년 호북성 수주隨州 근교에서 세계 악종사를 고쳐 쓰게 한 경천동지할 만한 사건이 일어난다. 증후을묘曾侯乙墓(초楚나라에 속한 '증曾'이라는 작은 나라의 '을乙'이라는 제후의 무덤)를 개복하자 용종 45점에 뉴종 19점, 박종 1점 등 총 65점으로 구성된 기원전 500년경의 대단위 편종 악대가 쏟아져 나온 것이다. 이 초호화 오케스트라는 지하에 갇힌 지 장장 2,500년이 흘렀건만 모두가 기적처럼 말짱했는데, 한낱 소국에서 그런 대단위 편종을 연주했다는 점에서 고대 중국을 뒤흔든 예악문화의 실상을 증언하고도 남았다. 중국학계는 〈초상楚商〉이라는 옛 곡을 증후을묘의 편종으로 연주 복원하는 데 성공하는데, 진순신은 그 음악을 들으면서 저 《초사楚辭》의 시인 굴원屈原을 떠올리기도 한다.[3]

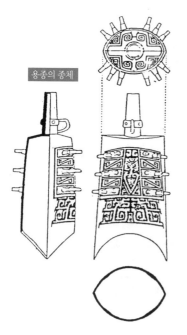

용종의 종체

신호 도구로써의 관종官鐘

중국의 오랜 역사에서 기원전 2000년 전후해 열린 청동기 시대는 전국시대로 접어들면서 서서히 위축된다. 그러던 중 기원전 3세기경에 이르면 약속이나 한 듯

청동예기들이 거의 일순간에 소
멸된다. 고악종도 마지막 주자
인 박편종을 중심으로 일부만
남는데, 그렇게 된 결정적인 계
기는 진秦의 중원통일(기원전
221)이었다.

증후을묘 발굴 장면(1978)

전국 칠웅七雄을 잇달아 괴멸
시켜 중국사상 최초의 통일제국
을 건설한 진시황은 분서갱유로
대표되는 각종 폭압적인 통합정
책을 펼쳤고, 제후들의 독자적
인 천하관을 용납하지 않았다.
그는 하늘에 제사 지낼 수 있는
권리는 오직 황제뿐임을 천명했
고, 그것은 고래의 관습과 전통에 일대충격을 안긴, 상고적 세계관의
전면적인 붕괴이자 해체를 의미했다. 결국 열국 전래의 제의풍습이
말살되면서 고동기가 다량 제작될 이유가 원천적으로 해소되고, 제
례용의 예기가 아닌 실용적인 용기의 시대로 접어든다.

진에 이은 한漢나라는 군현제도를 실시하고 탄압받던 유교를 통치
이데올로기로 삼는 등 진정한 의미의 동양적 전제국가를 지향한다.
한제국의 중앙집권적인 정치질서는 인간살이의 패턴을 근본적으로
변혁시켜 문화예술 분야에도 종전과는 전혀 다른 작풍을 촉발시킨
다. 특히 악종에 있어서는 이전의 고악종과는 궤를 달리하는 어마어

마한 크기의 종이 탄생한다. 조선조 한양의 보신각종과 같은 이른바 관종官鐘, 혹은 조종朝鐘이라는 대형종이 각 도성의 요로에 걸리기 시작한 것이다.

관종은 연주용의 순수 악기도, 제사를 위한 예기도 아니었다. 시보時報나 성문개폐, 행인통제, 비상경계, 군사징발, 화재경보 등을 위한 순전히 행정적인 신호도구였다.

그런데 관종에는 쌍둥이처럼 늘 붙어 다니는 것이 있었다. 우리나라 사찰의 법고를 능가하는 초대형 북[鼓]이 그것이다. 그러니까 도성마다 관종과 '관고官鼓'가 거의 동시에 등장한 셈인데, 동한 사람 채옹의 《독단獨斷》에는 다음과 같은 구절이 보인다.

밤의 물시계가 다해 북이 울면 즉 일어나고, 낮의 물시계가 다해 종이 울면 즉 휴식에 든다.[夜漏盡 鼓鳴則起, 晝漏盡 鐘鳴則息.]

이른바 '신고모종晨鼓暮鐘'이라 하여, 종루鐘樓와 고루鼓樓를 짓고 아침에는 북을 두드리고, 저녁에는 종을 울려 성민의 일상을 통제한 것이다. 그 둘은 시대변화에 부응한 새로운 통치도구였던 것이다.

과연 높다란 다락집으로부터 천지간의 대기를 뒤흔드는 관종의 타격음은 이전 시대 고악종의 소리와는 근본적으로 달랐다. 장강처럼 유장하고 벽력처럼 두려운 그 소리는 인간의 내면 깊숙이 파고드는 이상한 매력이 있었다. 그래서 먼 종루에서 뎅뎅 하고 종소리가 들려올 때 더 이상 고대적 '하늘'을 떠올리는 사람은 없었다. 그러한 사정은 당시의 시문에 잘 묻어난다.

밤의 종소리에 슬픔을 돌이키니 같이 한 뜻은 바뀌지 않았네.
－진陣 강총江總,〈섭산루하산방야좌攝山樓下寺山房夜坐〉

경양종이 새벽을 여니 꽃나무에 스미듯 은은하구나.
－송宋 유자휘俞子翬,〈경양루시景陽樓詩〉

　많은 시인묵객이 은은한 종소리에 귀 기울이면서 시심詩心을 가다
듬었던 것이다.
　이처럼 관종은 모든 면에서 고악종과의 철저한 단절 위에 탄생한
다. 악종이라는 점만 같을 뿐 고악종과는 처음부터 지향하는 세계가
달랐던 것이다. 그러한 까닭에 높이가 수 미터에 육박하는 것들까지
제작되는데, 덩치가 크면 클수록 그만큼 울림이 크고 멀리 퍼져나가
자신들의 권력과 영화를 과시하려는 제후나 성주의 욕망에 잘 맞아
떨어진 것이다. 또한 고악종의 납작했던 종체가 드럼처럼 정원형으
로 바뀌는데, 그런 상태에서만 여운이 오래 지속되기 때문이었다. 뿐
아니라 고악종의 필수요소인 매 36개를 말끔히 제거한 다음, 밋밋해
진 종체를 직선의 가사문으로 칭칭 감아버린 점도 간과해선 안 될 중
요한 변화이다. 제사용이 아니라 단순한 신호도구였던 만큼 매가 갖
는 상징적 의미가 불필요해진 결과였다.
　방금 관종이 밋밋하다고 말했지만, 실제로 덩치만 컸지 조형성은
고악종에 비해 훨씬 떨어졌다. 비록 원시적 신앙의 형태이긴 하지만,
하늘로 대표되는 신적 존재에 대한 외경심을 상실함과 함께 고악종
에 투사되던 그들의 심미적 감수성이 급작스럽게 식어버린 것이다.

바꿔 말하면 실용주의와 합리주의가 팽배하면서 상상력을 억압, 그들의 예술적 에너지가 발현될 여지가 봉쇄된 결과일 것이다.

지금까지 상고시대 고악종 및 그 이후의 관종이라고 일컫는 대형종에 대해 이야기했지만, 다음은 범종의 출현에 관해 알아볼 차례이다.

범종, 정신의 평정을 부르는 종소리

중국의 범종은 중국대륙에 불교가 뿌리를 내리는 그 시간표와 맞물려서 출현한다. 인도에서 태어나 서역에서 만개한 불교가 폭풍과도 같은 기세로 중국내륙으로 거세게 쇄도하면서 종을 두드려 얻는 진동음이 듣는 이를 정신적 평정과 구원의 낙토로 인도하는 경이로운 시간이 서서히 다가오고 있었다.

불교 초전初傳 당시 인도나 서역 출신의 전법승은 왕족 및 귀족의 열렬한 환대 속에 처음에는 관아의 객사 등을 빌려 불경을 강독하고 신도를 끌어 모은다. 당시 관청은 '시寺'로 표기했는데, 혼란을 피하기 위해 승려들이 머무는 임시 처소로서의 관아는 '사寺'라고 구별해 읽게 된다. 같은 '寺' 자를 써놓고도 관청을 지칭할 때는 '시'로, 사찰을 가리킬 때는 '사'로 달리 독음한 것이다. 훗날 우리 조선조에서 봉상시奉常寺·사복시司僕寺·군기시軍器寺 등의 관아는 '-시'로 읽고, 봉원사·봉선사·흥국사 등의 가람은 '-사'로 읽는 것도 그 유습이다.

중국 사회에 빠른 속도로 스며든 불교는 점증하는 신자들을 감당하지 못해 마침내 관아의 울타리를 벗어나 독립적인 가람을 건립하기 시작한다. 각종 의식이 자리를 잡아감에 따라 예불시간을 알리거나 의식을 장엄할 만한 법구가 요구되는데, 그때 불승들의 눈길을 사로잡은 것이 도성의 높다란 문루에서 천지사방으로 울려 퍼지는 관종이었다. 그들은 그것을 경내로 끌어들여 법회 등의 행사에서 타종하게 되거니와 관종과 구분해 따로 범종이라고 부르게 된다. 단순한 행정 및 치안용 도구에 불과하던 관종이 단숨에 불가의 심벌로 탈바꿈한 것이다.

그 무렵 범종의 타종음은 사람들의 내면을 뒤흔들면서 금세 붓다의 사자후獅子吼, 곧 불음佛音으로 인식된다. 붓다의 자비심과 무상의 진리가 종소리로 치환되어 인간의 영혼까지 일깨우는 일대 변화가 일어난 것이다. 그리하여 범종소리의 세례를 입는 곳이면 어디든 정토로 바뀌고, 나중에는 범종 자체가 신앙의 대상으로 격상된다.

그러한 경향을 더욱 부채질한 것이 노자老子의 '무위無爲' 사상과의 습합으로 등장한 선종禪宗이었다. 선종 가람은 번잡한 성시城市를 벗어나 고즈넉한 심산유곡으로 파고들었고, 종소리는 자연과 동화되는 또 다른 단계로 진입한다.

다음은 초당初唐의 시인 왕유王維의 오언율시 〈향적사를 지나며過香積寺〉이다.

향적사 어디메쯤인지,	不知香積寺
몇 리를 가도 구름봉우리네.	數里入雲峯
고목뿐 인적 없고,	古木無人徑
깊은 산 어디쯤서 종소리만 들리네.	深山何處鐘

계곡 물은 험한 바위에 부딪혀 울고,	泉聲咽危石
푸른 솔빛에 젖은 해가 푸르다.	日色冷淸松
저물녘 고요히 물가에 앉아,	薄暮空潭曲
좌선하며 마음 번뇌 다스리나니.	安禪制毒龍

하찮은 쇳소리가 인생과 자연, 진리를 관조하는 마음의 여유로움을 선사하기에 이른 것이다.

시선詩仙 이백李白과 쌍벽을 이루는 시성詩聖 두보杜甫의 작품에서도 사찰의 범종 소리가 들려온다. 두보가 스물네 살 젊은 나이에 지은 오언율시 〈용문 봉선사에 놀러가서〉를 보면, "새벽 종소리를 들었나 보다. 깊은 상념이 잠겨온다欲覺聞晨鐘 令人發深省"라는 구절이 나온다. 범종 소리는 우국의 충정으로 가득찬 젊은 천재 시인의 새벽잠을 깨워 새삼 세상 근심에 젖게 했던 것이다.

한편, 이연 및 이세민 부자에 의해 개창한 당唐의 황실은 노자老子의 성이 같은 이씨李氏라는 이유로 도교를 크게 일으켰고, 도관道官에서도 역시 종을 타종한다. 그것을 따로 '도종道鍾'이라고 칭하는데, 현재 서안 비림 박물관에 있는 경운7년명종(711)도 원래는 도관에 걸려 있던 것으로 알려져 있다.

남방식과 북방식

중국의 대형종은 양자강을 기준으로 '남방식南方式'과 '북방식北方式'의 두 유형으로 크게 나뉜다. 중국의 역사와 문물을 남과 북으로 갈라놓은 양자강이 악종 분야에서도 역시 선명한 경계선으로 기능했던 것이다.

먼저 양자강 이남에서 유행한 '남방식' 범종은 별다른 문양이 없는 수직형의 종체를 직선의 띠를 종횡으로 휘감은 듯한 지극히 단조로운 모습이다. 이 가사문袈裟紋은 박종에서 유래한 쌍룡뉴와 더불어 오래도록 동북아 대형종의 법식으로 계승되거니와, 현재 일본 나라박물관에 전하는 '진태건7년명종(575)'이 바로 남방식을 대표한다. 고작 40센티미터 높이이지만, 그 이른 연대로 인해 동북아 주종사를 서술할 때 항상 절대의 기준점이 되고 있음은 본문에서 이야기된 바 있다.

다음으로 '북방식' 범종은 윗부분이 봉긋이 솟아오르고, 몸체의 윤곽이 유연한 타원이며, 직선의 선조를 상하좌우, 혹은 대각선으로 교직시키고 있다. 아울러 서조瑞鳥 등의 문양을 그려 넣고, 종구를 출렁거리는 물너울처럼 처리하는 등 상당히 부드러운 느낌을 준다. 위에서 언급된 '경운2년명종(711)' 등이 전형적인 북방식에 해당한다. 하지만 밋밋하고 왜소한 고리는 흡사 뉴종의 고리를 떼어다 붙인 양 화려한 종체와 겉돈다는 느낌을 지울 수 없다.

이렇듯이 남방식을 남성적이라면, 북방식은 여성적인 분위기를 물씬 풍기는데, 후대의 작품들은 이 두 유형의 특정 요소를 과장하거나 혼융시키는 선에 그치고 있다. 다만, 명초의 영락대종은 어느 쪽에도 속하지 않는 이형으로, 일체의 선조나 문양을 배제하고 온몸을 깨알 같은 23만 자의 한자로 뒤덮어 단순미의 극치를 선보인다. 또한 청대의 금강반야종도 영락대종의 스타일을 그대로 따르고 있다.

사라진 종들

현재 고대 중국의 대형종은 극소수만이 전한다. 그것이 처음 등장한 동한東漢 이후 6세기 중반까지의 작품은 한 점도 남아 있지 않으며, 최고작인 진태건7년명종(575)을 기준으로 청조말까지 463점만 전한다는 통계도 있다(평정양평, 《일본의 범종》). 반면, 조선말까지의 우리 옛 종은 314점이며, 일본 화종은 경장 19년(1614) 이전 작품만 따져도 1,095점에 달한다.

광활한 대륙을 매일매일 굉음으로 뒤흔든 그 많은 종들은 대관절 모두 어디로 간 것일까. 그 답은 이른바 '삼무일종三武一宗의 법난法難'으로 통칭되는 모두 네 차례에 걸친 대대적인 척불斥佛 운동과, 끊임없이 되풀이된 북방민족의 침략이나 농민반란 등의 전란에서 찾을 수 있을 것이다.

먼저 중국 역사의 가장 암울한 장에 해당하는 척불의 광풍은 446년 북위北魏의 태무제에 의해 처음 불어 닥친 이후 북주北周의 무제 때인 574년과, 당의 무종 때인 845년, 후주後周의 세종 때인 955년에 반복된다. 그중에서도 당 무종 연간에 행해진 폐불廢佛은 거의 치명적이어서 인도 불교와는 또 다른 빛깔의 찬연한 중국 불교를 잉태하고 키워 낸 허다한 사원과 불탑이 화염 속에 사라지고, 불상과 범종은 몇 잎의 동전銅錢으로 화한다. 그때의 참경은 일본승 원인圓仁의 《입당구법순례행기入唐求法巡禮行記》에 생생하게 묘사되어 있거니와, 비록 불교계의 부패와 면세 및 과도한 승려수 등이 빌미가 되긴 했지만, 진

북방식 중국종들

시황의 분서갱유에 버금하는 대재앙이었다.

이 같은 법난에 못지않은 손실을 입힌 것이 북방민족의 내습 및 농민군의 반란, 왕조 교체 등으로 인한 빈번한 전란이다. 그때마다 야만의 발톱이 불교사원을 할퀴어 갔는데, 특히 자비의 불음을 토해내던 범종은 용광로에 던져져 창이며 칼이며 살상무기로 거듭 난다.

그러한 상황은 근대에 접어들어서도 마찬가지였다. 일본 제국주의의 첨병들은 중국과 조선에서 범종을 노략질해 야포나 포탄 등을 마구잡이로 찍어냈다. 현재 인천시립박물관에 소장 중인 중국종들 전부가 중일전쟁 때 일본군이 휩쓸어다가 부평병기창에 쌓아두었던 것들로, 패전으로 버리고 간 것들이다. 지금 강화도 전등사에 걸려 있는, 높이 173센티미터의 송宋나라 대종(1097)도 그중 하나이다. 2차 대전 막바지에 범종을 공출을 당한 전등사에서 해방 후 부평병기창을 뒤졌으나 원래의 종을 찾지 못하자 대신 이운해간 것으로, 중국 범종으로서는 일급에 속하는 명품이나 균열이 심해 수년 전부터 타종이 중단되었다.

이렇듯이 실물 범종이 역사의 격랑에 대거 유실된 가운데, 실물의 공백을 메워주는 뜻밖의 소중한 자료들이 있다. 돈황·운강·용문·대족산·맥적산 등 저 석굴사원의 파노라마 같은 벽화 속에 등장하는, 그림이나 부조로 묘사된 범종들이다. 그중 돈황 막고굴 제9굴의 〈뇌도차투성도〉 안에는 범종과 그것을 타종하는 승려의 모습이 생생하게 묘사되어 있다. 같은 막고굴의 제154굴 및 제158굴, 그리고 서천불동의 제15굴 등의 벽화 속에도 범종들의 윤곽이 뚜렷하며, 유림

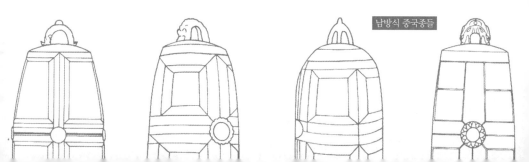

남방식 중국종들

금강반야종, 중국 복주 용천사 소재

범종 그림

돈황막고굴 제9굴의 〈뇌도차투성도〉. 승려가 타종 중인 장면이 일본의 〈천수국만다라수장〉이나 우리 중초사지 〈마애종각도〉와 비슷하다.

용문석굴 보태동 마애범종. 종구가 나팔꽃처럼 갈라져 있는데, 에밀레종의 종구와 양식상 연결이 된다.

'용종甬鐘'의 원 개념

현재 한중일 학계에서는 '용종'을 '자루가 달린 악종'이라는 데에, '용甬'자는 '자루'라는 데에 추호의 의심도 품지 않고 있는데, 그 이유는 고문헌들에 있을 것이다. 예컨대 《주례》〈고공기〉에는 "정鉦의 위[천판]를 무舞라고 하고, 무舞의 위[자루]를 '용甬'이라 하고, 용甬의 위[끝]를 '형衡'이라 한다"고 나와 있고, 《설문해자》에서도 "《주례》에서는 종의 자루를 '용'이라고 부른다."고 풀이하고 있기 때문이다. 그러나 원래 '자루'는 요鐃와 정鉦에서부터 달려 있던 것임은 누차 말한 바 있다. 정에 '고리'가 붙으면서 '용종'이란 이름이 비로소 생겨난 것이다. 다시 말해 '고리'로 말미암은 명칭이 '용종'이므로, '용甬'자는 '고리'를 뜻해야 이치에 맞는다.

실제로 중국의 고문자학에 따르면, '용'이란 문자가 애초에 '고리'의 의미로 생겨났을 가능성을 보여준다. 중국학자 허진웅은 "어떤 이는 갑골문의 '용用'자는 '용甬'의 초형初形으로 잘라낸 대나무 마디로 쳐서 소리를 낼 수 있다고 여긴다. 그것은 본래 손에 드는 것이었는데, 나중에 '고리'를 만들어 매달 수 있게 되자, 금문金文의 '용甬'자가 되었다."고 말하고 있다. '용用'자에 '고리'가 더해져 '용甬'자가 되었다는 것이다. 더 나아가 그는 같은 책 말미에서 '용甬'자를 아예 "둥근 고리가 있어 매달 수 있는 방울의 상형"으로 규정하고 있다. 따라서 '용甬'자의 '꼭지' 부분은 당초 고리에서 나오고, 용종이란 명칭도 처음으로 '고리'를 달았다는 데서 나왔을 개연성이 높다. 그리하여 용종은 당초 '고리 달린 악종'의 개념으로 이해되다가 요와 정을 밀어내고 오랜 동안 악종의 주류로 행세하면서 가장 인상적인 특징인 '자루'가 부각되면서 '자루 달린 종'으로 의미가 전성되었을 것이다.

한나라 때의 화상석으로 매달린
뉴종의 종체가 '용用'자 모양이다.

석굴의 제25굴 남벽을 차지한 〈현무량수경변도〉 속의 종각과 범종은 방금 그린 듯 선명하다. 특히 용문석굴의 보태동 북벽에 새겨진 나팔꽃 모양의 마애범종은 종체와 고리 등 모두가 너무 완벽해 흡사 실물이 걸려 있는 듯한 착각이 될 정도이다.

　지금까지의 논의를 종합하면, 중국의 범종은 인도와는 무관하게 중국 자체의 토양 속에서 태어나고 자라난 자기완결적인 측면이 강하다. 문명의 영향수수를 전제로 하는 '전파론'의 반대편에 있는 '지리적 결정론'의 훌륭한 예가 다름 아닌 중국 범종인 셈이다.

우리 범종에 대한 근대적 의미의 관심과 탐색은 유감스럽게도 일본에서 먼저 태동한다. 일본의 범종연구자인 쓰보이 료헤이坪井良平에 따르면, 조선 범종에 관한 일본인 최초의 기록은 18세기 전반까지 거슬러 올라간다. 이등동애伊藤東涯(1672~1738)라는 이의 저술에 당시 대마도 국부팔번궁國府八幡宮에 있던 '무진사종无盡寺鐘'(745)에 관한 약평이 실린 것이다.[4] 자기네 화종과는 판이한 그 생김새에 주목한 것인데, 그 후에도 고려 말이나 임진란 때 약탈해간 조선종의 그림자가 여러 학자와 호사가들의 저작물에 심심찮게 어른거린다.

그런 가운데 이 땅의 범종이 전문 연구자의 시선에 처음 포착된 것은 1902년. 일본의 대표적인 관학자 관야정(1867~1935)은 조선미술에 관한 한 과분할 정도의 특권을 누린 행운아로, 명치정부의 관명官命에 따라 1902년 7월 중순부터 9월 중순까지 이 땅의 문화유적을 답사한다. 그 결과물이 을사늑약의 해인 1905년 8월에 제출한 《한국건축조사보고》라는 비공식 보고서로, 30대 중반의 소장학자가 남의 나라를 단 63일 동안 돌아보고 작성한 것이라고는 믿기지 않을 만큼 방

대한 분량의 역저이다. 훗날
'환상幻想의 서書'라는 별칭
과 함께 그가 사망한 뒤인
1941년 그의 전집에 묶여 나
오는데, 바로 거기서 성덕대
왕신종이 〈폐봉덕사범종〉이
란 제목 아래 처음 다루어진
다. 그러나 관야정 스스로 일
정의 제약을 고백했듯이, 당
시 그는 오대산상원사종도
비껴갔으며, 고려종 1구, 조
선종 7구 등 모두 9구를 다
루는 데 그치고 만다.

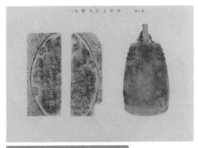
증정재판 《조선종 사진집》, 1923

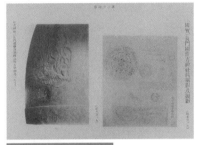
초판 《조선종 사진집》, 1910

　　조선 합병 전후해서 조선종은 일본 고고학 잡지의 단골 주제 중 하
나로 자리잡는다. 대도무웅 등 일본의 연구자들은 이 땅의 조선종들
을 직접 탐방하면서 속속 글을 발표했고, 그들의 고조된 관심과 지적
흥미는 경술국치 불과 수개월 전인 1910년 2월에 일차 결실을 맺는
다. 일본고고학회에서 《조선종사진집朝鮮鐘寫眞集》을 발간한 것이다.
일본 내의 작품을 중심으로 30구와 모종模鐘 2구를 합친 총 32구의 실
물 및 탁본 사진에다 명문銘文까지 곱게 갈무리되어 있는 바, 가로
15.5×세로 22.8센티미터의 인화지들 속에 우리 옛 종들의 미태美態
가 생생하게 기록되어 있다. 길게는 천년 이상, 짧게는 수백 년간 업
화業火 덩어리의 우리 산하를 밤낮으로 뒤흔들던, 우리 옛 범종들의

가장 오래된 초상肖像인 셈이다.[5]

일본고고학회가 자료를 더 보강해 앞의 《조선종사진집》의 '증정增訂 재판본'을 펴낸 것은 1923년. 디자인을 새로 한 인화지 50장과 37쪽짜리의 해설집 한 권이 사각의 지함紙函에 담겨졌는데, 그들 특유의 깔끔하고 정성스러운 작업 덕분에 오늘의 우리가 전통범종의 고색창연한 아름다움을 만끽할 수 있음은 역사의 아이러니가 아닐 수 없다.

일본 학계의 연구가 착착 쌓여온 반면, 우리 손에 의한 연구는 상당히 지체되어 1935년에 이르러서야 우현 고유섭이 상원사종과 성덕신종을 간략하게 소개하는 글을 발표한다.[6] 근대화의 지체로 말미암아 민족의 소중한 문화유산까지도 남의 눈과 입에 내맡기는 뼈아픈 상황이 초래된 것이다.

한편, 구한말부터 서양선교사 등도 한국종에 관심을 기울였는데, 1925년 나온 E. M. Cable의 〈옛 한국의 종Old Korean Bells〉(《Royal Asiatic Society》XVI. Y.M.C.A., 1925)은 우리 옛 종에 대한 최초의 본격적인 논고로, 세계 주종사의 관점에서 우리 종의 특징을 이야기하면서 각 작품의 분포 지도까지 첨부되어 있다.

그런 과정을 거쳐 새롭게 인식되기 시작한 전통 범종은 해방 이후 우리 미술사학의 중요한 테마로 자리매김한다. 그러나 협소한 연구기반과 일천한 역량 속에서 한동안 신보新報를 추가하는 단편적인 수준에 머물고 만다. 그러던 1954년, 일본 각지에 떠도는 한국종들의 명문銘文에 일일이 고증을 가한 이홍직의 〈재일조선범종고〉가 상재된다.[7] 어언 반백 년이 흘렀지만, 사료 해석이 엄정할 뿐 아니라 이국땅을 표랑하거나 사라져간 우리 옛 종에 대한 헌사獻辭의 성격까지 엿보

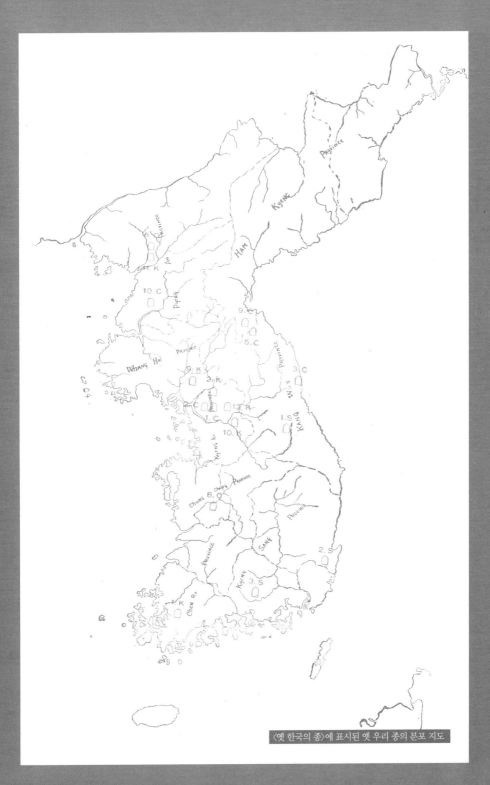

〈옛 한국의 종〉에 표시된 옛 우리 종의 분포 지도

이는, 지금에 이르러서도 반추反芻의 가치가 넘치는 옥고이다.

다음으로 1966년 나온 조규동 편저의 《한국의 범종》은 매우 독특한 작업으로 국내에 전하는 우리 종 77구의 소리를 녹음하여 LP레코드 5장에 담아낸다. 당시 유명한 아나운서인 임택근의 멘트가 인상적인데, 상원사종과 성덕신종은 물론, 몇 년 전 불길에 녹아버린 양양 낙산사종의 수십 년 전 음성을 언제든지 들을 수 있음은 오직 편자의 노고 덕분이라 하겠다. 거기에 그것들 모두의 사진과 더불어 간단하게 제원 및 해설을 싣고, 후미에는 편종編鐘과 특종特鐘을 덧붙인 해설서는, 말하자면 최초의 우리 범종 화보집이다. 이 《한국의 범종》은 1996년 같은 제목을 달고 두 장의 시디CD(신나라레코드사)로 복각되어 나온다.[8]

한편, 평정양평坪井良平이 한·일 양국에 전하는 우리 종을 총망라한 《조선종》을 출간한 것은 1974년. 그가 20살 나던 1917년 쓰루가敦賀의 상궁신사常宮神社에서 우연히 맞닥뜨린 신라종의 아름다움에 매료된 이래, 수십 년 동안 발품을 팔아 한·일 양국의 실물을 직접 어루만지고, 사료더미를 샅샅이 파헤친 끝에 나온 말 그대로 노작이다. 덕분에 종전까지 국내에 80구 미만, 일본에 20구 정도로 대략 알려져 있던 우리종은 모두 178구(망실 및 소재불명 포함)로 불어났으며, 특히 후미에 덧붙인 여러 일람표들은 그 정치함과 세밀함에서 후학들의 길잡이가 되기에 손색이 없다. 한마디로 그의 《조선종》은 한국종의 명성에 걸 맞는 최초의 종합연구서로 평가해도 과찬이 아니다. 개인적인 소회를 말하자면, 중학과정이 학력의 전부라는 그가 우리종에 바친 애정과 헌신에 필자는 감사의 염을 금치 못한다.[9] 그는

1984년 작고했으나, 아들인 평정청족에 의해 나라국립문화재연구소에서 《신라종·고려종실측도집성》이 2003년에 간행된다.

그런 가운데 황수영, 정영호, 이호관 등에 의해 우리종 발굴

평정양평의 《조선종》 출간 기사. 《중앙일보》(1974)

이 속속 이어졌고, 마침내 1976년 우리종 연찬의 보루가 되기를 자처하는 '한국범종연구회'가 출범한다. 한중일 삼국에서 범종만을 테마로 한 유일한 학회인데, 1978년 창간호를 낸 이후 매년 내지 격년으로 펴내는 《범종》지 또한 범종 전문지로서는 유례가 없다. 예컨대 창간호에 실린 〈한국범종목록〉(김희경金禧庚 정리)은 쓰보이 료헤이의 《조선종》의 일람표의 뒤를 잇는 훌륭한 자료이다. 한국범종연구회와 《범종》지가 이룩한 가장 큰 공로는 역시 우리의 범종 연구를 미술사학의 울타리를 뛰어넘어 금속공학과 음향학 등의 자연과학 분야로 확장시킨 데 있을 것이다. 그것을 기반으로 나온 염영하의 《한국종연구》의 초판(1984) 및 증보판(1988), 《한국의 종》(1991)은 국내외의 작품을 빠짐없이 챙겨 낱낱이 분석하고 통계를 잡고 제원을 밝힌 기념비적인 역저이다. 1991년6월1일을 기준으로 신라종 12구(망실 5구)를 포함해 구한말까지의 전통 종이 총 314구로 집계된 것도 오직 그에 의해서이다. 이공계 쪽의 성과에 관해 덧붙이자면, 정석주의

《조선조식 종형구조물의 동적특성에 관한 연구》, 이병호의 〈한국범종의 음향분석〉 및 진용옥 등의 작업도 꼭 별기해야 할 것이다.

다른 한편, 국립문화재 연구소에서 펴낸 《한국의 범종》(1996)에는 140구의 실물 사진 및 96구의 탁본, 많은 도면이 등재되었고, 각 시대별로 양식적 특징과 변화를 다룬 학위논문이 여러 편 배출되었다. 그중에서 곽동해의 《한중일 종의 조형양식연구》(1999)는 우리 범종 연구의 지평을 넓혔다고 평가해도 지나

《하늘꽃으로 내리는 깨달음의 소리》

치지 않다. 염영하 등의 선행 작업이 없지 않았지만, 중국 고악종사의 가닥을 잡아 우리종을 동아시아 전체의 금속공예사의 관점에서 조망할 수 있는 기틀을 튼실하게 다졌기 때문이다.

여기에 국립경주박물관의 주도 아래 성덕대왕신종 하나만을 다룬 《성덕대왕신종》〈종합조사보고서〉(1999) 및 〈종합논고집〉(1999)은 역사, 금석, 국문학, 미술사, 불교학, 음향, 중량, 실측 등 다방면에 걸친 국내외 학자들이 참여했다는 점에서, 또 기존학계의 성과와 한계를 한 자리에 갈무리했다는 점에서 의의를 갖는다.

마지막으로 2003년 김천 직지사에서 주관한 비천상 탁본전은 우리 범종의 아름다움을 한껏 과시한 축연祝宴의 자리였

《범종》

다. 전국에 산재한 작품들과 재일 우리종의 탁본을 직접 뜨기 위해 관계자들이 기울인 노력과 정성은 전시도록 《하늘꽃으로 내리는 깨달음의 소리》에 알알이 배어 있거니와, 단아한 편집과 디자인으로 그 맵시가 비할 데 없이 아리땁다. 지난 천여 년 간 이 땅의 흙과 물과 불과 바람과 쇳물과의 힘겨운 씨름 속에 최고의 명품을 남기고 간 저 무명의 장인들에게 바치는 헌물로는 최상이다.

지금까지 지난 20세기의 범종 연구사를 개관하면서 주요 작업들에 방점傍點을 찍어 보았다. 덕분에 우리 전통종 연구가 본 궤도에 진입할 수 있는 여건이 무르익었음을 확인했는데, 열악한 상황에서 우리종 연찬에 바쳐진 선학들의 값진 노고에 감사와 존경을 올리면서 장차 우리 전통종에 대한 다양한 해석의 문이 활짝 열리기를 고대한다.

거두는 글

직관直觀이라면 시인詩人만의 고유한 특권인 줄 믿던 '시건방진' 문학도 시절, 학자도 시적詩的 직관으로 숨쉬고 있음을 새삼 깨우치게 한 사건이 있었다. '만파식적 기원설', 그것은 나한테 충격이었다. 그날 커다란 감동과 함께 스스로의 무지와 편견을 탓하면서 나는 잠을 설쳐야 했다. 이제 그날의 감동과 반성에서 출발한 에밀레종을 향한 나의 사랑 이야기가 끝나간다. 그동안 내 남루한 손으로 붙잡고자 한 것은 설령 초라할지언정 에밀레종을 주제로 하는 '정신사로서의 미술사'였다.

그러나 이구지학耳口之學의 때를 벗지 못한 자의 만용은 아니었는지 두렵기만 하다. 그나마 위안이 있다면 적어도 논점을 비켜가려고 내 스스로의 사유를 굴절시키지는 않았다는 것, 작은 알갱이라도 물음이 일어날 때는 끝까지 파헤쳐보려고 애썼다는 것 정도가 되리라. 하지만 감히 존경해 마지않는 선학들에게 시비곡직의 언사를 사용한 것은 두고두고 씻어지지 않을 나의 업이 될 것이다. 글쓰기라는 것이 신구의身口意 삼업三業을 짓는 일 아니던가.

나의 모든 경우가 그러하듯 이 책에도 너무나 많은 분들의 배려와 조언이 숨어 있다. 먼저 촌티를 벗지 못한 논문들을 실어주신 동악미술사학회, 한국어문학회(동악어문학회), 한국문학연구소, 신라사학회 분들께 감사드린다. 그리고 〈성덕대왕신종명〉의 새로운 역문을 붙여주신 나의 고향 동국대 국문과의 김상일 교수, 거친 원고를 읽어주느라 눈을 버린 조헌 선생, 조정육 선생, 안병태 선생, 심종섭 후배. 번번이 영역의 수고로움을 맡아주신 이정명 선생, 항상 삼엄한 눈길로 지켜보고 있는 젊은 날의 친구 같은 제자들…… 내게는 모두모두 소중한 이름들이다. 또한 귀한 사진을 제공해주신 곽동해 교수님과 심주완 선생, 너무나 아름다운 탁본 및 사진들로 이 책의 무게를 더해주신 직지성보박물관의 홍선 스님 및 국립경주박물관 측의 배려도 결코 잊지 못할 것이다.

아울러 평생토록 오로지 학문의 밭을 일구시다가 그 결실이 쏟아질 즈음에 서둘러 떠나신 장충식 선생님과 일지 스님께는 앞으로도 더욱 정진하겠다는 다짐의 약속을 올린다. 그리고 이 몸의 영원한 스승 석전 이병주 선생님의 쾌유를 두 손 모아 기원한다.

마지막으로 내가 몸담고 있는 직장의 교육동지들, 그분들의 이해와 지원이 없었다면 이 책은 나오지 못했으리라. 또, 난삽하기 짝이 없는 원고를 책으로 환생시켜 주신 푸른 역사 식구들께는 어떻게 고마움을 표현해야 할지…… 언제나 행운 있으시길.

끝남이란 새로운 시작의 시간이다. 이 새로운 시작의 기쁜 시간을 나의 사랑하는 가족과 형제들, 그리고 나의 1학년 8반 철부지들과 함께 나누고 싶다.

참고문헌

도판

《감은사》, 김재원 · 윤무병, 을유문화사, 1961.

《감은사지 동 삼층석탑 사리장엄》, 국립문화재연구소, 2000.

《경도영관당선림사の명보》, 도록작성위원회, 1996.

《고고도 · 속고고도 · 고고도석문》, 여대림 · 조구성, 중화서국편집부, 1985.

《고궁동기도록》(상 · 하), 국립고궁중앙박물원, 중화민국47,

《고궁동기선췌》(속), 고궁국립박물원, 1974.

《고대조선 · 일본금석문자료집성》, 제등 충, 길천홍문관, 소화58.

《국립경주박물관》, 국립경주박물관, 1989.

《국립공주박물관-무령왕릉》, 국립공주박물관, 1997.

《국립중앙박물관》, 국립중앙박물관, 1986.

《국립청주박물관》, 국립청주박물관, 1993.

《국보도록4-석조물》, 문교부, 1960.

《국지중보》, 국립고궁박물원, 1983.

《나라국립박물관진열품도록》, 나라국립박물관, 동명사, 1980.

《남산고적순례》, 경주시, 1979.

《다시 보는 경주와 박물관》, 국립경주박물관, 1993.

《대동여지도원도》, 경희대전통문화연구소, 1977.

《대한문화고적도》, 장도빈, 국서원, 1959.

《The Art of Ancient India》, Susan L. Huntington, Weather Hil(New York), 1985.

《THE ART Of INDIA》, C. SIVARAMURTI, H. M. ABRAMS, 1977.

《The way of THE BUDDHA》, ministry of infomation and broadcasting goverment of INDIA, 출판연도 미상.

《The Encyclopdeia Of MYTHOLOGY》, Arthur Cotterell, New York Smithmark, 1996.

《도설 대성서》2, 광보, 1983.

《동양미술사の연구》, 택촌전태랑, 동경 성야서점, 소화7.

《문화재대관-사적편》(개정판·하), 문화재청, 1999.

《문화재대관-사적편》(하), 문화재관리국, 1975.

《백제양식석탑》, 미륵사유물전시관, 2005.

《백제와전도록》, 백제문화개발연구원, 1983.

《범종》, 곽동해 글, 안장헌 사진, 한길아트, 2006.

《비천》, 비조자료관, 평성 원년

《사진으로 보는 북한 국보유적》, 국립문화재연구소, 2006.

《상해박물관》제7기, 상해서화출판사, 1996.

《Suspended Music-Chine-Bells in the Culture of Bronze Age China》, Lothar von Falkenhausan, university of california press, 1993.

《섬서문물정화》, 섬서성문물사업관리국, 1993.

《성덕대왕신종(종합논고집)》, 국립경주박물관, 1999.

《성덕대왕신종(종합조사보고서)》, 국립경주박물관, 1999.

《세계건축전집1-일본 고대》, 평범사, 소화36.

《세계고고학대계》6, 평범사, 1958.

《세계の대유적》9 〈고대중국の유산〉, 강담사, 1996.

《신라낭산유적조사》, 동국대 경주캠퍼스박물관, 1985.

《신라문무대왕》, 경주군·동국대 신라문화연구소, 1994.

《신라문무대왕동해릉》, 황수영, 안장헌 사진, 호영, 1997.

《신라의 신종》, 황수영, 통도사성보박물관·호영, 1994.

《A History of Far Eastern Art》, Sherman E.Lee, H. M. ABRAMS, 1982.

《영겁 그리고 찰나》, 강우방, 열화당, 2002.

《월정사성보박물관도록》, 월정사성보박물관, 2002.

《은주청동기통론》, 용경·장유지 저 북경 문물출판사, 1984.

《인도국립박물관》, 한국일보사, 1988.

《장서각소장탁본자료집1-고대·고려편》, 정구복, 정신문화연구원, 1997.

《조선미술도사》, E. McCune, 제등양치 일역, 동경 미술출판사, 1962.

《조선종》, 평정양평, 각천서점, 1975.

《조선종사진집》(초판), 일본고고학회, 1910.

《조선종사진집》(증정재판), 일본고고학회, 1923.

《중국고대토기전》, 세계도자기엑스포조직위원회, 2001.

《중국고악기》, 호북미술출판사, 2003.

《중국과학기술사》, 중국과학기술출판사, 1997.

《중국대륙의 문화》(고도장안), 문명대, 한·언, 1990.

《중국불교의 여로》(상·하), 김성경 편, 민족문화, 1986.

《중국석굴-용문석굴》1, 온옥성 외, 문물출판사, 1991.

《중국통사진열》, 중국역사박물관, 1998.

《중국황제유물전》, 안희진, 지구문화사, 2000.

《중초사지 당간지주 수리보고서》, 안양시청, 2000.

《증후을묘문물진상》, 호북미술출판사, 1995.

《청동고기》(상·하), 유리민, 해남문선각출판사, 2004.

《청동유물도록》(국립박물관학술자료1), 국립박물관, 1968.

《특별전 국분사》, 나라국립박물관, 1980.

《특별전 증후을묘》, 동경국립박물관, 1992.

《평등원と우치の명찰》, 소학관, 2001.

《하늘꽃으로 내리는 깨달음의 소리-한국의 범종 탁본전》, 직지성보박물관, 2003.

《한국고금순례》, 석도륜, 홍인문화사, 1964.

《한국금석전문1-고대》, 허흥식 편, 아세아문화사, 1984.

《한국의 고판화》, 치악산 명주사 고판화박물관, 2005.

《한국의 미》(석탑), 정영호 책임편집, 중앙일보사, 1984.

《한국의 미》(불상), 황수영 책임편집, 중앙일보사, 1984.

《한국의 범종》, 국립문화재연구소, 1996.

《한국의 종》, 염영하, 서울대출판부, 1991.

《한국전통문양》(상중하), 임영주, 예원, 1998.

《한국종 연구》, 염영하, 정신문화연구원, 1984.

《한중일 종의 조형양식연구》, 곽동해, 동국대박사학위논문, 1999.

《화엄연기(화엄종조사회전)》, 각천원의 저, 김경남 역, 법륜사, 1996.

《화엄종총본산 동대사》, 동대사, 연도미상.

《흥복사》, 법상종대본산흥복사, 연도미상.

본문

《고적と풍속》, 內藤倫政, 1927.

《민속역사조선만담》, 今村村鞆, 1928.

《범종》1호-19호, 한국범종연구회.

《불교미술사전》, 중촌원·구야건, 동경서적, 2002.

《사기》6, 〈진본기〉6.

《산해경》, 정재서 역, 민음사, 1985.

《삼국사기》

《삼국유사》

《일선신화전설の연구》, 三品彰英, 1943.

《조선·대만·지나 신화と전설》, 松村武雄, 1934.

《주례》, 〈考工記〉

강건영, 《범종たずねて》, (주)アジアニュースセンター, 1999.

경기도사편찬위원회, 《경기도사6-한말》, 경기도, 2004.

고유섭, 《한국건축미술사 초고》, 대원사, 1999.

곽동해, 〈성덕대왕신종의 탁본 및 실측자료 분석〉, 《성덕대왕신종(종합조사보고서)》, 국립경
　주박물관, 1999.

곽보균, 《중국청동기시대》, 신화서점, 1963.

권종남, 《황룡사구층탑》, 미술문화, 2006.

권태희, 《종교건축물의 기하학적 양식에 관한 연구》, 연세대산업대학원석사학위논문, 1981.

김무조, 《신라불교설화의 원형》, 민족문화, 1993.

김병모 외, 《경주》, 열화당, 1984.

김선숙, 《신라중대 대일외교사 연구》, 한국학중앙연구원, 2006.

김수태, 《신라중대전제왕권과 진골귀족》, 서강대박사논문, 1990.

_____, 《신라중대정치사연구》, 일조각, 1996.

김영식 편, 《중국고대건축문화와 과학》, 창작과 비평사, 1986.

김원룡, 《한국미술사》, 범문사, 1968.

김재원, 《한국과 중국의 고고미술》, 문예출판사, 2000.

김창겸, 〈신라시대 태자제도의 성격〉, 《한국상고사학보》13, 1993.

김태식, 《화랑세기, 또 하나의 나라》, 김영사, 2002.

김현준, 《사찰, 그 속에 깃든 의미》, 교보문고, 1991.

김홍식·조유전, 《중국산서성 고건축 기행》, 고즈윈, 2006.

김화영, 〈용문산 상원사의 유적 유믈〉, 미술사학연구, 1969.

김화영, 《한국연화문연구》, 이화여대박사학위논문, 1976.

김희경, 〈한국범종목록〉, 《범종》1집, 1978.

김희경, 《한국의 미술2-탑》, 열화당, 1982.

나형용, 〈성덕대왕신종의 주조법에 대한 고찰〉, 《성덕대왕신종(종합논고집)》, 국립경주박
　　물관, 1999.

나희라, 《신라의 국가제사》, 지식산업사, 2003.

내기용주, 《선제先帝と동본원사東本源寺》, 경도 법장관, 대정1년.

동양음악학회, 《당대の악기》, 음악지우사, 1968.

두석연 외 편, 《중국과학기술사고》(상하), 북경 과학출판사, 1982.

두진운 저, 권중언 역, 《역사학연구방법론》, 일조각, 1984.

디트리히 제켈, 이주형 역, 《불교미술》, 예경, 2002.

樓慶西, 〈中國古代的城牆與鐘鼓樓〉, 《중국미술오천년》7, 중국미술전집편찬위원회, 1991.

르네 지라르, 김진식·박무호 역, 《폭력과 성스러움》, 민음사, 1993.

매원말치, 〈조선종잡기〉, 《조선학보》7, 소화30년.

문인군, 《고공기 석釋 역주》, 상해고적출판사, 1993.

미셸 푸코, 이광래 역, 《말과 사물》, 민음사. 1989.

박경식, 《신라하대의 석탑에 관한 연구》, 단국대석사학위논문, 1985.

_____, 《신라석조미술연구》, 학연문화사, 1994.

_____, 《석조미술의 꽃 석가탑과 다보탑》, 한길아트, 2003.

박남수, 《신라수공업사》, 신서원, 1996.

박해현, 〈신라경덕왕대의 외척세력〉, 《한국고대사회의 지방지배》, 신서원, 1997.

서대석, 《한국무가의 연구》, 문학사상사, 1980.

서지민, 《장신구사》, 시각, 1986.

성낙주, 〈문화전사 유홍준의 미덕과 해악〉, 《인물과 사상》2, 개마고원, 1997.

_____, 〈'에밀레종전설'의 연구사 비판〉, 《한국어문학연구》47, 한국어문학연구학회, 2006.

_____, 〈'에밀레종전설'의 政治學的 讀解〉, 《한국문학연구》31, 동국대한국문학연구소, 2006.

_____, 〈'신라종' 양식의 '용종기원설' 비판〉, 《신라사학보》7, 신라사학회, 2006.

_____, 〈'新羅鐘' 양식의 기호학적 해석〉, 《신라사학보》9, 신라사학회, 2006.

소재영, 《한국민속대관6-구비전승》, 고대민족문화연구소, 1982.

孫機, 〈중국범종〉, 《성덕대왕신종(종합논고집)》, 국립경주박물관, 1999.

손진태, 《한국민족전설의 연구》, 을유문화사, 1947.

송효섭, 《설화의 기호학》, 민음사, 1999.

신대현, 《적멸의 궁전 사리장엄》, 한길아트, 2003.

Adrian Snodgrass, 《The Symbolism Of The Stupa》, Cornell University, 1985.

신형식, 《삼국사기연구》, 일조각, 1981.

_____, 《한국고대사의 신연구》, 일조각, 1984.

_____, 《통일신라사연구》, 삼지원, 1990.

안병국, 《귀신설화연구》, 규장각, 1995.

안예환, 《문무왕과 대왕암 연구》, 고려대교육대학원학위논문, 1983.

양 인리우, 이창숙 역, 《중국고대음악사》, 솔, 1999.

양현지, 서윤희 역, 《낙양가람기》, 눌와, 2001.

염영하, 《한국종연구》, 한국정신문화연구원, 1984.

＿＿＿, 〈조계사 종각종에 관한 고찰〉, 《범종》10, 한국범종연구회, 1987.

＿＿＿, 〈종의 역사와 동양삼국 범종의 변천〉, 《범종》16, 한국범종연구회, 1994.

염영하 · 이영배, 〈한국의 석종에 관하여〉, 《범종》14 · 15, 한국범종연구회, 1993.

영목민부 편, 《대한화사전》10, 대수관서점, 1959.

鈴木靖民, 〈金順貞 · 金邕論〉, 《고대대외관계사의 연구》, 길천홍문관, 1985.

오정국, 《시의 탄생, 설화의 재생》, 청동거울, 2002.

원인, 김문경 역주, 《입당구법순례행기》, 중심, 2001.

유영렬 · 윤정란, 《19세기말 서양선교사와 한국사회》, 경인문화사, 2004.

윤내현, 〈천하사상의 시원〉, 《중국의 천하사상》, 민음사, 1988.

윤열수, 《용 불멸의 신화》, 대원사, 1999.

윤장섭, 《중국의 건축》, 서울대출판부, 1999.

＿＿＿, 《일본의 건축》, 서울대출판부, 2000.

＿＿＿, 《인도의 건축》, 서울대출판부, 2002.

이경화, 《중원고대야금기술연구》, 중주고적출판사, 1994.

이근직, 《경주의 문화유산》(상 · 하), 경주박물관회, 1998.

이기백, 《신라정치사상사연구》, 일조각, 1974.

이동철, 《한국 용 설화의 역사적 전개》, 민속원, 2005.

이미향, 〈불교도상에 나타난 악기연구〉, 동국대문예대학원 석사논문, 1998.

이송란, 《신라 금속공예 연구》, 일지사, 2004.

이영호, 〈신라 혜공왕대 정변의 새로운 해석〉, 《역사교육논집》13 · 14집, 1990.

이옥영, 《신라범종의 장식문양 연구》, 홍익대석사학위논문, 1972.

이종욱 외, 《한국사상의 정치형태》, 일조각, 1993.

이종욱, 《화랑세기》, 소나무, 1999.

이현태, 《신라시대 김유신 가문과 신김씨》, 경희대석사학위논문, 2006.

이호관, 《범종》, 대원사, 1989.

이호관 외, 《한국의 범종》, 국립문화재연구소, 1996.

이호영, 〈신라중대왕실과 봉덕사〉, 《사학지》8, 단국대, 1974.

_____, 〈성덕대왕신종명의 해석에 관한 몇 가지 문제〉, 《고고미술》125, 1975.

장경호, 《백제사찰건축》, 예경산업사, 1990.

_____, 《한국의 전통건축》, 문예출판사, 1992.

장광직, 이철 역, 《신화 미술 제사》, 동문선, 1990.

_____, 소남일랑 외 역, 《중국청동시대》, 평범사, 1989.

장충식, 〈신라낭산 유적의 제문제〉, 《신라와 낭산》, 경주시 신라문화선양회·동국대 신라
    문화연구소, 1996.

_____, 〈한국불사리 신앙과 그 장엄〉, 《한국불교미술연구》, 시공아트, 2004.

정영호, 《석탑》, 대원사, 1989.

정영호·진홍섭·황수영, 《불국사삼층석탑 사리구와 문무대왕해중릉》, 한국정신문화연구원,
    1997.

조 헌, 《한국 석탑의 상징성 연구》, 동국대 문예대학원 석사학위논문, 1997.

조셉 캠벨, 《천의 얼굴을 가진 영웅》, 평단문화사, 1985.

조이옥, 《8세기 통일신라의 북방진출 연구》, 이화여대박사학위논문, 1996.

조현설, 《동아시아 건국신화의 역사와 논리》, 문학과 지성사, 2003.

주경미, 《중국 고대 불사리 장엄 연구》, 일지사, 2003.

주혜련, 《비천문에 대한 고찰》, 이화여대석사학위논문, 1979.

中吉 功, 《신라·고려の불상》, 이현사, 1973.

_____, 《해동の불교》, 동경 국서간행회, 1973.

중촌원, 김지견 역, 《불타의 세계》, 김영사, 1984.

진홍섭, 《한국금속공예》, 일지사, 1980.

_____, 《신라·고려시대 미술문화》, 일지사, 1997.

_____, 《한국의 석조미술》, 문예출판사, 1995.

채홍기, 《초楚 청동기 양식연구》, 동국대박사학위논문, 2004.

최미순, 《불국사·석가탑의 구성에 대한 해석시론》, 이화여대석사학위논문, 2000.

최순우, 《한국미·한국의 마음》, 지식산업사, 1980.

최재석, 《한국의 친족용어》, 민음사, 1988.

최진원, 《한국신화고석》, 성균관대대동문화연구원, 1994.

축자수, 《중국고대공업사》, 상해 학림출판사, 1988.

평정양평, 《일본의 범종》, 각천서점, 1980.

_____, 《범종と고문화》(주)ビジネス교육출판사, 1993.

_____, 〈전상원사종고〉, 《진단학보》31, 1967.

_____, 〈조선종の숫자적 연구〉, 《김재원박사회갑기념논총》, 1969.

한국불교연구원, 《신라의 폐사》1·2, 일지사, 1974.

허진웅, 홍희 역, 《중국고대사회》, 동문선, 1991.

황수영 편, 《한국불교미술사론》, 민족사, 1987.

황유복·진경부, 권오철 역, 《한중불교문화교류사》, 까치, 1995.

황패강, 《신라불교설화연구》, 건국대박사학위논문, 1975.

주석

제1부 음습한 진실, 에밀레종전설

1 이지영, 〈'에밀레종' 전설과 그 소설적 변용 연구〉, 《관악어문연구》16, 서울대국문과,
   1991, pp.192~196./김열규,〈'에밀레종' 전설 고〉, 《성덕대왕신종(종합논고집)》, 국립경
   주박물관, 1999, pp.89~90.

2 최상수, 《경주의 고적전설》, 양양사, 1947, pp.93~96.

3 최상수, 앞의 책, pp.96~102.

4 손진태, 〈조선무격의 신가(2)〉, 《청구학총》22, 청구학회, 1935, pp.189~207.

5 홍사준, 〈봉덕사종고〉,《범종》1, 한국범종연구회, 1978, pp.14~15.

6 김열규, 〈'에밀레종' 전설고〉, 《성덕대왕신종(종합논고집)》, 경주박물관, 1999, p.89, p.102.

7 이병호, 〈성덕대왕신종의 음향학적 연구〉, 《성덕대왕신종(종합논고집)》, 국립경주박물
   관, 1999, p.390.

8 최래옥, 《한국구비전설의 연구》, 일조각, 1981, p.85.

9 안병국, 〈남원(男怨·寃) 연구〉, 《한국민속학》16, 민속학회, 1983, p.207.

10 김용덕·윤석산, 〈한국불교설화의 형성과 전승원리〉, 《한양어문연구》4, 한양어문연구
    회, 1986, p.23.

11 최영희, 〈한국인신공희설화의 연구〉, 《국어국문학》17, 문창어문학회, 1980. p.145.

12 정태혁, 《밀교》(현대불교신서36), 동국대불전간행위원회, 1981, pp.163~166.

13 고유섭, 〈박한미〉, 《조선명인전》(상), 조선일보사, 1988, p.157.(원문 《조선명인전》2, 조선
일보사, 1939) 종장이 자신의 딸을 죽음으로 몰아넣었다는 점에서는 Constance J. D.
Coulson의 "The Sights of Seoul"(《Korea》, 1910)에 채록된 내용과 동일한 패턴이다.

14 김용준,〈신라의 공예〉, 《한국미술대요》, 범우사, 1993, p.119.(원저는 1949년 을유문화사
에서 간행)

15 유홍준, 《나의 문화유산답사기》1, 창작과 비평사, 1993, pp.189~190.

16 문명대, 《한국불교미술사》, 한·언, 1997, p.319.

17 김화영, 《문학 상상력의 연구》, 문학동네, 1998, p.363~364.

18 장덕순, 《국문학통론》, 신구문화사, 1960, p.94.

19 김종우, 《향가문학연구》, 삼우사, 1975, p.84.

20 최철, 《삼국유사의 문예적 연구》, 새문사, 1982, p.38.

21 조동일, 《한국문학통사》1, 지식산업사, 1982, p.151.

22 홍기삼, 《불교문학연구》, 집문당, 1997./최호석, 〈경덕왕 설화연구〉, 《한국민속학》30,
한국민속학회, 1998 등 참조.

23 이병윤, 《정신의학사전》, 일조각, 1990, p.22

24 윤가현, 《동성애의 심리학》, 학지사, 1997, p.132.

25 Martin E. Seligman, 윤진·조긍호 역, 《무기력의 심리》, 탐구당, 1987, pp.222~223.

26 임석재, 《한국구전설화집》(경상남도2), 평민사, pp.107~108.(1971년 3월 4일, 창녕군 영
산면 교리, 나말순 79세 할머니 증언)

27 이승훈, 《문학상징사전》, 고려원, 1995, pp.364~365.

28 이석호, 〈동경잡기〉, 《한국명저대전집》, 대양서적, 1978, p.273.

29 정승모, 《동국세시기》, 국립민속박물관, 2007, p.210.

30 이지관, 〈신라성덕대왕신종명〉, 《성덕대왕신종(종합보고서)》, 국립경주박물관, 1999, p.69.

31 이호영, 〈신라중대왕실과 봉덕사〉, 《사학지》8, 단국대사학회, 1974, p.15.

32 황수영, 《신라의 신종》, 통도사성보박물관, 1994, p.48./이호관, 《한국의 범종》, 국립
문화재연구소, 1996, p.244.

33 홍사준, 《범종》1, 한국범종연구회, 1978, p.12.

34 정대구, 〈성덕대왕신종과 판독문제〉, 《전통문화》1985년 4월호, p.143.

35 이광규, 《한국가족의 사적史的 연구》, 일지사, 1986, p.137.

36 신형식, 〈신라중대전제왕권의 전개과정〉, 《산운사학》4, 산운학술문화재단, 1990, p.25.

37 이호영, 〈신라중대왕실과 봉덕사〉, 《사학지》8, 단국대사학회, 1974, pp.13~14.

38 하일식, 〈新羅政治體制의 運營原理〉, 《역사와 현실》20, 1996, p.37.

39 이부영, 《한국민담의 심층분석》, 집문당, 1995, pp.21~24./이지영, 《한국신화의 신격
유래에 관한 연구》, 서울대박사학위논문, 1994, p.1 참조.

40 《맹자》, 〈양혜왕장구〉(상) 7장.

41 이홍기, 《조선전설집》, 조선출판사, 1944, p.173.

제2부 신라 신新3보에 담긴 무열왕계의 꿈

1 이도흠, 《신라인의 마음으로 삼국유사를 읽는다》, 푸른역사, 2000, pp.28~29.

2 김철준, 〈신라상대사회의 Dual Organiztion(하)〉, 《역사학보》2, 1952, pp.91~94.

3 김상현, 〈신라삼보의 불교사상적 의미〉, 《신라의 사상과 문화》, 일지사, 1999, p.59.(김
리나, 〈황룡사의 장육존상과 신라의 아육왕계불상〉, 《진단학보》46·47, 1979. 참조)

4 김영태, 〈신라불교천신고〉, 《불교학보》15, 1978, p.67.

5 전창범, 〈진평왕 천사옥대의 재고찰〉, 《동악미술사학》창간호, 동악미술사학회, 2000,
pp.191~201.

6 김상현, 〈신라삼보의 불교사상적 의미〉, 《신라의 사상과 문화》, 일지사, 1999, pp.61~63.

7 서지민, 《장신구사》, 시각, 1986, pp.75~84.

8 등전양책,《조선고고학연구》, 고동서원, 소화23.

9 《고려사》2 〈세가〉 '태조20년 하5월 계축' 조.

10 김창겸, 〈신라 원성왕계 왕의 황제·황족적 지위와 골품 초월화〉,《통일신라의 대외관계와 사상연구》, 백산자료원, 2000, p.310.

11 조수학, 〈'문호왕 법민' 조의 '거시조' 연구〉,《삼국유사연구》(상), 영남대출판부, 1983, pp.85~106.

12 황수영,《신라의 동해구》, 열화당, pp.40~41.

13 이기선, 〈대왕암은 장골처인가 산골처인가〉《가나아트》1994년 7·8월호(통권38) 참조.

14 고유섭, 〈경주기행의 일절〉,《고려시보》1940년 7월.

15 유홍준, 〈아! 감은사, 감은사탑이여!〉,《나의 문화유산답사기》, 창작과 비평사, 1993, pp.158~168.

16 장충식,《신라석탑연구》, 일지사, 1987, pp.35~36.

17 박경식, 〈신라 시원기 석탑에 대한 고찰〉,《문화사학》19, 한국문화사학회, 2003, pp.79~95.

18 고유섭,《한국탑파의 연구》, 을유문화사, 1948, p.32.

19 장충식,《신라석탑연구》, 일지사, 1987, pp.117~119.

20 송효섭,《초월의 기호학》, 소나무, 2002, p.77.

21 송효섭,《초월의 기호학》, 소나무, 2002, p.78.

22 배병삼, 〈통일 이후를 위한 만파식적의 정치학적 독해〉,《창작과 비평》1999년 여름호, 1999.

23 황수영,《신라문무대왕동해릉》, 호영, 1997, p.64.

24 2008년 4월 11일, 경주시 감포읍 대본리 614번지 김도진(1940년 2월 15일생) 증언.

25 도변조굉, 장경룡 역,《불전 속의 여인들》, 범조사, 1980, pp.219~220.

26 배병삼, 〈통일 이후를 위한 만파식적의 정치적 독해〉,《창작과 비평》1999년 여름호, 창작과 비평사. 1999, pp.402~403.

27 송효섭,《초월의 기호학》, p.78.

28 성낙주, 《석굴암 그 이념과 미학》, 개마고원, 1999, pp.59~65.

29 성낙주, 〈日 선림사 원효 상징 '고개돌린 불상' 친견기〉, 《법보신문》2002. 2. 6.

30 박순교, 《김춘추의 집권과정 연구》, 경북대박사학위논문, 1999.

31 김상현, 〈만파식적설화의 유교적 정치사상〉, 《신라의 사상과 문화》, 일지사, 1999, p.97.

제3부 에밀레종의 신비

1 고유섭, 〈박한미〉, 《조선명인전》(상), 조선일보사, 1988, p.155.(원문은 1939년에《조선명인전》에 실림)

2 관야정, 강봉진 역, 〈폐봉덕사범종〉, 《한국의 건축과 예술》, 산업도서출판공사, 1990, p.112.(원제 《한국건축조사보고》, 동경제대, 1904. 2)

3 김형규, 《붓다의 나라, 미얀마》, 운주사, 2005, p.127.

4 杉山羊, 〈아시아의 범종〉, 《하늘꽃으로 내리는 깨달음의 소리》, 직지성보박물관, 2003, pp.256~279.

5 조규동, 《한국의 범종》, 한국문화재연구회, 1966. p.10.

6 진용옥, 〈에밀레 쇠복(성덕대왕신종)의 음향진동 특성〉, 《성덕대왕신종(종합조사보고서)》, 국립경주박물관, 1999, p.252.

7 황수영, 〈신라범종과 만파식적 설화〉, 《범종》5, 1982, pp.1~6.

8 곽동해, 《한중일 종의 조형양식연구》, 동국대박사학위논문, 1999, p.170.

9 고유섭, 〈박한미〉, 《조선명인전》(상), 조선일보사, 1988, p.156.

10 평정양평, 《조선종》, 각천서점, 1974, p.20

11 용경·장유지 편, 〈청동기의 종류별 설명[靑銅器類別說明]〉, 《은주청동기통론殷周靑銅器通論》, 북경문물출판사, 1984, p.73.(초판 1958년 간행)

12 당란, 〈고악기소기〉, 《연경학보》14기, 연경대학, 1934, p.69.

13 마승원, 《중국청동기》, 상해고적출판사, 1988, p.283.

14 《증후을묘문물진상》, 호북성박물관, 1995, p.68.

15 Lothar von Falkenhausan, 《Suspended Music-Chine-Bells in the Culture of Bronze Age China》, university of california press, 1993, p.73.

16 강우방, 〈성덕대왕신종의 예술과 사상〉, 《성덕대왕신종(종합논고집)》, 국립경주박물관, 1999, p.135.

17 최응천, 〈한국범종의 특성과 변천〉, 《성덕대왕신종(종합논고집)》, 국립경주박물관, 1999, p.177.

18 곽동해, 《범종》, 한길아트, 2006, p.43.

19 염영하, 《한국의 종》, 서울대출판부, 1991, p.93.

20 박종철 편역, 《문학과 기호학》, 대방출판사, 1983, pp.121~129.

21 유리 로트만, 유재천 역, 《예술 텍스트의 구조》, 고려원, 1991, p.21.

22 김용희, 《예술, 세계와의 주술적 소통》, 책세상, 2000, pp.32~35.

23 위르겐 링크, 고규진 외 역, 《기호와 문학》, 민음사, 1996, p.23.

24 장장식, 〈만파식적 설화의 연구〉, 《미원우인섭선생화갑기념논문집》, 집문당, 1986. p.319.

25 양동숙, 〈중국고대유물에 나타난 좌우대칭의 상징성〉, 《공간》1993년 6월호, 공간사, p.48.

26 강우방, 〈성덕대왕신종의 예술과 사상〉, 《법공과 장엄》, 열화당, 2000, p.292.

27 황수영, 〈문무대왕릉과 만파식적설화〉, 《한국일보》1981.11.12./〈신라종 양식과 만파식적〉, 《한국일보》1982.3.27./〈신라범종과 만파식적 설화〉, 《범종》5, 한국범종연구회, 1982. p.5./〈신라종의 용뉴〉, 《범종》9, 한국범종연구회, 1986, p.4. 《신라의 신종》, 통도사성보박물관, 1994, p.44 등 참조.

28 성낙주, 〈문화전사 유홍준의 미덕과 해약〉, 《인물과 사상》2, 개마고원, 1997. p.128.

29 이광배, 《조선전기(15–16세기) 범종 연구》, 동국대석사논문, 2004.

30 정명호, 〈신라범종의 주조술에 대한 연구〉, 《고고미술》162 · 163호. 한국미술사학회, 1982, p.93.

31 황수영, 〈신라범종과 만파식적 설화〉, 《범종》5, 한국범종연구회, 1982, p.5.

32 황수영, 《신라의 신종》, 통도사성보박물관, 1994, p.44.

33 조셉 캠벨 편, 이숙종 역, 《 하인리히 짐머-인도의 신화와 예술》, 평난문화사, 1983, p.79.

34 이광배, 《조선전기(15~16C) 범종연구》, 동국대석사논문, 2004 참조.

35 도변소주, 《중국고대문양사》(하), 웅산각, 1976, p.159.

36 당란, 〈고악기소기〉, 《연경학보》14, 연경대학, 1934, p.67.

37 허버트 리드, 김병익 역, 《도상과 사상》, 열화당, 1982, p.63.

38 최완수, 〈상원사 동종〉, 《한국불상의 원류를 찾아서》2, 대원사, 2007, p.265.(《우리 문화
    바로보기》17, 《신동아》2000년 11월호 참조)

39 박옥순, 〈한국용뉴조각의 고찰〉, 《범종》7. 한국범종연구회, 1984, pp.77~79.

40 강우방, 〈신라의 성덕대왕신종의 영기화상〉, 《한국미술의 탄생》, 솔, 2007, pp.254~255.

41 안병국, 《'삼국유사 소재 불교설화의 숭고성과 비속성》, 연세대석사논문, 1998, pp.34~45
    및 pp.75~76.

42 윤철중, 《한국도래신화연구》, 백산자료원, 1997, p.15.

43 헤르만 바우어, 홍진경 역, 《미술사학의 이해》, 시공사, 1988, p.148.

44 조셉 켐벨, 《하인리히 짐머-인도의 신화와 예술》, 평단문화사, 1984, p.79.

45 문명대, 〈신라범종 비천상의 고찰〉, 《범종》10, 한국범종연구회, 1987, pp.85~98.

46 존 카터 코벨, 《한국문화의 뿌리를 찾아》, 학고재, 1999, p.369.

47 안드레 에카르트, 권영필 역, 《에카르트의 조선미술사》, 2003, 열화당, p.345./ANDRES
    ECKARDT, 《A HISTORY OF KOREAN ART》, LONDON EDWARD GOLDSTON,
    1929, p.187.

48 황유정, 〈고려범종의 불상·보살상 출현에 대한 연구〉, 동국대문예대학원, 2003.

49 최응천, 〈통일신라 범종의 특성과 변천〉, 《경주사학》16집, p.132.

50 이호관, 《범종》, 대원사, 1989, p.117.

51 최응천, 〈한국범종의 특성과 변천〉, 《성덕대왕신종(종합논고집)》, 국립경주박물관, 1999,
    p.180.

52 최응천, 〈한국범종의 특성과 변천〉, 《하늘꽃으로 내리는 깨달음의 소리》, 직지성보박물관, 2003, p.242.

53 고유섭, 〈신라공예예술〉, 《조광》창간호, 1935. 조선일보사, p.293.

54 최완수, 〈한국불상의 원류를 찾아서〉, 대원사, 1997, p.262.(《우리문화 바로보기》,《신동아》2000년 11월호. 참조)

55 홍사준, 〈봉덕사종고〉, 《범종》1, 한국범종연구회, 1978, p.9.

56 이문규, 《고대중국인이 바라본 하늘의 세계》, 문학과 사회사, 2000, pp.59~74.

57 하업거, 성주탁·강종원 역, 〈중국의 고대도성〉, 《동양 도시사 속의 서울》, 서울시정개발연구원, 1994, pp.3~15.

58 《국지중보》, 국립고궁박물원, 1983, p.38.

59 출구상순出口常順, 《성덕태자와 사천왕사》, p.154.

60 《특별전 국분사國分寺》, 나라국립박물관, 1980, p.121.

61 평정양평, 《일본の범종》, 각천서점, 1970, p.70~124./《범종と고문화》, (주)ビジネス교육출판사, 1993, p.65 등.

제4부 거장들의 세계

1 권영필, 《미적 상상력과 미술사학》, 문예출판사, 2000, p.20.

2 남천우, 〈신라초기에 형성된 소위 조선종 형식의 발생 과정과 조계사동종이 차지하는 위치〉, 《역사학보》53 · 54, 역사학회, 1974, pp.271~326.

3 곽동해, 《범종》, 한길아트, 2006, p.27.

4 안휘준, 〈삼국시대 회화의 일본전파〉, 국사관논총 10, 1989, pp.160~169.

5 장도빈, 《대한문화고적도》, 국서원, 1959, p.33.

6 관야정, 강봉진 역, 《한국의 건축과 예술》, 산업도서출판공사, 1990, p.112.(원제《한국건축조사사보고(韓國建築調査報告)》, 동경제대, 1904. 2)

7 남천우, 〈신라시대 범종〉, 《유물의 재발견》, 정음사, 1987, pp.185~277.

8 관야정, 심우성 역, 《조선미술사》, 동문선, 1932, pp.188~189.(원저 《朝鮮美術史》, 조선사
   학회, 1932, pp.114~116)

9 황수영, 〈전傳 용문산상원사동종 존의存疑〉, 《조명기박사화갑논총》, 중앙승가대학,
   1965, p.30.

10 염영하, 〈조계사 종각종에 대한 고찰〉, 《범종》10, 한국범종연구회, 1987, pp.7~20.

11 《하늘꽃으로 내리는 깨달음의 소리》, 직지성보박물관, 2003, p.237.

12 이미향, 〈불교도상에 나타난 악기연구〉, 동국대문예대학원 석사논문, 1998, pp.19~26
   참조.

13 곽동해, 《한중일 종의 조형양식연구》, 동국대박사학위논문, 1999, p.99.

14 이홍직, 〈재일조선종고〉, 《한국고문화논고》, 을유문화사, 1954, pp.79~81.

15 《신당서》220, 〈동이열전〉145, '고구려 · 백제 · 신라전'.

16 이성시, 김창석 옮김, 《동아시아의 왕권과 교역》, 청년사, 1999, p.78.

17 《속일본기》18, 〈효겸천황〉, '천평승보4년10월~4년4월' 조.(김창석,〈752년 신라의 대일교
   역과 바이시라기모쯔게(매신라물해)〉, 《역사와 현실》24, 역사비평사, 1997./심경미, 〈신라중대 대일
   관계에 관한 연구〉, 《통일신라의 대외관계와 사상연구》, 백산자료원, 2000. 등 참조)

18 유홍준, 〈에밀레종의 신화神話와 신화新話〉, 《나의문화유산답사기》1, 창작과 비평사,
   1993, p.179.

19 추파홍유, 김호연 역, 〈대장장이 이씨 이야기를 적다[冶人李子說]〉, 《범종》1. 한국범종
   연구회, 1978, pp.90~92.

부록

1 조동화, 《세계의 꽃과 전설》, 보진재, 1962, pp.90~92.

2 장광직, 〈상주청동기상의 동물문양[商周靑銅器上的動物紋樣]〉, 《고고와 문물[考古與文物]》
　1981년1기, 섬서인민출판사, 1981, pp.53~67./곽동해, 《한중일 종의 조형양식 연구》,
　동국대박사학위논문, 1999, p.59.

3 진순신, 《중국고적발굴기》, 대원사, 1988, p.195.

4 평정양평, 《조선종》, 각천서점, 1975, p.279. 및 〈조선종의 숫자적 연구〉, 《김재원박사
　회갑기념논문집》 참조.

5 일본 고고학회, 《조선종사진집》(초판), 1910, 증정재판(1923).

6 고유섭, 〈신라공예미술〉, 《조광》창간호, 1935.

7 이홍직, 〈재일조선종고〉, 《한국고문화논고》, 을유문화사, 1954.

8 EP음반제공(옥치엽, 부산계성여중), 진행 범허梵虛.

9 《중앙일보》1972. 12. 27일 기사 참조.

찾아보기

에밀레종의 비밀

- 2008년 5월 24일 초판 1쇄 발행
- 2011년 2월 15일 초판 2쇄 발행
- 지은이　　　　　성낙주
- 발행인　　　　　박혜숙
- 편집인　　　　　백승종
- 영업·제작　　　　변재원
- 인쇄　　　　　　백왕인쇄
- 제본　　　　　　정민문화사
- 종이　　　　　　화인페이퍼
- 펴낸곳　　　도서출판 푸른역사
　　　　　　우 110-040 서울시 종로구 통의동 82
　　　　　　전화: 02)720 - 8921(편집부) 02)720 - 8920(영업부)
　　　　　　팩스: 02)720 - 9887
　　　　　　전자우편: 2007history@naver.com
　　　　　　등록: 1997년 2월 14일 제13-483호

ISBN　　978-89-91510-68-5　　03900

- 잘못 만들어진 책은 교환해드립니다.